# SQL AntiPatterns
개발자가 알아야 할 25가지 SQL 함정과 해법

SQL Antipatterns
By Bill Karwin

Copyright © 2010 The Pragmatic Programmers, LLC.
All rights reserved.
Korean Translation Copyright © 2011 by Insight Press.

The Korean language edition published by arrangement with The Pragmatic Programmers, LLC, Lewisville, through Agency-One, Seoul.
이 책의 한국어판 저작권은 저작권자와의 독점 계약으로 인사이트에 있습니다. 저작권법에 의해 한국 내에서 보호를 받는 저작물이므로 무단전재와 무단복제를 금합니다.

SQL Antipatterns
개발자가 알아야 할 25가지 SQL 함정과 해법

**초판 1쇄 발행** 2011년 6월 27일 **2쇄 발행** 2022년 5월 23일 **지은이** 빌 카윈 **옮긴이** 윤성준 **펴낸이** 한기성 **펴낸곳** (주)도서출판인사이트 **편집** 김승호 **제작** 이유현, 박미경 **용지** 월드페이퍼 **출력·인쇄** 에스제이피앤비 **후가공** 에이스코팅 **제본** 서정바인텍 **등록번호** 제2002-000049호 **등록일자** 2002년 2월 19일 **주소** 서울시 마포구 연남로 5길 19-5 **전화** 02-322-5143 **팩스** 02-3143-5579 **블로그** http://blog.insightbook.co.kr **이메일** insight@insightbook.co.kr **ISBN** 978-89-6626-004-1 책값은 뒤표지에 있습니다. 잘못 만들어진 책은 바꾸어 드립니다. 이 책의 정오표는 http://blog.insightbook.co.kr에서 확인하실 수 있습니다.

프로그래밍 인사이트

# SQL
## AntiPatterns

빌 카윈 지음 | 윤성준 옮김

인사이트

# 차례

옮긴이의 글 ································································· xi
한국어판 지은이의 글 ···················································· xiv

## 1장 개요 ——————————————————————— 1
### 1.1 대상 독자 ································································ 3
### 1.2 이 책에 있는 내용 ····················································· 4
### 1.3 이 책에 없는 내용 ····················································· 7
### 1.4 일러두기 ································································· 8
### 1.5 예제 데이터베이스 ···················································· 10
### 1.6 감사의 글 ······························································· 13

# 1부 논리적 데이터베이스 설계 안티패턴  15

## 2장 무단횡단 ——————————————————— 17
### 2.1 목표: 다중 값 속성 저장 ············································ 18
### 2.2 안티패턴: 쉼표로 구분된 목록에 저장 ·························· 19
### 2.3 안티패턴 인식 방법 ·················································· 23
### 2.4 안티패턴 사용이 합당한 경우 ····································· 23
### 2.5 해법: 교차 테이블 생성 ············································· 24

## 3장 순진한 트리 ————————————————— 29
### 3.1 목표: 계층구조 저장 및 조회하기 ································ 30
### 3.2 안티패턴: 항상 부모에 의존하기 ································· 31
### 3.3 안티패턴 인식 방법 ·················································· 36
### 3.4 안티패턴 사용이 합당한 경우 ····································· 37

3.5 해법: 대안 트리 모델 사용 ·············································· 38

## 4장 아이디가 필요해 —————————————————— 55
4.1 목표: PK 관례 확립 ···················································· 56
4.2 안티패턴: 만능키 ······················································· 58
4.3 안티패턴 인식 방법 ···················································· 63
4.4 안티패턴 사용이 합당한 경우 ········································ 64
4.5 해법: 상황에 맞추기 ··················································· 65

## 5장 키가 없는 엔트리 —————————————————— 69
5.1 목표: 데이터베이스 아키텍처 단순화 ······························· 70
5.2 안티패턴: 제약조건 무시 ············································· 71
5.3 안티패턴 인식 방법 ···················································· 75
5.4 안티패턴 사용이 합당한 경우 ········································ 75
5.5 해법: 제약조건 선언하기 ············································· 76

## 6장 엔터티-속성-값 —————————————————— 79
6.1 목표: 가변 속성 지원 ·················································· 80
6.2 안티패턴: 범용 속성 테이블 사용 ··································· 81
6.3 안티패턴 인식 방법 ···················································· 88
6.4 안티패턴 사용이 합당한 경우 ········································ 89
6.5 해법: 서브타입 모델링 ················································ 90

## 7장 다형성 연관 —————————————————— 99
7.1 목표: 여러 부모 참조 ················································ 101
7.2 안티패턴: 이중 목적의 FK 사용 ··································· 102
7.3 안티패턴 인식 방법 ·················································· 106

7.4 안티패턴 사용이 합당한 경우·············································· 107
7.5 해법: 관계 단순화······························································ 107

## 8장 다중 칼럼 속성 — 115

8.1 목표: 다중 값 속성 저장 ···················································· 116
8.2 안티패턴: 여러 개의 칼럼 생성 ·········································· 116
8.3 안티패턴 인식 방법 ···························································· 121
8.4 안티패턴 사용이 합당한 경우·············································· 122
8.5 해법: 종속 테이블 생성 ······················································ 123

## 9장 메타데이터 트리블 — 125

9.1 목표: 확장 적응성 지원 ······················································ 126
9.2 안티패턴: 테이블 또는 칼럼 복제 ······································ 127
9.3 안티패턴 인식 방법 ···························································· 133
9.4 안티패턴 사용이 합당한 경우·············································· 134
9.5 해법: 파티션과 정규화························································ 135

# 2부 물리적 데이터베이스 설계 안티패턴    141

## 10장 반올림 오류 — 143

10.1 목표: 정수 대신 소수 사용 ··············································· 144
10.2 안티패턴: FLOAT 데이터 타입 사용 ································ 144
10.3 안티패턴 인식 방법 ·························································· 149
10.4 안티패턴 사용이 합당한 경우 ··········································· 149
10.5 해법: NUMERIC 데이터 타입 사용 ·································· 150

## 11장 31가지 맛 — 153

11.1 목표: 칼럼을 특정 값으로 제한하기 ································· 154
11.2 안티패턴: 칼럼 정의에 값 지정. ······································· 155
11.3 안티패턴 인식 방법 ·························································· 159
11.4 안티패턴 사용이 합당한 경우 ··········································· 160
11.5 해법: 데이터로 값을 지정하기 ·········································· 160

## 12장 유령 파일 —————————————————— 165

12.1 목표: 이미지 또는 벌크 미디어 저장 ·················· 166
12.2 안티패턴: 파일을 사용해야 한다고 가정한다ㆍㆍㆍㆍㆍㆍㆍㆍㆍㆍ 166
12.3 안티패턴 인식 방법 ······································· 171
12.4 안티패턴 사용이 합당한 경우 ························· 172
12.5 해법: 필요한 경우에는 BLOB 데이터 타입을 사용하라ㆍㆍㆍㆍㆍㆍㆍㆍ 174

## 13장 인덱스 샷건 —————————————————— 177

13.1 목표: 성능 최적화 ········································· 178
13.2 안티패턴: 무계획하게 인덱스 사용하기 ············· 179
13.3 안티패턴 인식 방법 ······································· 184
13.4 안티패턴 사용이 합당한 경우 ························· 185
13.5 해법: 인덱스를 MENTOR하라 ························· 185

# 3부 쿼리 안티패턴                                    195

## 14장 모르는 것에 대한 두려움 ——————————————— 197

14.1 목표: 누락된 값을 구분하기 ···························· 198
14.2 안티패턴: NULL을 일반 값처럼 사용 ················ 199
14.3 안티패턴 인식 방법 ······································· 203
14.4 안티패턴 사용이 합당한 경우 ························· 205
14.5 해법: 유일한 값으로 NULL을 사용하라 ············· 206

## 15장 애매한 그룹 —————————————————— 211

15.1 목표: 그룹당 최댓값을 가진 행 얻기 ················· 212
15.2 안티패턴: 그룹되지 않은 칼럼 참조ㆍㆍㆍㆍㆍㆍㆍㆍㆍㆍㆍㆍㆍㆍㆍㆍ 213
15.3 안티패턴 인식 방법 ······································· 216
15.4 안티패턴 사용이 합당한 경우 ························· 217
15.5 해법: 칼럼을 모호하게 사용하지 않기 ··············· 218

## 16장 임의의 선택 ─────────── 225

16.1 목표: 샘플 행 가져오기 ················· 226
16.2 안티패턴: 데이터를 임의로 정렬하기 ············ 227
16.3 안티패턴 인식 방법 ··················· 228
16.4 안티패턴 사용이 합당한 경우 ··············· 229
16.5 해법: 테이블 전체 정렬 피하기 ·············· 229

## 17장 가난한 자의 검색 엔진 ─────────── 235

17.1 목표: 전체 텍스트 검색 ·················· 236
17.2 안티패턴: 패턴 매칭 사용 ················· 236
17.3 안티패턴 인식 방법 ··················· 238
17.4 안티패턴 사용이 합당한 경우 ··············· 239
17.5 해법: 작업에 맞는 올바른 도구 사용하기 ·········· 239

## 18장 스파게티 쿼리 ─────────── 255

18.1 목표: SQL 쿼리 줄이기 ·················· 256
18.2 안티패턴: 복잡한 문제를 한 번에 풀기 ··········· 257
18.3 안티패턴 인식 방법 ··················· 259
18.4 안티패턴 사용이 합당한 경우 ··············· 260
18.5 해법: 분할해서 정복하기 ················· 261

## 19장 암묵적 칼럼 ─────────── 267

19.1 목표: 타이핑 줄이기 ··················· 268
19.2 안티패턴: 지름길만 좋아하면 길을 잃는다 ········· 269
19.3 안티패턴 인식 방법 ··················· 271
19.4 안티패턴 사용이 합당한 경우 ··············· 272
19.5 해법: 명시적으로 칼럼 이름 지정하기 ············ 273

## 4부 애플리케이션 개발 안티패턴 — 277

### 20장 읽을 수 있는 패스워드 — 279
- 20.1 목표: 패스워드를 복구하거나 재설정하기 — 280
- 20.2 안티패턴: 패스워드를 평문으로 저장하기 — 280
- 20.3 안티패턴 인식 방법 — 284
- 20.4 안티패턴 사용이 합당한 경우 — 285
- 20.5 해법: 패스워드의 소금 친 해시 — 286

### 21장 SQL 인젝션 — 297
- 21.1 목표: 동적 SQL 쿼리 작성하기 — 298
- 21.2 안티패턴: 검증되지 않은 입력을 코드로 실행하기 — 299
- 21.3 안티패턴 인식 방법 — 308
- 21.4 안티패턴 사용이 합당한 경우 — 309
- 21.5 해법: 아무도 믿지 마라 — 309

### 22장 가상키 편집증 — 317
- 22.1 목표: 데이터 정돈하기 — 318
- 22.2 안티패턴: 모든 틈 메우기 — 318
- 22.3 안티패턴 인식 방법 — 322
- 22.4 안티패턴 사용이 합당한 경우 — 322
- 22.5 해법: 극복하라 — 322

### 23장 나쁜 것 안 보기 — 329
- 23.1 목표: 코드를 적게 작성하기 — 330
- 23.2 안티패턴: 짚 없이 벽돌 만들기 — 331
- 23.3 안티패턴 인식 방법 — 334
- 23.4 안티패턴 사용이 합당한 경우 — 335
- 23.5 해법: 에러에서 우아하게 복구하기 — 335

### 24장 외교적 면책특권 — 339
- 24.1 목표: 관례 따르기 — 340

24.2 안티패턴: SQL을 2등 시민으로 만들기 ·················· 341
24.3 안티패턴 인식 방법 ························· 342
24.4 안티패턴 사용이 합당한 경우 ·················· 343
24.5 해법: 초당적 품질 문화 확립 ·················· 343

## 25장 마법의 콩 ——————————————— 357

25.1 목표: MVC에서 모델 단순화하기 ················ 358
25.2 안티패턴: 액티브 레코드인 모델 ················ 360
25.3 안티패턴 인식 방법 ························· 367
25.4 안티패턴 사용이 합당한 경우 ·················· 368
25.5 해법: 액티브 레코드를 가지는 모델 ·············· 369

# 5부 부록  377

## 부록 A 정규화 규칙 ——————————————— 379

A.1 관계형의 뜻 ····························· 380
A.2 정규화에 대한 미신 ························ 382
A.3 정규화란? ······························ 384
A.4 상식 ··································· 396

## 부록 B 참고문헌 ——————————————— 397

찾아보기 ·································· 399

## 옮긴이의 글

데이터베이스를 사용하는 프로젝트를 하다 보면 의문점이 생길 때가 한두 번이 아닙니다. PK를 어떻게 잡아야 할까, 특정 데이터를 여러 개의 칼럼으로 저장하는 것이 좋을까, 아니면 여러 행으로 저장하는 것이 좋을까, 파일을 데이터베이스 안에 저장하는 게 좋을까, 아니면 파일 시스템에 저장하고 파일의 경로만 데이터베이스에 저장하는 게 좋을까, 칼럼에 NULL을 허용해도 괜찮을까와 같은 데이터베이스 설계 문제부터 특정 데이터를 SQL 한 방으로 얻을 수 있는 방법은 없을까, 데이터베이스 내 텍스트 검색을 어떻게 해야 할까, 패스워드는 어떻게 저장해야 할까, 데이터 접근 객체를 어떤 식으로 만드는 것이 좋을까와 같은 애플리케이션 구현과 관련된 문제까지 궁금한 질문이 수도 없이 떠오릅니다.

근처에 유능한 DBA가 있다면 행운이겠지만, DBA는 보통 수십 명의 개발자를 지원해야 하는 처지기 때문에 한 명 한 명에게 기본적인 것부터 차근차근 가르쳐 줄 여력은 없습니다. 그래서 데이터베이스에 대해 공부해 볼 생각으로 서점에 가보지만 마땅히 참고할 만한 책이 눈에 띄지 않습니다.

서점에 진열된 데이터베이스 관련 책을 훑어보면 대략 두 부류로 나뉘어 있음을 알 수 있습니다. 한쪽은 Oracle이니 MySQL이니 하는 인기 있는 DBMS에 관한 책이고, 다른 한쪽은 주로 대학 교재와 비슷한 데이터베이스 이론을 다루는 책입니다. 특정 DBMS에 관한 책은 해당 DBMS의 구조나 설치방법, 사용법 등을 설명하며, 위와 같은 개발자의 고민을 해결하는 데는 그다지 도움이 되지 않습니다. 데이터베이스 이론에 대한 책도 두께만 두꺼울 뿐 도움이 안 되기는 마찬가지입니다. 가끔가다 데이터 모델링과 관련된 책이 있기는 합니다만, 내가 당면한 문제에 대한 답이 어디에 숨어있는지, 정말 있기나 한 건지 찾기가 쉽지 않습니다.

이 책은 이런 궁금증을 속 시원히 해결해주는 책입니다. 논리적/물리적 데이터베이스 설계와 관련된 문제부터 쿼리를 사용할 때, 데이터베이스를 사용하는 애플리케이션을 작성할 때 발생할 수 있는 여러 가지 문제를 안티패턴 형식으로 설명합니다. 안티패턴은 '널리 사용되지만 실제로는 좋지 않은 패턴'을 뜻합니다. 즉, 어떤 문제를 해결하려는 의도로 사용하지만 실제로는 더 많은 문제를 유발하는 것이 안티패턴입니다. SQL 안티패턴을 통해, 데이터베이스 애플리케이션을 개발하면서 개발자가 갖는 궁금증에 대해 어떤 식으로 잘못 구현되는 경우가 많은지, 그리고 어떻게 하는 것이 좋은 방법인지를 배울 수 있습니다.

지난 수년간 DBA로 활동하며 느낀 것은 많은 개발자들이 데이터베이스를 사용하지만, 데이터베이스나 SQL을 제대로 알고 사용하는 경우는 매우 드물다는 사실이었습니다. 언뜻 보면 데이터베이스나 SQL은 아주 쉬운 것처럼 보입니다. 테이블 만드는 것도 그다지 어려워 보이지 않고 SQL도 INSERT, SELECT, UPDATE, DELETE문의 사용법을 대충 알면 원하는 작업을 대부분 할 수 있는 것처럼 보입니다. 그래서 많은 개발자들이 기본적인 사용법만 익힌 상태에서 데이터베이스를 사용하고, 그 이상으로 공부하지 않습니다. 데이터베이스를 잘 알지도 못하는 상태에서 별 것 아니라고 생각하기도 합니다.

반면, 어떤 개발자들은 데이터베이스를 너무 어렵게 생각해 데이터베이스를 잘 하는 사람들을 존경의 눈빛으로 쳐다보기만 할 뿐 공부할 엄두를 못 내기도 합니다. 그러나 조금 공부해보면 데이터베이스가 그렇게 어려운 것도 아니고, 그렇다고 별 것 아닌 것도 아니라는 사실을 깨닫게 될 것입니다. 조금 공부하면 잘못된 데이터를 맞추기 위해 하던 삽질을 그만둘 수 있고, 수십 줄 또는 수백 줄의 코드로 작업하던 것을 SQL 몇 줄로 간단하게 해결할 수도 있습니다. 어떤 도구든 제대로 알고 사용해야 작업 효율도 높아지고, 인생도 편해집니다.

아마존에서 이 책을 발견하자마자 바로 주문했습니다. 책을 읽으면서, DBA로 일할 때 정리하고 싶었던 많은 문제가 잘 정리되어 있는 것을 보고 놀랐습니다. 그리고 미처 생각하지 못했던 주제에 대해서도 배우게 되었습니다. 데이터베이스를 사용하는 프로젝트에서 일했던 개발자라면 이 책에 있는 여러 안티패턴 중 일부는 이미 고민해봤고 해결책도 알고 있을 수 있습니다. 그렇다 해도 많은 개발자들이 잘못 알고 있는 내용을 복습하고 정리할 수 있다면 좋은 일입니다. 이 책을 통해 보다 많은 개발자가 데이터베이스와 SQL에 대해 좀더 알게 되기를 기대합니다.

끝으로 이 책의 번역을 흔쾌히 허락해주신 인사이트 한기성 사장님, 원고를 검토하고 교정해주신 김승호 편집자님께 감사드립니다. 좋은 책을 쓰고 역자의 질문에도 성심껏 대답해준 저자에게도 감사의 마음을 전합니다.

윤성준

## 한국어판 지은이의 글

제가 SQL에 대한 책을 쓴 이유는 뭘까요?

소프트웨어 개발과 관련된 제 경험에 비추어봤을 때, SQL은 많은 프로그래머들에게 널리 사용되고 있습니다. 그러나 프로그래머들이 SQL을 잘못 사용하는 경우도 매우 흔합니다. SQL의 본래 목적과 관계없는 엉뚱한 작업을 해결하려 하면서 말이죠.

SQL은 다른 컴퓨터 프로그래밍 언어에 비해 오래된 기술입니다. 요즘은 데이터 관리를 위해 새로운 기술이 많이 등장하고 있습니다. 어떻게 새롭고 혁신적인 소프트웨어를 SQL과 같은 오래된 기술을 사용해 만들 수 있을까요?

한국은 훌륭한 기술 혁신을 이룩했습니다. 최상의 인터넷 환경을 갖추고 있으며, 우주항공, 생명공학, 로봇공학에도 투자를 많이 하고 있습니다. 한국이 교육, 과학, 기술 분야에서 일궈낸 성취는 전세계적으로 잘 알려져 있습니다.

인기 있는 게임이나 인터넷 사이트는 모두 SQL 데이터베이스에 의존하는 부분이 있습니다. 인기 있는 소셜 네트워크 사이트인 싸이월드는 MS SQL Server를 사용합니다. 세컨드 라이프와 같은 대용량 온라인 게임에서는 MySQL을 사용하고 있습니다. SQL은 새로운 기술은 아니지만 많은 혁신적인 기업에서 SQL에 의존하고 있습니다.

뭔가 새롭고 혁신적인 일을 하고 싶다면, 각 소프트웨어 개발 도구의 장점을 잘 활용해야 합니다. SQL을 사용할 때도 SQL의 적절한 역할을 제대로 이해하고 사용해야 합니다. 관계형 데이터베이스는 수학적 이론이 어떻게 실무적으로 도움이 되는지를 보여줍니다.

저는 이런 비유를 사용합니다. 목수는 나사를 돌리는 데 망치를 사용하지 않고, 못을 박는 데 드라이버를 사용하지 않습니다. 두 도구 모두 필요합니다.

하나가 있다고 해서 다른 하나가 쓸모없어지지는 않습니다.

저는 다른 소프트웨어 개발자가 망치를 적절히 사용하는 최적의 기법과 최적의 시점을 이해하도록 돕기 위해 이 책을 썼습니다.

제 책을 읽어주셔서 감사합니다. 또한 이 책을 검토하고 좋은 의견을 주었을 뿐 아니라 한국어로 번역해준 윤성준씨에게도 감사의 마음을 전합니다.

빌 카윈(Bill Karwin)

Antipatterns —

# 1장

S Q L   A n t i p a t t e r n s

# 개요

> 전문가란 아주 좁은 분야에서 할 수 있는 실수를 모두 해본 사람이다.
>
> 닐스 보어(Niels Bohr)

나는 첫 SQL 관련 직장을 거절했다.

캘리포니아 대학에서 컴퓨터와 정보과학 공부를 끝낸 직후였다. 대학 활동을 통해 알고 있던 대학 관리자 한 명이 내게 접근했다. 그는 부업으로 소프트웨어 벤처 회사를 운영했는데, 셸 스크립트와 awk 같은 도구를 이용해 다양한 UNIX 플랫폼에 이식할 수 있는 데이터베이스 관리 시스템을 개발하고 있었다. (그 당시에는 Ruby, Python, PHP와 같은 현대적 동적 언어가 없었고 심지어 Perl도 인기를 얻기 전이었다.) 그 관리자가 내게 접근한 이유는 제한된 범위의 SQL 언어를 인식해 실행하는 코드를 작성할 프로그래머가 필요했기 때문이었다.

그는 말했다. "SQL 전체를 지원할 필요는 없어. 그러려면 일이 너무 많아지지. SELECT문 하나만 잘 되면 돼."

나는 학교에서 SQL을 배우지 못했다. 그때는 지금처럼 데이터베이스가 널리 사용되지도 않았고, MySQL이나 PosgreSQL과 같은 오픈 소스 제품도 없을 때였다. 그렇지만 나는 셸로 완전한 애플리케이션을 개발하기도 했고, 파서에 대해서도 조금 알았으며, 컴파일러 설계와 컴퓨터 언어 같은 과목에서 프로젝트도 했었다. 그래서 그 직장에 가려고 생각했다. SQL과 같은 특수한 언어의 문장을 하나만 파싱하는 게 그래 봐야 얼마나 어렵겠어?

나는 SQL 관련 도서를 살펴봤는데 이건 if, while, 변수 할당과 수식, 함수를 지원하는 종류의 언어와는 완전히 다르다는 사실을 알게 되었다. SQL에서 SELECT문을 단지 문장 하나라고 부르는 것은 자동차에서 엔진을 단지 부품 하나라고 부르는 것과 같다. 둘 다 맞는 말이기는 하지만, 이는 둘에 대한 복잡성과 깊이를 무시하는 것이다. 이 SQL문 하나를 지원하려면 완전히 제대로 동작하는 관계형 데이터베이스 관리 시스템과 쿼리 엔진을 개발해야 한다는 것을 깨달았다

나는 SQL 파서와 DBMS[1] 엔진을 셸 스크립트로 작성할 수 있는 기회를 정중히 거절했다. 그 관리자는 프로젝트의 범위를 과소평가했는데 아마도 DBMS가 뭔지를 이해하지 못했기 때문이었을 것이다.

SQL과 관련한 내 초창기 경험은 소프트웨어 개발자들에게 흔한 것으로 보인다. 전산학 학위를 가진 사람들조차도 마찬가지다. 사람들은 대부분, 다른 프로그래밍 언어처럼 정규 교육을 통해 배우지 않고, SQL을 써야 하는 프로젝트에서 일하게 됐을 때 자기방어를 위해 독학으로 SQL을 배운다. 취미로 프로그램을 작성하는 사람이든 전문 프로그래머든 또는 박사학위를 가진 연구원이든 SQL은 훈련 없이도 배울 수 있는 소프트웨어 기술로 생각하는 것 같다.

SQL을 조금 공부한 다음 나는 SQL이 C, Pascal, 셸 같은 절차적 언어 또는 C++, Java, Ruby, Python과 같은 객체지향 언어와 얼마나 다른지를 보고 깜짝 놀랐다. SQL은 LISP, Haskell 또는 XSLT와 같은 선언적 프로그래밍 언어다. 객체지향 언어가 객체를 기본 데이터 구조로 사용하는 데 반해 SQL은 집합을 기본 데이터 구조로 사용한다. 전통적인 방법으로 교육받은 소프트웨어 개발자

---

1 (옮긴이) Database Management System. DBMS는 일반적으로 관계형 데이터베이스 관리 시스템을 뜻한다. 저자는 DBMS와 RDBMS를 혼용했지만 번역서에서는 DBMS로 통일해 사용했다.

는 이런 불일치 때문에 흥미를 잃고, SQL을 효과적으로 사용하는 방법을 배우기보다는 객체지향 라이브러리 쪽으로 돌아선다.

나는 1992년부터 SQL을 많이 사용했다. 애플리케이션을 개발할 때 사용했고, InterBase란 DBMS 제품을 위한 기술 지원, 교육, 문서화 작업을 했고, Perl과 PHP로 SQL 프로그램을 작성할 때 사용할 수 있는 라이브러리도 개발했다. 인터넷 메일링 리스트와 뉴스그룹에서 수천 건의 질문에 답변을 하기도 했다. 이를 통해 소프트웨어 개발자가 같은 실수를 계속해서 반복하는 것을 보게 되었다.

## 1.1 대상 독자

나는 SQL을 사용해야 하는 소프트웨어 개발자를 위해 『SQL Antipatterns』를 쓰고 있고, 따라서 여러분이 SQL을 좀더 효과적으로 사용할 수 있도록 도울 수 있다. 여러분이 초보자든 노련한 전문가든 중요하지 않다. 나는 이 책에서 다루는 주제로부터 도움을 얻을 수 있는 다양한 수준의 경험을 가진 사람들과 이야기를 했다.

여러분은 아마 SQL 문법에 대한 참고도서를 읽었을 수도 있다. 이제 SELECT문의 모든 절을 알고, 어떤 일을 해낼 수 있다. 아마도 다른 애플리케이션의 소스코드를 살펴보고 관련 기사를 읽어 차츰 SQL 숙련도를 높일 것이다. 그렇지만 좋은 예제와 나쁜 예제를 어떻게 구별할 것인가? 구석으로 몰릴 편법이 아니라 좋은 관례를 배우고 있다고 어떻게 확신할 수 있을까?

SQL 안티패턴에서 몇몇 주제는 이미 알고 있는 것일 수 있다. 이에 대한 해법을 이미 알고 있더라도 문제를 보는 새로운 시각을 얻게 될 것이다. 프로그래머 사이에 널리 퍼진 잘못된 생각을 검토함으로써 좋은 관례를 확인하고 강화하는 것은 바람직한 일이다. 다른 주제는 처음 보는 것일 수 있다. 이걸 읽어 여러분의 SQL 프로그래밍 습관이 개선되길 바란다.

여러분이 숙련된 데이터베이스 관리자라면, 이 책에서 설명하는 SQL 함정을 피하는 최선의 방법을 이미 알고 있을지도 모른다. 이 책은 여러분에게 소프트웨어 개발자의 시각을 알려주는 데 도움이 될 수 있다. 개발자와 DBA 사이에 논쟁이 많은 것은 드물지 않은 일이지만, 함께 효과적으로 일하기 위해선 상호존중과 팀워크가 필요하다. SQL 안티패턴을 사용하면 함께 일하는 소프트웨어 개발자에게, 좋은 관례와 이를 사용하지 않았을 때의 결과를 설명하는 데 도움이 된다.

## 1.2 이 책에 있는 내용

안티패턴이란 문제 해결을 의도했지만 종종 다른 문제를 초래하는 기법을 말한다. 안티패턴은 다양한 방법으로 사용되지만 공통점이 있다. 사람들은 독자적으로 또는 동료나 책 또는 기사의 도움으로 안티패턴을 해결하는 아이디어를 제안한다. 객체지향 소프트웨어 설계와 프로젝트 관리에 대한 안티패턴은 1998년에 출간된 William J. Brown의 책 『AntiPatterns』[BMMM98]뿐 아니라 포틀랜드 패턴 저장소[2]에도 잘 정리되어 있다.

 SQL 안티패턴은 경험 없는 사람들이 SQL을 사용하면서 흔하게 저지르는 실수를 설명한다. 나는 기술지원이나 교육과정에서, 소프트웨어를 개발할 때 함께 일하면서, 그리고 인터넷 포럼에 올라온 질문에 답변하면서 이런 실수에 대해 이야기했다. 이런 실수는 내 자신이 했던 것이기도 하다. 자신의 실수를 보상하기 위해 밤 늦게까지 남아 많은 시간을 보내는 것보다 좋은 교사는 없다.

### 이 책의 구성

이 책은 안티패턴을 다음과 같은 범주로 나눈 네 개의 부로 구성된다.

---

[2] Portland Pattern Repository: http://c2.com/cgi-bin/wiki?AntiPattern

### 논리적 데이터베이스 설계 안티패턴

코딩을 시작하기 전에 데이터베이스에 어떤 정보를 저장할지, 데이터를 어떻게 정리하고 서로 연결시키는 것이 좋을지를 결정해야 한다. 여기에는 데이터베이스 테이블과 칼럼, 관계를 계획하는 것이 포함된다.

### 물리적 데이터베이스 설계 안티패턴

어떤 데이터를 저장할지 결정한 다음에는 DBMS 기술을 활용해 데이터를 가능한 효율적으로 관리해야 한다. 여기에는 테이블과 인덱스를 정의하고 데이터 타입을 정하는 것이 포함된다. 이때 CREATE TABLE과 같은 SQL의 데이터 정의 언어(DDL, Data Definition Language)를 사용한다.

### 쿼리 안티패턴

데이터베이스에 데이터를 입력하고 조회해야 한다. SQL 쿼리는 SELECT, UPDATE, DELETE 같은 데이터 조작 언어(DML, Data Manipulation Language)로 구성된다.

### 애플리케이션 개발 안티패턴

SQL은 C++, Java, PHP, Python 또는 Ruby와 같은 다른 언어로 작성되는 애플리케이션 안에서 사용된다. 애플리케이션에서 SQL을 사용하는 데는 올바른 방법과 잘못된 방법이 있는데, 여기서는 흔히 발생하는 실수를 다룬다.

많은 안티패턴 장이 황금 망치, 바퀴를 다시 발명하기, 위원회에 의한 설계와 같은 익살스럽고 주의를 환기시키는 제목을 가진다. 긍정적인 패턴이나 안티패턴에 기억하기 쉽고 은유적인 이름을 붙이는 것은 전통이다.

관계형 데이터베이스에 대한 약간의 이론이 부록에 설명되어 있다. 이 책에 나오는 안티패턴의 상당 수가 데이터베이스 이론을 잘못 이해한 데서 나온 결과를 다룬 것이다.

## 안티패턴의 구조
각 안티패턴은 다음과 같은 구조로 되어 있다.

### 목표
해결하고자 하는 작업이다. 문제를 해결하기 위해 안티패턴을 사용하지만 문제가 해결되기보다는 더 많은 문제가 발생한다.

### 안티패턴
흔히 생각할 수 있는 해법의 속성을 기술하고 이를 안티패턴으로 만드는 예상치 못한 결과를 설명한다.

### 안티패턴 인식 방법
프로젝트에서 안티패턴이 사용되려고 할 때 이를 인지하는 데 도움이 되는 명확한 단서가 있을 수 있다. 어떤 형태의 장벽에 직면하거나 자신 또는 다른 사람이 하는 말을 들을 때 안티패턴의 존재를 눈치챌 수 있다.

### 안티패턴 사용이 합당한 경우
규칙에는 예외가 있게 마련이다. 보통은 안티패턴으로 생각되는 접근법이 상황에 따라 적절한 것이거나 적어도 아주 나쁜 것은 아닌 경우도 있다.

### 해법
안티패턴으로 인한 문제에 빠지지 않으면서 원래의 목표를 달성할 수 있는 더 좋은 해법을 설명한다.

## 1.3 이 책에 없는 내용

SQL 문법과 용어에 대해서는 설명하지 않을 것이다. 기초에 대해서는 충분히 많은 책과 인터넷 문서가 있다. 이 책에서는 여러분이 SQL을 사용해 업무를 처리할 정도로 SQL 문법을 충분히 알고 있다고 가정한다.

성능, 확장적응성, 최적화 같은 주제는 데이터베이스 애플리케이션(특히 웹에서)을 개발하는 사람들에게 중요한 문제다. 데이터베이스 프로그래밍과 관련해 성능 문제를 다룬 책이 있다. 『SQL Performance Tuning』[GP03]과 『High Performance MySQL, Second Edition』³[SZT+08]을 추천한다. SQL 안티패턴의 일부 주제가 성능과 관련 있긴 하지만, 이 책의 초점은 아니다.

나는 모든 데이터베이스 제품에 적용되는 문제와 모든 데이터베이스 제품에서 작동하는 해법을 제시하려 노력했다. SQL 언어는 ANSI와 ISO 표준으로 지정되었다. 모든 데이터베이스 제품이 표준을 지원하기 때문에, 나는 가능한 벤더 중립적인 SQL을 사용해 설명했다. 벤더 확장 SQL을 설명할 때는 이를 명확히 하려 했다.

데이터 접근 프레임워크와 객체-관계 매핑 라이브러리는 많은 도움이 되는 도구지만, 이 책의 초점이 아니다. 나는 대부분의 예제 코드를 PHP로 가능한 쉽게 작성했다. 예제는 충분히 단순해서 다른 프로그래밍 언어로 작성해도 거의 비슷할 것이다.

서버 용량 산정, 설치와 설정, 모니터링, 백업, 로그 분석, 보안과 같은 데이터베이스 관리와 운영 작업은 중요하고 별도의 책으로 쓸 수 있는 주제다. 이 책은 데이터베이스 관리자보다는 SQL 언어를 사용하는 개발자를 대상으로 한다.

이 책은 SQL과 관계형 데이터베이스에 대한 것이지, 객체지향 데이터베이스, 키/값 저장소, 칼럼 지향 데이터베이스, 문서 지향 데이터베이스, 계층적

---

3 (옮긴이) 번역서로 『MySQL 성능 최적화』(위키북스, 2010)가 있다.

데이터베이스, 네트워크 데이터베이스, 맵/리듀스 프레임워크 또는 시맨틱 데이터 저장소와 같은 RDB 대체 기술에 대한 것이 아니다. 데이터 관리를 위해 이런 기술에 대한 장점과 단점을 비교하고 적절한 사용처를 설명하는 것 또한 흥미롭겠지만, 다른 책에서 할 일이다.

## 1.4 일러두기

다음은 이 책에서 사용한 관례를 설명한다.

### 글꼴

SQL 키워드는 SELECT와 같이 일반 텍스트와 구분되도록 모두 대문자로 표기했다.

SQL 테이블 이름은 Accounts, BugsProducts와 같이 이름 안의 각 단어 첫 글자만 대문자로 표기했다. SQL 칼럼은 account_name과 같이 소문자로 표기하고 단어 사이는 밑줄 문자로 구분했다.

### 용어

SQL의 정확한 발음은 '시-퀄'이 아니라 '에스-큐-엘'이다. 일상 대화에서 '시퀄'이 사용되는 것을 반대하지는 않지만, 나는 '에스-큐-엘'을 사용한다.

SQL에서 '쿼리'와 '문장'은 어느 정도 같은 뜻으로, 둘 다 실행할 수 있는 완전한 SQL 명령문이란 뜻이다. 여기서는 SELECT문과 INSERT, UPDATE, DELETE문, 그리고 DDL문까지 모두 쿼리라고 할 것이다.[4]

---

[4] (옮긴이) 보통은 SELECT를 쿼리라 하고, INSERT, UPDATE, DELETE, MERGE를 DML(Data Manipulation Language)이라 한다. CREATE, ALTER, DROP, TRUNCATE 등은 DDL(Data Definition Language), GRANT, REVOKE 등은 DCL(Data Control Language), COMMIT, ROLLBACK 등은 TCL(Transaction Control Language) 이라 한다.

그림 1.1 ERD 예제

**다대일(many-to-one)**
각 계정은 여러 개의 버그를 보고할 수 있다

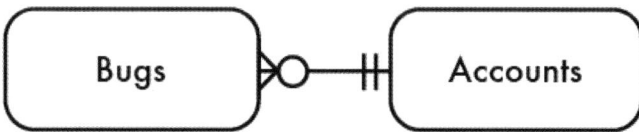

**일대다(one-to-many)**
각 버그는 여러 개의 댓글을 가질 수 있다.

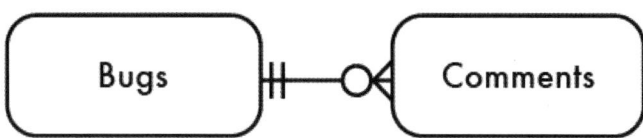

**일대일(one-to-one)**
각 제품은 하나의 인스톨러를 가진다.

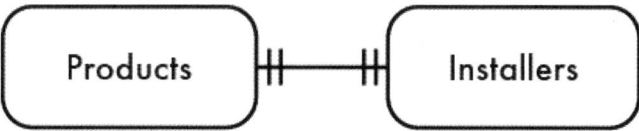

**다대다(many-to-many)**
각 제품은 여러 개의 버그를 가질 수 있고,
하나의 버그는 여러 개의 제품에 속할 수 있다.

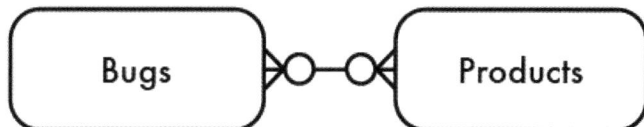

**다대다(many-to-many)**
위와 동일하나 중간에 교차테이블이 있다.

## ERD

관계형 데이터베이스에서는 ERD(Entity Relationship Diagram)가 가장 많이 사용된다. 테이블은 상자로 표시되고, 관계는 상자를 연결하는 선으로 표시된다. 선의 끝은 관계의 카디널러티(cardinality)를 나타내는 표시가 있다. 앞 페이지에 있는 그림 1.1을 참조하기 바란다.

## 1.5 예제 데이터베이스

나는 가상의 버그 추적 애플리케이션을 위한 데이터베이스를 사용해 SQL 안티패턴을 설명할 것이다. 이 데이터베이스에 대한 ERD가 그림 1.2에 나타나 있다. Bugs 테이블과 Accounts 테이블은 세 개의 줄로 연결되어 있는데 이는

그림 1.2 버그 데이터베이스 예제 다이어그램

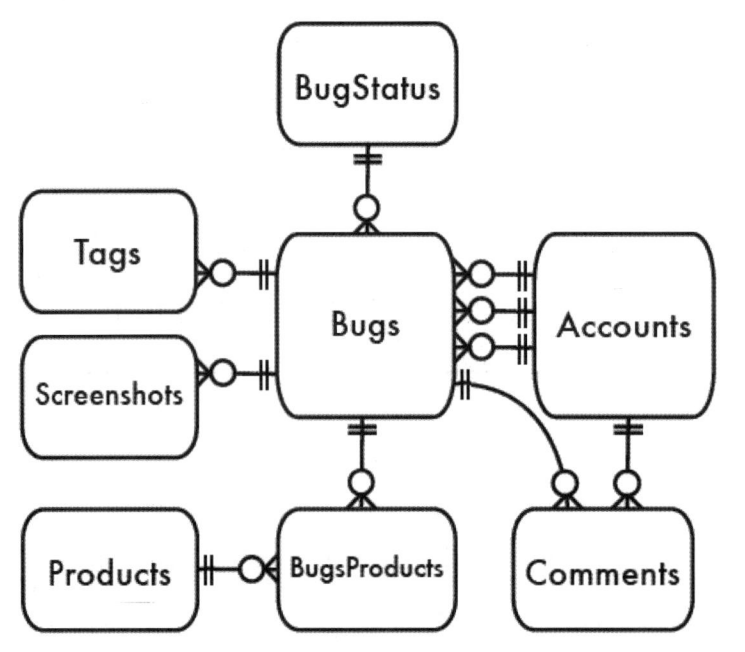

세 개의 FK(Foreign Key, 외래키)를 나타내는 것임에 유의하기 바란다.

다음 DDL은 어떤 식으로 테이블이 정의되었는지를 보인다. 어떤 경우에는 책의 뒷부분에서 예제로 활용하려는 의도로 만들기 때문에 실세계 애플리케이션을 만들 때와 같은 모습은 아닐 것이다. 나는 표준 SQL만을 사용하려 했으므로 예제는 어떤 제품의 데이터베이스에도 적용할 수 있지만, SERIAL, BIGINT 같은 MySQL 데이터 타입이 일부 보이기도 한다.

```
Introduction/setup.sql
```
```sql
CREATE TABLE Accounts (
    account_id        SERIAL PRIMARY KEY,
    account_name      VARCHAR(20),
    first_name        VARCHAR(20),
    last_name         VARCHAR(20),
    email             VARCHAR(100),
    password_hash     CHAR(64),
    portrait_image    BLOB,
    hourly_rate       NUMERIC(9,2)
);

CREATE TABLE BugStatus (
    status            VARCHAR(20) PRIMARY KEY
);

CREATE TABLE Bugs (
    bug_id            SERIAL PRIMARY KEY,
    date_reported     DATE NOT NULL,
    summary           VARCHAR(80),
    description       VARCHAR(1000),
    resolution        VARCHAR(1000),
    reported_by       BIGINT UNSIGNED NOT NULL,
    assigned_to       BIGINT UNSIGNED,
    verified_by       BIGINT UNSIGNED,
    status            VARCHAR(20) NOT NULL DEFAULT 'NEW',
    priority          VARCHAR(20),
    hours             NUMERIC(9,2),
    FOREIGN KEY (reported_by) REFERENCES Accounts(account_id),
    FOREIGN KEY (assigned_to) REFERENCES Accounts(account_id),
    FOREIGN KEY (verified_by) REFERENCES Accounts(account_id),
    FOREIGN KEY (status) REFERENCES BugStatus(status)
);
```

```
CREATE TABLE Comments (
  comment_id      SERIAL PRIMARY KEY,
  bug_id          BIGINT UNSIGNED NOT NULL,
  author          BIGINT UNSIGNED NOT NULL,
  comment_date    DATETIME NOT NULL,
  comment         TEXT NOT NULL,
  FOREIGN KEY (bug_id) REFERENCES Bugs(bug_id),
  FOREIGN KEY (author) REFERENCES Accounts(account_id)
);

CREATE TABLE Screenshots (
  bug_id            BIGINT UNSIGNED NOT NULL,
  image_id          BIGINT UNSIGNED NOT NULL,
  screenshot_image  BLOB,
  caption           VARCHAR(100),
  PRIMARY KEY       (bug_id, image_id),
  FOREIGN KEY (bug_id) REFERENCES Bugs(bug_id)
);

CREATE TABLE Tags (
  bug_id          BIGINT UNSIGNED NOT NULL,
  tag             VARCHAR(20) NOT NULL,
  PRIMARY KEY     (bug_id, tag),
  FOREIGN KEY (bug_id) REFERENCES Bugs(bug_id)
);

CREATE TABLE Products (
  product_id      SERIAL PRIMARY KEY,
  product_name    VARCHAR(50)
);

CREATE TABLE BugsProducts(
  bug_id          BIGINT UNSIGNED NOT NULL,
  product_id      BIGINT UNSIGNED NOT NULL,
  PRIMARY KEY     (bug_id, product_id),
  FOREIGN KEY (bug_id) REFERENCES Bugs(bug_id),
  FOREIGN KEY (product_id) REFERENCES Products(product_id)
);
```

일부 장, 특히 논리적 데이터베이스 설계 안티패턴에서는 안티패턴을 나타내기 위해 또는 안티패턴을 회피하기 위한 대안 해법을 제시하기 위해 다른 데이터베이스 정의를 보여줄 것이다.

## 1.6 감사의 글

가장 먼저 내 아내 Jan에게 감사한다. 아내가 내게 준 영감과 사랑, 지원 그리고 이따금씩의 바가지가 없었다면 이 책을 쓰지 못했을 것이다.

또한 내게 많은 시간을 투자해준 검토자들에게도 감사의 마음을 표한다. 그들의 제안은 이 책을 개선하는 데 많은 도움이 되었다. Marcus Adams, Jeff Bean, Frederic Daoud, Darby Felton, Arjen Lentz, Andy Lester, Chris Levesque, Mike Naberezny, Liz Nealy, Daev Roehr, Marco Romanini, Maik Schmidt, Gale Straney, and Danny Thorpe이 그들이다.

이 책의 사명을 믿어준 Pragmatic Bookshelf 출판사의 편집자 Jacquelyn Carter에게도 감사한다.

# 1부

# 논리적 데이터베이스 설계 안티패턴

SQL
AntiPatterns

Antipatterns —

# 2장

SQL  Antipatterns

# 무단횡단

> 이름을 밝힐 수 없는 한 넷스케이프 엔지니어가 한 번은 포인터를 JavaScript로 넘겼다가 문자열로 저장한 다음, 나중에 다시 C로 돌려받아, 서른 명 사망함.[1]
>
> – 블레이크 로스(Blake Ross)

버그 추적 애플리케이션에서 제품의 담당자를 지정하는 기능을 개발하고 있다. 원래의 설계는 각 제품당 한 명의 담당자를 등록할 수 있었다. 그러나 주어진 제품에 대해 여러 명의 담당자를 등록할 수 있게 해달라는 요청을 받았다. 별로 놀랄 일도 아니었다.

그때, 사용자 계정 아이디 하나를 저장하던 것을, 쉼표로 분리된 아이디 목록으로 저장하도록 데이터베이스를 바꾸는 것이 간단해 보였다.

곧 상사가 문제를 가지고 다가온다. "엔지니어링 부서에서 그들의 프로젝트에 관련 담당자를 등록하는데, 다섯 명까지만 등록할 수 있다고 하는군. 그 이상 등록하려고 하면 에러가 난다는데. 무슨 일이지?"

고개를 끄덕이며 그것이 완전히 정상적인 일인 양 대답한다. "예, 프로젝트 하나에 많은 사람을 나열할 수는 있죠."

---

[1] (옮긴이) 이 넷스케이프 엔지니어의 트릭은 그가 상상도 하지 못한 문제를 초래했다. 이를 과장해 표현한 것이다. http://thedailywtf.com/Articles/Blake_Ross_on_Popup_Suppression.aspx

상사에게 좀더 정확한 설명이 필요한 것을 느끼며 다시 말한다. "글쎄요, 다섯에서 열 명 정도? 한두 명 더 들어갈 수도 있고요. 사용자 계정이 얼마나 오래됐느냐에 따라 다르죠." 이제 상사가 눈썹을 치켜뜬다. 계속 설명한다. "프로젝트에 대한 담당자 계정 아이디는 쉼표로 분리된 목록으로 저장합니다. 그렇지만 아이디 목록은 문자열에 지정한 최대 길이를 넘지 말아야 합니다. 계정 아이디가 짧으면 목록에 더 많이 넣을 수 있죠. 그리고 99보다 작은 아이디를 가지는 초창기 계정은 길이가 짧고요."

상사가 얼굴을 찡그린다. 늦게까지 회사에 남아있어야 할 것 같은 느낌이 든다.

프로그래머들은 보통 다대다 관계를 위한 교차테이블 생성을 피하기 위해 쉼표로 구분된 목록(comma-separated list)을 사용한다. 나는 이 안티패턴을 무단횡단이라 부른다. 무단횡단 또한 교차로를 피하는 행위이기 때문이다.

## 2.1 목표: 다중 값 속성 저장

테이블의 칼럼이 하나의 값을 가질 땐 설계가 쉽다. 해당 값의 인스턴스 하나를 표현하는 SQL 데이터 타입, 예를 들어 정수, 날짜, 문자열 같은 것을 선택할 수 있다. 그러나 관련된 값의 집합은 어떻게 한 칼럼에 저장할 수 있을까?

버그 추적 데이터베이스 예제에서, 우리는 Products 테이블의 정수 칼럼을 사용해 제품과 담당자를 연관시켰다. 각 계정은 많은 제품에 대응되고, 각 프로젝트는 담당자를 하나만 참조하므로, 제품과 계정은 다대일 관계다.

`Jaywalking/obj/create.sql`
```
CREATE TABLE Products (
  product_id    SERIAL PRIMARY KEY,
  product_name  VARCHAR(1000),
  account_id    BIGINT UNSIGNED,
  ...
  FOREIGN KEY (account_id) REFERENCES Accounts(account_id)
);

INSERT INTO Products (product_id, product_name, account_id)
VALUES (DEFAULT, 'Visual TurboBuilder', 12);
```

프로젝트가 성숙해가면서, 제품의 담당자가 여러 명일 수도 있다는 사실을 깨닫는다. 제품과 계정의 관계에서 다대일 관계뿐 아니라 일대다 관계도 지원해야 하는 것이다. Products 테이블에서의 한 행이 하나 또는 그 이상의 담당자를 가질 수 있어야 한다.

## 2.2 안티패턴: 쉼표로 구분된 목록에 저장

데이터베이스 구조의 변경을 최소화하기 위해, account_id 칼럼을 VARCHAR로 바꾸고 여기에 여러 개의 계정 아이디를 쉼표로 구분해 나열하기로 했다.

```
Jaywalking/anti/create.sql
CREATE TABLE Products (
  product_id    SERIAL PRIMARY KEY,
  product_name VARCHAR(1000),
  account_id    VARCHAR(100), -- 쉼표로 구분된 목록
  ...
);

INSERT INTO Products (product_id, product_name, account_id)
VALUES (DEFAULT, 'Visual TurboBuilder', '12,34');
```

성공한 것 같다. 테이블을 새로 만들지도 않았고, 칼럼을 추가하지도 않았기 때문이다. 단지 칼럼 하나의 데이터 타입만 바꿨을 뿐이다. 그러나 이 테이블 설계로부터 겪어야 할 성능 문제와 데이터 정합성 문제를 살펴보자.

### 특정 계정에 대한 제품 조회

모든 FK가 하나의 필드에 결합되어 있으면 쿼리가 어려워진다. 더 이상 같은지를 비교할 수 없다. 대신 어떤 패턴에 맞는지를 검사해야 한다. 예를 들어, MySQL에서는 계정 12에 대한 제품을 찾기 위해 다음과 같은 쿼리를 사용할 수 있다.

```
Jaywalking/anti/regexp.sql
```
```sql
SELECT * FROM Products WHERE account_id REGEXP '[[:<:]]12[[:>:]]';
```

패턴 매칭을 사용하면 잘못된 결과가 리턴될 수 있고 인덱스도 활용하지 못한다. 패턴 매칭 문법은 데이터베이스 제품에 따라 다르기 때문에 이렇게 작성한 SQL은 벤더 중립적이지도 않다.

## 주어진 제품에 대한 계정 정보 조회

마찬가지로, 쉼표로 구분된 목록을 참조하는 테이블의 대응되는 행과 조인하기도 불편해지고 비용이 많이 든다.

```
Jaywalking/anti/regexp.sql
```
```sql
SELECT * FROM Products AS p JOIN Accounts AS a
  ON p.account_id REGEXP '[[:<:]]' || a.account_id || '[[:>:]]'
WHERE p.product_id = 123;
```

이런 식의 표현을 사용해 두 테이블을 조인하면 인덱스를 활용할 기회가 사라진다. 이 쿼리는 두 테이블을 모두 읽어 카테시안 곱(Cartesian product)을 생성한 다음, 모든 행의 조합에 대해 정규 표현식을 평가해야 한다.

## 집계 쿼리 만들기

집계 쿼리는 COUNT(), SUM(), AVG()와 같은 함수를 사용한다. 그러나 이런 함수는 행의 그룹에 대해 사용하도록 설계되었지, 쉼표로 구분된 목록에 대해 사용하도록 설계된 것이 아니다. 따라서 다음과 같은 기교에 의지해야 한다.

```
Jaywalking/anti/count.sql
```
```sql
SELECT product_id, LENGTH(account_id) - LENGTH(REPLACE(account_id,
',', '')) + 1
  AS contacts_per_product
FROM Products;
```

이런 기교는 교묘하긴 하지만 명확하지 않다. 이런 해법은 개발하는 데 시간도 오래 걸리고 디버깅하기도 어렵다. 어떤 집계 쿼리는 이런 기교로도 만들어낼 수 없다.

## 특정 제품에 대한 계정 갱신

목록의 마지막에 문자열 연결을 통해 새로운 아이디를 추가할 수 있지만, 이렇게 하면 목록이 정렬된 상태로 유지되지 않는다.

`Jaywalking/anti/update.sql`

```sql
UPDATE Products
SET account_id = account_id || ',' || 56
WHERE product_id = 123;
```

목록에서 항목을 삭제하려면 두 개의 SQL 쿼리를 실행해야 한다. 하나는 예전 목록을 불러오는 데, 다른 하나는 목록을 갱신하기 위해 필요하다.

`Jaywalking/anti/remove.php`

```php
<?php

$stmt = $pdo->query(
  "SELECT account_id FROM Products WHERE product_id = 123")
$row = $stmt->fetch();
$contact_list = $row['account_id'];

// PHP 코드로 목록 변경
$value_to_remove = "34";
$contact_list = split(",", $contact_list);
$key_to_remove = array_search($value_to_remove, $contact_list);
unset($contact_list[$key_to_remove]);
$contact_list = join(",", $contact_list);
$stmt = $pdo->prepare(
  "UPDATE Products SET account_id = ?
   WHERE product_id = 123");
$stmt->execute(array($contact_list));
```

단지 목록에서 항목 하나를 삭제하는 데 이렇게 많은 코드가 필요하다.

## 제품 아이디 유효성 검증

사용자가 banana와 같은 유효하지 않은 항목을 입력하는 것을 어떻게 방지할 수 있을까?

```
Jaywalking/anti/banana.sql
```
```
INSERT INTO Products (product_id, product_name, account_id)
VALUES (DEFAULT, 'Visual TurboBuilder', '12,34,banana');
```

사용자들은 유효하지 않은 값을 입력하는 방법을 찾아낼 것이고, 데이터베이스는 쓰레기 더미가 될 것이다. 데이터베이스에서 에러가 발생하지는 않지만, 데이터는 의미 없는 것이 될 것이다.

## 구분자 문자 선택

정수 목록 대신 문자열 목록을 저장하는 경우 목록의 일부 항목이 구분자 문자를 포함할 수 있다. 항목 간의 구분자로 쉼표를 사용하면 모호해질 수 있다. 구분자로 다른 문자를 사용할 수도 있으나, 이 새로운 구분자가 항목에 절대 안 나온다고 보장할 수 있을까?

## 목록 길이 제한

VARCHAR(30) 칼럼에 얼마나 많은 목록 항목을 저장할 수 있을까? 각 항목의 길이에 따라 다르다. 각 항목의 길이가 2라면 (쉼표를 포함해서) 항목을 열 개 저장할 수 있다. 그러나 각 항목의 길이가 6이라면 항목을 네 개 저장할 수 있을 뿐이다.

```
Jaywalking/anti/length.sql
```
```
UPDATE Products SET account_id = '10,14,18,22,26,30,34,38,42,46'
WHERE product_id = 123;

UPDATE Products SET account_id = '101418,222630,343842,467790'
WHERE product_id = 123;
```

VARCHAR(30)이 미래에 필요한 가장 긴 목록을 지원할 수 있는지 어떻게 알 수 있겠는가? 얼마나 길게 하면 충분할까? 이런 길이 제한에 대한 이유를 상사나 고객에게 설명해보기 바란다.

## 2.3 안티패턴 인식 방법

프로젝트 팀에서 다음과 같은 말이 나온다면, 무단횡단 안티패턴이 사용되고 있음을 나타내는 단서로 간주할 수 있다.

- "이 목록이 지원해야 하는 최대 항목 수는 얼마나 될까?"
  VARCHAR 칼럼의 최대 길이를 선정하려 할 때 이런 질문이 나온다.
- "SQL에서 단어의 경계를 어떻게 알아내는지 알아?"
  문자열의 일부를 찾아내기 위해 정규 표현식을 사용한다면, 이런 부분을 별도로 저장해야 함을 뜻하는 단서일 수 있다.
- "이 목록에서 절대 나오지 않을 문자가 어떤 게 있을까?"
  모호하지 않은 문자를 구분자로 사용하고 싶겠지만, 어떤 구분자를 쓰든 언젠가는 그 문자가 목록의 값에 나타날 것이라 예상해야 한다.

## 2.4 안티패턴 사용이 합당한 경우

어떤 종류의 쿼리는 데이터베이스에 반정규화(denormalization)를 적용해 성능을 향상시킬 수 있다. 목록을 쉼표로 구분된 문자열로 저장하는 것도 반정규화의 예다.

애플리케이션에서 쉼표로 구분된 형식의 데이터를 필요로 하고, 목록 안의 개별 항목에는 접근할 필요가 없을 수 있다. 비슷하게 애플리케이션이 다른 출처에서 쉼표로 구분된 형식으로 데이터를 받아 데이터베이스에 그대로 저장하고 나중에 동일한 형식으로 불러내야 하며, 목록 안의 개별 값을 분리할 필요가 없다면 안티패턴을 사용할 수 있다.

반정규화를 사용하기로 결정할 때는 보수적이어야 한다. 데이터베이스를 정규화하는 것이 먼저다. 정규화는 애플리케이션 코드를 좀더 융통성 있게 하고, 데이터베이스의 정합성을 유지할 수 있게 한다.

## 2.5 해법: 교차 테이블 생성

account_id를 Products 테이블에 저장하는 대신, 별도의 테이블에 저장해 account_id가 별도의 행을 차지하도록 하는 것이 좋다. 이 새로 만든 Contacts 테이블은 Products와 Accounts 사이의 다대다 관계를 구현한다.

`Jaywalking/soln/create.sql`

```sql
CREATE TABLE Contacts (
  product_id  BIGINT UNSIGNED NOT NULL,
  account_id  BIGINT UNSIGNED NOT NULL,
  PRIMARY KEY (product_id, account_id),
  FOREIGN KEY (product_id) REFERENCES Products(product_id),
  FOREIGN KEY (account_id) REFERENCES Accounts(account_id)
);

INSERT INTO Contacts (product_id, account_id)
VALUES (123, 12), (123, 34), (345, 23), (567, 12), (567, 34);
```

어떤 테이블이 FK로 두 테이블을 참조할 때 이를 교차 테이블[2]이라 한다. 교차 테이블은 참조되는 두 테이블 사이의 다대다 관계를 구현한다. 즉 각 제품은 교차 테이블을 통해 여러 개의 계정과 연관되며, 마찬가지로 각 계정은 여러 개의 제품과 연관된다. 그림 2.1의 ERD를 보기 바란다.

안티패턴 절에서 봤던 문제가 교차 테이블을 사용하면 어떻게 해결될 수 있는지 살펴보자.

---

[2] 조인 테이블(join table), 다대다 테이블(many-to-many table), 매핑 테이블(mapping table) 또는 다른 이름으로 불리기도 한다. 이름에 상관없이 개념은 같다.

그림 2.1 교차 테이블 ERD

## 계정으로 제품 조회하기와 제품으로 계정 조회하기

주어진 계정에 대한 모든 제품의 속성을 조회하려면, Products 테이블과 Contacts 테이블을 조인하면 된다.

```
Jaywalking/soln/join.sql
```
```
SELECT p.*
FROM Products AS p JOIN Contacts AS c
  ON (p.product_id = c.product_id)
WHERE c.account_id = 34;
```

어떤 사람들은 조인을 포함한 쿼리를 거부하는데, 성능이 나쁘다고 생각하기 때문이다. 그러나 이 쿼리는 안티패턴 절에서 본 방법보다 인덱스를 훨씬 잘 사용한다.

마찬가지로 계정 상세 정보를 조회하는 쿼리도 읽기 쉽고 최적화하기도 쉽다. 조인을 위해 난해한 정규 표현식을 사용하는 대신 효율적으로 인덱스를 사용한다.

```
Jaywalking/soln/join.sql
```
```
SELECT a.*
FROM Accounts AS a JOIN Contacts AS c
  ON (a.account_id = c.account_id)
WHERE c.product_id = 123;
```

## 집계 쿼리 만들기

다음 쿼리는 제품당 계정 수를 리턴한다.

`Jaywalking/soln/group.sql`

```sql
SELECT product_id, COUNT(*) AS accounts_per_product
FROM Contacts
GROUP BY product_id;
```

계정당 제품 수를 구하는 것도 마찬가지로 간단하다.

`Jaywalking/soln/group.sql`

```sql
SELECT account_id, COUNT(*) AS products_per_account
FROM Contacts
GROUP BY account_id;
```

가장 많은 담당자를 할당 받은 제품을 구하는 것과 같이 좀더 복잡한 리포트를 만드는 것도 가능하다.

`Jaywalking/soln/group.sql`

```sql
SELECT c.product_id, c.contacts_per_product
FROM (
  SELECT product_id, COUNT(*) AS accounts_per_product
  FROM Contacts
  GROUP BY product_id
) AS c
ORDER BY c.contacts_per_product DESC LIMIT 1
```

## 특정 제품에 대한 계정 갱신

목록에 항목을 추가하거나 삭제하는 것은 교차 테이블에 행을 삽입하거나 삭제하는 방법으로 할 수 있다. 각 제품에 대한 참조는 Contacts 테이블에 별도의 행으로 저장되므로, 한 번에 하나씩 추가 또는 삭제할 수 있다.

`Jaywalking/soln/remove.sql`

```sql
INSERT INTO Contacts (product_id, account_id) VALUES (456, 34);

DELETE FROM Contacts WHERE product_id = 456 AND account_id = 34;
```

### 제품 아이디 유효성 검증

어떤 항목이 다른 테이블에 있는 합당한 값에 대해 유효한지를 확인하기 위해 FK를 사용할 수 있다. Contacts.account_id가 Accounts.account_id를 참조하도록 선언해, 참조 정합성을 데이터베이스가 강제하도록 할 수 있다. 이렇게 하면 교차 테이블에는 실제로 존재하는 계정 아이디만 들어있음을 확신할 수 있다.

항목을 제한하는 데 SQL 데이터 타입을 사용할 수도 있다. 예를 들어, 목록에 들어갈 항목이 유효한 INTEGER 또는 DATE 값이어야 하고 해당 칼럼이 이 데이터 타입을 사용하도록 선언했다면, 모든 항목이 해당 타입의 유효한 값이라 (즉 banana와 같은 무의미한 항목이 없다고) 확신할 수 있다.

### 구분자 문자 선택

각 항목을 별도의 행으로 저장하므로 구분자를 사용하지 않는다. 쉼표나 구분자로 사용하는 다른 문자가 항목에 포함되어 있을지 걱정할 필요가 없다.

### 목록 길이 제한

각 항목이 교차 테이블에 별도 행으로 존재하기 때문에, 한 테이블에 물리적으로 저장할 수 있는 행 수에만 제한을 받는다. 항목 수를 제한하는 것이 적당하다면, 목록의 항목을 합한 길이를 보는 것보다는 애플리케이션에서 항목 수를 세어 이 정책을 강제해야 한다.

### 교차 테이블의 다른 장점

Contacts.account_id에 걸린 인덱스를 활용하면 쉼표로 구분된 목록에서 부분 문자열 매칭하는 것보다 성능이 좋아진다. 칼럼에 FK를 선언하면 많은 데이터베이스가 내부적으로 해당 칼럼에 대한 인덱스를 생성한다. (그러나 문서를 확인하기 바란다.)

또한 교차 테이블에 칼럼을 추가해 각 항목에 추가 속성을 넣을 수 있다. 예를 들어, 주어진 제품에 담당자가 할당된 날짜를 저장하거나, 누가 주 담당자고 누가 부 담당자인지를 표시하는 속성을 추가할 수 있다. 쉼표로 구분된 목록에서는 이런 것을 할 수 없다.

> **SQL Antipatterns Tip**
>
> 각 값은 자신의 칼럼과 행에 저장하라.

Antipatterns —

# 3장

SQL  Antipatterns

# 순진한 트리

> 나무는 나무일 뿐입니다. 얼마나 더 봐야 하겠습니까?[1]
> – 로널드 레이건(Ronald Reagan)

과학 기술 뉴스를 위한 유명한 웹 사이트에 근무하는 소프트웨어 개발자라고 생각해보자.

이건 현대적인 웹 사이트다. 독자들이 답글을 달 수 있고 심지어 답글에 대한 답글도 달 수 있기 때문에, 가지를 뻗어 깊게 확장하는 글 타래를 형성할 수 있다. 이런 답글 타래를 추적하기 위해, 각 답글은 답글을 다는 대상 글에 대한 참조를 가지도록 하는 단순한 해법을 선택했다.

Trees/intro/parent.sql

```sql
CREATE TABLE Comments (
  comment_id    SERIAL PRIMARY KEY,
  parent_id     BIGINT UNSIGNED,
  comment       TEXT NOT NULL,
  FOREIGN KEY (parent_id) REFERENCES Comments(comment_id)
);
```

---

[1] (옮긴이) 1966년 로널드 레이건이 캘리포니아 주지사로서 레드우드 국립공원 확장을 반대하면서 한 말.

그러나 곧 답글의 긴 타래를 하나의 SQL 쿼리로 불러오기가 어렵다는 점이 명확해진다. 단지 고정된 깊이까지만, 즉 바로 아래 자식 또는 그 아래 손자뻘 되는 글까지 얻어낼 수 있다. 그렇지만 글타래는 깊이가 무제한이다. 특정 글타래에 대해 모든 답글을 얻기 위해서는 많은 SQL 쿼리를 실행해야 할 것이다.

생각할 수 있는 다른 방법은 모든 글을 불러온 다음, 학교에서 배운 전통적인 트리 알고리즘을 사용해 애플리케이션 메모리 안에서 트리 구조를 구성하는 것이다. 그러나 웹 사이트 담당자가 말하길 보통 하루에 수십 개의 기사가 발표되고 각 기사에는 수백 개의 답글이 달린다고 한다. 누군가 웹 사이트를 볼 때마다 매번 수백만 개의 답글을 정렬하는 것은 비현실적이다.

어떤 논의에 대한 글타래를 간단하고 효율적으로 가져올 수 있도록 글타래를 저장하는 더 좋은 방법이 있어야 한다.

## 3.1 목표: 계층구조 저장 및 조회하기

데이터가 재귀적 관계를 가지는 것은 흔한 일이다. 데이터는 트리나 계층적 구조가 될 수 있다. 트리 데이터 구조에서 각 항목은 노드라 불린다. 노드는 여러 개의 자식을 가질 수 있고 부모를 하나 가진다. 부모가 없는 최상위 노드를 뿌리(root)라 한다. 가장 아래에 있는 자식이 없는 노드를 종말노드(leaf)라 부른다. 중간에 있는 노드는 간단히 노드(non-leaf)라 한다.

앞에서 설명한 계층적 데이터에서는, 개별 항목을 조회하는 경우, 전체 중 관련된 부분만 포함한 부분집합만 조회하는 경우 또는 데이터 전체를 조회하는 경우가 있을 것이다.

트리 데이터 구조를 가지는 예에는 다음과 같은 것이 포함된다.

**조직도:** 직원과 관리자의 관계는 트리 구조 데이터의 교과서적 예제다. 조직도는 SQL에 대한 수많은 책과 글에 나타난다. 조직도에서 직원은 관리자를 가지는데 트리 구조에서는 직원의 부모를 나타낸다. 관리자 또한 직원이다.

**글타래:** 앞에서 봤듯이 답글에 대한 답글의 글타래에 트리가 사용될 수 있다. 이 트리에서 글의 자식은 답글이다.

이 장에서는 안티패턴과 그 해법을 보이는 데 글타래 예제를 사용할 것이다.

## 3.2 안티패턴: 항상 부모에 의존하기

책과 글에서 흔히 설명하는 초보적 방법은 parent_id 칼럼을 추가하는 것이다. 이 칼럼은 같은 테이블 안의 다른 글을 참조하며, 이 관계를 강제하기 위해 FK 제약조건을 걸 수 있다. 이 테이블을 정의하는 SQL은 다음과 같고, ERD는 그림 3.1과 같다.

```
Trees/anti/adjacency-list.sql
```
```sql
CREATE TABLE Comments (
  comment_id   SERIAL PRIMARY KEY,
  parent_id    BIGINT UNSIGNED,
  bug_id       BIGINT UNSIGNED NOT NULL,
  author       BIGINT UNSIGNED NOT NULL,
  comment_date DATETIME NOT NULL,
  comment      TEXT NOT NULL,
  FOREIGN KEY (parent_id) REFERENCES Comments(comment_id),
  FOREIGN KEY (bug_id) REFERENCES Bugs(bug_id),
  FOREIGN KEY (author) REFERENCES Accounts(account_id)
);
```

이 설계는 인접 목록(Adjacency List)이라 불린다. 소프트웨어 개발자가 계층적 데이터를 저장하는 데 사용하는 가장 흔한 설계일 것이다. 다음은 글타래 계층구조를 보여주는 샘플 데이터고, 트리 구조는 그림 3.2에 표현되어 있다.

그림 3.1 인접 목록 ERD

그림 3.2 글타래 트리

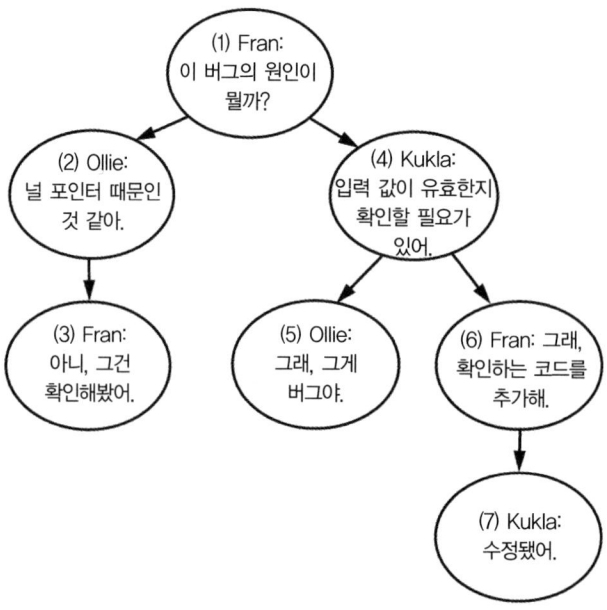

| comment_id | parent_id | author | comment |
|---|---|---|---|
| 1 | NULL | Fran | 이 버그의 원인이 뭘까? |
| 2 | 1 | Ollie | 널 포인터 때문인 것 같아. |
| 3 | 2 | Fran | 아니, 그건 확인해봤어. |
| 4 | 1 | Kukla | 입력값이 유효한지 확인할 필요가 있어. |
| 5 | 4 | Ollie | 그래, 그게 버그야. |
| 6 | 4 | Fran | 그래, 확인하는 코드를 추가해. |
| 7 | 6 | Kukla | 수정됐어. |

## 인접 목록에서 트리 조회하기

인접 목록은 많은 개발자들이 기본으로 선택하는 방법이지만 트리에서 필요한 가장 흔한 작업 중 하나인 모든 자식 조회하기를 제대로 못 한다면 안티패턴이 될 수 있다.

답글과 그 답글의 바로 아래 자식은 비교적 간단한 쿼리로 얻을 수 있다.

`Trees/anti/parent.sql`

```sql
SELECT c1.*, c2.*
FROM Comments c1 LEFT OUTER JOIN Comments c2
  ON c2.parent_id = c1.comment_id;
```

그러나 이 쿼리는 단지 트리의 두 단계만 조회한다. 트리의 특징 중 하나가 어느 깊이까지든 확장될 수 있다는 것이므로, 단계에 상관없이 후손들을 조회할 수 있어야 한다. 예를 들어, COUNT()로 글타래의 답글 수를 계산하거나, SUM()을 이용해 기계 조립에서 부품의 비용 합계[2]를 구할 수 있어야 한다.

인접 목록을 사용하면 이런 종류의 쿼리가 이상해진다. 트리의 각 단계를 조인으로 구해야 하는데, SQL 쿼리에서 조인 회수는 미리 고정되어야 하기 때문이다. 다음 쿼리는 트리에서 4단계까지 가져오지만 그 이상의 깊이에 있는

---

2 (옮긴이) 부품 조립도 계층적 데이터 구조로 자주 나오는 예제 중 하나다. 한 부품은 다른 부품의 일부가 될 수 있으며 부품 자신도 부품이므로, 글타래나 조직도에서와 마찬가지로 재귀적 계층 관계를 가진다.

데이터는 가져오지 못한다.

```
Trees/anti/ancestors.sql
```
```
SELECT c1.*, c2.*, c3.*, c4.*
FROM Comments c1                              -- 1단계
  LEFT OUTER JOIN Comments c2
    ON c2.parent_id = c1.comment_id           -- 2단계
  LEFT OUTER JOIN Comments c3
    ON c3.parent_id = c2.comment_id           -- 3단계
  LEFT OUTER JOIN Comments c4
    ON c4.parent_id = c3.comment_id;          -- 4단계
```

또한 이 쿼리는 단계가 깊어질수록 칼럼을 추가하는 방식으로 후손을 포함시키기 때문에 주의를 요한다. 이렇게 하면 COUNT()와 같은 집계 수치를 계산하기가 어려워진다.

인접 목록에서 트리 구조를 조회하는 다른 방법은 글타래의 모든 행을 가져와서 트리처럼 보여주기 전에 애플리케이션에서 계층구조를 만들어내는 것이다.

```
Trees/anti/all-comments.sql
```
```
SELECT * FROM Comments WHERE bug_id = 1234;
```

데이터베이스에서 애플리케이션으로 대량의 데이터를 가져오는 방법은 엄청나게 비효율적이다. 꼭대기로부터 전체 트리가 필요한 게 아니라 단지 서브트리만 필요할 수도 있다. 또는 답글의 COUNT()와 같은 데이터의 집계 정보만 필요할 수도 있다.

## 인접 목록에서 트리 유지하기

인접 목록에서 새로운 노드를 추가하는 것과 같은 일부 연산은 간단해진다는 점을 인정해야겠다.

Trees/anti/insert.sql

```sql
INSERT INTO Comments (bug_id, parent_id, author, comment)
  VALUES (1234, 7, 'Kukla', 'Thanks!');
```

노드 하나 또는 서브트리를 이동하는 것 또한 쉽다.

Trees/anti/update.sql

```sql
UPDATE Comments SET parent_id = 3 WHERE comment_id = 6;
```

그러나 트리에서 노드를 삭제하는 것은 좀더 복잡하다. 서브트리 전체를 삭제하려면 FK 제약조건을 만족하기 위해 여러 번 쿼리를 날려 모든 자손을 찾은 다음, 가장 아래 단계부터 차례로 삭제하면서 올라가야 한다.

Trees/anti/delete-subtree.sql

```sql
SELECT comment_id FROM Comments WHERE parent_id = 4; -- 5와 6 리턴
SELECT comment_id FROM Comments WHERE parent_id = 5; -- 결과 없음
SELECT comment_id FROM Comments WHERE parent_id = 6; -- 7 리턴
SELECT comment_id FROM Comments WHERE parent_id = 7; -- 결과 없음

DELETE FROM Comments WHERE comment_id IN ( 7 );
DELETE FROM Comments WHERE comment_id IN ( 5, 6 );
DELETE FROM Comments WHERE comment_id = 4;
```

삭제할 노드의 자손을 현재 노드의 부모로 이어 붙인다거나 이동하지 않고 항상 함께 삭제한다면, FK에 ON DELETE CASCADE 옵션을 주어 이를 자동화할 수 있다.

그러나 자식이 있는 노드를 삭제하면서 그 자식을 자신의 부모에 이어 붙인다거나 또는 트리의 다른 곳으로 이동하고 싶은 경우에는, 먼저 자식들의 parent_id를 변경한 다음 원하는 노드를 삭제해야 한다.

Trees/anti/delete-non-left.sql

```sql
SELECT parent_id FROM Comments WHERE comment_id = 6; -- 4 리턴
UPDATE Comments SET parent_id = 4 WHERE parent_id = 6;

DELETE FROM Comments WHERE comment_id = 6;
```

인접 목록 모델을 사용할 때 여러 단계가 필요한 작업의 예를 살펴봤다. 상당히 많은 코드를 작성해야 했는데, 이런 작업은 데이터베이스에서 좀더 단순하고 효율적으로 할 수 있어야 한다.

## 3.3 안티패턴 인식 방법

다음과 같은 말을 듣는다면, 순진한 트리 안티패턴이 사용되고 있음을 눈치챌 수 있다.

- "트리에서 얼마나 깊은 단계를 지원해야 하지?"
  재귀적 쿼리를 사용하지 않고 어떤 노드의 모든 후손 또는 모든 조상을 얻기 위해 노력하고 있는 것이다. 트리를 제한된 깊이까지만 지원하는 것으로 타협할 수도 있겠지만, 그 다음에 나올 질문도 뻔하다. 어느 정도의 깊이까지 지원해야 할까?

- "트리 데이터 구조를 관리하는 코드는 건드리는 게 겁나."
  계층구조를 관리하는 좀더 정교한 해법 중 하나를 채용했지만, 잘못된 것을 사용하고 있다. 각 기법은 어떤 작업을 쉽게 해주는 대신 다른 작업을 어렵게 한다. 상황에 맞는 최선의 방법이 아닌 다른 방법을 선택한 것일 수도 있다.

- "트리에서 고아 노드를 정리하기 위해 주기적으로 스크립트를 돌려야 해."
  애플리케이션이 트리에서 자식이 있는 노드를 삭제하면서 연결이 끊긴 노드가 생긴 것이다. 복잡한 데이터 구조를 데이터베이스에 저장할 때는, 변경을 한 후에도 일관성 있는 유효한 상태로 데이터 구조를 유지해야 한다. 깨지지 않는 단단한 상태로 데이터 구조를 저장하기 위해 트리거나 FK 제약조건과 함께 이 장의 뒷부분에서 설명하는 방법을 사용할 수 있다.

## 3.4 안티패턴 사용이 합당한 경우

인접 목록이 애플리케이션에서 필요한 작업을 지원하는 데 적당할 수도 있다. 인접 목록의 강점은 주어진 노드의 부모나 자식을 바로 얻을 수 있다는 것이다. 또한 새로운 노드를 추가하기도 쉽다. 계층적 데이터로 작업하는 데 이 정도만으로도 충분하다면, 인접 목록은 적절한 방법이다.

> **너무 복잡하게 만들지 마라**
>
> 나는 어떤 데이터 센터의 장비 관리 애플리케이션을 작성했다. 어떤 장비는 컴퓨터 안에 설치되었다. 예들 들어, 캐싱 디스크 컨트롤러는 랙에 위치한 서버에 설치되었고, 확장 메모리 모듈은 디스크 컨트롤러에 설치됐다.
> 나는 이런 계층구조를 쉽게 추적하기 위한 SQL 해법이 필요했다. 또한 장비 사용률, 할부상환, 투자수익률(ROI, Return on Investment)과 같은 회계 보고서를 만들어내기 위해 각 장비를 추적해야 했다.
> 관리자가 말하길 장비는 다른 부품 장비를 포함할 수 있으므로, 이론적으로 트리 깊이는 얼마든지 깊어질 수 있다고 했다. 데이터베이스 내 트리 조작, 사용자 인터페이스, 관리와 리포팅까지 모든 코드를 만드는 데 몇 주가 걸렸다.
> 그러나 실제로 보니, 장비 관리 애플리케이션에서 장비 구조를 트리로 나타냈을 때 한 단계의 부모-자식 관계 이상으로 깊어지는 경우는 없었다. 내 고객이 장비 요구사항에 대해 이 정도면 충분하다는 점을 인정했다면, 우리는 많은 노력을 줄일 수 있었을 것이다.

어떤 DBMS는 인접 목록 형식으로 저장된 계층구조를 지원하기 위한 SQL 확장 기능을 지원한다. SQL-99 표준에서는 WITH 키워드에 CTE(Common Table Expression)를 사용한 재귀적 쿼리 문법을 정의했다.

`Trees/legit/cte.sql`

```sql
WITH CommentTree
    (comment_id, bug_id, parent_id, author, comment, depth)
AS (
    SELECT *, 0 AS depth FROM Comments
    WHERE parent_id IS NULL
  UNION ALL
    SELECT c.*, ct.depth+1 AS depth FROM CommentTree ct
    JOIN Comments c ON (ct.comment_id = c.parent_id)
)
SELECT * FROM CommentTree WHERE bug_id = 1234;
```

Microsoft SQL Server 2005, Oracle 11g, IBM DB2, PostgreSQL 8.4가 CTE를 사용한 재귀적 쿼리를 지원한다.

MySQL, SQLite, Informix는 이 문법을 지원하지 않는다. 여전히 널리 사용되고 있는 Oracle 10g 역시 이를 지원하지 않는다. 나중에는 재귀적 쿼리 문법이 모든 인기 DBMS에서 사용할 수 있게 될 것이라 가정할 수 있다. 그렇게 되면 인접 목록의 사용에도 제약이 없어질 것이다.

Oracle 9i와 10g는 WITH절을 지원하지만 CTE를 통한 재귀적 쿼리 문법은 지원하지 않는다. 대신 START WITH와 CONNECT BY PRIOR를 이용한 전용 문법이 있다. 재귀적 쿼리를 실행하기 위해 이 문법을 사용할 수 있다.

`Trees/legit/connect-by.sql`

```sql
SELECT * FROM Comments
START WITH comment_id = 9876
CONNECT BY PRIOR parent_id = comment_id;
```

## 3.5 해법: 대안 트리 모델 사용

계층적 데이터를 저장하는 데는 인접 목록 모델 외에도 경로 열거(Path Enumeration), 중첩 집합(Nested Sets), 클로저 테이블(Closure Table)과 같은 몇 가지 대안이 있다. 다음 세 절에서는 이런 대안을 통해 글타래와 같이 트리 구조를 저장하고 조회하는 데 있어 안티패턴 절에서 제기했던 문제를 해결하는 방법을 설명할 것이다.

이런 방법에 익숙해지는 데는 약간 시간이 걸린다. 처음에는 인접 목록보다 복잡해 보일 수 있지만, 인접 목록에서는 매우 어렵거나 비효율적이었던 트리 조작을 쉽게 해준다. 애플리케이션에서 이런 조작을 수행해야 한다면 다음과 같은 방법이 단순한 인접 목록보다 좋은 선택이 될 것이다.

## 경로 열거

인접 목록의 약점 중 하나는 트리에서 주어진 노드의 조상들을 얻는 데 비용이 많이 든다는 것이다. 경로 열거 방법에서는 일련의 조상을 각 노드의 속성으로 저장해 이를 해결한다.

디렉터리 구조에서도 경로 열거 형태를 볼 수 있다. /usr/local/lib/와 같은 UNIX 경로는 파일 시스템에서의 경로 열거다. usr은 local의 부모고, local은 lib의 부모다.

Comments 테이블에 parent_id 칼럼 대신, 긴 VARCHAR 타입의 path란 칼럼을 정의한다. 이 칼럼에 저장되는 문자열은 트리의 꼭대기부터 현재 행까지 내려오는 조상의 나열로, UNIX 경로와 비슷하다. 심지어 '/'를 구분자로 사용해도 된다.

`Trees/soln/path-enum/create-table.sql`

```sql
CREATE TABLE Comments (
  comment_id    SERIAL PRIMARY KEY,
  path          VARCHAR(1000),
  bug_id        BIGINT UNSIGNED NOT NULL,
  author        BIGINT UNSIGNED NOT NULL,
  comment_date  DATETIME NOT NULL,
  comment       TEXT NOT NULL,
  FOREIGN KEY (bug_id) REFERENCES Bugs(bug_id),
  FOREIGN KEY (author) REFERENCES Accounts(account_id)
);
```

| comment_id | path | author | comment |
|---|---|---|---|
| 1 | 1/ | Fran | 이 버그의 원인이 뭘까? |
| 2 | 1/2/ | Ollie | 널 포인터 때문인 것 같아. |
| 3 | 1/2/3/ | Fran | 아니, 그건 확인해봤어. |
| 4 | 1/4/ | Kukla | 입력값이 유효한지 확인할 필요가 있어. |
| 5 | 1/4/5/ | Ollie | 그래, 그게 버그야. |
| 6 | 1/4/6/ | Fran | 그래, 확인하는 코드를 추가해. |
| 7 | 1/4/6/7/ | Kukla | 수정됐어. |

조상은 현재 행의 경로와 다른 행의 경로 패턴을 비교해 조회할 수 있다. 예를 들어 경로가 1/4/6/7/인 답글 #7의 조상을 찾으려면 다음과 같이 한다.

> Trees/soln/path-enum/ancestors.sql

```sql
SELECT *
FROM Comments AS c
WHERE '1/4/6/7/' LIKE c.path || '%';
```

이렇게 하면 조상의 경로로 만든 패턴 1/4/6/%, 1/4/%, 1/%가 매치된다.

LIKE의 인수를 반대로 하면 후손을 구할 수 있다. 경로가 1/4/인 답글 #4의 후손을 찾으려면 다음과 같이 하면 된다.

> Trees/soln/path-enum/descendants.sql

```sql
SELECT *
FROM Comments AS c
WHERE c.path LIKE '1/4/' || '%';
```

패턴 1/4/%는 후손의 경로 1/4/5/, 1/4/6/, 1/4/6/7/과 매치된다.

트리의 일부나 트리의 꼭대기까지 조상의 연결을 쉽게 조회할 수 있다면, 서브트리에서 노드의 비용 SUM()을 계산한다든가 또는 단순히 노드의 수를 세는 것과 같은 다른 쿼리도 쉽게 할 수 있다. 예를 들어, 답글 #4부터 시작하는 서브트리에서 글쓴이당 답글 수를 세려면 다음과 같이 할 수 있다.

`Trees/soln/path-enum/count.sql`

```sql
SELECT COUNT(*)
FROM Comments AS c
WHERE c.path LIKE '1/4/' || '%'
GROUP BY c.author;
```

새로운 노드를 삽입하는 방법은 인접 목록 모델에서와 비슷하다. 다른 노드를 수정하지 않고도 종단이 아닌(non-leaf) 노드를 삽입할 수 있다. 새 노드의 부모 경로를 복사한 다음 여기에 새 노드의 아이디를 덧붙이면 된다. 삽입할 때 PK(Primary Key) 값이 자동으로 생성되는 경우라면 먼저 행을 삽입한 다음, 삽입한 새로운 행의 아이디를 이용해 경로를 갱신해야 한다. 예를 들어, MySQL에서는 내장 함수 LAST_INSERT_ID()를 이용해 현재 세션에서 가장 최근에 삽입된 행에 대해 생성된 아이디 값을 얻을 수 있다. 경로의 나머지 부분은 새 노드의 부모로부터 얻어낸다.

`Trees/soln/path-enum/insert.sql`

```sql
INSERT INTO Comments (author, comment) VALUES ('Ollie', 'Good job!');

UPDATE Comments
  SET path = (SELECT path FROM Comments WHERE comment_id = 7)
      || LAST_INSERT_ID() || '/'
WHERE comment_id = LAST_INSERT_ID();
```

경로 열거는 2장 「무단횡단」에서 설명했던 것과 비슷한 단점이 있다. 데이터베이스는 경로가 올바르게 형성되도록 하거나 경로 값이 실제 노드에 대응되도록 강제할 수 없다. 경로 문자열을 유지하는 것은 애플리케이션 코드에 종속되며, 이를 검증하는 데는 비용이 많이 든다. VARCHAR 칼럼의 길이를 아무리 길게 잡아도 결국 제한이 있기 때문에, 엄격히 말하면 지원할 수 있는 트리의 깊이 또한 제한된다.

경로 열거를 사용하면, 구분자 사이의 요소 길이가 같은 경우, 데이터를 계층구조에 따라 쉽게 정렬할 수 있다.[3]

## 중첩 집합

중첩 집합은 각 노드가 자신의 부모를 저장하는 대신 자기 자손의 집합에 대한 정보를 저장한다. 이 정보는 트리의 각 노드를 두 개의 수로 부호화 (encode)해 나타낼 수 있는데, 여기서는 nsleft와 nsright로 부르겠다.

```
Trees/soln/nested-sets/create-table.sql
```
```
CREATE TABLE Comments (
  comment_id    SERIAL PRIMARY KEY,
  nsleft        INTEGER NOT NULL,
  nsright       INTEGER NOT NULL,
  bug_id        BIGINT UNSIGNED NOT NULL,
  author        BIGINT UNSIGNED NOT NULL,
  comment_date  DATETIME NOT NULL,
  comment       TEXT NOT NULL,
  FOREIGN KEY (bug_id) REFERENCES Bugs (bug_id),
  FOREIGN KEY (author) REFERENCES Accounts(account_id)
);
```

각 노드의 nsleft와 nsright 수는 다음과 같이 주어진다. nsleft 수는 모든 자식 노드의 nsleft 수보다 작아야 하고, nsright는 모든 자식의 nsright 수보다 커야 한다. 이런 숫자는 comment_id 값과는 아무런 상관이 없다.

이 값을 할당하는 쉬운 방법 중 하나는, 트리를 깊이 우선 탐색하면서 값을 하나씩 증가시켜가면서 할당하는 것인데, 자손으로 한 단계씩 내려갈 때는 nsleft에 값을 할당하고 가지를 한 단계씩 올라올 때는 nsright에 값을 할당하는 것이다.

이 설명보다는 그림 3.3을 보는 것이 이해가 쉬울 것이다.

일단 각 노드에 이 값을 할당하면, 이를 이용해 주어진 노드의 조상이나 자손을 찾을 수 있다. 예를 들어, nsleft 값이 현재 노드의 nsleft와 nsright 사이에 있는 노드를 검색하면 답글 #4와 그 자손을 얻을 수 있다.

---

3 그러나 무단횡단 안티패턴과 같이 냄새가 너무 심하다.

그림 3.3 중첩 집합

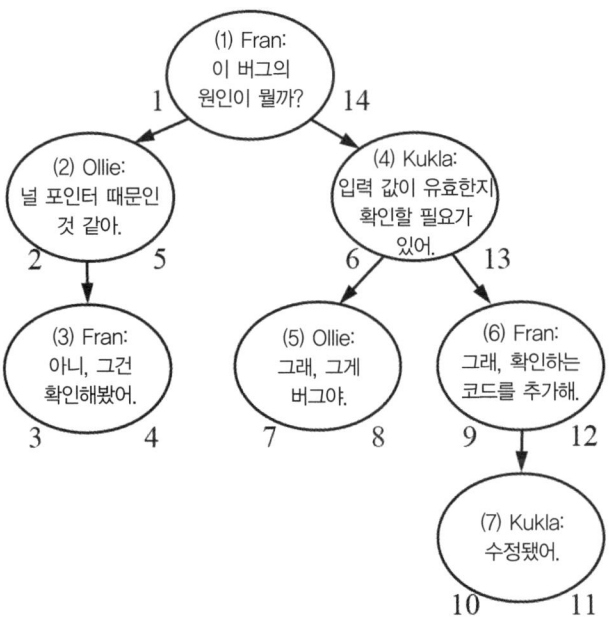

| comment_id | nsleft | Nsright | author | comment |
|---|---|---|---|---|
| 1 | 1 | 14 | Fran | 이 버그의 원인이 뭘까? |
| 2 | 2 | 5 | Ollie | 널 포인터 때문인 것 같아. |
| 3 | 3 | 4 | Fran | 아니, 그건 확인해봤어. |
| 4 | 6 | 13 | Kukla | 입력값이 유효한지 확인할 필요가 있어. |
| 5 | 7 | 8 | Ollie | 그래, 그게 버그야. |
| 6 | 9 | 12 | Fran | 그래, 확인하는 코드를 추가해. |
| 7 | 10 | 11 | Kukla | 수정됐어. |

`Trees/soln/nested-sets/descendants.sql`

```
SELECT c2.*
FROM Comments AS c1
  JOIN Comments as c2
    ON c2.nsleft BETWEEN c1.nsleft AND c1.nsright
WHERE c1.comment_id = 4;
```

답글 #6과 그 조상은 nsright 값이 현재 노드의 숫자 사이에 있는 노드를 검색해 얻을 수 있다.

`Trees/soln/nested-sets/ancestors.sql`

```
SELECT c2.*
FROM Comments AS c1
  JOIN Comment AS c2
    ON c1.nsleft BETWEEN c2.nsleft AND c2.nsright
WHERE c1.comment_id = 6;
```

중첩 집합 모델의 주요 강점 중 하나는, 자식을 가진 노드를 삭제했을 때 그 자손이 자동으로 삭제된 노드 부모의 자손이 된다는 것이다. 앞의 설명(그림)에서는 각 노드의 오른쪽, 왼쪽 값이 인접한 형제노드 또는 부모와 비교했을 때 항상 차가 1인 연속된 수열이었지만, 중첩 집합 모델에서 계층구조를 유지하기 위해 반드시 그럴 필요는 없다. 따라서 노드를 삭제해 값들 사이에 간격이 생기더라도 트리 구조에는 아무런 문제가 없다.

예를 들어, 주어진 노드의 깊이를 구하고, 이 노드의 부모를 삭제한 다음, 다시 노드의 깊이를 구해보면, 깊이가 1 줄어든 것을 볼 수 있다.

`Trees/soln/nested-sets/depth.sql`

```
-- depth = 3으로 나온다
SELECT c1.comment_id, COUNT(c2.comment_id) AS depth
FROM Comment AS c1
  JOIN Comment AS c2
    ON c1.nsleft BETWEEN c2.nsleft AND c2.nsright
WHERE c1.comment_id = 7
GROUP BY c1.comment_id;
```

```
DELETE FROM Comment WHERE comment_id = 6;

-- depth = 2로 나온다
SELECT c1.comment_id, COUNT(c2.comment_id) AS depth
FROM Comment AS c1
  JOIN Comment AS c2
    ON c1.nsleft BETWEEN c2.nsleft AND c2.nsright
WHERE c1.comment_id = 7
GROUP BY c1.comment_id;
```

그러나 자식이나 부모를 조회하는 것과 같이 인접 목록 모델에서는 간단했던 일부 쿼리가 중첩 집합 모델에서는 더욱 복잡해진다. 주어진 노드 c1의 부모는 그 노드의 조상이지만 부모노드와 자식노드 사이에 다른 노드는 존재할 수 없다. 따라서 부가적인 외부 조인을 사용해 c1의 조상이고 부모의 자손인 노드를 검색할 수 있다. 이런 노드를 찾지 못한 경우(즉 외부 조인의 결과가 NULL인 경우)가 c1의 조상이자 직접적인 부모가 되는 것이다.

예를 들어, 답글 #6의 부모는 다음과 같이 찾을 수 있다.

> Trees/soln/nested-sets/parent.sql

```
SELECT parent.*
FROM Comment AS c
  JOIN Comment AS parent
    ON c.nsleft BETWEEN parent.nsleft AND parent.nsright
  LEFT OUTER JOIN Comment AS in_between
    ON c.nsleft BETWEEN in_between.nsleft AND in_between.nsright
    AND in_between.nsleft BETWEEN parent.nsleft AND parent.nsright
WHERE c.comment_id = 6
  AND in_between.comment_id IS NULL;
```

중첩 집합 모델에서는 노드를 추가, 이동하는 것과 같은 트리 조작도 다른 모델을 사용할 때보다 복잡하다. 새로운 노드를 추가한 경우 새 노드의 왼쪽 값보다 큰 모든 노드의 왼쪽, 오른쪽 값을 다시 계산해야 한다.

여기에는 새로 추가한 노드의 오른쪽 형제들, 그 조상들, 조상의 오른쪽 형제들이 포함된다. 새로 추가한 노드가 종말 노드가 아닌 경우에는 그 자손들도 포함된다. 새로 추가하는 노드가 종말 노드인 경우에는 다음 문장으로 필요한 모든 것을 갱신할 수 있다.

`Trees/soln/nested-sets/insert.sql`

```sql
-- NS값 8과 9에 공간 확보
UPDATE Comment
  SET nsleft = CASE WHEN nsleft >= 8 THEN nsleft+2 ELSE nsleft END,
      nsright = nsright+2
WHERE nsright >= 7;

-- 답글 #5의 자식 생성, NS값 8, 9를 차지
INSERT INTO Comment (nsleft, nsright, author, comment)
  VALUES (8, 9, 'Fran', 'Me too!');
```

중첩 집합 모델은 각 노드에 대해 조작하는 것보다는 서브트리를 쉽고 빠르게 조회하는 것이 중요할 때 가장 잘 맞는다. 노드를 추가하고 이동하는 것은 왼쪽, 오른쪽 값을 재계산해야 하기 때문에 복잡하다. 트리에 노드를 삽입하는 경우가 빈번하다면, 중첩 집합은 좋은 선택이 아니다.

### 클로저 테이블

클로저 테이블은 계층구조를 저장하는 단순하고 우아한 방법이다. 클로저 테이블은 부모-자식 관계에 대한 경로만을 저장하는 것이 아니라, 트리의 모든 경로를 저장한다.

Comments 테이블에 더해 두 개의 칼럼을 가지는 TreePaths 테이블을 생성한다. TreePaths 테이블의 각 칼럼은 Comments에 대한 FK다.

`Trees/soln/closure-table/create-table.sql`

```sql
CREATE TABLE Comments (
  comment_id    SERIAL PRIMARY KEY,
  bug_id        BIGINT UNSIGNED NOT NULL,
  author        BIGINT UNSIGNED NOT NULL,
  comment_date  DATETIME NOT NULL,
  comment       TEXT NOT NULL,
  FOREIGN KEY (bug_id) REFERENCES Bugs(bug_id),
  FOREIGN KEY (author) REFERENCES Accounts(account_id)
);
```

```
CREATE TABLE TreePaths (
  ancestor    BIGINT UNSIGNED NOT NULL,
  descendant  BIGINT UNSIGNED NOT NULL,
  PRIMARY KEY(ancestor, descendant),
  FOREIGN KEY (ancestor) REFERENCES Comments(comment_id),
  FOREIGN KEY (descendant) REFERENCES Comments(comment_id)
);
```

트리 구조에 대한 정보를 Comments 테이블에 저장하는 대신 TreePaths를 사용한다. 이 테이블에는 트리에서 조상/자손 관계를 가진 모든 노드 쌍을 한 행으로 저장한다. 또한 각 노드에 대해 자기 자신을 참조하는 행도 추가한다. 노드 쌍이 어떻게 표현되는지는 그림 3.4를 참조하기 바란다.

| ancestor | descendant | ancestor | descendant | ancestor | descendant |
|---|---|---|---|---|---|
| 1 | 1 | 1 | 7 | 4 | 6 |
| 1 | 2 | 2 | 2 | 4 | 7 |
| 1 | 3 | 2 | 3 | 5 | 5 |
| 1 | 4 | 3 | 3 | 6 | 6 |
| 1 | 5 | 4 | 4 | 6 | 7 |
| 1 | 6 | 4 | 5 | 7 | 7 |

이 테이블에서 조상이나 자손을 가져오는 쿼리는 중첩 집합에서보다 훨씬 직관적이다. 답글 #4의 자손을 얻으려면, TreePaths에서 ancestor가 4인 행을 가져오면 된다.

```
Trees/soln/closure-table/descendants.sql
```
```
SELECT c.*
FROM Comments AS c
  JOIN TreePaths AS t ON c.comment_id = t.descendant
WHERE t.ancestor = 4;
```

답글 #6의 조상을 얻으려면, TreePaths에서 descendant가 6인 행을 가져오면 된다.

그림 3.4 클로저 테이블

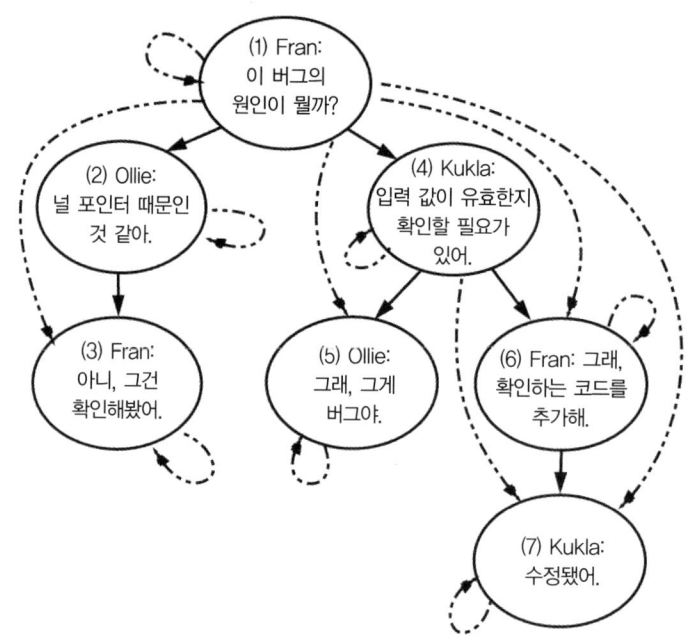

```
Trees/soln/closure-table/ancestors.sql
```
```
SELECT c.*
FROM Comments AS c
  JOIN TreePaths AS t ON c.comment_id = t.ancestor
WHERE t.descendant = 6;
```

새로운 종말 노드, 예를 들어 답글 #5에 새로운 자식을 추가하려면, 먼저 자기 자신을 참조하는 행을 추가한다. 그 다음 TreePaths에서 답글 #5를 descendant로 참조하는 모든 행(답글 #5 자신을 참조하는 행도 포함)을 복사해, descendant를 새로운 답글 아이디로 바꿔 넣는다.

`Trees/soln/closure-table/insert.sql`

```sql
INSERT INTO TreePaths (ancestor, descendant)
  SELECT t.ancestor, 8
  FROM TreePaths AS t
  WHERE t.descendant = 5
 UNION ALL
  SELECT 8, 8;
```

종말 노드, 예를 들어 답글 #7을 삭제할 때는 TreePaths에서 답글 #7을 descendant로 참조하는 모든 행을 삭제한다.

`Trees/soln/closure-table/delete-left.sql`

```sql
DELETE FROM TreePaths WHERE descendant = 7;
```

서브트리, 예를 들어 답글 #4와 그 자손을 삭제하려면, TreePaths에서 답글 #4를 descendant로 참조하는 모든 행과 답글 #4의 자손을 descendant로 참조하는 모든 행을 삭제한다.

`Trees/soln/closure-table/delete-subtree.sql`

```sql
DELETE FROM TreePaths
WHERE descendant IN (SELECT descendant
                     FROM TreePaths
                     WHERE ancestor = 4);
```

TreePaths에서 행을 삭제한다고 답글 자체를 삭제하는 것은 아님에 유의하기 바란다. Comments 예제에서는 이상해 보일지 몰라도, 제품 일람표에서의 분류나 조직도에서의 직원과 같은 다른 종류의 트리를 작업하는 경우라면 이렇게 하는 것이 더 의미 있다. 다른 노드에 대한 관계를 바꾼다고 해서 노드까지 삭제하고 싶지는 않을 것이다. 경로를 별도 테이블에 저장하면 이를 융통성 있게 관리하기가 좋다.

서브트리를 트리 내 다른 위치로 이동하고자 할 때는, 먼저 서브트리의 최상위 노드와 그 노드의 자손들을 참조하는 행을 삭제해 서브트리와 그 조상의 연결을 끊는다. 예를 들어, 답글 #6을 답글 #4의 자식에서 답글 #3의 자식으로 옮기려면, 다음 삭제문으로 시작한다. #6 자신에 대한 참조는 삭제하지 않도록 주의한다.

`Trees/soln/closure-table/move-subtree.sql`

```
DELETE FROM TreePaths
WHERE descendant IN (SELECT descendant
                     FROM TreePaths
                     WHERE ancestor = 6)
  AND ancestor IN (SELECT ancestor
                   FROM TreePaths
                   WHERE descendant = 6
                   AND ancestor != descendant);
```

#6 자신을 포함하지 않는 #6의 조상과 #6을 포함한 #6의 자손을 선택해 삭제하면, #6의 조상으로부터 #6과 그 자손으로의 경로를 삭제할 수 있다. 다시 말해, 이 DELETE문은 (1, 6), (1, 7), (4, 6), (4, 7)을 삭제하고, (6, 6), (6, 7)은 삭제하지 않는다.

그리고 나서, 새로운 위치의 조상들과 서브트리의 자손들에 대응하는 행을 추가해서 고아가 된 서브트리를 붙인다. CROSS JOIN 문법으로 카테시안 곱(Cartesian product)을 생성해 새 위치의 조상과 서브트리의 모든 노드를 대응시키는 데 필요한 행을 만들어 낼 수 있다.

`Trees/soln/closure-table/move-subtree.sql`

```
INSERT INTO TreePaths (ancestor, descendant)
  SELECT supertree.ancestor, subtree.descendant
  FROM TreePaths AS supertree
    CROSS JOIN TreePaths AS subtree
  WHERE supertree.descendant = 3
    AND subtree.ancestor = 6;
```

이렇게 하면 #3을 조상으로 하는 경로와 #6을 자손으로 하는 경로가 새로 생성된다. 따라서 경로 (1, 6), (2, 6), (3, 6), (1, 7), (2, 7), (3, 7)이 새로 생성된다. 이 결과 답글 #6에서 시작하는 서브트리가 답글 #3의 자식으로 위치가 바뀌게 된다. 크로스 조인은, 서브트리가 트리에서 높은 단계 또는 낮은 단계로 이동하더라도, 필요한 모든 경로를 생성한다.

　클로저 테이블 모델은 중첩 집합 모델보다 직관적이다. 조상과 자손을 조회하는 것은 두 방법 모두 빠르고 쉽지만, 클로저 테이블이 계층구조 정보를 유지하기가 쉽다. 두 방법 모두 인접 목록이나 경로 열거 방법보다 자식이나 부모를 조회하기 편리하다.

　그러나 부모나 자식 노드를 더 쉽게 조회할 수 있도록 TreePaths에 path_length 속성을 추가해 클로저 테이블을 개선할 수 있다. 자기 자신에 대한 path_length는 0, 자식에 대한 path_length는 1, 손자에 대한 path_length는 2와 같은 식이다. 이제 답글 #4에 대한 자식을 찾는 것은 다음과 같이 간단해진다.

`Trees/soln/closure-table/child.sql`

```sql
SELECT *
FROM TreePaths
WHERE ancestor = 4 AND path_length = 1;
```

### 어떤 모델을 사용해야 하는가?

각 모델은 나름대로의 장점과 단점이 있다. 어떤 조작이 가장 효율적이어야 하는지 생각해보고 설계 모델을 선택하기 바란다. 그림 3.5에 각 설계 모델에 대해 어떤 조작이 쉽고 어떤 조작이 어려운지 표시되어 있다. 또한 다음과 같은 각 모델의 장점과 단점을 고려할 수 있다.

- 인접 목록은 가장 흔히 사용되는 모델로 많은 소프트웨어 개발자가 알고 있다.
- WITH나 CONNECT BY PRIOR를 이용한 재귀적 쿼리는 인접 목록 모델을 좀더 효율적으로 만들지만, 이 문법을 지원하는 데이터베이스를 써야 한다.
- 경로 열거는 브레드크럼(breadcrumb)[4]을 사용자 인터페이스에 보여줄 때

는 좋지만, 참조 정합성을 강제하지 못하고 정보를 중복 저장하기 때문에 깨지기 쉬운 구조다.
- 중첩 집합은 영리한 방법이다. 지나치게 영리한 것일 수도 있다. 역시 참조 정합성을 지원하지는 못한다. 트리를 수정하는 일은 거의 없고 조회를 많이 하는 경우 적합하다.
- 클로저 테이블은 가장 융통성 있는 모델이고 한 노드가 여러 트리에 속하는 것을 허용하는 유일한 모델이다. 관계를 저장하기 위한 별도 테이블이 필요하다. 깊은 계층구조를 인코딩하는 데는 많은 행이 필요하고, 계산을 줄이는 대신 저장 공간을 많이 사용하는 트레이드오프(tradeoff)가 발생한다.

SQL로 계층적 데이터를 저장하고 조작하는 것에 대해 배워야 할 것이 더 있다. 계층적 쿼리를 다루는 좋은 책으로 Joe Celko의 『Trees and Hierarchies in SQL for Smarties』[Cel04]가 있다. 다른 책으로 트리뿐 아니라 그래프까지 다루는 Vadim Tropashko의 『SQL Design Patterns』[Tro06]이 있다. 이 책은 좀더 정형적이고 학구적인 스타일이다.

그림 3.5 계층적 데이터 모델 비교

| 모델 | 테이블 | 자식 조회 | 트리 조회 | 삽입 | 삭제 | 참조 정합성 |
| --- | --- | --- | --- | --- | --- | --- |
| 인접 목록 | 1 | 쉽다 | 어렵다 | 쉽다 | 쉽다 | 가능 |
| 재귀적 쿼리 | 1 | 쉽다 | 쉽다 | 쉽다 | 쉽다 | 가능 |
| 경로 열거 | 1 | 쉽다 | 쉽다 | 쉽다 | 쉽다 | 불가능 |
| 중첩 집합 | 1 | 어렵다 | 쉽다 | 어렵다 | 어렵다 | 불가능 |
| 클로저 테이블 | 2 | 쉽다 | 쉽다 | 쉽다 | 쉽다 | 가능 |

---

4 (옮긴이) 사용자 인터페이스에서 내비게이션을 편하게 해주는 도구로, 사용자가 프로그램이나 문서에서 현재 위치를 쉽게 추적할 수 있게 해준다. 브레드크럼은 빵 부스러기란 뜻으로, 헨젤과 그레텔이 빵 부스러기로 길에 흔적을 남긴 이야기에서 유래했다.

> **SQL Antipatterns Tip**
>
> 계층구조에는 항목과 관계가 있다. 작업에 맞도록 이 둘을 모두 모델링해야 한다.

# 4장

S Q L   A n t i p a t t e r n s

# 아이디가 필요해

> 밖에 있던 동물들은 돼지로부터 사람으로, 사람으로부터 돼지로, 다시 돼지로부터 사람으로 시선을 옮겼다. 그러나 이미 어떤 게 돼지고 어떤 게 사람인지 구별할 수가 없었다.
>
> — 조지 오웰, 동물농장(George Orwell, Animal Farm)

나는 최근 내가 자주 접하는 질문에 대답했다. 중복 행을 방지하려고 노력하는 소프트웨어 개발자의 질문이었는데, 처음에는 PK(primary key)를 잡지 않았기 때문이라 생각했다. 그러나 그게 아니었다.

그는 컨텐트 관리 데이터베이스에, 웹 사이트에 공개할 기사를 저장했다. 기사 테이블과 태그 테이블 사이의 다대다 관계를 위해 교차 테이블을 사용했다.

ID-Required/intro/articletags.sql
```sql
CREATE TABLE ArticleTags (
  id            SERIAL PRIMARY KEY,
  article_id    BIGINT UNSIGNED NOT NULL,
  tag_id        BIGINT UNSIGNED NOT NULL,
  FOREIGN KEY (article_id) REFERENCES Articles (id),
  FOREIGN KEY (tag_id)     REFERENCES Tags (id)
);
```

그러나 특정 태그가 달린 기사 수를 세는 쿼리에서 잘못된 결과가 나오고 있었다. 그는 "경제" 태그가 달린 기사가 다섯 개라는 것을 알고 있었지만, 쿼리를 실행하면 일곱 개로 나왔다.

`ID-Required/intro/articletags.sql`

```sql
SELECT tag_id, COUNT(*) AS articles_per_tag
FROM ArticleTags
WHERE tag_id = 327;
```

그 tag_id와 같은 모든 행을 조회해봤더니, 태그가 하나의 기사와 중복해 연관되어 있었다. 세 개의 행은 id 값만 달랐지 동일한 연관을 나타내는 것이었다.

| id | tag_id | article_id |
|----|--------|------------|
| 22 | 327    | 1234       |
| 23 | 327    | 1234       |
| 24 | 327    | 1234       |

이 테이블은 PK를 가지고 있었지만, PK가 중요 칼럼의 중복을 막지 못했다. 나머지 두 칼럼에 대해 UNIQUE 제약조건을 생성하면 해결되겠지만, 그렇다면 id 칼럼은 왜 필요한 것일까?

## 4.1 목표: PK 관례 확립

목표는 모든 테이블이 PK를 갖도록 하는 것이지만, PK의 본질을 혼동하면 안티패턴을 초래할 수 있다.

데이터베이스 설계를 접했던 사람이라면 모두 PK가 중요하고 꼭 필요한 테이블의 일부라는 사실을 알 것이다. PK는 좋은 데이터베이스 설계에 정말 중요하다. PK는 테이블 내의 모든 행이 유일함을 보장하기 때문에, 각 행에 접근하는 논리적 메커니즘이 되고 중복 행이 저장되는 것을 방지한다. 또한 PK는 관계를 생성할 때 FK로부터 참조되기도 한다.

까다로운 부분은 PK로 사용할 칼럼을 선정하는 일이다. 대부분의 테이블에서 어느 속성의 값이든 하나 이상의 행에서 나타날 잠재적 가능성이 있다. 교과서적인 예제로 자주 나오는 이름도 분명 중복될 수 있다. 심지어 이메일 주소나 미국의 사회보장번호, 납세자 ID와 같은 관리적 식별번호조차도 엄밀하게 말하면 유일하지 않다.

---

### 정말 PK가 필요할까?

나는 소프트웨어 개발자들이 자신의 테이블에는 PK가 필요하지 않다고 주장하는 것을 듣곤 한다.

이런 프로그래머들은 UNIQUE 인덱스를 유지하는 데 오버헤드가 많을 것이라고 추측해 이를 피하려고 하는 경우도 있고, 테이블에 PK 목적으로 사용할만한 칼럼을 찾지 못한 경우도 있다.

다음과 같은 것이 필요하다면 PK 제약조건은 중요하다.

- 테이블에 중복 행이 저장되는 것을 방지
- 쿼리에서 각 행을 참조
- FK 참조 지원

PK 제약조건을 사용하지 않으면, 중복 행을 확인해야 하는 잡일이 생기게 된다.

```
SELECT bug_id FROM Bugs GROUP BY bug_id HAVING COUNT(*) > 1;
```

이런 확인 쿼리를 얼마나 자주 실행해야 할까? 중복을 발견하면 어떻게 처리해야 하는가?

테이블에 PK가 없는 것은 노래 제목도 없이 MP3 파일을 정리하는 것과도 같다. 음악을 들을 수는 있지만, MP3 컬렉션에서 원하는 노래도 찾을 수 없고 중복도 방치할 수밖에 없게 된다.

이런 테이블에는 테이블로 모델링한 영역에서는 아무런 의미도 가지지 않는 인위적인 값을 저장할 새로운 칼럼이 필요하다. 이 칼럼을 PK로 사용하면 (만약 이것이 적절하다면), 다른 속성 칼럼에는 중복 값이 들어가는 것을 허용하는 반면 특정 행에 유일하게 접근할 수 있게 된다. 이런 형태의 PK를 가상키(pseudokey) 또는 대체키(surrogate key)라 한다.

여러 클라이언트가 동시에 새로운 행을 삽입하는 경우에도 각 행의 가상키 값이 유일하게 할당되는 것을 보장하기 위해, 대부분의 DBMS는 트랜잭션 격리 범위 밖에서 유일한 정수 값을 생성하는 메커니즘을 제공한다.

| 기능 | 지원 데이터베이스 |
| --- | --- |
| AUTO_INCREMENT | MySQL |
| GENERATOR | Firebird, InterBase |
| IDENTITY | DB2, Derby, Microsoft SQL Server, Sybase |
| ROWID | SQLite |
| SEQUENCE | DB2, Firebird, Informix, Ingres, Oracle, PostgreSQL |
| SERIAL | MySQL, PostgreSQL |

가상키는 유용한 기능이지만, PK를 선언하는 유일한 방법은 아니다.

## 4.2 안티패턴: 만능키

책이나 기사, 프로그래밍 프레임워크는 데이터베이스 내 모든 테이블이 다음과 같은 특성을 가지는 PK 칼럼을 가지도록 하는 문화적 관례를 만들었다.

- PK 칼럼 이름은 id다.
- PK 칼럼의 데이터 타입은 32비트 또는 64비트 정수다.
- 유일한 값은 자동 생성된다.

모든 테이블에 id란 이름의 칼럼이 있는 것은 너무도 흔해져 이게 PK와 동의어가 되어 버렸다. SQL을 배우는 프로그래머들은 PK가 항상 다음과 같은 식으로 정의되는 칼럼이라는 잘못된 생각을 갖게 된다.

```
ID-Required/anti/id-ubiquitous.sql
CREATE TABLE Bugs (
  id           SERIAL PRIMARY KEY,
  description VARCHAR(1000),
  ...
);
```

모든 테이블에 id 칼럼을 추가하는 것은, 그 사용을 이상하게 만드는 몇 가지 효과를 초래한다.

### 중복 키 생성

테이블 안의 다른 칼럼이 자연키로 사용될 수 있는 상황에서조차 단지 통념에 따라 id 칼럼을 PK로 정의한 것을 봤을 것이다. 그 다른 칼럼에 UNIQUE 제약조건이 설정되어 있는 경우도 있다. 예를 들어, Bugs 테이블에서는 프로젝트 코드를 앞에 붙여 bug_id를 만들 수 있을 것이다.

```
ID-Required/anti/id-reduntant.sql
CREATE TABLE Bugs (
  id           SERIAL PRIMARY KEY,
  bug_id       VARCHAR(10) UNIQUE,
  description VARCHAR(1000),
  ...
);

INSERT INTO Bugs (bug_id, description, ...)
  VALUES ('VIS-078', 'crashes on save', ...);
```

이 예에서 bug_id 칼럼은 각 행을 유일하게 식별할 수 있도록 해준다는 면에서 id와 사용 목적이 동일하다.

## 중복 행 허용

복합키는 여러 칼럼을 포함한다. 복합키가 사용되는 전형적인 예는 Bugs Products와 같은 교차 테이블 안에서다. PK는 특정한 bug_id와 product_id 값의 조합이 테이블 안에서 한 번만 나타난다는 것을 보장해야 한다. 각 값이 다른 쌍으로 여러 번 나타날 수 있을지라도 말이다.

그러나 id 칼럼을 PK로 사용하는 경우에는 유일해야 하는 두 칼럼에 제약조건이 적용되지 않는다.

`ID-Required/anti/superfluous.sql`

```sql
CREATE TABLE BugsProducts (
  id          SERIAL PRIMARY KEY,
  bug_id      BIGINT UNSIGNED NOT NULL,
  product_id  BIGINT UNSIGNED NOT NULL,
  FOREIGN KEY (bug_id) REFERENCES Bugs(bug_id),
  FOREIGN KEY (product_id) REFERENCES Products(product_id)
);

INSERT INTO BugsProducts (bug_id, product_id)
  VALUES (1234, 1), (1234, 1), (1234, 1); -- 중복이 허용됨
```

Bugs와 Products를 연결하기 위해 이 교차 테이블을 사용할 때, 중복 때문에 의도하지 않은 결과가 발생한다. 중복을 방지하기 위해서는 id뿐 아니라 다른 두 칼럼에 UNIQUE 제약조건을 걸어줘야 한다.

`ID-Required/anti/superfluous.sql`

```sql
CREATE TABLE BugsProducts (
  id          SERIAL PRIMARY KEY,
  bug_id      BIGINT UNSIGNED NOT NULL,
  product_id  BIGINT UNSIGNED NOT NULL,
  UNIQUE KEY (bug_id, product_id),
  FOREIGN KEY (bug_id) REFERENCES Bugs(bug_id),
  FOREIGN KEY (product_id) REFERENCES Products(product_id)
);
```

그러나 이 두 칼럼에 UNIQUE 제약조건을 걸어야 한다면, id 칼럼은 불필요한 것이다.

## 모호한 키의 의미

코드란 단어는 여러 가지 정의를 가지는데, 그 중 하나는 '간결하거나 비밀스럽게 메시지를 주고받는 방법'이란 정의다. 프로그래밍에서 코드는 '의미를 명확하게 한다'는 반대 목표를 가져야 한다.

id란 이름은 너무 일반적이기 때문에 아무런 의미도 갖지 못한다. 이는 PK 칼럼 이름이 동일한 두 테이블을 조인할 때 특히 문제가 된다.

```
ID-Required/anti/ambiguous.sql
SELECT b.id, a.id
FROM Bugs b
JOIN Accounts a ON (b.assigned_to = a.id)
WHERE b.status = 'OPEN';
```

원래의 위치 대신 이름만으로 칼럼을 참조한다면 애플리케이션 코드에서 버그의 id와 계정의 id를 어떻게 구분할 것인가? 이는 PHP와 같은 동적 언어에서는 특히 문제가 된다. 쿼리 결과가 연관 배열에 담겨 반환되는데, 쿼리에 칼럼 별명(alias)를 지정하지 않으면 한 칼럼이 다른 칼럼을 덮어써버리기 때문이다.

id 칼럼의 이름은 쿼리의 의미를 명확하게 하는 데도 도움이 되지 않는다. 그러나 칼럼 이름이 bug_id와 account_id로 되어 있다면 쿼리 결과를 읽기도 훨씬 쉬울 것이다. 우리는 테이블의 개별 행에 접근할 때 PK를 사용하기 때문에, PK의 칼럼 이름이 테이블의 엔터티 타입에 대한 실마리를 줘야 한다.

## USING 사용

JOIN과 ON 키워드를 사용하는 SQL 조인 문법에 익숙할 것이다. 이 키워드는 두 테이블에서 매칭되는 행을 평가하기 위한 식 앞에 나온다.

```
ID-Required/anti/join.sql
SELECT * FROM Bugs AS b
  JOIN BugsProducts AS bp ON (b.bug_id = bp.bug_id);
```

SQL은 두 테이블의 조인을 표현하는 좀더 간략한 문법도 지원한다. 양쪽 테이블에서 칼럼 이름이 같다면 앞의 쿼리는 다음과 같이 다시 작성할 수 있다.

`ID-Required/anti/join.sql`

```
SELECT * FROM Bugs JOIN BugsProducts USING (bug_id);
```

그러나 모든 테이블이 id란 이름의 가상키를 PK로 정의해야 한다면, 종속된 테이블에서의 FK 칼럼 이름은, 참조하는 PK 칼럼의 이름과 같을 수 없게 된다. 따라서 항상 약간은 장황한 ON 문법을 사용해야 한다.

`ID-Required/anti/join.sql`

```
SELECT * FROM Bugs AS b
  JOIN BugsProducts AS bp ON (b.id = bp.bug_id);
```

## 어려운 복합키

어떤 개발자는 사용하기 어렵다는 이유로 복합키를 거부한다. 키를 비교할 때 모든 칼럼을 비교해야 한다. 복합 PK를 참조하는 FK는 자신도 복합 FK가 되어야 한다. 복합키를 사용하려면 타이핑을 더 해야 한다.

이런 거부는 수학자가 2차원 또는 3차원 좌표계 사용을 거부하고, 물체가 1차원 선형 공간에만 있는 것으로 모든 계산을 수행하는 것과 같다. 이렇게 하면 기하학과 삼각법 계산 같은 것이 훨씬 단순해질 수는 있겠지만 우리가 필요로 하는 실세계 물체를 기술하는 데는 실패한다.

> **시퀀스의 특별한 범위**
>
> 어떤 사람은 최댓값에 1을 더해 새 행을 위한 키값으로 사용한다.
>
> ```
> SELECT MAX(bug_id) + 1 AS next_bug_id FROM Bugs;
> ```
>
> 다음 키값을 구하려는 두 개의 클라이언트가 동시에 쿼리를 실행할 수 있다면 이런

> 방식은 안전하지 않다. 두 클라이언트에서 같은 값을 사용하게 될 수도 있기 때문이다. 이런 것을 경쟁 상태(race condition)이라 한다.
>
> 경쟁 상태를 피하려면 동시에 삽입하는 것을 막아야 하고 최댓값을 구한 다음 이를 이용해 행을 삽입해야 한다. 이렇게 하기 위해서는 전체 테이블 잠금(lock)을 사용해야 한다. 행 수준의 잠금(row-level locking)으로는 충분하지 않다. 테이블 잠금은 클라이언트의 동시 접근을 막고 DB 요청을 한 줄로 세워 차례로 접근하게 하므로 병목의 원인이 된다.
>
> 시퀀스는 트랜잭션 범위 밖에서 동작해 이 문제를 해결한다. 시퀀스는 여러 클라이언트에 절대 같은 값을 할당하지 않고, 삽입할 행에 사용한 값을 커밋했는지 여부와 상관없이 한번 할당한 값을 되돌리지도 못한다. 시퀀스는 이런 식으로 동작하기 때문에, 여러 클라이언트가 동시에 유일한 값을 할당받을 수 있고 중복된 값을 할당 받지 않는다고 확신할 수 있다.
>
> 대부분의 데이터베이스는 시퀀스가 생성한 마지막 값을 확인할 수 있는 함수를 제공한다. 예를 들어, MySQL에는 LAST_INSERT_ID()가, Microsoft SQL Server에는 SCOPE_IDENTITY()가 있고, Oracle에서는 시퀀스이름.CURRVAL이 있다.
>
> 다른 클라이언트가 동시에 자신이 사용할 값을 생성하더라도, 이런 함수는 현재 세션에서 생성한 마지막 값을 리턴한다. 경쟁 상태가 없다.

## 4.3 안티패턴 인식 방법

이 안티패턴의 징후는 쉽게 인식할 수 있다. 테이블에서 PK 칼럼 이름으로 id(지나치게 일반적인 이름)가 사용되고 있으면 이 안티패턴의 징후로 볼 수 있다. 좀더 의미 있는 이름 대신 id를 선호해야 할 이유는 없다.

다음과 같은 말 또한 이 안티패턴의 증거가 될 수 있다.

- "이 테이블에는 PK가 없어도 될 것 같은데."

  이런 말을 하는 개발자는 PK와 가상키 용어의 의미를 혼동하는 것이다. 모든 테이블은 중복 행을 방지하고 각 행을 유일하게 식별하기 위해 PK 제약조건을 가져야 한다. 아마 자연키나 복합키 사용이 필요할 것이다.

- "다대다 연결에서 왜 중복이 발생했지?"

  다대다 관계를 위한 교차 테이블에는 FK 칼럼을 묶어 PK 제약조건을 걸거나 최소한 UNIQUE 제약조건이라도 걸어줘야 한다.
- "나는 데이터베이스 이론에서 값은 색인 테이블로 옮기고 ID로 참조해야 한다고 하는 걸 읽었어. 그러나 그렇게 하고 싶지 않아. 내가 원하는 실제 값을 얻기 위해 매번 조인을 해야 하기 때문이지."

  이는 데이터베이스 설계 이론에서 말하는 정규화(normalization)에 대한 흔한 오해다. 정규화는 가상키와 아무런 상관이 없다. 정규화에 대해서는 부록 A를 참조하기 바란다.

## 4.4 안티패턴 사용이 합당한 경우

일부 객체-관계 프레임워크에서는 CoC(Convention over Configuration)를 통해 개발을 단순화한다. 이런 프레임워크에서는 모든 테이블이 동일한 방식(칼럼 이름은 id고 데이터 타입은 정수인 가상키)으로 PK를 정의한다고 가정한다. 이런 프레임워크를 사용한다면 그 관례를 따르고 싶을 것이다. 그렇게 해야 프레임워크의 다른 원하는 기능을 사용할 수 있기 때문이다.

물론 가상키를 사용하고, 자동 증가하는 정수를 사용해 키값을 할당하는 것이 잘못은 아니다. 그러나 모든 테이블에 가상키가 필요한 것도 아니고, 모든 가상키 칼럼 이름을 id로 해야 하는 것도 아니다.

가상키는 지나치게 긴 자연키를 대체하기 위해 사용한다면 적절한 선택이다. 예를 들어, 파일 시스템의 파일 속성을 저장하는 테이블에서, 파일 경로는 좋은 자연키가 될 수 있지만, 이렇게 긴 문자열을 키로 하면 인덱스를 만들고 유지하는 데 많은 비용이 들 것이다.[1]

---

[1] (옮긴이) 칼럼 하나의 길이가 길 때뿐 아니라 여러 개의 칼럼을 조합해야 하는 경우도 마찬가지다. 자연키를 만들기 위해 칼럼을 다섯 개나 묶어야 한다면 차라리 대체키를 사용하는 편이 낫다.

## 4.5 해법: 상황에 맞추기

PK는 제약조건이지 데이터 타입이 아니다. 데이터 타입이 인덱스를 지원하기만 하면, 어느 칼럼 또는 칼럼의 묶음에 대해서도 PK를 선언할 수 있다. 또한 테이블의 특정 칼럼을 PK로 잡지 않고도 자동 증가하는 정수값을 가지도록 정의할 수 있다. 이 두 개념은 서로 독립적인 것이다.

좋은 설계 방법에 경직된 관례가 끼어드는 것을 허용하지 말기 바란다.

### 있는 그대로 말하기

PK에 의미 있는 이름을 선택해야 한다. 이 이름은 PK가 식별하는 엔터티의 타입을 나타내야 한다. 예를 들어, Bugs 테이블의 PK는 bug_id가 되어야 한다.

FK에서도 가능하다면 같은 칼럼 이름을 사용해야 한다. 이는 종종 PK 이름이 스키마 내에서 유일해야 함을 뜻한다. 하나가 다른 쪽의 FK가 아닌 한, 동일한 PK 이름이 다른 테이블에 나오면 안 된다. 그러나 예외가 있다. 연결의 본질을 더 잘 표현하는 경우라면, FK를 자신이 참조하는 PK 이름과 다르게 하는 것도 괜찮다.

```
ID-Required/soln/foreignkey-name.sql
CREATE TABLE Bugs (
  ...
  reported_by  BIGINT UNSIGNED NOT NULL,
  FOREIGN KEY (reported_by) REFERENCES Accounts(account_id)
);
```

메타데이터[2] 명명 규칙을 설명하는 업계 표준이 있다. ISO/IEC 11179[3]라는 표준인데, 정보 기술 시스템에서 메타데이터의 분류 체계 관리에 대한 가이드 라인이다. 다른 말로 하면, 테이블 이름과 칼럼 이름을 의미 있게 짓는 방법이

---

[2] (옮긴이) 메타데이터(metadata)란 데이터에 대한 데이터(data about data)란 뜻으로, 칼럼 이름, 테이블 이름 같은 것이 여기에 속한다. 데이터 사전(data dictionary)이라고도 한다.

[3] http://metadata-standards.org/11179/

다. 다른 ISO 표준과 마찬가지로, 이 문서도 매우 난해하지만, Joe Celko가 그의 책 『SQL Programming Style』[Cel05]에서 SQL에 실용적으로 적용했다.

## 관례에서 벗어나기

객체-관계 프레임워크는 id란 이름의 가상키가 사용될 것을 기대하지만, 다른 이름을 사용하도록 재설정하는 것도 허용한다. 다음은 Roby on Rails[4]에서의 예다.

```
ID-Required/soln/custom-primarykey.rb
class Bug < ActiveRecord::Base
  set_primary_key "bug_id"
end
```

어떤 개발자는 PK 칼럼을 지정하는 것은, 자신이 선호하는 관례를 사용할 수 없는 레거시 데이터베이스를 지원할 때만 필요하다고 생각한다. 사실, 의미 있는 칼럼 이름을 사용하는 것은 새 프로젝트에서도 중요하다.

## 자연키와 복합키 포용

유일함이 보장되고, NULL 값을 가지는 경우가 없고, 행을 식별하는 용도로 사용할 수 있는 속성이 테이블에 있다면, 단지 통념을 따르기 위해 가상키를 추가해야 한다는 의무감을 느낄 필요는 없다.

실제로 테이블에 있는 각 속성은 변하게 마련이고, 유일하지 않게 될 수도 있다. 데이터베이스는 프로젝트 기간 동안 변화하며, 결정권자들이 자연키의 신성함을 존중하지 않을 수도 있다. 처음에는 자연키로 손색이 없어 보이던 칼럼이 나중에 알고 보니 적법하게 중복을 허용하는 것으로 밝혀질 수도 있다. 이런 경우에는 가상키를 사용할 수 있다.

복합키가 적절한 경우에는 이를 사용하기 바란다. BugsProducts 테이블에

---

4 'Rails'와 'Ruby on Rails'는 David Heinemeier Hansson의 등록상표다.

서와 같이 여러 칼럼의 조합으로 행을 가장 잘 식별할 수 있다면, 이 칼럼 조합을 복합키로 사용해야 한다.

```
ID-Required/soln/compound.sql
```

```sql
CREATE TABLE BugsProducts (
  bug_id       BIGINT UNSIGNED NOT NULL,
  product_id   BIGINT UNSIGNED NOT NULL,
  PRIMARY KEY (bug_id, product_id),
  FOREIGN KEY (bug_id) REFERENCES Bugs(bug_id),
  FOREIGN KEY (product_id) REFERENCES Products(product_id)
);

INSERT INTO BugsProducts (bug_id, product_id)
  VALUES (1234, 1), (1234, 2), (1234, 3);

INSERT INTO BugsProducts (bug_id, product_id)
  VALUES (1234, 1); -- error: duplicate entry
```

복합 PK를 참조하는 FK 또한 복합키가 되어야 함에 유의하기 바란다. 종속되는 테이블에 이렇게 칼럼 조합을 중복해야 하는 것은 안 좋아 보이지만, 장점도 있다. 중복된 칼럼 값을 얻을 때 조인을 안 해도 되기 때문에 쿼리가 단순해진다.

> **SQL Antipatterns Tip**
> 관례는 도움이 될 때만 좋은 것이다.

## 5장

SQL Antipatterns

# 키가 없는 엔트리

승자는 이긴 다음 전쟁터로 가고, 패자는 전쟁터로 간 다음 이길 방법을 찾는다.
- 손자

"빌, 관리자 두 명이 같은 날 같은 서버를 예약한 것 같은데, 어떻게 이런 일이 생길 수 있지?" 테스트실 관리자가 내 자리로 들이닥치며 물었다. "이걸 확인해보고 해결해줄 수 있겠나? 둘 다 그 장비가 필요하다고 난리인데, 내가 그들의 프로젝트 일정을 방해하고 있는 꼴이 되어버렸네."

나는 수년 전 MySQL을 사용해 장비 추적 애플리케이션을 설계했다. MySQL의 기본 스토리지 엔진은 MyISAM이었는데, FK 제약조건을 지원하지 않았다. 그 데이터베이스에는 논리적 관계가 많았지만 참조 정합성을 강제할 수는 없었다.

프로젝트가 계속되면서 애플리케이션은 데이터를 새로운 방법으로 조작했고, 문제가 발생했다. 참조 정합성이 만족되지 않으면, 보고서에 모순이 나타나거나, 소계가 맞지 않거나, 이중으로 예약되는 등의 문제가 생겼다.

프로젝트 관리자는 내게 품질 제어 스크립트를 작성해달라고 했다. 스크립트를 주기적으로 실행해 모순이 발생했는지를 확인할 수 있게 하려는 것이었다. 이 스크립트는 데이터베이스 상태를 검사해 자식 테이블에 고아가 된 행이 있는 등의 착오를 찾으면 이메일을 보내 이를 보고하도록 되어 있었다.

테이블의 모든 관계는 이 스크립트로 검사해야 했다. 테이블 수가 늘어나고 데이터량이 증가함에 따라 품질 제어를 위한 쿼리 수도 점점 많아졌고, 스크립트 실행 시간도 길어졌다. 이메일 보고서도 점점 길어졌다. 많이 들어본 이야기 아닌가?

물론 스크립트 해결책은 동작하긴 했지만, 비용이 많이 드는 불필요한 재작업이었다. 정말 필요했던 것은 사용자가 유효하지 않은 데이터를 입력하려 할 때 애플리케이션이 즉시 에러를 내보내도록 하는 것이었다. FK 제약조건이 뭘 하는지 생각해보기 바란다.

## 5.1 목표: 데이터베이스 아키텍처 단순화

관계형 데이터베이스 설계는 각 테이블 자체에 대한 것이기도 하고 테이블간의 관계에 대한 것이기도 하다. 참조 정합성(Referential Integrity)은 데이터베이스를 적절히 설계하고 운영하는 데 있어 중요한 부분이다. 어떤 칼럼 또는 칼럼 묶음에 FK 제약조건을 선언하면, 그 칼럼에 들어가는 값은 부모 테이블의 PK 또는 유일키(unique key)에 존재해야 한다. 충분히 간단해 보인다.

그러나 어떤 소프트웨어 개발자는 참조 정합성 제약조건을 사용하지 말라고 권고한다. FK를 무시하라는 이유에는 다음과 같은 것들이 포함되어 있는데 한 번씩은 들어봤을 것이다.

- 데이터 업데이트 시 제약조건과 충돌할 수 있다.
- 참조 정합성 제약조건을 지원할 수 없는 매우 융통성 있는 데이터베이스 설계를 사용하고 있다.
- FK에 데이터베이스가 자동 생성하는 인덱스 때문에 성능에 영향을 받는다고 믿는다.
- FK를 지원하지 않는 데이터베이스를 사용하고 있다.
- FK 선언을 위해 문법을 찾아봐야 한다.

## 5.2 안티패턴: 제약조건 무시

FK 제약조건을 생략하는 것이 처음에는 데이터베이스 설계를 단순하고 유연하고 빠르게 하는 것처럼 보이겠지만, 다른 방식으로 대가를 치러야 한다. 참조 정합성을 보장하기 위한 코드를 직접 작성해야 하는 책임을 떠안아야 하기 때문이다.

### 무결점 코드

많은 사람들이 참조 정합성을 위해 애플리케이션 코드를 작성해 데이터 관계를 만족시키려 한다. 행을 삽입할 때마다, FK 칼럼의 값이 참조하는 테이블에 존재하는 값인지를 확인해야 한다. 행을 삭제할 때마다, 자식 테이블이 적절히 업데이트되는지 확인해야 한다. 쉽게 말하면, 실수를 하지 않아야 한다는 것이다.

 FK 제약조건을 사용하지 않고 참조 정합성을 만족하기 위해서는, 변경하기 전에 별도의 SELECT 쿼리를 실행해 해당 변경이 참조 정합성을 깨뜨리지 않는지 확인해야 한다. 예를 들어, 버그 테이블에 새로운 행을 삽입하기 전에 부모 테이블에 참조 데이터가 있는지 확인해야 한다.

> Keyless-Entry/anti/insert.sql

```sql
SELECT account_id FROM Accounts WHERE account_id = 1;
```

그 다음 참조하는 버그를 삽입할 수 있다.

> Keyless-Entry/anti/insert.sql

```sql
INSERT INTO Bugs (reported_by) VALUES (1);
```

버그 테이블의 행을 삭제하려면 자식 행이 없다는 것을 확인해야 한다.

> Keyless-Entry/anti/delete.sql

```sql
SELECT bug_id FROM Bugs WHERE reported_by = 1;
```

그런 후에 계정을 삭제할 수 있다.

> Keyless-Entry/anti/delete.sql

```
DELETE FROM Accounts WHERE account_id = 1;
```

쿼리를 실행한 직후와 계정을 삭제하기 직전 사이의 순간에 account_id가 1인 사용자가 몰래 들어와 새로운 버그를 입력하면 어떻게 될까? 이런 일은 발생할 것 같지 않겠지만, DOS 4의 아키텍트인 Gordon Letwin이 한 유명한 말이 있다. "우리가 하는 일에서, 발생할 확률이 백만 분의 1이라는 말은 다음 주 화요일에 발생한다는 뜻이야."[1] 즉 깨진 참조(더 이상 존재하지 않는 계정에 의해 보고된 버그)가 생길 수 있는 것이다.

유일한 해결책은 확인하기 전에 Bugs 테이블을 잠금 설정하고 계정을 삭제한 후에 잠금을 해제하는 것이다. 이런 식의 잠금을 필요로 하는 아키텍처는 높은 동시성(concurrency)과 확장적응성(scalability)이 필요한 환경에서는 제대로 동작하지 않는다.

## 오류 확인

이 장의 도입부에서, 손상된 데이터를 찾기 위해 개발자가 작성한 스크립트를 사용했던 이야기를 했다.

예를 들어, 버그 데이터베이스에서 Bugs.status 칼럼은 BugsStatus 색인 테이블을 참조한다. 유효하지 않은 상태를 가진 버그를 찾기 위해 다음과 같은 쿼리를 사용할 수 있다.

> Keyless-Entry/anti/find-orphans.sql

```
SELECT b.bug_id, b.status
FROM Bugs b LEFT OUTER JOIN BugStatus s
  ON (b.status = s.status)
WHERE s.status IS NULL;
```

---

[1] (옮긴이) http://blogs.msdn.com/b/larryosterman/archive/2004/03/30/104165.aspx에 이와 관련된 에피소드가 있다.

이와 비슷한 쿼리를 데이터베이스 내 모든 참조 관계에 대해 작성해야 함을 짐작할 수 있을 것이다.

이런 식으로 깨진 참조를 확인하는 습관을 가지고 있다는 것을 알았다면, 다음 질문은 이런 확인을 얼마나 자주 해야 하느냐이다. 매일 수백 번 또는 그 이상으로 자주 확인한다면 이보다 더한 잡일도 없을 것이다. 깨진 참조를 발견하면 어떻게 되는가? 올바르게 정정할 수 있는가? 어떨 때는 그럴 것이다. 예를 들어, 유효하지 않은 버그 상태 값을 의미 있는 디폴트 값으로 바꿀 수 있다.[2]

```
Keyless-Entry/anti/set-default.sql
```
```
UPDATE Bugs SET status = DEFAULT WHERE status = 'BANANA';
```

하지만 불가피하게, 이런 종류의 오류를 바로잡을 수 없는 경우도 생기게 마련이다. 예를 들어, Bugs.reported_by 칼럼은 주어진 버그를 보고한 사용자의 계정을 참조해야 하지만, 이 값이 유효하지 않다면 어떤 사용자의 계정으로 바꿔야 하는가?

### "내 잘못이 아냐!"

데이터베이스를 건드리는 모든 코드가 완벽할 것 같지는 않다. 애플리케이션의 여러 함수에서 비슷한 데이터베이스 업데이트를 수행하기 쉽다. 코드를 수정해야 하는 경우, 모든 경우에 대해 문제가 없도록 변경을 적용했는지 어떻게 확신할 수 있겠는가?

SQL 쿼리 도구나 개인 스크립트를 사용해 데이터베이스를 직접 수정하는 사용자가 있을 수도 있다. 일반적인 SQL 문장을 사용해 깨진 참조를 만들어내기도 쉽다. 애플리케이션의 수명 안에서 언젠가는 이런 일이 발생할 수 있음을 가정해야 한다.

---

[2] SQL은 보는 바와 같이 DEFAULT 키워드를 지원한다.

데이터베이스는 일관성 있게 유지해야 한다. 즉, 데이터베이스 내 참조가 항상 유효해야 한다. 그러나 데이터베이스에 접근하는 모든 애플리케이션과 스크립트가 올바르게 변경을 가하는지는 확신할 수 없다.

### 진퇴양난 업데이트

많은 개발자가 여러 테이블의 관련된 칼럼을 업데이트할 때 불편해지기 때문에 FK 제약조건 사용을 꺼린다. 예를 들어, 다른 행이 의존하는 어떤 행을 삭제해야 할 때, FK 제약조건을 위반하지 않기 위해 자식 행을 먼저 삭제해야 한다.

`Keyless-Entry/anti/delete-child.sql`

```sql
DELETE FROM BugStatus WHERE status = 'BOGUS'; -- 에러!

DELETE FROM Bugs WHERE status = 'BOGUS';

DELETE FROM BugStatus WHERE status = 'BOGUS'; -- 재시도 성공
```

자식 테이블마다 한 번씩 여러 문장을 손수 실행시켜야 한다. 나중에 개선을 위해 데이터베이스에 자식 테이블을 추가한다면, 새로 추가한 테이블의 행도 삭제하도록 코드를 수정해야 한다. 그러나 이정도 문제는 해결할 수 있다.

해결할 수 없는 문제는 자식 행이 참조하고 있는 칼럼을 UPDATE하려 할 때 발생한다. 부모를 업데이트하기 전에는 자식 행을 업데이트할 수 없고, 자신을 참조하는 자식 행을 업데이트하기 전에는 부모를 업데이트할 수 없다. 둘을 동시에 변경해야 하지만, 두 개의 분리된 업데이트 문으로는 이렇게 하기가 불가능하다. 이러지도 저러지도 못하는 상황이다.

`Keyless-Entry/anti/update-catch-22.sql`

```sql
UPDATE BugStatus SET status = 'INVALID' WHERE status = 'BOGUS'; -- 에러!

UPDATE Bugs SET status = 'INVALID' WHERE status = 'BOGUS'; -- 에러!
```

일부 개발자들은 이런 상황을 처리하는 게 어렵다고 생각해 아예 FK를 사용하지 않기로 결정해버린다. 이 장의 뒷부분에서, FK를 사용했을 때 여러 테이블을 업데이트하거나 삭제하는 간단하고 효율적인 방법을 살펴볼 것이다.

## 5.3 안티패턴 인식 방법

사람들이 다음과 같은 말을 하는 걸 들으면, 아마도 키가 없는 엔트리 안티패턴을 사용하고 있을 것이다.

- "어떤 값이 한 테이블에는 있고 다른 테이블에는 없는지 확인하려면 쿼리를 어떻게 작성해야 하지?"
  이는 보통 부모가 업데이트되거나 삭제되어 고아가 된 자식 행을 찾으려는 것이다.
- "테이블에 삽입하면서 다른 테이블에 어떤 값이 있는지를 확인하는 빠른 방법이 없을까?"
  이는 부모행이 존재하는지를 확인하려는 것이다. FK가 이를 자동으로 확인해주며, 효율적으로 확인하기 위해 부모 테이블의 인덱스를 활용한다.
- "FK라고? FK는 데이터베이스를 느리게 만들기 때문에 사용하지 말라고 들었는데?"
  FK를 사용하지 않는 것을 간단하게 합리화하기 위해 성능 문제를 말하지만, FK를 사용하지 않으면 성능 문제를 포함해 문제가 해결되기보다는 늘어난다.

## 5.4 안티패턴 사용이 합당한 경우

FK 제약조건을 지원하지 않는 데이터베이스(예를 들어, MySQL의 MyISAM 스토리지 엔진 또는 버전 3.6.19 이전의 SQLite)를 사용할 수밖에 없는 경우도 있다. 이런 경우라면 이 장의 앞부분에서 설명했던 품질 제어 스크립트 같은 것으로 보완하는 수밖에 없다.

관계를 모델링하는 데 FK를 사용할 수 없는 극단적으로 유연한 데이터베이스 설계도 있다. 전통적인 참조 정합성 제약조건을 사용할 수 없다면, 이는 다른 SQL 안티패턴이 사용되고 있음을 나타내는 강력한 징후다. 좀더 자세한 내용은 6장 「엔터티-속성-값」, 7장 「다형성 관계」를 참조하기 바란다.

## 5.5 해법: 제약조건 선언하기

일본어에 '포카요케(poka-yoke)'란 표현이 있는데, '오류 검증(mistake proofing)'이란 뜻이다.[3] 이 용어는 오류를 방지하거나 바로잡거나 또는 발생하는 즉시 관심을 가져 제품의 결함을 제거하는 데 도움이 되는 생산 공정을 뜻한다. 이런 실행방안은 품질을 향상시키고 정정 요구를 감소시켜, 추가비용을 상쇄하고도 남는다.

데이터베이스 설계에서도 참조 정합성을 강제하기 위해 FK를 사용하는 방법으로 포카요케 원리를 적용할 수 있다. 데이터 정합성 오류를 찾아내 정정하는 대신, 처음부터 잘못된 데이터가 입력되지 않도록 할 수 있는 것이다.

`Keyless-Entry/soln/foreign-keys.sql`

```
CREATE TABLE Bugs (
  ...
  reported_by        BIGINT UNSIGNED NOT NULL,
  status             VARCHAR(20) NOT NULL DEFAULT 'NEW',
  FOREIGN KEY (reported_by) REFERENCES Accounts(account_id),
  FOREIGN KEY (status) REFERENCES BugStatus(status)
);
```

기존 코드든 일반 쿼리든 동일한 제약조건을 따라야 하므로, 잊어버린 코드나 이 강제사항을 우회할 뒷문 같은 것은 있을 수 없다. 어떤 식으로 변경을 가

---

[3] 포카요케는 산업공학자인 Shigeo Shingo 박사가 도요타 생산 시스템을 연구하면서 창안한 표현이다.

하든 데이터베이스는 부적절한 변경은 거부할 것이다.

FK를 사용하면 불필요한 코드를 작성하지 않아도 되고, 데이터베이스를 변경할 때도 모든 코드가 동일한 제약조건을 따른다는 것을 확신할 수 있다. 이는 코드 개발기간을 단축시킬 뿐 아니라 디버깅과 유지보수에 드는 시간도 감소시킨다. 코드 1,000라인당 평균 15~50개의 버그가 소프트웨어 업계 평균 수치다. 다른 모든 사항이 동일한 경우, 코드 라인수가 적으면 버그도 적은 것이다.

### 여러 테이블 변경 지원

FK는 애플리케이션 코드로 흉내 낼 수 없는 다른 기능이 있다. 단계적 업데이트(cascading update)다

```
Keyless-Entry/soln/cascade.sql
CREATE TABLE Bugs (
  ...
  reported_by        BIGINT UNSIGNED NOT NULL,
  status             VARCHAR(20) NOT NULL DEFAULT 'NEW',
  FOREIGN KEY (reported_by) REFERENCES Accounts(account_id)
    ON UPDATE CASCADE
    ON DELETE RESTRICT,
  FOREIGN KEY (status) REFERENCES BugStatus(status)
    ON UPDATE CASCADE
    ON DELETE SET DEFAULT
);
```

이 방법을 사용하면 부모 행을 업데이트 또는 삭제할 경우 데이터베이스가 해당 부모를 참조하는 자식 행을 알아서 처리해준다. 부모 테이블인 BugStatus나 Accounts를 업데이트하면 Bugs에 있는 자식 행까지 자동으로 업데이트된다. 앞서 설명했던 진퇴양난 업데이트 문제가 발생하지 않는다.

FK 제약조건의 ON UPDATE 또는 ON DELETE 절을 선언하는 방식에 따라 단계적 작업의 결과를 제어할 수 있다. 예를 들어, reported_by에 걸린 FK의 RESTRICT는 Bugs의 행이 참조하는 한 계정을 삭제할 수 없음을 뜻한다. 제약

조건이 삭제를 막고 에러를 발생시킨다. 반면 status 값을 삭제하는 경우, 해당 상태였던 버그들이 모두 디폴트 상태 값으로 자동으로 재설정된다.

어느 경우든, 데이터베이스는 두 테이블을 자동으로 변경한다. FK 참조는 변경 전이나 변경 후 모두 만족한다.

데이터베이스에 새로운 자식 테이블을 추가하면, 자식 테이블의 FK에 단계적 동작을 그대로 기술해주면 된다. 애플리케이션 코드는 수정할 필요 없다. 얼마나 많은 자식 테이블이 참조하든 상관 없이 부모 테이블 역시 수정할 필요가 없다.

### 오버헤드? 그닥~

FK 제약조건이 약간의 오버헤드가 있는 것은 사실이다. 그러나 다른 대안과 비교했을 때, FK가 훨씬 효율적이라고 입증되었다.

- INSERT, UPDATE, DELETE 전에 데이터를 확인하기 위해 SELECT 쿼리를 실행할 필요가 없다.
- 여러 테이블을 변경하기 위해 테이블 잠금을 사용할 필요가 없다.
- 불가피하게 생기는 고아 데이터를 정정하기 위해 품질 제어 스크립트를 주기적으로 돌릴 필요가 없다.

FK는 사용하기 쉽고, 성능을 향상시킬 뿐 아니라, 단순하든 복잡하든 데이터를 변경할 때 참조 정합성을 일관적으로 유지하는 데 도움이 된다.

> **SQL Antipatterns Tip**
> 제약조건을 사용해 데이터베이스에서 실수를 방지하라.

# 6장

S Q L  A n t i p a t t e r n s

# 엔터티-속성-값

> 어떻게 작동하는지 확인하기 위해 고양이를 분해할 경우,
> 가장 먼저 갖게 되는 것은 작동하지 않는 고양이다.
> – 더글러스 아담스(Douglas Adams)

"날짜별로 행 수를 세려면 어떻게 해야 하지?" 이는 데이터베이스 프로그래머에게는 간단한 작업의 예다. 답은 SQL을 소개하는 튜토리얼이면 어디든 나온다. SQL 문법의 기본인 것이다.

`EAV/intro/count.sql`
```sql
SELECT date_reported, COUNT(*)
FROM Bugs
GROUP BY date_reported;
```

그러나 이 간단한 답에는 두 개의 가정이 숨어 있다.

- 값이 Bugs.date_reported와 같이 한 칼럼에 저장된다.
- 값을 서로 비교할 수 있어 GROUP BY에서 같은 값끼리 모을 수 있다.

이런 가정이 맞지 않다면 어떻게 될까? 날짜가 date_reported 또는 report_date 칼럼에 저장되거나 또는 각 행마다 다른 칼럼 이름으로 저장된다

면 어떻게 될까? 날짜가 서로 다른 다양한 형식으로 입력되어 컴퓨터에서 두 날짜를 쉽게 비교할 수 없다면 어떻게 될까?

엔터티-속성-값이라 불리는 안티패턴을 사용하는 경우 이런 문제(또는 다른 문제)에 봉착할 수 있다.

## 6.1 목표: 가변 속성 지원

소프트웨어 프로젝트에서 확장성은 자주 목표로 언급된다. 우리는 미래에도 프로그래밍을 조금만 하거나 아니면 하지 않고도 새로운 요구사항을 유동적으로 수용할 수 있도록 소프트웨어를 설계하고 싶다.

이는 새로운 문제가 아니다. 관계형 데이터베이스에서 메타데이터의 비유연성에 대한 비슷한 논란은 E. F. Codd의 『A Relational Model of Data for Large Shared Data Banks』[Cod70]에서 관계형 모델이 처음 제안된 1970년대부터 지속되었다.

일반적인 테이블은 테이블에 있는 모든 행과 관계된 속성 칼럼으로 이루어져 있고, 각 행은 비슷한 객체의 인스턴스를 나타낸다. 속성 집합이 다르면 객체의 타입도 다르다는 뜻이며, 따라서 다른 테이블에 있어야 한다.

그러나 현대적인 객체지향 프로그래밍 모델에서는 동일한 데이터 타입을 확장(상속)하는 것과 같은 방법으로 객체의 타입도 관계를 가질 수 있다. 객체지향 설계에서 이런 객체들은 서브타입 인스턴스로 다룰 수도 있고, 같은 베이스 타입의 인스턴스로 간주할 수도 있다. 우리는 여러 객체의 계산이나 비교를 간단히 하기 위해 객체를 하나의 데이터베이스 테이블에 행으로 저장하고 싶다. 또한 객체의 각 서브타입이 베이스 타입이나 다른 서브타입에는 적용되지 않는 속성 칼럼을 저장하는 것도 허용해야 한다.

버그 데이터베이스를 예로 들어보자. 그림 6.1에 Bug와 FeatureRequest는 베이스 타입인 Issue의 속성을 공통으로 가진다. 모든 이슈는 이슈를 보고한 사람과 관계가 있다. 또한 이슈는 제품과도 관계가 있을 뿐 아니라 우선순위

그림 6.1 HTML5 시맨틱 마크업을 사용한 블로그 구조

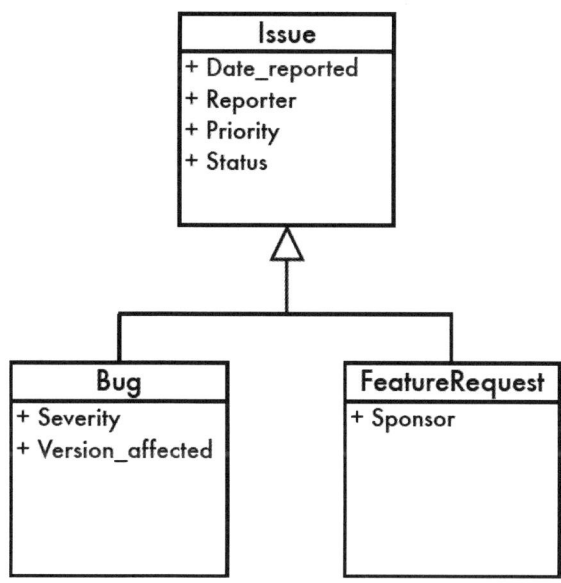

도 갖는다. 그러나 Bug는 버그가 발생한 제품의 버전과 버그의 중요도 또는 영향도와 같은 다른 속성도 갖는다. 마찬가지로 FeatureRequest 또한 자신만의 속성을 갖는다. 이 예에서는 해당 기능 개발에 예산을 지원하는 스폰서를 속성으로 갖는다고 하자.

## 6.2 안티패턴: 범용 속성 테이블 사용

가변 속성을 지원해야 할 때 일부 개발자가 흥미를 갖는 방법은 별도 테이블을 생성해 속성을 행으로 저장하는 것이다. 그림 6.2에 있는 두 테이블을 표시한 다이어그램을 보기 바란다. 이 속성 테이블의 각 행은 세 개의 칼럼을 갖는다.

- **엔터티:** 보통 이 칼럼은 하나의 엔터티에 대해 하나의 행을 가지는 부모

테이블에 대한 FK다.

- **속성**: 일반적인 테이블에서의 칼럼 이름을 나타내지만, 이 새로운 설계에서는 각 행마다 속성이 하나씩 들어간다.
- **값**: 모든 엔터티는 각 속성에 대한 값을 가진다. 예를 들어, PK 값이 1234인 버그가 주어졌을 때, status란 속성을 가지고, 그 속성 값은 NEW다.

그림 6.2 EAV 객체 관계

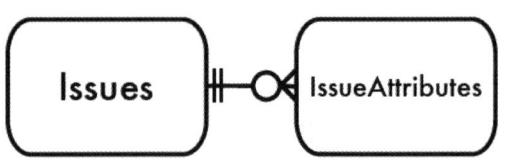

이 설계는 엔터티-속성-값(Entity-Attribute-Value) 또는 줄여서 EAV라 불린다. 때로는 오픈 스키마(open schema), 스키마리스(schemaless) 또는 이름-값 쌍(name-value pairs)으로 불리기도 한다.

```
EAV/anti/create-eav-table.sql
```

```sql
CREATE TABLE Issues (
  issue_id    SERIAL PRIMARY KEY
);

INSERT INTO Issues (issue_id) VALUES (1234);

CREATE TABLE IssueAttributes (
  issue_id    BIGINT UNSIGNED NOT NULL,
  attr_name   VARCHAR(100) NOT NULL,
  attr_value  VARCHAR(100),
  PRIMARY KEY (issue_id, attr_name),
  FOREIGN KEY (issue_id) REFERENCES Issues(issue_id)
);

INSERT INTO IssueAttributes (issue_id, attr_name, attr_value)
  VALUES
    (1234, 'product',        '1'),
    (1234, 'date_reported',  '2009-06-01'),
```

```
(1234, 'status',           'NEW'),
(1234, 'description',      'Saving does not work'),
(1234, 'reported_by',      'Bill'),
(1234, 'version_affected', '1.0'),
(1234, 'severity',         'loss of functionality'),
(1234, 'priority',         'high');
```

별도 테이블을 추가해 다음과 같은 이득을 얻은 것 같아 보인다.

- 두 테이블 모두 적은 칼럼을 갖고 있다.
- 새로운 속성을 지원하기 위해 칼럼 수를 늘릴 필요가 없다.
- 특정 속성이 해당 행에 적용되지 않을 때 NULL을 채워야 하는 칼럼이 지저분하게 생기는 것을 피할 수 있다.

개선된 설계처럼 보인다. 그러나 데이터베이스 설계가 단순하다고 해서 사용하기 어려운 것을 보상해주지는 않는다.

### 속성 조회

당신의 상사는 매일 보고된 버그 리포트를 필요로 한다. 일반적인 테이블 설계에서는 Issue 테이블이 date_reported와 같은 간단한 속성을 가질 것이다. 모든 버그와 보고일자를 조회하려면 다음과 같은 간단한 쿼리를 실행하면 된다.

`EAV/anti/query-plain.sql`

```
SELECT issue_id, date_reported FROM Issues;
```

EAV 설계를 사용할 때 위 쿼리와 동일한 정보를 얻으려면, IssueAttributes 테이블에서 문자열로 date_reported란 이름의 속성을 가진 행을 꺼내야 한다. 이 쿼리는 더 복잡하고 덜 명확하다.

`EAV/anti/query-eav.sql`

```
SELECT issue_id, attr_value AS "date_reported"
FROM IssueAttributes
WHERE attr_name = 'date_reported';
```

## 데이터 정합성 지원

EAV를 사용하면 일반적인 데이터베이스 설계를 사용할 때 얻을 수 있는 여러 가지 장점을 희생해야 한다.

### 필수 속성 사용 불가

프로젝트 리포트를 제대로 생성하기 위해서는 date_reported 속성이 값을 가지고 있어야 한다. 일반적인 데이터베이스 설계에서는 칼럼을 NOT NULL로 선언해 항상 값을 가지도록 강제할 수 있다.

EAV 설계에서는 각 속성이 IssueAttributes 테이블에서 칼럼이 아니라 행으로 대응된다. 각 issue_id 값에 대해 행이 존재하는지, 그리고 그 행의 attr_name 칼럼이 date_reported란 문자열을 가지고 있는지 확인하는 제약조건이 필요할 것이다.

그러나 SQL은 이런 사항을 확인할 수 있는 제약조건은 지원하지 않는다. 따라서 이를 강제하는 애플리케이션 코드를 직접 작성해야 한다. 보고일자가 없는 버그를 발견하면, 이 속성을 위한 값을 추가해야 할까? 어떤 값을 할당해야 할까? 누락된 속성에 대해 추측을 하거나 디폴트 값을 사용한다면, 리포트의 정확성엔 어떤 영향이 있을까?

### SQL 데이터 타입 사용 불가

사람들이 날짜를 다른 형식으로 입력하거나 심지어는 날짜가 아닌 문자열을 입력해 리포트를 생성하는 데 문제가 생길 수 있다. 일반적인 데이터베이스에서는 칼럼의 데이터 타입을 DATE로 선언해 이런 문제를 예방할 수 있다.

`EAV/anti/insert-plain.sql`
```
INSERT INTO Issues (date_reported) VALUES ('banana'); -- 에러!
```

EAV 설계에서 IssueAttributes.attr_value 칼럼은 하나의 칼럼에 가능한 모든 속성을 수용하기 위해 문자열 타입을 사용하는 것이 보통이다. 따라서 유효하지 않은 값을 거부할 방법이 없다.

```
EAV/anti/insert-eav.sql
```
```sql
INSERT INTO IssueAttributes (issue_id, attr_name, attr_value)
  VALUES (1234, 'date_reported', 'banana');   -- 에러 발생 안 함!
```

어떤 사람은 각 SQL 데이터 타입에 따라 attr_value 칼럼을 정의하고, 사용되지 않은 칼럼은 NULL로 남겨놓는 방식으로 EAV 설계를 확장하려 한다. 이렇게 하면 데이터 타입을 사용할 수는 있게 되지만 쿼리는 훨씬 더 복잡해진다.

```
EAV/anti/data-types.sql
```
```sql
SELECT issue_id, COALESCE(attr_value_date, attr_value_datetime,
  attr_value_integer, attr_value_numeric, attr_value_float,
  attr_value_string, attr_value_text) AS "date_reported"
FROM IssueAttributes
WHERE attr_name = 'date_reported';
```

사용자 정의 데이터 타입이나 도메인을 지원하려면 더 많은 칼럼을 추가해야 한다.

### 참조 정합성 강제 불가

일반적인 데이터베이스에서는 색인 테이블에 대한 FK를 정의해 특정 속성의 범위를 제한할 수 있다. 예를 들어, 버그나 이슈의 status 속성은 BugStatus 테이블에 저장된 짧은 목록의 값 중 하나여야 한다.

```
EAV/anti/foreign-key-plain.sql
```
```sql
CREATE TABLE Issues (
  issue_id          SERIAL PRIMARY KEY,
  ...
  status            VARCHAR(20) NOT NULL DEFAULT 'NEW',
  FOREIGN KEY (status) REFERENCES BugStatus(status)
);
```

EAV 설계에서는 attr_value 칼럼에 이런 식의 제약조건을 적용할 수 없다. 참조 정합성 제약조건은 테이블의 모든 행에 적용된다.

EAV/anti/foreign-key-eav.sql

```sql
CREATE TABLE IssueAttributes (
  issue_id         BIGINT UNSIGNED NOT NULL,
  attr_name        VARCHAR(100) NOT NULL,
  attr_value       VARCHAR(100),
  FOREIGN KEY (attr_value) REFERENCES BugStatus(status)
);
```

이 제약조건을 정의하면, status 속성뿐 아니라 모든 속성이 BugStatus에 있는 값과 매치되도록 강제하게 된다.

### 속성 이름 강제 불가

버그 리포트가 여전히 신뢰할 수 없는 상태다. 속성 이름이 일관적이지 않다. 어떤 버그는 date_reported란 이름의 속성을 사용하고, 어떤 버그는 report_date란 이름의 속성을 사용한다. 두 속성 이름 모두 동일한 정보를 나타내려는 의도임이 명확하다.

날짜별 버그 수는 어떻게 셀 수 있을까?

EAV/anti/count.sql

```sql
SELECT date_reported, COUNT(*) AS bugs_per_date
FROM (SELECT DISTINCT issue_id, attr_value AS date_reported
      FROM IssueAttributes
      WHERE attr_name IN ('date_reported', 'report_date'))
GROUP BY date_reported;
```

날짜를 다른 이름의 속성으로 저장한 버그가 없다는 것을 어떻게 알 수 있을까? 어떤 버그에 특정 속성을 서로 다른 이름으로 두 번 저장하지 않았는지 어떻게 알 수 있을까? 이런 오류를 어떻게 방지할 수 있을까?

한 가지 방법은 attr_name 칼럼에 승인된 속성 이름만 저장하고 있는 색인 테이블에 대한 FK를 선언하는 것이다. 그러나 이렇게 하면 아무 때고 엔터티에 속성을 추가하는 기능을 지원하지 못하게 된다.[1] EAV 설계에서는 일반적인 것인데 말이다.

## 행을 재구성하기

Issues 테이블의 모든 행과 그 행의 속성을 칼럼으로 조회하는 것은 자연스럽다. 일반적인 테이블에 저장된 것처럼 하나의 이슈를 하나의 행으로 꺼내고 싶을 것이다.

| issue_id | date_reported | status | priority | description |
|----------|---------------|--------|----------|-------------|
| 1234     | 2009-06-01    | 신규   | 높음     | 저장 기능 동작 안 함 |

각 속성이 IssueAttributes 테이블의 별도 행으로 저장되어 있으므로, 행 하나의 일부로 속성을 꺼내기 위해서는 각 속성에 대한 조인이 필요하다. 이 쿼리를 작성하는 시점에 모든 속성의 이름을 알아야 한다. 다음 쿼리는 위와 같이 행을 재구성한다.

EAV/anti/reconstruct.sql

```
SELECT i.issue_id,
  i1.attr_value AS "date_reported",
  i2.attr_value AS "status",
  i3.attr_value AS "priority",
  i4.attr_value AS "description"
FROM Issues AS i
  LEFT OUTER JOIN IssueAttributes AS i1
    ON i.issue_id = i1.issue_id AND i1.attr_name = 'date_reported'
  LEFT OUTER JOIN IssueAttributes AS i2
    ON i.issue_id = i2.issue_id AND i2.attr_name = 'status'
  LEFT OUTER JOIN IssueAttributes AS i3
    ON i.issue_id = i3.issue_id AND i3.attr_name = 'priority';
  LEFT OUTER JOIN IssueAttributes AS i4
    ON i.issue_id = i4.issue_id AND i4.attr_name = 'description';
WHERE i.issue_id = 1234;
```

---

1 (옮긴이) 색인 테이블에 속성 이름을 추가한 다음 엔터티에 속성을 추가하면 문제 없다.

내부 조인을 사용하면 IssueAttributes에 속성이 하나라도 없는 경우 아무 것도 리턴되지 않을 수 있으므로 외부 조인을 사용해야 한다. 속성 개수가 늘어나면 조인 회수도 늘어나야 하고, 쿼리의 비용은 지수적으로 증가한다.[2]

## 6.3 안티패턴 인식 방법

프로젝트 팀에서 다음과 같은 말을 하는 사람이 있다면, 누군가 EAV 안티패턴을 사용하고 있다는 뜻이다.

- "이 데이터베이스는 메타데이터 변경 없이 확장이 가능하지. 런타임에 새로운 속성을 정의할 수 있어."

  관계형 데이터베이스는 이런 수준의 유연성을 제공하지 않는다. 누군가 데이터베이스를 마음대로 확장할 수 있도록 설계했다고 주장한다면, 아마도 EAV 설계를 사용하고 있을 것이다.

- "하나의 쿼리에서 조인을 최대 몇 번이나 할 수 있지?"

  데이터베이스 한계를 넘어서는 것을 걱정할 정도로 조인 회수가 많은 쿼리가 필요하다면, 데이터베이스 설계에 문제가 있는 것이다. EAV 설계가 이런 문제를 초래하는 것은 흔한 일이다.

- "우리 전자상거래 플랫폼에서는 리포트를 어떻게 생성해야 할지 이해할

---

2 (옮긴이) 다음과 같이 하면 조인을 여러 번 하지 않고 동일한 결과를 얻을 수 있다.
```
SELECT issue_id, MAX(date_reported), MAX(status), MAX(priority), MAX(description)
FROM (
  SELECT issue_id,
    CASE WHEN attr_name='date_reported' THEN attr_value END date_reported,
    CASE WHEN attr_name='status' THEN attr_value END status,
    CASE WHEN attr_name='priority' THEN attr_value END priority,
    CASE WHEN attr_name='description' THEN attr_value END description
  FROM IssueAttributes
  WHERE issue_id=1234
  ) t
GROUP BY issue_id;
```
조인을 여러 번 하지 않아도 되지만, 쿼리 작성 시점에서 모든 속성 이름을 알아야 하고 쿼리가 너저분한 것은 마찬가지다.

수가 없어. 아무래도 컨설턴트를 고용해야 할 것 같아."

커스터마이징이 가능하도록 설계된 턴키 방식의 데이터베이스 주도 소프트웨어 패키지의 상당수가 EAV 설계를 사용하는 것으로 보인다. EAV 설계를 사용하는 소프트웨어 패키지에서는 일반적인 리포트 생성 쿼리가 매우 복잡하거나 심지어 비현실적이기까지 하다.

## 6.4 안티패턴 사용이 합당한 경우

관계형 데이터베이스에서 EAV 안티패턴 사용을 합리화하기는 어렵다. 관계형 패러다임의 강점을 나타내는 기능 중 많은 부분을 양보해야 하기 때문이다. 그러나 이는 동적 속성을 지원하는 일부 애플리케이션에서의 합당한 필요를 고려한 것이 아니다.

대부분의 애플리케이션에서 동적 속성이 정말 필요한 곳은 단지 테이블 두세 개이거나 또는 딱 하나뿐이다. 나머지 데이터는 표준 테이블 설계를 따라도 된다. 프로젝트 계획 시 EAV 사용의 위험과 이에 따른 부가 작업을 충분히 고려하여 꼭 필요한 곳에만 사용한다면, 나쁘다고만 할 수는 없다. 그러나 경험 많은 데이터베이스 컨설턴트들은 EAV를 사용하는 시스템은 1년 이내에 다루기가 매우 어려워진다고 말한다는 점을 명심하기 바란다.

비관계형 데이터 관리가 필요하다면 가장 좋은 방법은 비관계형 기술을 사용하는 것이다. 이 책은 SQL에 대한 책이고 다른 대안에 대한 책은 아니지만, 이런 기술의 일부를 소개하고자 한다.

- Berkeley DB는 인기 있는 키-값(key-value) 저장소로, 다양한 애플리케이션에 임베드할 수 있다.
  http://www.oracle.com/technology/products/berkeley-db/
- Cassandra는 Facebook에서 개발한 분산 칼럼지향 데이터베이스로 Apache 프로젝트로 공개되었다.
  http://cassandra.apache.org/

- CouchDB는 문서지향 데이터베이스다. 분산 키-값 저장소로 데이터 표현에 JSON을 사용한다.

  http://couchdb.apache.org/

- Hadoop과 HBase는 대규모 반구조적(semistructured) 데이터 저장소에 대한 분산 쿼리를 위한 Google의 MapReduce 알고리즘에서 영감을 받아 작성된 오픈 소스 DBMS다.

  http://hadoop.apache.org/

- MongoDB는 CouchDB와 마찬가지로 문서지향 데이터베이스다.

  http://www.mongodb.org/

- Redis는 문서지향 메모리 데이터베이스다.

  http://redis.io/

- Tokyo Cabinet은 키-값 저장소로, POSIX DBM, GNU GDBM 또는 Berkeley DB 스타일로 설계됐다.

  http://1978th.net/

다른 많은 비관계형 프로젝트도 등장하고 있다. 그러나 EAV의 단점은 이런 대안 기술에도 그대로 존재한다. 메타데이터가 유동적이면 간단한 쿼리 작성도 어려워지는 것이다. 데이터 구조를 발견하고 적응하기 위해 애플리케이션에서 많은 에너지를 쏟아야 한다.

## 6.5 해법: 서브타입 모델링

EAV가 올바른 설계로 보인다면, 구현하기 전에 잠시 생각해봐야 한다. 구식 방법으로 잘 분석해보면, 전통적인 테이블 설계로 좀더 쉬우면서도 데이터 정합성에 대한 확신을 가질 수 있게 데이터를 모델링할 수 있음을 알게 될 것이다.

이런 데이터를 EAV를 사용하지 않고 저장하는 몇 가지 방법이 있다. 서브타입의 수에 제한이 있고 각 서브타입의 속성을 알고 있다면 대부분의 방법이 잘 들어맞는다. 어떤 방법이 최적일지는 데이터를 어떻게 조회할지에 따라 다르기 때문에, 각 경우에 따라 올바른 설계를 선택해야 한다.

## 단일 테이블 상속(Single Table Inheritance)

가장 단순한 설계는 관련된 모든 타입을 하나의 테이블에 저장하고, 각 타입에 있는 모든 속성을 별도의 칼럼으로 가지도록 하는 것이다. 속성 하나는 행의 서브타입을 나타내는 데 사용해야 한다. 예제에서 이 속성은 issue_type이다. 어떤 속성은 모든 서브타입에 공통으로 나타난다. 많은 속성이 특정 서브타입에만 필요한 것인데, 해당 속성이 적용되지 않는 객체를 저장하는 경우 이런 칼럼에는 NULL을 넣어줘야 한다. NULL이 아닌 값을 가진 칼럼이 드문드문 있게 된다.

이 설계의 이름은 Martin Fowler의 『Patterns of Enterprise Application Architecture』[Fow03]에서 나왔다.

EAV/soln/create-sti-table.sql

```
CREATE TABLE Issues (
  issue_id          SERIAL PRIMARY KEY,
  reported_by       BIGINT UNSIGNED NOT NULL,
  product_id        BIGINT UNSIGNED,
  priority          VARCHAR(20),
  version_resolved  VARCHAR(20),
  status            VARCHAR(20),
  issue_type        VARCHAR(10),   -- BUG 또는 FEATURE
  severity          VARCHAR(20),   -- '버그'에서만 사용
  version_affected  VARCHAR(20),   -- '버그'에서만 사용
  sponsor           VARCHAR(50),   -- '기능요청'에서만 사용
  FOREIGN KEY (reported_by) REFERENCES Accounts(account_id)
  FOREIGN KEY (product_id) REFERENCES Products(product_id)
);
```

새로운 객체 타입이 생기면, 데이터베이스는 새로 생긴 객체 타입의 속성을 수용해야 한다. 새로운 객체에만 있는 속성에 대한 칼럼을 추가해 테이블을

변경해야 한다. 테이블에 들어가는 칼럼 수의 실질적인 한계에 직면할 수도 있다.

단일 테이블 상속의 또 다른 한계는 어떤 속성이 어느 서브타입에 속하는지를 정의하는 메타데이터가 없다는 것이다. 주어진 서브타입에 적용되지 않는 속성을 애플리케이션에서 무시하도록 할 수는 있다. 그러나 어떤 속성이 어떤 서브타입에 적용 가능한지를 직접 추적해야 한다. 이런 정보를 데이터베이스에 메타데이터를 사용해 정의할 수 있다면 좀더 좋을 것이다.

단일 테이블 상속은 서브타입 개수가 적고 특정 서브타입에만 속하는 속성 개수가 적을 때, 그리고 액티브 레코드와 같은 단일 테이블 데이터베이스 접근 패턴을 사용해야 할 때 가장 좋다.

### 구체 테이블 상속(Concrete Table Inheritance)

다른 방법은 서브타입별로 별도의 테이블을 만드는 것이다. 각 테이블에는 베이스 타입에 있는 공통 속성뿐 아니라 특정 서브타입에만 필요한 속성도 포함된다. 이 설계의 이름 역시 Martin Fowler의 책에서 나왔다.

```
EAV/soln/create-concrete-tables.sql
```
```sql
CREATE TABLE Bugs (
   issue_id          SERIAL PRIMARY KEY,
   reported_by       BIGINT UNSIGNED NOT NULL,
   product_id        BIGINT UNSIGNED,
   priority          VARCHAR(20),
   version_resolved  VARCHAR(20),
   status            VARCHAR(20),
   severity          VARCHAR(20), -- '버그'에서만 사용
   version_affected  VARCHAR(20), -- '버그'에서만 사용
   FOREIGN KEY (reported_by) REFERENCES Accounts(account_id),
   FOREIGN KEY (product_id) REFERENCES Products(product_id)
);

CREATE TABLE FeatureRequests (
   issue_id          SERIAL PRIMARY KEY,
   reported_by       BIGINT UNSIGNED NOT NULL,
   product_id        BIGINT UNSIGNED,
   priority          VARCHAR(20),
```

```
    version_resolved VARCHAR(20),
    status           VARCHAR(20),
    sponsor          VARCHAR(50),  -- '기능요청'에서만 사용
    FOREIGN KEY (reported_by) REFERENCES Accounts(account_id),
    FOREIGN KEY (product_id) REFERENCES Products(product_id)
);
```

구체 테이블 상속이 단일 테이블 상속보다 좋은 점은, 특정 서브타입을 저장할 때 해당 서브타입에 적용되지 않는 속성은 저장할 수 없게 한다는 것이다. 테이블에 존재하지 않는 속성 칼럼을 참조하면 데이터베이스는 에러를 발생시킨다. 예를 들어, severity 칼럼은 FeatureRequests 테이블에는 없다.

`EAV/soln/insert-concrete.sql`

```
INSERT INTO FeatureRequests (issue_id, severity)
    VALUES ( ... ); -- 에러!
```

구체 테이블 상속의 다른 장점은 단일 테이블 상속 설계에 있어야 했던 각 행의 서브타입을 나타내는 부가적 속성이 필요하지 않다는 것이다.

그러나 서브타입 속성에서 어떤 속성이 공통 속성인지를 알기가 어렵다. 또한 새로운 공통속성이 추가되면 모든 서브타입 테이블을 변경해야 한다.

관련된 객체가 이런 서브타입 테이블에 저장되었다는 것을 알려주는 메타데이터도 없다. 즉, 프로젝트에 새로 투입된 프로그래머가 테이블 정의를 살펴보면, 이런 서브타입 테이블에 일부 칼럼이 공통으로 존재하는 것을 보겠지만, 이들 테이블 사이에 논리적 관계가 있어서 그런 것인지 아니면 그저 우연의 일치로 테이블이 비슷한 것인지 메타데이터를 통해서는 알 수가 없다.

각 서브타입이 별도 테이블에 저장되어 있는 경우, 서브타입에 상관없이 모든 객체를 보는 것이 복잡해진다. 이 쿼리를 쉽게 하려면 각 서브타입 테이블에서 공통 속성만을 선택한 다음 이를 UNION으로 묶은 뷰를 정의해야 한다.

```
EAV/soln/view-concrete.sql
```
```sql
CREATE VIEW Issues AS
  SELECT b.*, 'bug' AS issue_type
  FROM Bugs AS b
   UNION ALL
  SELECT f.*, 'feature' AS issue_type
  FROM FeatureRequests AS f;
```

구체 테이블 상속 설계는 모든 서브타입을 한꺼번에 조회할 필요가 거의 없는 경우에 가장 적합하다.

## 클래스 테이블 상속(Class Table Inheritance)

세 번째 방법은 테이블을 객체지향 클래스인 것처럼 생각해 상속을 흉내 내는 것이다. 서브타입에 공통인 속성을 포함하는 베이스 타입을 위한 테이블을 하나 만든다. 그리고 각 서브타입에 대해 테이블을 만든다. 서브타입 테이블의 PK는 베이스 테이블에 대한 FK 역할도 한다. 이 설계의 이름 또한 Martin Fowler의 책에서 나왔다.

```
EAV/soln/create-class-tables.sql
```
```sql
CREATE TABLE Issues (
   issue_id         SERIAL PRIMARY KEY,
   reported_by      BIGINT UNSIGNED NOT NULL,
   product_id       BIGINT UNSIGNED,
   priority         VARCHAR(20),
   version_resolved VARCHAR(20),
   status           VARCHAR(20),
   FOREIGN KEY (reported_by) REFERENCES Accounts(account_id),
   FOREIGN KEY (product_id) REFERENCES Products(product_id)
);

CREATE TABLE Bugs (
   issue_id         BIGINT UNSIGNED PRIMARY KEY,
   severity         VARCHAR(20),
   version_affected VARCHAR(20),
   FOREIGN KEY (issue_id) REFERENCES Issues(issue_id)
);

CREATE TABLE FeatureRequests (
```

```
    issue_id         BIGINT UNSIGNED PRIMARY KEY,
    sponsor          VARCHAR(50),
    FOREIGN KEY (issue_id) REFERENCES Issues(issue_id)
);
```

메타데이터에 의해 일대일 관계가 강제된다. 베이스 테이블에 종속된 테이블의 FK는 PK이기도 하므로 유일해야 하기 때문이다. 이 설계는 검색에서 베이스 타입에 있는 속성만 참조하는 한, 모든 서브타입에 대한 검색을 하는 데 효율적인 방법을 제공한다. 검색 조건을 만족하는 항목을 찾으면, 서브타입에만 있는 속성은 각 서브타입 테이블을 조회해 얻을 수 있다.

베이스 테이블의 행이 어떤 서브타입을 나타내는지는 알 필요가 없다. 서브타입 개수가 적다면 각 서브타입과 조인하는 쿼리를 작성해 단일 테이블 상속의 테이블에서와 같은 결과를 만들어낼 수 있다. 주어진 행에 적용되지 않는 서브타입의 속성은 NULL이 된다.

> EAV/soln/select-class.sql

```
SELECT i.*, b.*, f.*
FROM Issues AS i
  LEFT OUTER JOIN Bugs AS b USING (issue_id)
  LEFT OUTER JOIN FeatureRequests AS f USING (issue_id);
```

이 쿼리는 또한 좋은 VIEW 후보이기도 하다.

모든 서브타입에 대한 조회가 많고 공통칼럼을 참조하는 경우가 많다면 이 설계가 가장 적합하다.

### 반구조적 데이터(Semistructured Data)

서브타입의 수가 많거나 또는 새로운 속성을 지원해야 하는 경우가 빈번하다면, 데이터의 속성 이름과 값을 XML 또는 JSON 형식으로 부호화해 TEXT(또는 CLOB) 컬럼으로 저장할 수 있다. Martin Fowler는 이 패턴을 직렬화된 LOB(Serialized LOB)라 부른다.

```
EAV/soln/create-text(///제김토)-tables.sql
```

```sql
CREATE TABLE Issues (
  issue_id          SERIAL PRIMARY KEY,
  reported_by       BIGINT UNSIGNED NOT NULL,
  product_id        BIGINT UNSIGNED,
  priority          VARCHAR(20),
  version_resolved  VARCHAR(20),
  status            VARCHAR(20),
  issue_type        VARCHAR(10),    -- BUG 또는 FEATURE
  attributes        TEXT NOT NULL,  -- 모든 동적 속성을 저장
  FOREIGN KEY (reported_by) REFERENCES Accounts(account_id),
  FOREIGN KEY (product_id) REFERENCES Products(product_id)
);
```

이 설계의 장점은 확장이 쉽다는 것이다. 새로운 속성은 언제든 TEXT 칼럼에 저장할 수 있다. 각 행이 잠재적으로 전혀 다른 속성 집합을 가질 수 있으므로, 행 수만큼 서브타입을 갖는 것도 가능하다.

단점은, 이런 구조에서는 SQL이 특정 속성에 접근하는 것을 거의 지원하지 못한다는 점이다. TEXT 안에 들어있는 각 속성에 대해서는 행 기반의 제한을 하거나, 계산을 집계하거나, 정렬을 하는 등의 다른 연산을 하는 조회가 쉽지 않다. 여러 속성을 담고 있는 TEXT 칼럼을 하나의 값으로 꺼내야 하고 코드를 복호화해 속성을 해석하는 애플리케이션 코드도 작성해야 한다.

이 설계는 서브타입 개수를 제한할 수 없고 어느 때고 새로운 속성을 정의할 수 있는 완전한 유연성이 필요할 때 가장 적합하다.

## 사후 처리

프로젝트를 인계 받았는데 데이터 모델을 변경할 수 없다든가 또는 회사에서 EAV를 사용하는 서드파티 소프트웨어 플랫폼을 도입한 경우와 같이, EAV 설계를 사용할 수밖에 없는 경우가 있다. 이런 경우라면 안티패턴 절에서 설명한 문제를 잘 이해해 EAV를 사용할 때 수반되는 부가 작업을 예상하고 계획해야 한다.

무엇보다도, 일반적인 테이블에 데이터가 저장되어 있을 때처럼 엔터티를 단일 행으로 조회하는 쿼리를 작성하면 안 된다. 대신 엔터티에 관련된 속성을 조회해 저장되어 있는 그대로 한 행씩 꺼내 처리해야 한다.

`EAV/soln/post-process.sql`

```sql
SELECT issue_id, attr_name, attr_value
FROM IssueAttributes
WHERE issue_id = 1234;
```

이 쿼리의 결과는 다음과 같은 식일 것이다.

| issue_id | attr_name | attr_value |
| --- | --- | --- |
| 1234 | date_reported | 2009-06-01 |
| 1234 | description | 저장 기능 동작 안 함 |
| 1234 | priority | HIGH |
| 1234 | product | Open FoundFile |
| 1234 | reported_by | Bill |
| 1234 | severity | loss of functionality |
| 1234 | status | NEW |

이 쿼리는 작성하기 쉽고, 데이터베이스에서 처리하기도 쉽다. 또한 해당 이슈와 관련된 모든 속성을 리턴하며, 쿼리를 작성할 때 얼마나 많은 속성이 있는지 몰라도 상관없다.

이 형식의 결과를 사용하려면, 결과 집합에 대해 루프를 돌면서 객체의 속성을 설정하는 애플리케이션 코드를 작성해야 한다. 다음 PHP 예제 코드를 살펴보기 바란다.

> EAV/soln/post-process.php

```php
<?php

$objects = array();

$stmt = $pdo->query(
    "SELECT issue_id, attr_name, attr_value
     FROM IssueAttributes
     WHERE issue_id = 1234");

while ($row = $stmt->fetch()) {
  $id    = $row['issue_id'];
  $field = $row['attr_name'];
  $value = $row['attr_value'];

  if (!array_key_exists($id, $objects)) {
    $objects[$id] = new stdClass();
  }

  $objects[$id]->$field = $value;
}
```

너무 많은 작업이 필요한 것처럼 보이지만, EAV와 같은 시스템 내의 시스템을 사용한 결과다. SQL은 이미 칼럼으로 속성을 식별하는 방법을 제공한다. EAV를 사용하는 것은 SQL 위에 속성 식별을 위한 계층을 추가하는 것과 같으므로, SQL이 이를 어색하고 비효율적으로 지원하는 것도 놀랄 일이 아니다.

> **SQL Antipatterns Tip**
>
> 메타데이터를 위해서는 메타데이터를 사용하라.

# 7장

S Q L     A n t i p a t t e r n s

# 다형성 연관

> 물론, 어떤 사람은 양쪽 길로 다 갑니다.
> 
> – 허수아비, 오즈의 마법사

사용자가 버그에 댓글을 달 수 있다고 하자. 하나의 버그에는 여러 개의 댓글이 달릴 수 있지만, 하나의 댓글은 하나의 버그하고만 관계된다. 따라서 Bugs와 Comments 사이의 관계는 일대다이다. 그림 7.1은 이런 식의 단순한 관계에 대한 ERD를 보인다. 다음 SQL은 Comment 테이블을 어떻게 만드는지를 보여준다.

```
Polymorphic/intro/comments.sql
```

```sql
CREATE TABLE Comments (
  comment_id    SERIAL PRIMARY KEY,
  bug_id        BIGINT UNSIGNED NOT NULL,
  author_id     BIGINT UNSIGNED NOT NULL,
  comment_date  DATETIME NOT NULL,
  comment       TEXT NOT NULL,
  FOREIGN KEY (author_id) REFERENCES Accounts(account_id),
  FOREIGN KEY (bug_id) REFERENCES Bugs(bug_id)
);
```

그러나 댓글을 달 수 있는 테이블이 두 개일 수도 있다. Bugs와 Feature

그림 7.1 간단한 연관

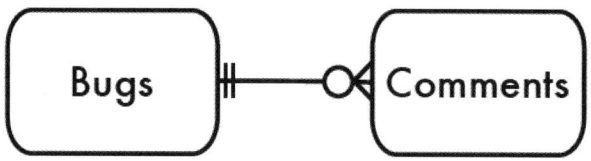

Requests는 별도테이블에 저장하기는 하지만 비슷한 엔터티다(6.5절의 구체 테이블 상속 참조). 버그나 기능요청 중 어느 이슈 타입과 관계되든 Comments를 하나의 테이블에 저장하고 싶다. 그러나 여러 개의 부모테이블을 참조하는 FK는 만들 수 없다. 즉 다음과 같은 선언하는 것은 불가능하다.

`Polymorphic/intro/nonsense.sql`

```
...
  FOREIGN KEY (issue_id)
    REFERENCES Bugs(issue_id) OR FeatureRequests(issue_id)
);
```

또한 개발자는 다음과 같은 식으로 여러 테이블을 조회하는 잘못된 SQL을 작성하려 할 것이다.[1]

`Polymorphic/intro/nonsense.sql`

```
SELECT c.*, i.summary, i.status
FROM Comments AS c
JOIN c.issue_type AS i USING (issue_id);
```

그러나 SQL에서는 각 행별로 다른 테이블과 조인할 수 없다. SQL 문법에서는 쿼리를 제출하는 시점에 모든 테이블 이름이 정해져 있어야 한다. 쿼리가 실행되면서 테이블이 바뀔 수는 없다. 잘못된 것이 뭘까? 어떻게 하면 문제를

---

[1] (옮긴이) 이 장의 뒤에서 보겠지만, issue_type 칼럼에 테이블 이름이 들어있다는 점에 착안해 시도하는 쿼리일 것이다. 그러나 JOIN 뒤에는 테이블 이름이 와야 하므로 문법 에러가 발생한다.

해결할 수 있을까?

## 7.1 목표: 여러 부모 참조

오즈의 마법사에서 도로시가 에머럴드 시로 가려면 어느 쪽 갈림길로 가야 할지를 물었을 때 허수아비는 불명확한 방향을 알려준다. 도로시의 간단한 질문에 대한 대답은 명확해야 했지만 허수아비가 두 가지 답을 동시에 하려고 하면서 헷갈리게 되고 만다.

그림 7.2에 이런 연관의 ERD가 있다. 자식 테이블의 FK가 갈라진다. 따라서 Comments 테이블에 있는 행은 Bugs 테이블에 있는 행 또는 FeatureRequests 테이블에 있는 행 중 하나하고만 대응한다. 그림에서 구부러진 활 모양의 호는 배타적 선택을 표시한다. 특정 댓글은 하나의 버그 또는 하나의 기능요청, 둘 중 하나만 참조해야 한다.

그림 7.2 다형성 연관

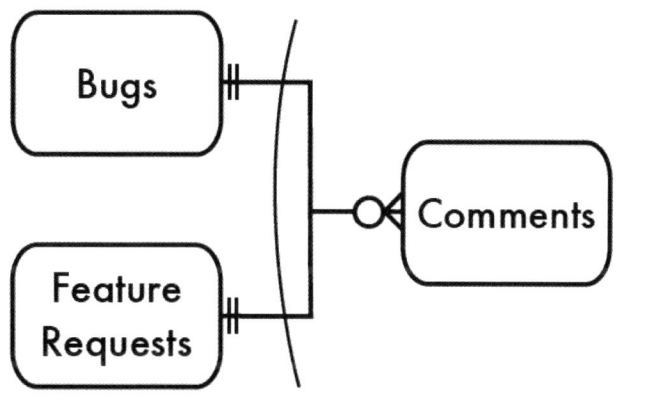

## 7.2 안티패턴: 이중 목적의 FK 사용

이런 경우에 대한 해법은 다형성 연관(Polymorphic Associations)이란 이름이 붙을 정도로 널리 알려져 있다. 여러 테이블을 참조하기 때문에 난잡한 연관(promiscuous association)이라 불리기도 한다.

### 다형성 연관 정의

다형성 연관을 작동하게 하려면 FK 칼럼 issue_id 옆에 문자열 타입의 별도 칼럼을 추가해야 한다. 이 별도 칼럼에 현재 행이 참조하는 부모 테이블 이름을 넣는다. 이 예에서 새로 추가하는 칼럼 이름은 issue_type으로 했고, 여기에 이 연관에서 참조하는 두 개의 부모 테이블 이름으로 Bugs 또는 FeatureRequests가 들어간다.

```sql
Polymorphic/anti/comments.sql

CREATE TABLE Comments (
  comment_id   SERIAL PRIMARY KEY,
  issue_type   VARCHAR(20),      -- "Bugs" 또는 "FeatureRequests"
  issue_id     BIGINT UNSIGNED NOT NULL,
  author       BIGINT UNSIGNED NOT NULL,
  comment_date DATETIME,
  comment      TEXT,
  FOREIGN KEY (author) REFERENCES Accounts(account_id)
);
```

한 가지 차이점이 있는 것을 바로 알 수 있다. issue_id에 대한 FK 선언이 빠져있는 것이다. 사실 FK는 하나의 테이블만 참조할 수 있기 때문에 다형성 연관을 사용할 경우에는 이 연관을 메타데이터에 선언할 수 없다. 그 결과 Comments.issue_id의 값이 부모테이블에 있는 값과 대응되도록 강제할 수 없고, 데이터 정합성도 보장할 수 없다.

또한 Comments.issue_type에 있는 문자열이 데이터베이스에 있는 테이블에 대응되는지를 확인하는 메타데이터도 없다.

> ### 데이터에 메타데이터 혼합
>
> 다형성 연관 안티패턴과 앞 장에서 설명한 EAV 안티패턴이 비슷한 특성을 가진다는 사실을 눈치챘는지 모르겠다. 두 안티패턴 모두 메타데이터 객체 이름을 문자열로 저장한다. EAV에서는 속성 이름을 attr_name 칼럼에 문자열로 저장한다. 다형성 연관에서는 부모 테이블 이름을 issue_type 칼럼에 저장한다. 이를 때때로 '데이터와 메타데이터 혼용'이라 부른다. 이 개념은 8장 다중 칼럼 속성에서 다른 형태로 나타난다.

### 다형성 연관에서의 조회

Comments 테이블의 issue_id 값은 Bugs와 FeatureRequests 양쪽 부모 테이블의 PK 칼럼에 나타날 수 있다. 또는 한쪽 부모 테이블에는 나오고 다른 쪽 부모 테이블에는 나오지 않을 수도 있다. 따라서 자식 테이블을 부모 테이블과 조인할 때 issue_type을 정확하게 사용하는 것이 중요하다. issue_id 값을 Bugs 테이블과 대응시키려 할 때는 FeatureRequests 테이블과 대응시키면 안 된다.

예를 들어, 다음 쿼리는 PK 값이 1234인 버그에 대한 댓글을 조회한다.

`Polymorphic/anti/select.sql`
```sql
SELECT *
FROM Bugs AS b JOIN Comments AS c
  ON (b.issue_id = c.issue_id AND c.issue_type = 'Bugs')
WHERE b.issue_id = 1234;
```

버그가 Bugs 테이블 하나에 저장되어 있다면 위 쿼리는 잘 동작한다. 그러나 Comments가 Bugs 테이블과 FeatureRequests 테이블 모두와 연관되어 있을 때는 문제가 발생한다. SQL에서는 조인할 모든 테이블을 명시해줘야 한다. 한 행씩 읽어가면서 Comments.issue_type 칼럼의 값에 따라 테이블을 바꿔가며 조인하기란 불가능하다.

댓글에 대해 버그 또는 기능요청을 조회하려면, 부모 테이블 둘 다와 외부 조인을 하는 쿼리가 필요하다. 조인 조건의 일부로 Comments.issue_type 칼럼의 값을 사용하기 때문에 조인될 때는 각 행이 부모 테이블 중 한 쪽하고만 연결될 것이다. 외부조인을 사용한다는 것은 결과 집합에서 각 행에 매칭되지 않는 부모로부터 온 필드는 NULL이 됨을 의미한다.

`Polymorphic/anti/select.sql`

```sql
SELECT *
FROM Comments AS c
  LEFT OUTER JOIN Bugs AS b
    ON (b.issue_id = c.issue_id AND c.issue_type = 'Bugs')
  LEFT OUTER JOIN FeatureRequests AS f
    ON (f.issue_id = c.issue_id AND c.issue_type = 'FeatureRequests');
```

결과는 다음과 같은 식이 될 것이다.

| c.comment_id | c.issue_type | c.issue_id | c.comment | b.issue_id | f.issue_id |
|---|---|---|---|---|---|
| 6789 | Bugs | 1234 | 크래시됨! | 1234 | NULL |
| 9876 | FeatureRequests | 2345 | 좋은 생각임! | NULL | 2345 |

### 비 객체지향 예제

Bugs와 FeatureRequests 예제에서 두 부모 테이블은 서로 관련된 서브타입이었다. 다형성 연관은 부모 테이블이 서로 아무런 관계가 없을 때도 사용할 수 있다. 예를 들어, 그림 7.3에 나타난 것과 같이, 전자상거래 데이터베이스에서 Users 테이블과 Orders 테이블은 모두 Addresses와 연관될 수 있을 것이다.

`Polymorphic/anti/addresses.sql`

```sql
CREATE TABLE Addresses (
  address_id   SERIAL PRIMARY KEY,
  parent       VARCHAR(20),    -- "Users" 또는 "Orders"
  parent_id    BIGINT UNSIGNED NOT NULL,
  address      TEXT
);
```

그림 7.3 Addresses에 대한 다형성 연관

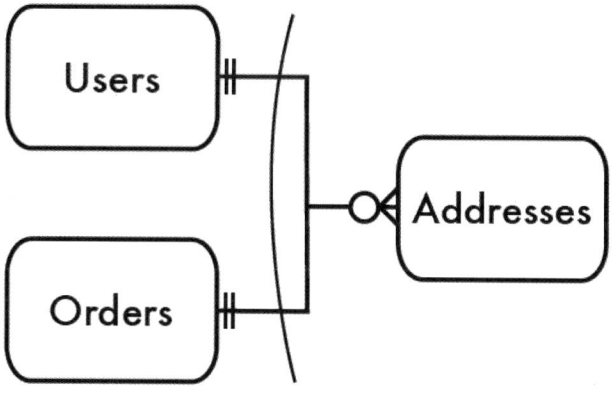

이 경우 Addresses 테이블은 특정 주소에 대해 부모 테이블을 Users나 Orders로 저장하는 다형성 칼럼을 가진다. 둘 중 하나를 선택해야 함에 유의하기 바란다. 한 주소를 사용자와 주문 둘 다에 연관시킬 수 없다. 사용자가 상품을 자신이 배송 받기 위해 주문한 경우라도 마찬가지다.

또한, 사용자가 배송지 주소뿐 아니라 청구지 주소도 갖고 있다면, 이를 구별하기 위한 방법이 Addresses 테이블에 있어야 한다. 마찬가지로 다른 부모들 또한 Addresses 테이블에 특별한 사용법을 표시해야 할 수 있다. 이런 표시는 잡초처럼 퍼져 나간다.

```
Polymorphic/anti/addresses.sql
```
```
CREATE TABLE Addresses (
  address_id    SERIAL PRIMARY KEY,
  parent        VARCHAR(20),       -- "Users" 또는 "Orders"
  parent_id     BIGINT UNSIGNED NOT NULL,
  users_usage   VARCHAR(20),       -- "billing" 또는 "shipping"
  orders_usage  VARCHAR(20),       -- "billing" 또는 "shipping"
  address       TEXT
);
```

## 7.3 안티패턴 인식 방법

다음과 같은 말이 들린다면, 다형성 연관 안티패턴이 사용되고 있음을 나타낸다.

- "이 태깅 스키마는 데이터베이스 내의 어떤 리소스에도 태그(또는 다른 속성)를 달 수 있다."
  EAV에서와 마찬가지로, 무제한적인 유연성을 주장하는 경우에는 의심을 해야 한다.
- "우리 데이터베이스 설계에서는 FK를 선언할 수 없어."
  또 다른 위험신호다. FK는 관계형 데이터베이스에서 가장 기본적이면서도 중요한 기능이다. 적절한 참조 정합성을 강제할 수 없는 설계는 많은 문제를 유발한다.
- "entity_type 칼럼의 용도가 뭐지?"
  아, 그건 각 행의 부모 테이블이 뭔지를 알려주는 칼럼이야." FK는 모든 행이 한 테이블을 참조해야 한다.

Ruby on Rails 프레임워크에서는 액티브 레코드 클래스에 :polymorphic 속성을 선언하면 다형성 연관을 사용할 수 있다. 예를 들어, 다음과 같이 Comments를 Bugs, FeatureRequests와 연관지을 수 있다.

`Polymorphic/anti/commentable.rb`

```
class Comment < ActiveRecord::Base
  belongs_to :commentable, :polymorphic => true
end

class Bug < ActiveRecord::Base
  has_many :comments, :as => :commentable
end

class FeatureRequest < ActiveRecord::Base
  has_many :comments, :as => :commentable
end
```

Java를 위한 Hibernate 프레임워크도 다양한 스키마 선언을 통해 다형성 연관을 지원한다.[2]

## 7.4 안티패턴 사용이 합당한 경우

다형성 연관 안티패턴은 사용을 피하고, FK와 같은 제약조언을 사용해 참조 정합성을 보장해야 한다. 다형성 연관은 메타데이터 대신 애플리케이션 코드에 지나치게 의존하게 만드는 경우가 많다.

Hibernate와 같은 객체-관계 프로그래밍 프레임워크를 사용하는 경우 이 안티패턴 사용이 불가피할 수 있다. 이런 프레임워크는 참조 정합성 유지를 위한 애플리케이션 로직을 캡슐화해 다형성 연관으로 인해 생기는 위험을 완화해줄 수 있다. 성숙하고 평판이 좋은 프레임워크를 선택했다면, 프레임워크 설계자가 연관 관계를 오류 없이 구현했을 것이란 확신을 어느 정도 가질수 있다. 그러나 프레임워크의 도움 없이 다형성 연관을 처음부터 직접 구현한다면 쓸데없는 작업을 반복하는 것이다.

## 7.5 해법: 관계 단순화

다형성 연관의 단점을 피하면서 필요한 데이터 모델을 지원하기 위해서는 데이터베이스를 다시 설계하는 게 낫다. 지금부터 데이터 관계를 그대로 수용하면서 정합성을 강제하기 위해 메타데이터를 더 잘 활용하는 몇 가지 방법을 설명할 것이다.

### 역 참조

이 안티패턴을 해결하는 방법 하나는, '다형성 연관에서는 관계의 방향이 거

---

2 http://docs.jboss.org/hibernate/core/3.6/reference/en-US/html/inheritance.html
  'Hibernate'는 Red Hat, Inc의 서비스 마크임.

꾸로'라는 문제의 본질을 이해하고 나면 간단한 것이다.

### 교차 테이블 생성

자식 테이블 Comments에 있는 FK는 여러 부모 테이블을 참조할 수 없으므로, 대신 Comments 테이블을 참조하는 여러 개의 FK를 사용하도록 한다. 각 부모에 대해 별도의 교차 테이블을 생성하고, 교차 테이블에는 각 부모 테이블에 대한 FK뿐 아니라 Comments에 대한 FK도 포함시킨다. 그림 7.4에 이 설계의 ERD가 표현되어 있다.

```
Polymorphic/soln/reverse-reference.sql
```
```sql
CREATE TABLE BugsComments (
  issue_id    BIGINT UNSIGNED NOT NULL,
  comment_id  BIGINT UNSIGNED NOT NULL,
  PRIMARY KEY (issue_id, comment_id),
  FOREIGN KEY (issue_id) REFERENCES Bugs(issue_id),
  FOREIGN KEY (comment_id) REFERENCES Comments(comment_id)
);

CREATE TABLE FeaturesComments (
  issue_id    BIGINT UNSIGNED NOT NULL,
  comment_id  BIGINT UNSIGNED NOT NULL,
  PRIMARY KEY (issue_id, comment_id),
  FOREIGN KEY (issue_id) REFERENCES FeatureRequests(issue_id),
  FOREIGN KEY (comment_id) REFERENCES Comments(comment_id)
);
```

이 방법을 사용하면 Comments.issue_type 칼럼이 불필요해진다. 이제 연관 관계를 오류 없이 관리하는 데 애플리케이션 코드에 의지하지 않아도 된다. 메타데이터로 데이터 정합성을 강제할 수 있다.

### 신호등 설치

이 방법의 잠재적 약점은 허용하고 싶지 않은 연관이 생길 수 있다는 것이다. 교차 테이블은 보통 다대다 관계를 모델링하는 데 사용되므로 특정 댓글이 여러 개의 버그나 기능요청과 연관될 수 있다. 그러나 각 댓글은 하나의 버그 또

그림 7.4 다형성 연관을 거꾸로 만들기

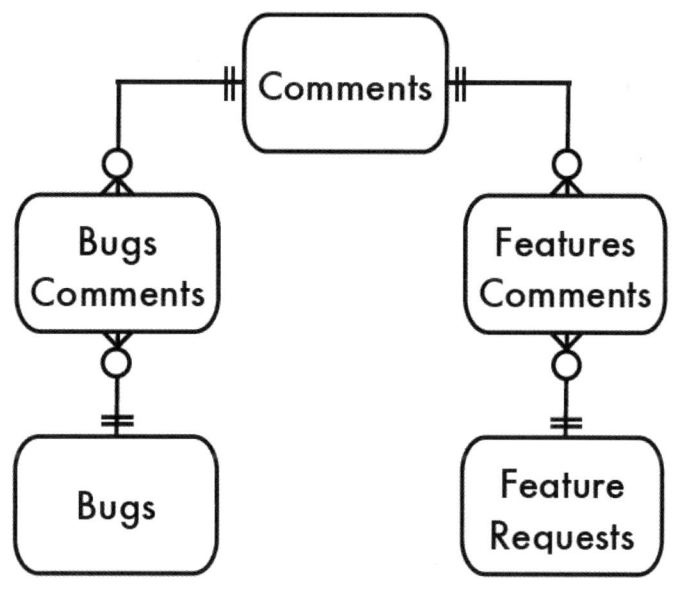

는 하나의 기능요청과 관계되어야 할 것이다. 이 규칙을 부분적으로 강제할 수 있는데, 각 교차 테이블의 comment_id 칼럼에 UNIQUE 제약조건을 선언하면 된다.

```
Polymorphic/soln/reverse-unique.sql
```
```
CREATE TABLE BugsComments (
  issue_id     BIGINT UNSIGNED NOT NULL,
  comment_id   BIGINT UNSIGNED NOT NULL,
  UNIQUE KEY (comment_id),
  PRIMARY KEY (issue_id, comment_id),
  FOREIGN KEY (issue_id) REFERENCES Bugs(issue_id),
  FOREIGN KEY (comment_id) REFERENCES Comments(comment_id)
);
```

이렇게 하면 특정 댓글이 교차 테이블에 한 번만 참조됨을 보장할 수 있고, 자연히 여러 개의 버그 또는 여러 개의 기능요청과 연관되는 것을 방지하게 된다. 그러나 이 메타데이터로는 특정 댓글이 양쪽 교차 테이블 모두에 한 번씩 참조되는 것, 즉 특정 댓글이 버그와 기능요청 양쪽에 동시에 연관되는 것은 방지하지 못한다. 이렇게 되기를 원하지는 않겠지만, 이를 방지하는 것은 애플리케이션 코드의 책임으로 남는다.

### 양쪽 다 보기

특정 버그 또는 기능 요청에 대한 댓글은 교차 테이블을 이용해 간단히 조회할 수 있다.

`Polymorphic/soln/reverse-join.sql`

```sql
SELECT *
FROM BugsComments AS b
  JOIN Comments AS c USING (comment_id)
WHERE b.issue_id = 1234;
```

특정 댓글에 대응되는 버그나 기능요청은 두 교차 테이블로의 외부조인을 사용해 조회할 수 있다. 모든 부모 테이블을 지정해야 하지만, 다형성 연관 안티패턴을 사용했을 때처럼 쿼리가 복잡해지지는 않는다. 또한, 교차 테이블을 사용하면 참조 정합성에 의존할 수 있다. 반면 다형성 연관을 사용하면 그럴 수 없다.

`Polymorphic/soln/reverse-join.sql`

```sql
SELECT *
FROM Comments AS c
  LEFT OUTER JOIN (BugsComments JOIN Bugs AS b USING (issue_id))
    USING (comment_id)
  LEFT OUTER JOIN (FeaturesComments JOIN FeatureRequests AS f
      USING (issue_id))
    USING (comment_id)
WHERE c.comment_id = 9876;
```

### 차선 통합

때론 여러 부모 테이블에 대해 조회한 결과를 하나의 테이블에서 조회한 것처럼 보이게 할 필요가 있을 것이다(6.5절 단일 테이블 상속 참조). 이렇게 하는 데는 두 가지 방법이 있다.

```
Polymorphic/soln/reverse-union.sql
```

```sql
SELECT b.issue_id, b.description, b.reporter, b.priority, b.status,
    b.severity, b.version_affected,
    NULL AS sponsor
  FROM Comments AS c
    JOIN (BugsComments JOIN Bugs AS b USING (issue_id))
      USING (comment_id)
  WHERE c.comment_id = 9876;
UNION
  SELECT f.issue_id, f.description, f.reporter, f.priority, f.status,
    NULL AS severity, NULL AS version_affected,
    f.sponsor
  FROM Comments AS c
    JOIN (FeaturesComments JOIN FeatureRequests AS f
        USING (issue_id))
      USING (comment_id)
  WHERE c.comment_id = 9876;
```

애플리케이션에서 각 댓글을 하나의 부모 테이블하고만 연관시켰다면 이 쿼리는 한 행만 리턴할 것이다. 칼럼 개수와 데이터 타입이 맞을 때만 UNION으로 결과를 묶을 수 있으므로, 한쪽 테이블에만 존재하는 칼럼에 대해서는 그에 대응해 NULL로 자리를 만들어줘야 한다. UNION을 사용할 때는 양쪽 쿼리에서 칼럼 순서도 동일하게 맞춰야 한다.

다른 방법은, 다음 쿼리와 같이 COALESCE() 함수를 사용하는 것이다. COALESCE() 함수는 처음으로 NULL이 아닌 값을 가진 인자를 리턴한다. 쿼리에서 외부조인을 사용하고 있으므로, 기능요청과 관계가 있고 Bugs 테이블에는 대응되는 행이 없는 댓글에 대해서는 b.*의 모든 필드가 NULL이 될 것이다. 마찬가지로 기능요청 대신 버그와 관계가 있는 댓글에 대해서는 f.*의 모든 필드가 NULL이 될 것이다. 한쪽 부모 테이블에만 있는 필드는 간단히 나열하면 된다. 대응되는 부모 테이블과 상관없는 경우에는 NULL이 될 것이다.

```
Polymorphic/soln/reverse-coalesce.sql
```
```sql
SELECT c.*,
  COALESCE(b.issue_id,    f.issue_id   ) AS issue_id,
  COALESCE(b.description, f.description) AS description,
  COALESCE(b.reporter,    f.reporter   ) AS reporter,
  COALESCE(b.priority,    f.priority   ) AS priority,
  COALESCE(b.status,      f.status     ) AS status,
  b.severity,
  b.version_affected,
  f.sponsor
FROM Comments AS c
  LEFT OUTER JOIN (BugsComments JOIN Bugs AS b USING (issue_id))
    USING (comment_id)
  LEFT OUTER JOIN (FeaturesComments JOIN FeatureRequests AS f
      USING (issue_id))
    USING (comment_id)
WHERE c.comment_id = 9876;
```

두 쿼리 모두 상당히 복잡하므로, 뷰로 만들어두면 애플리케이션에서 간단하게 사용할 수 있다.

### 공통 수퍼테이블 생성

객체지향 다형성에서는 서브타입이 공통의 수퍼타입을 공유하기 때문에 두 서브타입을 비슷하게 참조할 수 있다. SQL의 다형성 연관 안티패턴에서는 중요한 엔티티인 공통 수퍼타입이 빠져있는데, 모든 부모 테이블이 상속할 베이스 테이블(base table)[3]을 생성해 문제를 수정할 수 있다(6.5절의 클래스 테이블 상속 참조). 자식 테이블인 Comments에 베이스 테이블을 참조하는 FK를 추가한다. issue_type 칼럼은 필요하지 않다. 그림 7.5에 이 방법에 대한 ERD가 나와있다.

---

3 (옮긴이) 여기서 부모-자식 관계가 클래스 상속 관계가 아님에 유의하기 바란다. 부모-자식은 테이블 간의 관계를 나타내는 것이고, 수퍼타입, 서브타입은 테이블을 클래스로 나타냈을 때 그렇게 된다는 뜻이다. 따라서 Comments의 부모는 Bugs와 FetureRequests 테이블이고, Bugs와 FeatureRequest 테이블의 베이스 테이블(수퍼타입)은 Issues가 된다.

그림 7.5 Comments에서 베이스 테이블 Issue로의 연관

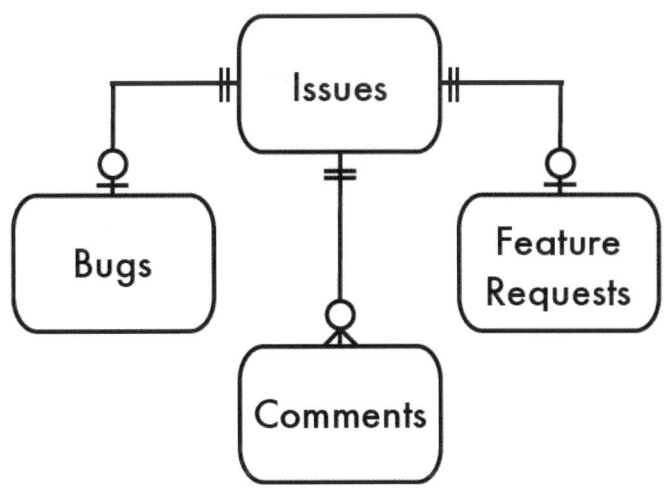

`Polymorphic/soln/super-table.sql`

```sql
CREATE TABLE Issues (
  issue_id     SERIAL PRIMARY KEY
);
CREATE TABLE Bugs (
  issue_id     BIGINT UNSIGNED PRIMARY KEY,
  FOREIGN KEY (issue_id) REFERENCES Issues(issue_id),
  ...
);

CREATE TABLE FeatureRequests (
  issue_id     BIGINT UNSIGNED PRIMARY KEY,
  FOREIGN KEY (issue_id) REFERENCES Issues(issue_id),
  ...
);

CREATE TABLE Comments (
   comment_id   SERIAL PRIMARY KEY,
   issue_id     BIGINT UNSIGNED NOT NULL,
   author       BIGINT UNSIGNED NOT NULL,
   comment_date DATETIME,
   comment      TEXT,
   FOREIGN KEY (issue_id) REFERENCES Issues(issue_id),
   FOREIGN KEY (author) REFERENCES Accounts(account_id),
);
```

Bugs와 FeatureRequests의 issue_id 칼럼은 PK인 동시에 FK이기도 한 것에 유의하기 바란다. Bugs와 FeatureRequests에 있는 issue_id 칼럼은 각자 새로운 키 값을 생성하지 않고 Issues 테이블에서 생성한 대체키 값을 참조한다.

특정 댓글이 참조하는 버그 또는 기능요청을 비교적 간단한 쿼리를 통해 조회할 수 있다. Issues 테이블에 속성을 정의하지 않았다면 쿼리에 이 테이블을 포함시킬 필요가 없다. 또한, Bugs 테이블과 Issues 테이블의 PK 값이 같기 때문에, Bugs를 Comments와 직접 조인할 수 있다. 데이터베이스에서 칼럼이 서로 유사한 정보를 표현하는 경우에는 FK 제약조건으로 직접 연결되어 있지 않더라도 두 테이블을 조인할 수 있다.

> Polymorphic/soln/super-join.sql

```
SELECT *
FROM Comments AS c
  LEFT OUTER JOIN Bugs AS b USING (issue_id)
  LEFT OUTER JOIN FeatureRequests AS f USING (issue_id)
WHERE c.comment_id = 9876;
```

특정 버그가 주어졌을 때 관련된 댓글도 마찬가지로 쉽게 조회할 수 있다.

> Polymorphic/soln/super-join.sql

```
SELECT *
FROM Bugs AS b
  JOIN Comments AS c USING (issue_id)
WHERE b.issue_id = 1234;
```

요점은, Issues와 같은 조상 테이블을 사용하면 FK를 통해 데이터베이스 정합성을 강제할 수 있다는 것이다.

> **SQL Antipatterns Tip**
>
> 모든 테이블 관계에는 참조하는 테이블 하나, 참조되는 테이블 하나가 있다.

# 8장

S Q L  A n t i p a t t e r n s

# 다중 칼럼 속성

> 장엄한 것과 웃기는 것은 종종 너무도 가깝게 관계되어 있어
> 이를 별도로 분류하기가 어렵다.
> – 토마스 페인(Thomas Paine)

나는 사람들의 연락처 정보를 저장하는 테이블을 수도 없이 만들어봤다. 이런 종류의 테이블은 항상 사람의 이름, 호칭, 주소, 회사 이름 같은 평범한 칼럼을 가진다.

전화번호는 약간 까다롭다. 사람들은 여러 개의 전화번호를 사용한다. 집 전화번호, 회사 전화번호, 팩스 번호, 휴대폰 번호가 일반적이다. 연락처 정보 테이블에서 네 개의 칼럼으로 이런 걸 저장하기 쉽다.

그러나 다른 번호는 어떡할까? 개인용 단말기 번호나 보조 휴대폰, 현장 사무실, 그리고 예상치 못한 다른 범주도 있을 수 있다. 이런 덜 일반적인 경우에 대해서도 칼럼을 만들 수 있지만, 데이터 입력 양식에 거의 사용되지 않는 필드를 추가해야 하므로 지저분해 보인다. 칼럼이 얼마나 많아야 충분할까?

## 8.1 목표: 다중 값 속성 저장

2장의 무단횡단 안티패턴에서와 같은 목표다. 속성이 한 테이블에 들어가야 할 것처럼 보이는데, 여러 개의 값을 가진다. 앞에서, 여러 개의 값을 쉼표로 구분된 문자열로 묶어 저장했을 때는 값의 유효성 확인이 어렵고, 개별 값을 읽거나 변경하기가 어려울 뿐 아니라, 서로 다른 값이 몇 개인지 세는 것과 같은 집계 계산이 어렵다는 점을 살펴봤다.

이 안티패턴을 설명하는 데는 새로운 예제를 사용할 것이다. 버그 데이터베이스에 태그를 허용해 버그를 분류하고 싶다. 어떤 버그는 인쇄, 리포트, 이메일과 같이 해당 버그가 영향을 미치는 소프트웨어 서브시스템에 따라 분류될 것이다. 어떤 버그는 결함의 성질에 따라 분류될 수도 있다. 예를 들어 프로그램이 죽는 버그는 crash 태그를 달고, 속도가 느린 문제는 performance 태그를 달고, 사용자 인터페이스에서 색상 선택이 부적절하다면 cosmetic 태그를 달 수 있다.

태그는 상호 배타적일 필요가 없기 때문에 여러 태그를 다는 것도 가능해야 한다. 어떤 결함은 여러 시스템에 영향을 미치거나 인쇄 속도에 영향을 줄 수 있다.

## 8.2 안티패턴: 여러 개의 칼럼 생성

속성에 여러 값이 들어가는 것을 고려해야 하지만, 각 칼럼에는 하나의 값만을 저장해야 한다는 것을 안다. 테이블에 여러 개의 칼럼을 만들고 각 칼럼에 하나의 태그를 저장하게 하는 것이 자연스러워 보인다.

`Multi-Column/anti/create-table.sql`

```sql
CREATE TABLE Bugs (
  bug_id       SERIAL PRIMARY KEY,
  description  VARCHAR(1000),
  tag1         VARCHAR(20),
  tag2         VARCHAR(20),
  tag3         VARCHAR(20)
);
```

주어진 버그에 태그를 달 때, 이 세 칼럼 중 하나에 값을 넣는다. 사용되지 않는 칼럼은 NULL인 상태로 남는다.

`Multi-Column/anti/update.sql`

```
UPDATE Bugs SET tag2 = 'performance' WHERE bug_id = 3456;
```

| bug_id | description | tag1 | tag2 | tag3 |
| --- | --- | --- | --- | --- |
| 1234 | 저장 시 죽어버림 | crash | NULL | NULL |
| 3456 | 성능을 개선해야 함 | printing | performance | NULL |
| 5678 | XML 지원해야 함 | NULL | NULL | NULL |

이제 일반적인 속성에서는 쉽게 할 수 있었던 작업이 훨씬 복잡해진다.

## 값 검색

주어진 태그를 가진 버그를 찾으려면 세 칼럼을 모두 확인해야 한다. 셋 중 어느 칼럼에 태그 문자열이 있는지 알 수 없기 때문이다.

예를 들어, performance 태그를 가진 버그를 조회하려면 다음과 같은 쿼리를 사용해야 한다.

`Multi-Column/anti/search.sql`

```
SELECT * FROM Bugs
WHERE tag1 = 'performance'
   OR tag2 = 'performance'
   OR tag3 = 'performance';
```

performance와 printing 두 태그를 모두 가진 버그를 찾아야 할 수도 있다. 이를 위해서는 다음과 같은 쿼리를 사용해야 한다. OR는 AND보다 우선순위가 낮기 때문에 괄호 사용에 주의해야 한다.

> Multi-Column/anti/search-two-tags.sql

```
SELECT * FROM Bugs
WHERE (tag1 = 'performance' OR tag2 = 'performance' OR tag3 = 'performance')
  AND (tag1 = 'printing' OR tag2 = 'printing' OR tag3 = 'printing');
```

여러 칼럼에서 하나의 값을 찾기 위한 쿼리는 길이도 길고 지루해 보인다. 전통에서 살짝 벗어난 방법으로 IN을 사용하면 좀더 간결하게 만들 수 있다.

> Multi-Column/anti/search-two-tags.sql

```
SELECT * FROM Bugs
WHERE 'performance' IN (tag1, tag2, tag3)
  AND 'printing'    IN (tag1, tag2, tag3);
```

## 값 추가와 삭제

칼럼 집합에 값을 추가하거나 삭제하는 것도 문제다. 어느 칼럼이 비어있는지(비어있는 게 있다면) 알 수 없기 때문에 단순히 UPDATE를 사용해 칼럼 중 하나를 변경하는 것은 안전하지 않다. 확인을 위해 애플리케이션에서 해당 행을 조회해야 할 것이다.

> Multi-Column/anti/add-tag-two-setp.sql

```
SELECT * FROM Bugs WHERE bug_id = 3456;
```

이 경우를 예로 들면, tag2가 NULL인 것을 확인할 수 있다. 이렇게 확인하고 난 후에야 UPDATE 문을 만들 수 있다.

> Multi-Column/anti/add-tag-two-setp.sql

```
UPDATE Bugs SET tag2 = 'performance' WHERE bug_id = 3456;
```

테이블을 조회한 다음 업데이트를 하기 전에 다른 클라이언트가 같은 행을 업데이트하기 위해 동일한 절차를 실행하고 있었다면 문제가 생긴다. 누가 먼저 업데이트를 했느냐에 따라, 둘 중 하나는 충돌로 인해 업데이트에 실패하거나 변경 내용을 덮어쓸 수 있다. 복잡한 SQL 표현을 사용하면 이 두 단계 작업을 피할 수 있다.

다음 문장은 NULLIF() 함수를 사용해 칼럼 값이 특정 값과 같으면 NULL로 만드는 작업을 한다. NULLIF() 함수는 두 인수 값이 같을 때 NULL을 리턴한다.[1] 이와 같은 방법으로 한 번에 태그를 삭제할 수 있다.

`Multi-Column/anti/remove-tag.sql`

```sql
UPDATE Bugs
SET tag1 = NULLIF(tag1, 'performance'),
    tag2 = NULLIF(tag2, 'performance'),
    tag3 = NULLIF(tag3, 'performance')
WHERE bug_id = 3456;
```

다음 문장은 performance란 새로운 태그를 첫 번째 NULL인 칼럼에 추가하는 작업을 한다. 그러나 세 칼럼이 모두 NULL이 아니면 아무런 변경도 가하지 않고, 새 태그 값은 기록되지 않는다. 이 문장을 만드는 것 또한 인내가 필요하다. performance란 문자열을 여섯 번이나 반복해 써줘야 한다.

`Multi-Column/anti/add-tag.sql`

```sql
UPDATE Bugs
SET tag1 = CASE
      WHEN 'performance' IN (tag2, tag3) THEN tag1
      ELSE COALESCE(tag1, 'performance') END,
    tag2 = CASE
      WHEN 'performance' IN (tag1, tag3) THEN tag2
      ELSE COALESCE(tag2, 'performance') END,
    tag3 = CASE
      WHEN 'performance' IN (tag1, tag2) THEN tag3
      ELSE COALESCE(tag3, 'performance') END
WHERE bug_id = 3456;
```

---

1 NULLIF()는 SQL 표준 함수다. Informix와 Ingres를 제외한 모든 데이터베이스에서 지원된다.

## 유일성 보장

여러 칼럼에 동일한 값이 나타나지 않게 하고 싶겠지만, 다중 칼럼 속성 안티패턴을 사용하는 경우에는 데이터베이스에서 이를 예방하지 못한다. 즉 다음과 같은 문장이 실행되는 것을 방지하지 못한다는 말이다.

> Multi-Column/anti/insert-duplicate.sql

```
INSERT INTO Bugs (description, tag1, tag2, tag3)
  VALUES ('printing is slow', 'printing', 'performance', 'performance');
```

## 값의 수 증가 처리

이 설계의 또 다른 단점은 칼럼 세 개가 모자랄 수도 있다는 것이다. 한 칼럼에 하나의 값을 유지하기 위해서는 버그가 가질 수 있는 태그의 최대 개수만큼 칼럼을 정의해야 한다. 테이블을 정의하는 시점에 태그의 최대 개수가 얼마나 될지 어떻게 예측할 수 있겠는가?

생각할 수 있는 작전 하나는, 처음에는 적당한 개수의 칼럼을 만들어놓고 필요할 때 칼럼을 추가해 확장하는 것이다. 대부분의 데이터베이스에서 기존 테이블의 구조를 변경하는 것을 허용하므로, Bugs.tag4 또는 그 이상의 칼럼도 필요에 따라 추가할 수 있다.

> Multi-Column/anti/alter-table.sql

```
ALTER TABLE Bugs ADD COLUMN tag4 VARCHAR(20);
```

그러나 이 변경은 다음과 같은 이유로 비용이 많이 든다.

- 이미 데이터를 포함하고 있는 데이터베이스 테이블 구조를 변경하려면 테이블 전체를 잠금 설정하고 다른 클라이언트의 접근을 차단하는 과정이 필요하다.
- 어떤 데이터베이스는 희망하는 구조의 새로운 테이블을 정의해 예전 테이블에서 모든 데이터를 복사한 다음 예전 테이블을 삭제하는 식으로 테

이블 변경을 구현한다. 테이블에 많은 데이터가 쌓여 있다면 작업에 많은 시간이 걸린다.
- 다중 칼럼 속성의 집합에 칼럼을 추가한 경우, 모든 애플리케이션에서 이 테이블을 참조하는 모든 SQL 문을 확인해 새로운 칼럼을 지원하도록 수정해야 한다.

```
Multi-Column/anti/search-four-columns.sql
```
```
SELECT * FROM Bugs
WHERE tag1 = 'performance'
OR tag2 = 'performance'
OR tag3 = 'performance'
OR tag4 = 'performance';  -- 이 항목을 새로 추가해야 한다.
```

이는 많은 시간과 노력이 드는 작업이다. 수정이 필요한 쿼리를 하나라도 놓치면 발견하기 어려운 버그가 생기는 것이다.

## 8.3 안티패턴 인식 방법

사용자 인터페이스나 문서에 여러 개의 값을 할당할 수 있지만 최대 개수가 제한되어 있는 속성이 기술되어 있다면, 다중 칼럼 속성 안티패턴이 사용되고 있음을 나타내는 것으로 볼 수 있다.

---

**안티패턴의 패턴**

무단횡단과 다중 칼럼 속성 안티패턴은 맥락을 같이하고 있다. 이 두 안티패턴은 모두 여러 개의 값을 가질 수 있는 속성을 저장한다는 동일한 목표를 갖는다.
무단횡단 안티패턴의 예제에서는, 안티패턴이 어떻게 다대다 관계와 관련되는지를 살펴봤다. 이 장에서는, 좀더 단순한 일대다 관계를 살펴보고 있다. 때로는 두 안티패턴 모두 이런 종류의 관계에 사용될 수 있음에 주의하기 바란다.

물론 선택할 수 있는 최대 개수를 의도적으로 제한하는 속성이 있을 수 있다는 것은 인정하지만, 이런 제한이 없는 경우가 더 일반적이다. 이런 제한이 자의적이거나 납득하기 어렵다면, 이 안티패턴 때문일 수 있다.

이 안티패턴이 사용되고 있음을 나타내는 다른 징조는 다음과 같은 말이 들릴 때다.

- "태그를 최대 몇 개까지 붙일 수 있도록 지원해야 하지?"
  태그와 같은 다중 값 속성을 위해 테이블에 얼마나 많은 칼럼을 정의해야 하는지를 결정하려는 것이다.
- "SQL에서 여러 칼럼을 한꺼번에 검색하려면 어떻게 해야 하지?"
  주어진 값을 여러 칼럼에 걸쳐 검색해야 한다면, 이들 칼럼은 실제로 하나의 논리적 속성으로 저장되어야 함을 나타낸다.

## 8.4 안티패턴 사용이 합당한 경우

어떤 경우에는, 속성의 개수가 고정되고 선택의 위치나 순서가 중요할 수 있다. 예를 들어, 주어진 버그가 여러 사용자 계정과 연관될 수 있지만, 각 연관은 본질적으로 유일할 수 있다. 하나는 버그를 보고한 사용자, 다른 하나는 버그 수정을 위해 할당된 프로그래머, 나머지는 수정을 검증하기 위해 할당된 QA 담당자가 될 수 있다. 각 칼럼에 들어가는 값은 같은 종류지만, 그 의미와 사용처가 달라 논리적으로 다른 속성이 된다.

이런 세 속성을 저장하기 위해 Bugs 테이블에 보통 칼럼 세 개를 정의하는 것은 합당할 것이다. 여기에는 이 장에서 설명한 결점이 중요하지 않다. 세 속성을 따로따로 사용하기 때문이다. 때로는 주어진 버그와 관련된 모든 사람을 확인해야 하는 경우와 같이, 이 세 칼럼을 모두 조회해야 하는 경우가 있을 수 있다. 그러나 다른 대부분의 경우가 단순해짐을 고려하면, 이런 몇몇 경우에 대해서는 복잡성을 수용할 만하다.

다른 방법으로 Bugs 테이블에 계정으로 연관되는 종속 테이블을 생성하고, 이 새로 만든 테이블에 부가 칼럼을 추가해 각 계정이 해당 버그에 대해 어떤 역할을 하는지를 표시하는 방법을 생각해볼 수 있다. 그러나 이 구조에는 6장에서 설명한 EAV 안티패턴의 문제 중 일부가 그대로 나타날 것이다.

## 8.5 해법: 종속 테이블 생성

2장 무단횡단 안티패턴에서 봤듯이, 가장 좋은 해법은 다중 값 속성을 위한 칼럼을 하나 가지는 종속 테이블을 만드는 것이다. 여러 개의 값을 여러 개의 칼럼 대신 여러 개의 행에 저장하는 것이다. 또한 종속 테이블에 FK를 정의해 해당 값이 Bugs 테이블의 부모 행과 연관되도록 한다.

```
Multi-Column/soln/create-table.sql
```
```sql
CREATE TABLE Tags (
  bug_id       BIGINT UNSIGNED NOT NULL
  tag          VARCHAR(20),
  PRIMARY KEY (bug_id, tag),
  FOREIGN KEY (bug_id) REFERENCES Bugs(bug_id)
);

INSERT INTO Tags (bug_id, tag)
  VALUES (1234, 'crash'), (3456, 'printing'), (3456, 'performance');
```

하나의 버그에 연관된 모든 태그가 한 칼럼에 있으면, 주어진 태그에 대한 버그를 검색하는 작업이 좀더 직관적이 된다.

```
Multi-Column/soln/search.sql
```
```sql
SELECT * FROM Bugs JOIN Tags USING (bug_id)
WHERE tag = 'performance';
```

두 개의 태그가 붙은 버그를 찾는 것과 같은, 보다 복잡한 작업도 쉽게 처리할 수 있다.

`Multi-Column/soln/search-two-tags.sql`

```
SELECT * FROM Bugs
  JOIN Tags AS t1 USING (bug_id)
  JOIN Tags AS t2 USING (bug_id)
WHERE t1.tag = 'printing' AND t2.tag = 'performance';
```

연관을 추가하고 삭제하기도 다중 칼럼 안티패턴을 사용할 때보다 훨씬 쉬워진다. 단순히 종속 테이블에 행을 추가하거나 삭제하면 된다. 여러 칼럼을 검사해 값을 추가할 곳을 찾을 필요가 없다.

`Multi-Column/soln/insert-delete.sql`

```
INSERT INTO Tags (bug_id, tag) VALUES (1234, 'save');

DELETE FROM Tags WHERE bug_id = 1234 AND tag = 'crash';
```

PK 제약조건은 중복이 허용되지 않음을 보장한다. 주어진 태그는 특정 버그에 한 번만 적용될 수 있다. 중복된 태그 적용을 시도하면, SQL 실행 시 에러가 발생할 것이다.

Bugs 테이블에 태그 칼럼(tagN)이 세 개만 있을 때처럼 태그의 개수가 세 개로 제한되지도 않는다. 버그에 필요한 만큼 태그를 적용할 수 있다.

> **SQL Antipatterns Tip**
>
> 같은 의미를 가지는 각각의 값은 하나의 칼럼에 저장하라.

Antipatterns —

# 9장

S Q L   A n t i p a t t e r n s

# 메타데이터 트리블

> 이놈들을 우주선에서 내보내고 싶어.
> 승무원 전부를 동원해도 상관 없어. 이 녀석들을 우주선 밖으로 내보내라고.
> – 커크 선장(James T. Kirk)

내 아내는 Oracle PL/SQL과 Java 프로그래머로 수년 간 일했다. 아내는 작업을 단순화하기 위한 데이터베이스 설계가 오히려 더 많은 일을 만들어냈던 경우에 대해 얘기해주었다.

아내 회사의 영업부에서 사용하는 Customers 테이블에는 고객의 연락처 정보, 그들의 사업 형태, 해당 고객으로부터 발생한 매출 같은 데이터가 저장되어 있었다.

`Metadata-Tribbles/intro/create-table`

```
CREATE TABLE Customers (
  customer_id    NUMBER(9) PRIMARY KEY,
  contact_info   VARCHAR(255),
  business_type  VARCHAR(20),
  revenue        NUMBER(9,2)
);
```

영업부는 최근에 활동적인 고객을 추적할 수 있도록 매출을 연도별로 나눠야

9장 **메타데이터 트리블 125**

할 필요가 생겼다. 그들은 각 칼럼 이름이 연도별 매출을 나타내는 일련의 칼럼을 새로 추가하기로 결정했다.

`Metadata-Tribbles/intro/alter-table.sql`

```
ALTER TABLE Customers ADD (revenue2002 NUMBER(9,2));
ALTER TABLE Customers ADD (revenue2003 NUMBER(9,2));
ALTER TABLE Customers ADD (revenue2004 NUMBER(9,2));
```

그런 후 그들이 생각하기에 추적이 필요하다고 생각되는 고객들에 대해서만 데이터를 입력했다. 이 연도별 매출 칼럼의 값은, 데이터를 불완전하게 입력했기 때문에, 대부분의 행에서 NULL로 남겨졌다. 프로그래머들은 이렇게 대부분이 사용되지 않는 칼럼에 다른 정보를 저장할 수는 없을까 궁리하기 시작했다.

그들은 매년 칼럼을 하나씩 추가해야 했다. 데이터베이스 관리자는 Oracle의 테이블스페이스를 관리하는 책임을 지고 있었다. 그래서 매년, 회의를 하고 새로 구성한 테이블스페이스로 데이터 이관 계획을 세우고, 새로운 칼럼을 추가했다. 결국 그들은 많은 시간과 비용을 낭비했다.

## 9.1 목표: 확장 적응성 지원

데이터양이 늘어나면 어떤 데이터베이스 쿼리든 성능이 떨어진다. 쿼리가 수천 행을 곧바로 리턴한다 해도, 테이블에는 보통 동일한 쿼리의 성능이 받아들일 수 없을 정도가 될 때까지 계속해서 데이터가 쌓이게 마련이다. 인덱스를 잘 이해하고 사용하면 도움이 되지만, 그래도 테이블의 데이터는 계속 늘어날테고, 이는 쿼리 성능에 영향을 주게 된다.

목표는 쿼리 성능을 향상시키고 지속적으로 크기가 늘어나는 테이블을 지원하도록 데이터베이스를 구성하는 것이다.

## 9.2 안티패턴: 테이블 또는 칼럼 복제

'트리블(tribble)'은 스타트렉[1]이란 텔레비전 시리즈에 나오는 작고 털이 복슬복슬한 애완동물이다. 처음엔 매력적으로 보이지만, 곧 이들의 번식 성향은 통제할 수 없음이 드러나고, 트리블 개체수를 관리하는 것은 심각한 문제가 되어버린다.

이 녀석들을 어디에 놓을까? 누가 해야 할까? 모든 트리블을 잡는 데 얼마나 오래 걸릴까? 마침내 커크 선장은 자신의 승무원과 우주선이 더 이상 기능할 수 없음을 깨닫고, 승무원들에게 트리블 제거 작업을 최우선순위로 실행하라고 명령해야 했다.

다른 모든 조건이 동일하다면, 행이 적은 테이블을 조회하는 것이 행이 많은 테이블을 조회하는 것보다 빠르다는 사실을 경험을 통해 안다. 이는 우리가 어떤 작업을 해야 하는 모든 테이블이 보다 적은 행을 포함하도록 만들어야 한다는 그릇된 생각을 하게 만든다. 그리고 두 가지 형태의 안티패턴으로 나타난다.

- 많은 행을 가진 큰 테이블을 여러 개의 작은 테이블로 분리한다. 작은 테이블의 이름은 테이블의 속성 중 하나의 값을 기준으로 해서 짓는다.
- 하나의 칼럼을 여러 개의 칼럼으로 분리한다. 칼럼 이름은 다른 속성의 값을 기준으로 해서 짓는다.

뭔가를 얻으려면 대가를 치러야 하는 법이다. 모든 테이블이 적은 행을 갖도록 하려는 목표를 달성하기 위해서는, 지나치게 많은 칼럼을 가지는 테이블을 생성해야 하거나 또는 엄청나게 많은 테이블을 만들어야 한다. 두 경우 모두, 테이블 수나 칼럼 수가 계속해서 증가하게 된다. 새로운 데이터가 들어오면 새로운 스키마 객체를 만들어야 하기 때문이다.

---

[1] 'Star Trek'은 CBS Studios Inc.의 등록상표임.

> **메타데이터에 데이터 혼합**
>
> 베이스 테이블 이름에 연도를 덧붙인 것은 데이터 값과 메타데이터 식별자가 엮인 것임에 주의하기 바란다.
>
> 이는 앞의 EAV와 다형성 연관 안티패턴에서 살펴본, 데이터에 메타데이터 혼합과 반대 경우다. 앞에서는 메타데이터 식별자(칼럼 이름 또는 테이블 이름)를 문자열 데이터로 저장했다.
>
> 다중 칼럼 속성과 메타데이터 트리블에서는 데이터 값을 칼럼 이름이나 테이블 이름에 넣고 있다. 어느 안티패턴을 사용하든, 문제를 해결하기보다는 더 많은 문제가 생긴다.

## 테이블이 우글우글

데이터를 분리해 별도의 테이블에 넣으려면, 어떤 행을 어떤 테이블로 보낼지 결정하는 정책이 필요하다. 예를 들어, date_reported 칼럼의 연도를 사용해 데이터를 분리할 수 있다.

```
Metadata-Tribbles/anti/create-tables.sql
```
```sql
CREATE TABLE Bugs_2008 ( . . . );
CREATE TABLE Bugs_2009 ( . . . );
CREATE TABLE Bugs_2010 ( . . . );
```

데이터베이스에 행을 삽입할 때 삽입하는 값에 따라 올바른 테이블을 사용하는 것은 사용자 책임이다.

```
Metadata-Tribbles/anti/insert.sql
```
```sql
INSERT INTO Bugs_2010 (..., date_reported, ...)
  VALUES (..., '2010-06-01', ...);
```

시간을 앞으로 죽 돌려 다음해 1월 1일이 됐다. 새로운 버그를 입력할 때 애플리케이션에서 에러가 발생한다. Bugs_2011 테이블을 생성하는 것을 까먹었기 때문이다.

```
Metadata-Tribbles/anti/insert.sql
```
```sql
INSERT INTO Bugs_2011 (..., date_reported, ...)
  VALUES (..., '2011-02-20', ...);
```

새로운 데이터 값이 들어오면 새로운 메타데이터 객체가 필요하다는 뜻이다. 보통 이런 것은 SQL에서 데이터와 메타데이터 사이에 있는 관계가 아니다.

## 데이터 정합성 관리

한 해 동안 보고된 버그 개수를 세려 하는데, 숫자가 들어맞지 않는다. 조사해보니 2010년 버그가 실수로 Bugs_2009 테이블에 입력되어 있는 것을 발견했다. 다음 쿼리는 항상 빈 결과를 리턴해야 한다. 그렇지 않으면 문제가 있는 것이다.

```
Metadata-Tribbles/anti/data-integrity.sql
```
```sql
SELECT * FROM Bugs_2009
WHERE date_reported NOT BETWEEN '2009-01-01' AND '2009-12-31';
```

테이블 이름에 따라 데이터를 자동으로 제한하는 방법은 없지만, 각 테이블에 CHECK 제약조건을 선언할 수는 있다.

```
Metadata-Tribbles/anti/check-constraint.sql
```
```sql
CREATE TABLE Bugs_2009 (
  ...
  date_reported DATE CHECK (EXTRACT(YEAR FROM date_reported) = 2009)
);

CREATE TABLE Bugs_2010 (
  ...
  date_reported DATE CHECK (EXTRACT(YEAR FROM date_reported) = 2010)
);
```

Bugs_2011 테이블을 만들 때 CHECK 제약조건의 값을 조정해야 함을 잊지 말기 바란다. 실수를 하면, 들어가야 하는 데이터를 모두 거부하는 테이블이 되어 버린다.

## 데이터 동기화

하루는 고객지원 분석가가 어떤 버그의 보고일자를 변경해달라고 요청했다. 데이터베이스에는 버그 보고일자가 2010-01-03으로 되어 있지만, 실제로는 버그를 보고한 고객이 팩스로 그보다 한 주 전인 2009-12-27에 보내온 것이다. 간단한 UPDATE로 날짜를 바꿀 수 있어야 한다.

`Metadata-Tribbles/anti/anomaly.sql`

```sql
UPDATE Bugs_2010
SET date_reported = '2009-12-27'
WHERE bug_id = 1234;
```

그러나 이렇게 바꾸면 해당 행은 Bugs_2010 테이블에서 유효하지 않은 항목이 된다. 간단한 UPDATE를 사용할 수 없는 이런 드문 경우에 대해서는, 해당 행을 한 테이블에서 삭제하고 다른 테이블에 삽입해줘야 한다.

`Metadata-Tribbles/anti/synchronize.sql`

```sql
INSERT INTO Bugs_2009 (bug_id, date_reported, ...)
  SELECT bug_id, date_reported, ...
  FROM Bugs_2010
  WHERE bug_id = 1234;

DELETE FROM Bugs_2010 WHERE bug_id = 1234;
```

## 유일성 보장

PK 값은 모든 분할된 테이블에 걸쳐 유일함이 보장되어야 한다. 한 테이블에서 다른 테이블로 행을 옮겨야 하면, PK 값이 다른 행과 충돌하지 않는다는 확신이 있어야 한다.

시퀀스 객체를 지원하는 데이터베이스를 사용한다면, 키 값 생성을 위해 모든 분리된 테이블에 대해 하나의 시퀀스를 사용할 수 있다. 테이블당 ID 유일성만을 보장하는 데이터베이스에서는 조금 까다로워진다. PK 값 생성만을 위한 별도 테이블을 하나 정의해야 한다.

```
Metadata-Tribbles/anti/id-generator.sql
```
```sql
CREATE TABLE BugsIdGenerator (bug_id SERIAL PRIMARY KEY);

INSERT INTO BugsIdGenerator (bug_id) VALUES (DEFAULT);
ROLLBACK;

INSERT INTO Bugs_2010 (bug_id, ...)
  VALUES (LAST_INSERT_ID(), ...);
```

## 여러 테이블에 걸쳐 조회하기

불가피하게 여러 테이블에 걸쳐 조회할 필요가 생겼다. 예를 들어, 생성된 연도에 상관없이 모든 오픈된 버그의 개수를 알려달라는 요청이 들어왔다. 분리된 모든 테이블을 UNION으로 묶어 전체 집합으로 재구성한 다음 여기에 대해 쿼리를 실행할 수 있다.

```
Metadata-Tribbles/anti/union.sql
```
```sql
SELECT b.status, COUNT(*) AS count_per_status FROM (
  SELECT * FROM Bugs_2008
    UNION ALL
  SELECT * FROM Bugs_2009
    UNION ALL
  SELECT * FROM Bugs_2010 ) AS b
GROUP BY b.status;
```

시간이 흘러 Bugs_2011과 같은 새로운 테이블을 추가하면, 애플리케이션 코드에서도 새로 추가된 테이블을 참조하도록 수정해야 한다.

## 메타데이터 동기화

상사가 각 버그를 해결하는 데 필요한 시간을 추적하기 위한 칼럼을 추가하라고 한다.

```
Metadata-Tribbles/anti/alter-table.sql
```
```sql
ALTER TABLE Bugs_2010 ADD COLUMN hours NUMERIC(9,2);
```

테이블을 분리했다면, 새 칼럼은 변경한 테이블 하나에만 적용된다. 다른 테이블에는 새로운 칼럼이 없다.

앞 절에서와 같이 분리된 여러 개의 테이블에 대해 UNION을 사용한다면, 당황할 문제가 생긴다. 테이블이 같은 칼럼을 가지고 있어야 UNION을 사용해 묶을 수 있다. 칼럼이 다르면 * 와일드카드를 사용할 수 없고 공통되는 칼럼의 이름을 나열해야 한다.

### 참조 정합성 관리

Comments와 같은 종속 테이블이 Bugs를 참조한다면, 종속 테이블에서 FK를 선언할 수 없게 된다. FK에는 하나의 테이블을 지정해야 하는데, 이 경우에는 부모 테이블이 여러 개로 분리되어 있기 때문이다.

`Metadata-Tribbles/anti/foreign-key.sql`

```sql
CREATE TABLE Comments (
  comment_id        SERIAL PRIMARY KEY,
  bug_id            BIGINT UNSIGNED NOT NULL,
  FOREIGN KEY (bug_id) REFERENCES Bugs_????(bug_id)
);
```

분리된 테이블은 부모일 때뿐 아니라 자식이 될 때도 문제가 있다. 예를 들어, Bugs.reported_by는 Accounts 테이블을 참조한다. 연도에 상관없이 주어진 사용자가 보고한 모든 버그를 보려 한다면, 다음과 같이 쿼리를 작성해야 한다.

`Metadata-Tribbles/anti/join-union.sql`

```sql
SELECT * FROM Accounts a
JOIN (
    SELECT * FROM Bugs_2008
    UNION ALL
    SELECT * FROM Bugs_2009
    UNION ALL
    SELECT * FROM Bugs_2010
  ) t ON (a.account_id = t.reported_by)
```

## 메타데이터 트리블 칼럼 식별하기

칼럼 또한 메타데이터 트리블이 될 수 있다. 이 장의 도입부에서 설명한 이야기에서와 같이, 그 속성상 번식을 하게 마련인 칼럼이 테이블에 포함될 수 있다.

다른 예로, 버그 데이터베이스에 프로젝트 상태의 요약 정보를 기록하는 테이블을 만들어 각 칼럼에 소계를 저장할 수 있다. 즉 다음과 같은 테이블에서 bugs_fixed_2011이 필요해지는 것은 시간문제일 뿐이다.

```
Metadata-Tribbles/anti/multi-column.sql
```
```
CREATE TABLE ProjectHistory (
  ...
  bugs_fixed_2008   INT,
  bugs_fixed_2009   INT,
  bugs_fixed_2010   INT
);
```

## 9.3 안티패턴 인식 방법

다음과 같은 말은 데이터베이스에서 메타데이터 트리블 안티패턴이 자라나고 있음을 나타내는 것일 수 있다.

- "그러면 우리는 ~당 테이블(또는 칼럼)을 생성해야 해."
  이런 식으로 데이터베이스에서 "~당"이란 말을 사용하면, 칼럼 중 하나에 나오는 값으로 테이블(또는 칼럼)을 분리한 것이다.
- "이 데이터베이스에 테이블을 최대 몇 개까지 만들 수 있을까?"
  대부분의 데이터베이스는 일반적으로 필요한 것보다도 훨씬 많은 수의 테이블과 칼럼을 다룰 수 있다. 데이터베이스를 분별 있게 설계했다면 이런 것을 걱정할 필요는 없다. 최대 허용치를 초과할 것 같은 생각이 든다면, 설계를 재고할 필요가 있다는 강력한 신호다.
- "오늘 아침에 애플리케이션이 새로운 데이터를 추가하는 데 실패한 이유

를 알아냈어. 새해에 대한 테이블을 만드는 걸 까먹었지 뭐야."

메타데이터 트리블이 사용됐을 때 나타나는 흔한 결과다. 새로운 데이터가 새로운 데이터베이스 객체를 요구한다면, 이런 객체를 사전에 정의해둘 필요가 있다. 그렇지 않으면 뜻하지 않은 실패 위험을 감수해야 한다.

- "어떻게 하면 여러 테이블을 한꺼번에 검색하는 쿼리를 작성할 수 있을까? 모든 테이블은 같은 칼럼을 가지고 있어."

동일한 구조를 가진 테이블 여러 개를 한꺼번에 검색할 일이 많다면, 행을 구분하기 위한 별도의 칼럼과 함께 하나의 테이블에 저장했어야 한다.

- "어떻게 하면 테이블 이름을 파라미터로 넘길 수 있을까? 테이블 이름 뒤에 연도를 동적으로 붙여서 쿼리를 해야 해."

데이터가 한 테이블에 있다면 이렇게 할 필요가 없다.

## 9.4 안티패턴 사용이 합당한 경우

매일 사용하는 데이터와 오래된 데이터를 분리해 별도 보관하는 방식으로 테이블 수동 분할을 사용할 수 있다. 일정 시간이 지난 오래된 데이터를 조회할 필요가 크게 줄어드는 것은 종종 있는 일이다.

현재 데이터와 오래된 데이터를 함께 조회할 필요가 없다면, 오래된 데이터를 다른 위치로 옮기고 해당 테이블에서 삭제하는 것이 적절하다. 가끔씩 필요한 분석을 위해 오래된 데이터를 동일한 테이블 구조로 별도 보관하면 현재 데이터에 대한 쿼리 성능도 훨씬 좋아질 수 있다.

> **WordPress.com의 데이터베이스 분산**
>
> 나는 MySQL Conference & Expo 2009에서 블로그 호스팅 서비스로 유명한 WordPress.com의 데이터베이스 아키텍트인 Barry Abrahamson과 점심 식사를 함께 했다.

> Barry가 말하길, 블로그 호스팅을 시작했을 때는 모든 고객의 블로그를 하나의 데이터베이스에 저장했다고 한다. 블로그 사이트 하나의 내용은 별로 많지도 않았고, 데이터베이스 하나만 관리하는 게 더 쉽다는 이유도 있었다.
>
> 처음에는 잘 동작했지만, 곧 내용이 엄청나게 많아졌다. 지금은 7백만 개의 블로그가 300개의 데이터베이스 서버에 분산 저장되어 있다. 각 서버는 고객의 부분집합을 호스팅한다.
>
> Barry가 서버를 추가할 때, 하나의 데이터베이스에 있는 개인 고객의 블로그에 속하는 데이터를 분리하기란 매우 어려웠을 것이다. 고객별로 데이터를 별도 데이터베이스로 분리해, 개인 블로그를 한 서버에서 다른 서버로 쉽게 옮길 수 있었다. 고객들은 들어오기도 하고 나가기도 한다. 또 어떤 블로그는 방문자가 많지만 다른 블로그는 한가하다. 이에 따라 여러 서버로 부하를 균등하게 분산하는 작업은 훨씬 더 중요해졌다.
>
> 테라바이트의 데이터를 가지는 하나의 데이터베이스보다는 적절한 크기의 개별 데이터베이스를 백업하고 복구하기가 더 쉽다. 예를 들어, 어떤 고객이 실수로 데이터가 엉망이 되었다며 전화를 걸어왔다고 하자. 모든 고객의 데이터가 하나의 데이터베이스 백업에 들어있다면 Barry가 어떻게 고객의 데이터를 복구해줄 수 있을까?
>
> 데이터 모델링 관점에서는 모든 데이터를 하나의 데이터베이스에 저장하는 것이 올바르게 보일지 모르겠지만, 데이터베이스 크기가 일정 수준을 넘어서면 분별 있게 데이터베이스를 분할하는 것이 데이터베이스 관리 작업을 쉽게 해준다.

### 9.5 해법: 파티션과 정규화

테이블이 매우 커졌을 때, 테이블을 직접 분리하는 것보다 성능을 향상시키는 더 좋은 방법이 있다. 여기에는 수평 분할, 수직 분할, 종속 테이블을 사용하는 방법이 포함된다.

### 수평 분할 사용

수평 분할(horizontal partitioning)이라 불리는 기능을 사용하면 큰 테이블을 분리했을 때의 단점 없이 장점만 살릴 수 있다. 행을 여러 파티션으로 분리하는 규칙과 함께 논리적 테이블을 하나 정의하면 나머지는 데이터베이스가 알아서 해준다. 물리적으로는 테이블이 분리되어 있지만, SQL에서는 마치 하나의 테이블인 것처럼 사용할 수 있다.

융통성도 있어서, 각 테이블에서 자신의 행을 별도 스토리지로 분리하는 방식도 정의할 수 있다. 예를 들어, MySQL 5.1에서 지원하는 파티셔닝을 사용하면, CREATE TABLE 문의 옵션으로 파티션을 지정할 수 있다.

`Metadata-Tribbles/soln/horiz-partition.sql`

```
CREATE TABLE Bugs (
  bug_id SERIAL PRIMARY KEY,
  ...
  date_reported DATE
) PARTITION BY HASH ( YEAR(date_reported) )
  PARTITIONS 4;
```

이 예는 date_reported 칼럼의 연도별로 행을 분리하는 것이며 이 장의 앞부분에서 봤던 것과 비슷한 효과를 얻는다. 그러나 테이블을 직접 분리하는 것과 비교했을 때, 행이 잘못된 분리 테이블로 들어갈 위험이 없다는 장점이 있다. date_reported 칼럼의 값을 업데이트해도 상관없다. 분리 테이블을 각각 참조할 필요 없이 Bugs 테이블에 대해 쿼리를 실행할 수 있다.

행을 저장하는 데 사용되는 별도의 물리적 테이블 개수는 이 예에서는 네 개로 고정했다. 4년 이상 된 데이터가 있다면, 파티션 중 하나에는 두 연도의 데이터가 들어갈 것이다. 해자 지나도 이런 식으로 계속될 것이다. 데이터양이 너무 많아져 좀더 작게 나눠야겠다고 느끼기 전까지는 새로운 파티션을 추가하지 않아도 된다.[2]

파티셔닝은 SQL 표준에 정의되어 있지는 않지만, 여러 데이터베이스 제품에서 각자의 비표준적 방법으로 구현했다. 용어나 문법, 파티셔닝의 특정 기능은

---

2 (옮긴이) 해시 파티션은 주로 대량 데이터를 INSERT할 때 발생하는 I/O 경합을 분산하기 위해 사용한다. 기간별로 데이터를 분할하는 경우에는 레인지(range) 파티션을 사용하는 것이 일반적이다. 레인지 파티션의 경우, 기간별로 테이블을 분리해 놓은 것과 마찬가지로, 시간이 지남에 따라 새로운 범위의 파티션을 추가해야 한다.
단, 입력되는 데이터에 맞는 범위가 없는 경우, 에러가 발생할 수 있다. 이런 경우에 대비하기 위해 미리 파티션을 만들어 놓거나, 디폴트 파티션을 정의할 수 있다.

데이터베이스 제품에 따라 다르다. 그러나 어떤 형태든 파티셔닝은 대부분의 주요 데이터베이스 제품에서 지원되고 있다.

### 수직 분할 사용

수평 분할이 테이블을 행으로 나누는 데 반해, 수직 분할(vertical partitioning)은 칼럼으로 테이블을 나눈다. 칼럼으로 테이블을 나누는 방법은 크기가 큰 칼럼이나 거의 사용되지 않는 칼럼이 있을 때 유리하다.

BLOB와 TEXT 칼럼은 크기가 가변적이고 매우 커질 수 있다. 많은 데이터베이스 제품이 스토리지 효율과 조회 효율 모두를 위해 이런 데이터 타입의 칼럼을 다른 칼럼과 분리해 저장한다. 테이블의 BLOB와 TEXT 칼럼을 참조하지 않는 쿼리를 실행시키면 다른 칼럼에 좀더 효율적으로 접근할 수 있다. 그러나 쿼리에서 칼럼 와일드카드 *를 사용하면, 데이터베이스는 BLOB나 TEXT 칼럼을 포함해 테이블의 모든 칼럼을 조회한다.

예를 들어, 버그 데이터베이스의 Products 테이블에 각 제품에 대한 설치 파일의 복사본을 저장해 놓을 수 있다. 이 파일은 보통 Windows에서의 .exe나 Mac에서의 .dmg와 같은 자체 압축 풀림 파일이다. 이런 파일은 대부분 크기가 큰데, BLOB 칼럼에는 엄청나게 큰 바이너리 데이터를 저장할 수 있다.

논리적으로, 설치 파일은 Products 테이블의 속성이어야 한다. 그러나 이 테이블에 대한 대부분의 쿼리에서 설치 파일은 필요하지 않다. * 와일드카드로 모든 칼럼을 조회하는 습관이 있다면 이런 드물게 사용되는 큰 데이터 때문에 의도하지 않은 성능 문제가 생길 수 있다.

해결방법은 Products 테이블에 종속된 다른 테이블을 만들고, 이 테이블의 BLOB 칼럼에 큰 데이터를 저장하는 것이다. 제품 하나당 하나의 행만 존재하는 것이 보장되도록, 종속 테이블의 PK를 Products 테이블로의 FK로 만든다.

```
Metadata-Tribbles/soln/vert-partition.sql
```
```sql
CREATE TABLE ProductInstallers (
  product_id       BIGINT UNSIGNED PRIMARY KEY,
  installer_image BLOB,
  FOREIGN KEY (product_id) REFERENCES Products(product_id)
);
```

설명을 쉽게 하기 위해 극단적인 경우를 예로 들었지만, 일부 칼럼을 별도 테이블에 저장하는 데 따른 이점을 잘 보여준다. 다른 예로, MySQL의 MyISAM 스토리지 엔진에서는, 행이 고정 크기일 때 조회 성능이 가장 좋다. VARCHAR는 가변 길이 데이터 타입이므로, 테이블에 VARCHAR 타입의 칼럼이 하나라도 있으면 성능 이점을 얻을 수 없다. 가변 길이 칼럼을 모두 별도 테이블로 저장하면, 쿼리를 할 때 조금이나마 이득을 얻을 수 있다.[3]

```
Metadata-Tribbles/soln/separate-fixed-length.sql
```
```sql
CREATE TABLE Bugs (
  bug_id          SERIAL PRIMARY KEY,   -- 고정 길이 데이터 타입
  summary         CHAR(80),             -- 고정 길이 데이터 타입
  date_reported   DATE,                 -- 고정 길이 데이터 타입
  reported_by     BIGINT UNSIGNED,      -- 고정 길이 데이터 타입
  FOREIGN KEY (reported_by) REFERENCES Accounts(account_id)
);

CREATE TABLE BugDescriptions (
  bug_id          BIGINT UNSIGNED PRIMARY KEY,
  description     VARCHAR(1000),        -- 가변 길이 데이터 타입
  resolution      VARCHAR(1000)         -- 가변 길이 데이터 타입
  FOREIGN KEY (bug_id) REFERENCES Bugs(bug_id)
);
```

## 메타데이터 트리블 칼럼 고치기

8장 다중 칼럼 속성에서 본 해결방법과 비슷하게, 메타데이터 트리블 칼럼에 대

---

[3] (옮긴이) 물론 분리된 테이블의 칼럼과 원래 테이블의 칼럼을 함께 조회하는 경우가 드문 경우에만 해당된다. 두 테이블의 칼럼을 함께 조회해야 하는 경우가 많다면 매번 조인을 해야 하므로 득보다는 실이 많을 것이다.

한 해결 방법도 종속 테이블을 만드는 것이다.

`Metadata-Tribbles/soln/create-history-table.sql`

```
CREATE TABLE ProjectHistory (
  project_id  BIGINT,
  year        SMALLINT,
  bugs_fixed  INT,
  PRIMARY KEY (project_id, year),
  FOREIGN KEY (project_id) REFERENCES Projects(project_id)
);
```

프로젝트 하나를 한 행으로 하고 연도별 칼럼을 사용하는 대신, 수정된 버그 개수를 한 칼럼에 여러 개의 행으로 저장하는 것이 좋다. 이런 식으로 테이블을 정의하면, 해가 바뀌더라도 새로운 칼럼을 추가할 필요가 없다. 이 테이블에는 프로젝트에 대해 얼마든 행을 저장할 수 있다.

> **SQL Antipatterns Tip**
> 데이터가 메타데이터를 낳도록 하지 말라.

# 2부

# 물리적 데이터베이스 설계 안티패턴

SQL
AntiPatterns

# 10장

S Q L   A n t i p a t t e r n s

# 반올림 오류

10.0에 0.1을 곱해도 좀처럼 1.0이 되지 않는다.
- 브라이언 커니핸(Brian Kernighan)

상사가 프로젝트에서 버그 수정에 들어간 작업 시간에 기초해 프로그래머 비용을 계산한 보고서를 만들어 달라고 요청한다. Accounts 테이블에 있는 각 프로그래머는 시간당 비용이 다르기 때문에, Bugs 테이블에 있는 버그를 수정하는 데 각각 몇 시간이 필요한지 기록하고, 여기에 해당 버그에 할당된 프로그래머의 hourly_rate를 곱한다.

Rounding-Errors/intro/cost-per-bug.sql

```sql
SELECT b.bug_id, b.hours * a.hourly_rate AS cost_per_bug
FROM Bugs AS b
  JOIN Accounts AS a ON (b.assigned_to = a.account_id);
```

이 쿼리를 지원하기 위해, Bugs와 Accounts 테이블에 새로운 칼럼을 추가해야 한다. 비용을 정확하게 추적하기 위해, 두 칼럼 모두 소수를 지원해야 한다. 새로운 칼럼은 소수 값을 저장할 수 있는 데이터 타입인 FLOAT를 사용하기로 결정한다.

```
Rounding-Errors/intro/float-column.sql
```
```
ALTER TABLE Bugs ADD COLUMN hours FLOAT;

ALTER TABLE Accounts ADD COLUMN hourly_rate FLOAT;
```

버그 작업 로그와 프로그래머의 시간당 비용 정보로 두 칼럼을 업데이트한 다음, 보고서를 테스트하고, 작업을 마친다.

다음 날, 상사가 프로젝트 비용 보고서 사본을 가지고 나타났다. "숫자들 계산이 안 맞는데?" 그는 이를 악물고 말한다. "대조를 위해 손으로 직접 계산을 해봤는데, 자네 보고서는 정확하지 않더군. 약간, 그러니까 몇 달러 정도 차이가 난단 말이야. 이걸 어떻게 설명할 건가?" 땀이 나기 시작한다. 이런 단순한 계산에 뭐가 잘못될 수 있단 말인가?

## 10.1 목표: 정수 대신 소수 사용

정수는 유용한 타입이지만, 1, 327, -19와 같은 정수만 저장할 수 있다. 그러나 2.5와 같은 소수 값은 표현하지 못한다. 정수보다 정밀한 수치가 필요하다면 다른 데이터 타입이 필요하다. 예를 들어, 금액 합계는 $19.95와 같이 보통 소수점 둘째 자리까지의 소수로 표현한다.

따라서 목표는 정수가 아닌 수를 저장하고 이를 산술 연산에 사용하는 것이다. 다른 목표도 있는데, 말할 필요도 없지만 산술 연산의 결과가 정확해야 한다는 것이다.

## 10.2 안티패턴: FLOAT 데이터 타입 사용

대부분의 프로그래밍 언어는 float나 double과 같은 실수를 표현하기 위한 데이터 타입을 지원한다. SQL도 비슷한 데이터 타입을 같은 이름으로 지원한다. 많은 프로그래머가 SQL에서 소수 데이터가 필요한 곳에 자연스럽게 FLOAT

데이터 타입을 사용한다. 프로그램을 작성할 때 사용하던 float 데이터 타입에 익숙하기 때문이다.

SQL의 FLOAT 데이터 타입은 다른 프로그래밍 언어의 float와 마찬가지로 IEEE 754 표준에 따라 실수를 이진 형식으로 부호화한다. 이 데이터 타입을 효과적으로 사용하려면 이 형식의 부동 소수점 수 특성을 이해할 필요가 있다.

### 필요에 의한 반올림

많은 프로그래머가 부동 소수점 수의 특성, 즉 십진수로 표현된 모든 수를 이진수로 표현할 수는 없다는 사실을 모르고 있다. 즉, 어떤 수는 사용자의 필요와 관계없이 가까운 다른 수로 반올림되어야 한다.

이런 반올림 동작의 배경을 이해하기 위해, 1/3과 같은 유리수와 0.333······.과 같은 순환소수로 표현된 수를 비교해보기 바란다. 진짜 값을 정확히 표현하려면 무한대의 자리수가 필요하므로, 십진수 소수로는 표현할 수 없다. 자릿수는 수의 정도(精度, precision)이므로, 순환소수는 무한대의 정도가 필요하다.

타협안은 유한소수를 사용하고 0.333과 같이 원래의 값에 가능한 가까운 값을 선택하는 것이다. 그러나 이렇게 하면 우리가 의도한 것과 정확히 같은 값은 되지 않는다.

```
1/3   + 1/3   + 1/3   = 1.000
0.333 + 0.333 + 0.333 = 0.999
```

1/3의 근사 값 세 개를 더하면 정도를 높여도 여전히 1.0을 얻을 수 없다. 순환소수를 유한소수로 표현하려면 이렇게 타협할 수밖에 없다.

```
1/3      + 1/3      + 1/3      = 1.000000
0.333333 + 0.333333 + 0.333333 = 0.999999
```

이는 우리가 생각할 수 있는 정상적인 어떤 수를 유한소수로는 표현하지 못할 수도 있다는 뜻이다. 어쨌든 무한대의 자릿수를 입력할 수는 없을 테니 상관없다고 생각할지도 모르겠다. 타이핑할 수 있는 수는 유한한 정도를 가질 테니 정확하게 저장될 것 같다. 맞을까? 불행히 그렇지 않다.

IEEE 754는 부동 소수점 수를 밑수가 2인 형식으로 표현한다. 이진수로 무한한 정도를 요하는 값과 십진수에서 무한한 정도를 요구하는 수는 다르다. 59.95와 같이 십진수에서 유한한 정도를 가지는 값을 이진수로 표현하려면 무한한 정도가 필요하다. FLOAT 데이터는 이렇게 할 수 없으므로, 밑수를 2로 하는 가장 가까운 값을 사용해 저장하는데, 이는 밑수를 10으로 했을 때 59.950000762939와 같다.

어떤 값들은 두 형식에서 모두 유한한 정도로 표현된다. 이론적으로는, IEEE 754 형식에서 숫자가 어떻게 저장되는지를 자세히 이해하면, 십진수 값이 이진수에서 어떻게 표현될지를 예상할 수 있다. 그러나 실제로 부동 소수점 수에 대해 이런 계산을 하는 사람은 거의 없을 것이다. 데이터베이스에 FLOAT로 오차 없이 표현되는 값만 저장되어 있다고 할 수는 없으므로, 애플리케이션에서는 이런 칼럼에 있는 어떤 값이든 반올림되었다고 가정해야 한다.

몇몇 데이터베이스는 DOUBLE PRECISION과 REAL이라 불리는 데이터 타입을 지원한다. 이런 데이터 타입이나 FLOAT가 지원하는 정도는 데이터베이스 구현에 따라 다르지만, 모두 유한한 수의 이진수 자리로 부동 소수점 수를 표현하므로, 모두 비슷한 반올림 동작을 가진다.

## SQL에서 FLOAT 사용

어떤 데이터베이스는 부정확한 값을 보정해, 의도한 값을 표시해준다.

`Rounding-Errors/anti/select-rate.sql`
```
SELECT hourly_rate FROM Accounts WHERE account_id = 123;
```

이 쿼리는 59.95를 리턴한다. 그러나 FLOAT에 실제로 저장되어 있는 값은 이 값과 정확하게 같지는 않다. 이 값에 10억을 곱해보면 불일치를 확인할 수 있다.

> **IEEE 754 형식 충족**
>
> 부동 소수점 수를 표현하기 위한 이진 형식의 표준 제안은 1979년까지 거슬러 올라간다. 1985년에 공식으로 표준이 되었고, 지금은 소프트웨어, 대부분의 프로그래밍 언어, 마이크로프로세서에 널리 구현되어 있다.
>
> 부동 소수점 값은 가수부, 지수부, 부호비트 세 개의 필드로 표현된다.
>
> IEEE754의 장점 중 하나는 지수를 이용해 아주 큰 수와 아주 작은 수를 표현할 수 있다는 것이다. 실수를 지원할 뿐 아니라 지원하는 값의 범위가 고정 소수점 형식의 정수보다 크다. 배정도 형식은 훨씬 더 넓은 범위의 값을 지원한다. 따라서 이런 형식은 과학계산용 애플리케이션에 유용하다.
>
> 그러나 가장 흔하게 사용되는 곳은 아마도 금액 표현일 것이다. 금액을 표현할 때 IEEE 754를 써야 할 이유는 없다. 이 장에서 설명하는 NUMERIC 타입을 사용하면 금액을 쉽고 정확하게 다룰 수 있기 때문이다.
>
> IEEE 754를 배우는 데 좋은 참고문헌은 위키피디아 기사(http://en.wikipedia.org/wiki/IEEE_754-1985)나 David Goldberg의 「What Every Computer Scientist Should Know About Floating-Point Arithmetic」 [Gol91]이다. Goldberg의 글은 http://www.validlab.com/goldberg/paper.pdf에서도 확인할 수 있다.

`Rounding-Errors/anti/magnify-rate.sql`

```
SELECT hourly_rate * 1000000000 FROM Accounts WHERE account_id = 123;
```

이 쿼리는 59950000762.939를 리턴한다. 아마 59950000000.000을 기대했을 것이다. 이는 59.95 값이 IEEE 754의 이진 형식에 따라 유한 정도로 표현 가능한 값으로 반올림되었음을 나타낸다. 이 경우 오차범위는 천만분의 일 수준으로, 많은 계산에서 무시해도 좋을 정도다.

그러나 다른 종류의 계산에서는 이 정도로 충분하지 않을 수 있다. 한 예가 동등 비교에 FLOAT를 사용하는 것이다.

`Rounding-Errors/anti/inexact.sql`

```
SELECT * FROM Accounts WHERE hourly_rate = 59.95;
```

결과는 없다. 어떤 행도 대응되지 않는다. 앞에서 실제로 hourly_rate 칼럼에 저장된 값은 59.95보다 약간 큰 것을 봤다. 따라서 account_id가 123인 행의 hourly_rate를 59.95로 할당한다 해도, 위 쿼리는 결과를 가져오는 데 실패할 것이다.

이 문제를 회피하는 흔한 방법은 두 부동 소수점 값이 일정 수준 이상 충분히 가까우면 '사실상 같은' 값으로 다루는 것이다. 두 값의 차를 구한 후 SQL의 ABS() 함수를 이용해 절대 값을 만든다. 이 결과가 0이면 두 값은 정확하게 같은 것이다. 이 결과가 충분히 작다면 두 값을 사실상 같은 것으로 다룰 수 있다. 다음 쿼리는 성공적으로 행을 찾아낸다.

`Rounding-Errors/anti/threshold.sql`

```
SELECT * FROM Accounts WHERE ABS(hourly_rate - 59.95) < 0.000001;
```

그러나 두 값의 차는 충분히 커서, 정도를 높이면 여전히 결과를 얻는 데 실패한다.

`Rounding-Errors/anti/threshold.sql`

```
SELECT * FROM Accounts WHERE ABS(hourly_rate - 59.95) < 0.0000001;
```

적절한 기준은 상황에 따라 다르다. 차의 절대 값은 십진수에서의 값과 반올림된 이진수에서의 값이 다르기 때문이다.

많은 값을 집계해 계산할 때도 FLOAT의 부정확한 특성으로 인한 정확성 문제가 발생한다. 예를 들어, 한 칼럼에 있는 부동 소수점 수의 합계를 계산하기 위해 SUM()을 사용하는 경우, 반올림으로 인한 오차도 축적된다.

`Rounding-Errors/anti/cumulative.sql`

```
SELECT SUM( b.hours * a.hourly_rate ) AS project_cost
FROM Bugs AS b
JOIN Accounts AS a ON (b.assigned_to = a.account_id);
```

주어진 숫자의 집합에 대해 합계 대신 곱을 구하는 경우 부정확한 부동 소수점 수의 누적으로 인한 충격은 훨씬 심각해진다. 차이가 작아 보이지만 계속 악화된다. 예를 들어, 1에 정확하게 1.0을 곱하면 결과는 항상 1이다. 몇 번을 곱하든 상관없다. 그러나 곱하는 값이 실제로는 0.999라면 결과가 달라진다. 1에 0.999를 천 번 연속해 곱하면 결과는 대략 0.3677이 된다. 곱하는 횟수가 늘어나면 불일치도 더 커진다.

금융 애플리케이션에서의 복리 계산은 연속한 곱을 적용하는 좋은 예다. 부정확한 부동 소수점 수를 사용하면 처음에는 오차가 아주 작지만, 계산을 반복할수록 오차가 누적되고 문제가 커지게 된다. 따라서 금융 애플리케이션에서는 정확한 값을 사용하는 것이 중요하다.

## 10.3 안티패턴 인식 방법

FLOAT, REAL, DOUBLE PRECISION 데이터 타입이 사용되는 곳이면 어디든 의심이 간다. 부동 소수점 수를 사용하는 대부분의 애플리케이션에서는 IEEE 754 형식이 제공하는 넓은 범위의 값이 필요하지 않다.

SQL에서도 FLOAT 데이터 타입을 사용하는 것이 자연스러워 보인다. 대부분의 프로그래밍 언어에 있는 데이터 타입과 이름이 같기 때문이다. 그러나 더 좋은 데이터 타입이 있다.

## 10.4 안티패턴 사용이 합당한 경우

INTEGER나 NUMERIC 타입이 지원하는 것보다 큰 범위의 실수 값을 사용해야 할 때는 FLOAT가 좋은 데이터 타입이다. FLOAT 사용이 가장 적절한 예는 과학계산용 애플리케이션이다.

Oracle에서 FLOAT는 정확한 자릿수를 가지는 수치 타입이며, BINARY_FLOAT 타입이 IEEE 754를 사용해 수치를 표현하는 타입이다.

## 10.5 해법: NUMERIC 데이터 타입 사용

고정 소수점 수에는 FLOAT나 이와 비슷한 타입을 사용하지 말고, NUMERIC 또는 DECIMAL 타입을 사용해야 한다.

`Rounding-Errors/soln/numeric-column.sql`

```
ALTER TABLE Bugs ADD COLUMN hours NUMERIC(9,2);

ALTER TABLE Accounts ADD COLUMN hourly_rate NUMERIC(9,2);
```

이런 데이터 타입은 칼럼 정의에서 지정한 정도까지 수치를 정확하게 표현한다. VARCHAR 타입에서 길이를 지정하는 것과 비슷한 문법으로, 데이터 타입의 인수로 정도를 지정한다. 정도는 이 칼럼 값이 사용할 수 있는 전체 자릿수다. 정도 9는 123456789와 같은 값은 저장할 수 있지만, 1234567890은 저장할 수 없음을 뜻한다.[1]

데이터 타입의 둘째 인수로 스케일을 지정할 수 있다. 스케일은 소수점 오른쪽의 자릿수다. 이 자릿수는 정도에 포함되기 때문에, 정도가 9고 스케일이 2라면 1234567.89는 저장할 수 있지만 12345678.91 또는 123456.789와 같은 값은 저장할 수 없다.

칼럼에 지정한 정도와 스케일은 테이블의 모든 행에 적용된다. 다시 말하면, 어떤 행에는 스케일을 2로 하고 어떤 행에는 스케일을 4로 할 수 없다는 말

---

[1] 어떤 데이터베이스 제품에서는, 칼럼의 크기가 가장 가까운 바이트, 워드, 또는 더블워드로 내부적으로 반올림된다. 따라서 NUMERIC 칼럼의 최댓값은 사용자가 지정한 정도보다 많은 자릿수를 가질 수 있다.

이다. 칼럼의 데이터 타입이 모든 행에 균일하게 적용되는 것은 SQL에서는 정상이다. VARCHAR(20)으로 정의된 칼럼이 모든 행에 길이 20까지의 문자열을 허용하는 것과 마찬가지다.

NUMERIC과 DECIMAL의 장점은 유리수가 FLOAT 타입에서와 같이 반올림[2] 되지 않고 저장된다는 것이다. 59.95란 값을 지정하면, 이 값이 정확하게 59.95로 저장된다고 확신할 수 있다. 이 값을 59.95란 리터럴 값과 동등 비교를 해보면, 같다고 나오는 걸 확인할 수 있다.

Rounding-Errors/soln/exact.sql
```sql
SELECT hourly_rate FROM Accounts WHERE hourly_rate = 59.95;
```

이 쿼리는 59.95를 리턴한다. 마찬가지로, 여기에 10억을 곱해 크게 해도 기대하는 값을 얻을 수 있다.

Rounding-Errors/soln/magnify-rate-exact.sql
```sql
SELECT hourly_rate * 1000000000 FROM Accounts WHERE hourly_rate = 59.95;
```

이 쿼리는 59950000000를 리턴한다.

NUMERIC과 DECIMAL 데이터 타입은 동일하게 동작한다. 이 둘 사이에 차이는 없어야 한다. 또한 DEC는 DECIMAL의 동의어다.

여전히 1/3과 같이 무한 정도를 필요로 하는 수는 저장하지 못한다. 그러나 적어도 십진수 형식에서는 이런 제한을 가지는 값에 익숙하다.

정확한 십진수 값이 필요하다면 NUMERIC 타입을 사용해야 한다. FLOAT 타입은 많은 유리수를 정확하게 표현하지 못하기 때문에, 부정확한 값으로 다뤄야 한다.

---

[2] (옮긴이) 이진수 표현에서의 반올림을 뜻한다. NUMERIC이나 DECIMAL도 지정된 스케일 내에서 반올림되지만, 이는 십진수 표현에서의 반올림이다.

■ **SQL Antipatterns Tip**

가능하면 FLOAT를 사용하지 말라.

# 11장

S Q L   A n t i p a t t e r n s

# 31가지 맛

> 과학은 변수가 적고 열거할 수 있을 때,
> 그 조합이 서로 구분되고 명확할 때만 그럴 듯 하다.
> – 폴 발레리(Paul Valery)

개인 연락처 정보 테이블에서, 호칭(salutation)은 몇 가지 값만 갖는 칼럼의 좋은 예다. Mr., Mrs., Dr., Rev.를 지원하면 사실상 거의 모든 사람을 고려한 것이다. 이 목록을 데이터 타입이나 제약조건을 이용해 칼럼 정의에 지정해, 이 salutation 칼럼에 실수로 다른 문자열이 입력되지 않도록 할 수 있다.

```
31-Flavors/intro/create-table.sql
```
```
CREATE TABLE PersonalContacts (
  ...
  salutation VARCHAR(4)
    CHECK (salutation IN ('Mr.', 'Mrs.', 'Ms.', 'Dr.', 'Rev.')),
);
```

이제 됐다. 다른 호칭을 지원해야 할 일은 없을 것이다. 그럴까?

불행하게도, 상사가 와서 회사가 프랑스에 자회사를 설립했다고 알려준다. 이제 M., Mme., Mlle도 지원해야 한다. 이런 값도 지원하도록 연락처 테이블을 변경하는 것이 과제다. 이것은 어려운 작업이다. 테이블에 대한 접근을 차단하지 않고는 불가능할 수도 있다.

또한 회사가 다음 달에는 브라질 사무소도 개설하려 한다고 상사가 언급했던 것도 생각난다.

## 11.1 목표: 칼럼을 특정 값으로 제한하기

칼럼의 값을 고정된 집합의 값으로 제한하는 것은 매우 유용하다. 해당 칼럼이 유효하지 않은 항목을 절대로 포함하지 않는다고 보장할 수 있으면, 칼럼을 사용하는 것이 단순해진다.

예를 들어, 예제 데이터베이스의 Bugs 테이블에서, status 칼럼은 주어진 버그에 대해 NEW, IN PROGRESS, FIXED과 같은 값을 가진다. 이들 상태의 의미는 프로젝트에서 버그를 어떻게 관리하느냐에 따라 다르지만, 중요한 점은 status 칼럼에 들어가는 데이터는 이 값 중 하나여야 한다는 것이다.

유효하지 않은 값은 데이터베이스가 거부하는 것이 이상적이다.

`31-Flavors/intro/insert-invalid.sql`

```
INSERT INTO Bugs (status) VALUES ('NEW');    -- OK

INSERT INTO Bugs (status) VALUES ('BANANA'); -- 에러
```

---

**베스킨라빈스 31 아이스크림**

이 유명한 아이스크림 체인은 한 달 내내 새로운 맛을 즐길 수 있도록 31가지 맛을 매일 하나씩 제공했고, '31가지 맛'이란 슬로건을 여러 해 동안 사용했다.
60년 이상이 지난 오늘날, 베스킨라빈스는 다양한 이 달의 맛뿐 아니라 클래식 맛 21가지, 계절 맛 12가지, 지역 맛 16가지를 제공한다. 아이스크림 맛의 종류는 브랜드에 명시되어 있는 고정된 집합이었지만, 베스킨라빈스는 맛의 종류를 바꿔갔다.
프로젝트에서 데이터베이스를 설계할 때도 같은 일이 발생할 수 있다. 사실, 발생한다고 봐야 한다.

## 11.2 안티패턴: 칼럼 정의에 값 지정

많은 사람들이 칼럼을 정의할 때 유효한 데이터 값을 지정한다. 칼럼 정의는 메타데이터, 즉 테이블 구조 정의의 일부다.

예를 들어, 칼럼에 CHECK 제약조건을 정의할 수 있다. 이 제약조건은 제약조건을 실패하게 하는 INSERT나 UPDATE를 허용하지 않는다.

`31-Flavors/intro/create-table-check.sql`

```sql
CREATE TABLE Bugs (
  ...
  status   VARCHAR(20) CHECK (status
    IN ('NEW', 'IN PROGRESS', 'FIXED'))
);
```

MySQL은 칼럼을 특정 값의 집합으로 제한하는, ENUM이라 불리는 비표준 데이터 타입을 지원한다.

`31-Flavors/intro/create-table-enum.sql`

```sql
CREATE TABLE Bugs (
  ...
  status ENUM('NEW', 'IN PROGRESS', 'FIXED'),
);
```

값을 문자열로 선언하지만, 내부적으로는 열거된 목록에서 해당 문자열이 몇 번째인지를 나타내는 서수(ordinal number)로 저장하도록 구현되었다. 따라서 저장 공간을 덜 차지하지만, 이 칼럼으로 정렬하면 문자열 값이 알파벳 순으로 정렬되지 않고 목록의 서수 값으로 정렬된다. 이런 동작은 기대하지 못했을 수 있다.

다른 방법은 도메인이나 사용자 정의 타입을 사용하는 것이다. 이를 이용해 칼럼에 미리 지정한 값만 허용하도록 제한하고, 동일한 도메인이나 데이터 타입을 데이터베이스 내 여러 칼럼에 적용할 수 있다. 그러나 이런 기능은 많은 관계형 DBMS 제품에서 아직 지원되지 않고 있다.

마지막으로, 미리 허용된 값을 확인하고 다른 값이 들어오면 에러를 발생시키는 트리거를 사용할 수 있다.

이 모든 방법은 단점을 가지고 있다. 지금부터 이런 방법의 문제를 살펴볼 것이다.

## 중간에 있는 게 뭐지?

버그 추적시스템의 사용자 인터페이스를 개발하고 있다고 생각해보자. 사용자는 버그를 편집할 수 있다. 사용자가 유효한 상태 값 중 하나를 선택하게 하기 위해 이들 값을 드롭다운 메뉴 컨트롤에 채우기로 했다. 데이티베이스에 어떻게 쿼리하면 status 칼럼에 현재 허용되는 값의 목록을 얻을 수 있을까?

아마 다음과 같이 간단한 쿼리를 날려 현재 사용 중인 값을 얻으면 어떨까 생각할지도 모르겠다.

`31-Flavors/anti/distinct.sql`

```sql
SELECT DISTINCT status FROM Bugs;
```

그러나, 모든 버그의 상태가 NEW라면 이 쿼리는 NEW만을 리턴할 것이다. 이 결과를 버그 상태를 위한 사용자 인터페이스 컨트롤에 사용하면, 현재 사용 중인 상태 이외의 다른 상태로 버그를 바꿀 수 없다.

status에 허용된 값의 완전한 목록을 얻으려면, 칼럼의 메타데이터를 쿼리해야 한다. 대부분의 데이터베이스는 이런 종류의 쿼리를 위해 시스템 뷰를 제공하지만, 사용 방법은 복잡할 수 있다. 예를 들어, MySQL에서 ENUM 데이터 타입을 사용했다면, INFORMATION_SCHEMA에 있는 시스템 뷰를 사용해 다음과 같이 쿼리할 수 있다.

```
31-Flavors/anti/information-schema.sql
```
```sql
SELECT column_type
FROM information_schema.columns
WHERE table_schema = 'bugtracker_schema'
  AND table_name = 'bugs'
  AND column_name = 'status';
```

INFORMATION_SCHEMA로부터 각각의 열거 값을 일반적인 결과 집합에서와 같이 간단히 얻지는 못한다. 대신 체크 제약조건 또는 ENUM 데이터 타입의 정의를 담은 문자열을 얻게 된다. 예를 들어 MySQL에서 위 쿼리는 LONGTEXT 타입으로 ENUM('NEW', 'IN PROGRESS', 'FIXED')를 리턴하는데, 괄호와 쉼표, 홑 따옴표가 포함되어 있다. 사용자 인터페이스 컨트롤에서 이를 사용하려면 문자열을 파싱해 각각의 값을 추출하는 애플리케이션 코드를 작성해야 한다.

이런 식으로 체크 제약조건, 도메인, 사용자 정의 타입을 확인해야 할 경우 쿼리는 점점 더 복잡해진다. 사람들은 대부분 복잡한 것을 피해, 값의 목록을 애플리케이션 코드에 동일하게 유지하는 단순한 방식을 취할 것이다. 그리고 애플리케이션 데이터와 데이터베이스 메타데이터가 서로 맞지 않게 되면 문제가 발생할 것이다.

### 새로운 맛 추가하기

가장 흔한 변경은 허용된 값을 추가하거나 삭제하는 것이다. ENUM이나 체크 제약조건에 값을 추가하거나 삭제하는 문법은 없다. 단지 새로운 값의 집합으로 칼럼을 재정의할 수 있을 뿐이다. 다음은 MySQL에서 ENUM에 새로운 상태 값 DUPLICATE를 추가하는 예다.

```
31-Flavors/anti/add-enum-value.sql
```
```sql
ALTER TABLE Bugs MODIFY COLUMN status
  ENUM('NEW', 'IN PROGRESS', 'FIXED', 'DUPLICATE');
```

칼럼의 이전 정의에서 NEW, IN PROGRESS, FIXED가 허용되었다는 사실을 알아야 하는데, 현재 허용되는 값의 집합을 조회하기가 어렵다는 문제로 돌아간다.

어떤 데이터베이스 제품에서는 테이블이 비어 있지 않으면 칼럼 정의를 변경할 수 없다. 테이블 내용을 모두 덤프한 다음, 테이블을 재정의하고, 저장했던 데이터를 다시 넣어주어야 한다. 이 작업을 하는 동안 테이블에 접근할 수 없게 된다. 이런 작업은 흔하기 때문에 ETL(extract, transform, load)이란 이름도 가지고 있다. 어떤 제품에서는 데이터가 있는 상태에서 ALTER TABLE 명령을 실행해 테이블을 재구성하는 기능을 지원하지만, 여전히 복잡하고 비용이 많이 드는 작업이다.

정책적으로, 메타데이터를 변경하는 것은, 즉 테이블이나 칼럼의 정의를 변경하는 것은 드물어야 하고 주의를 요해야 한다. ENUM에 값을 추가하거나 삭제하기 위해 메타데이터를 변경해야 할 경우, 적절한 테스트를 생략하거나 또는 변경을 공지하고 테스트를 하는 등 많은 소프트웨어 공학적 노력을 해야 한다. 어느 경우든, 이런 변경은 프로젝트에 위험과 불안정을 초래한다.

### 예전 맛은 절대 없어지지 않는다

값을 더 이상 사용되지 않게 만들면, 과거 데이터가 망가질 수 있다. 예를 들어, 품질 제어 프로세스가 바뀌어 FIXED를 CODE COMPLETE와 VERIFIED 두 상태로 나누어야 한다고 생각해보자.

```
31-Flavors/anti/remove-enum-value.sql
```
```
ALTER TABLE Bugs MODIFY COLUMN status
  ENUM('NEW', 'IN PROGRESS', 'CODE COMPLETE', 'VERIFIED');
```

ENUM에서 FIXED를 삭제하면, 상태가 FIXED인 버그는 어떻게 할 것인가? 상태가 FIXED인 버그를 VERIFIED로 바꿔야 할까? 아니면 없어진 값을 NULL이나 디폴트 값으로 바꿔야 할까?

없어질 값이라도 과거 행이 참조하는 한 그대로 유지해야 할 수도 있다. 그러나 이런 경우에 더 이상 사용되지 않는 값을 어떻게 식별할 수 있을까? 어떻게 사용자 인터페이스에서 제외해 더 이상 사용되지 않는 값을 입력하지 못하게 할 수 있을까?

**포팅이 어렵다**

체크 제약조건, 도메인, 사용자 정의 타입은 모든 SQL 데이터베이스 제품에서 균일하게 지원되는 기능이 아니다. ENUM 데이터 타입은 MySQL의 고유 기능이다.[1] 각 데이터베이스 제품마다 칼럼 정의에 넣을 수 있는 목록의 길이 제한이 다를 것이다. 트리거 작성 언어도 마찬가지다. 이런 차이로 인해 여러 데이터베이스 제품을 지원할 필요가 있는 경우에는 안티패턴에서 설명한 방법을 사용하기 어렵다.

## 11.3 안티패턴 인식 방법

ENUM이나 체크 제약조건의 문제는 값의 집합이 고정되지 않았을 때 나타난다. ENUM 사용을 고려하고 있다면 먼저, 값의 집합이 변할 것 같은지 스스로에게 물어보기 바란다. 변할 것 같다면 ENUM을 사용하지 않는 것이 좋다.

- "데이터베이스를 내려야 애플리케이션 메뉴의 선택항목을 추가할 수 있어. 길어야 30분이면 충분할 거야. 모든 게 잘 되면 말이지."
  값의 집합이 칼럼 정의에 들어가 있다는 신호다. 이런 종류의 변경은 서비스 중단 없이 할 수 있어야 한다.
- "status 칼럼은 다음 값 중 하나만 가질 수 있어. 이 목록을 바꿀 일이 생기면 안 돼."

---

1 (옮긴이) PostgreSQL에서도 약간 다른 방식으로 ENUM을 지원한다.

'~하면 안 된다'는 말은 모호하다. '~할 수 없다'는 말과는 완전히 다른 것이다.
- "애플리케이션 코드에 있는 목록 값이 데이터베이스에 있는 비즈니스 규칙과 또 틀어졌어."

정보를 서로 다른 두 곳에 유지하면 생기게 마련인 위험이다.

## 11.4 안티패턴 사용이 합당한 경우

이미 논의했듯이 값의 집합이 변하지 않는다면 ENUM을 사용해도 문제가 별로 없다. 값의 집합을 구하기 위해 메타데이터를 쿼리하는 것은 여전히 어렵지만, 데이터베이스와 달라질 걱정 없이 대응되는 값의 목록을 애플리케이션 코드에 유지할 수 있다.

LEFT/RIGHT, ACTIVE/INACTIVE, ON/OFF, INTERNAL/EXTERNAL과 같이 칼럼이 상호 배타적인 두 값 중 하나를 나타내는 경우처럼, 허용되는 값의 집합이 절대 변할 일이 없을 때 ENUM이 적절하다.

체크 제약조건은 단순히 ENUM 같은 메커니즘을 구현하는 경우 외에도, 시작시각이 종료시각보다 빠른지를 체크하는 것과 같은, 다른 여러 방법으로 사용할 수 있다.

## 11.5 해법: 데이터로 값을 지정하기

칼럼 값을 제한하는 것보다 더 좋은 방법이 있다. Bugs.status 칼럼에 들어갈 수 있는 각 값을 행으로 하는 색인 테이블을 만드는 것이다. 그리고 Bugs.status가 새로 만든 테이블을 참조하도록 FK 제약조건을 선언한다.

```
31-Flavors/soln/create-lookup-table.sql
```
```sql
CREATE TABLE BugStatus (
  status  VARCHAR(20) PRIMARY KEY
);

INSERT INTO BugStatus (status)
  VALUES ('NEW'), ('IN PROGRESS'), ('FIXED');

CREATE TABLE Bugs (
  ...
  status  VARCHAR(20),
  FOREIGN KEY (status) REFERENCES BugStatus(status)
    ON UPDATE CASCADE
);
```

Bugs 테이블에 행을 삽입하거나 업데이트할 때, status 칼럼의 값은 BugStatus 테이블에 있는 값을 사용해야 한다. 이렇게 하면 ENUM이나 체크 제약조건처럼 status 값을 제한할 수 있다. 그리고 이 방법은 몇 가지 유연성을 제공한다.

### 값의 집합 쿼리하기

이제 허용된 값의 집합은 ENUM 데이터 타입을 쓸 때처럼 메타데이터로 저장된 것이 아니라 데이터로 저장된다. 다른 테이블을 조회할 때와 마찬가지로 SELECT로 색인 테이블의 데이터 값을 조회할 수 있다. 값의 집합을 데이터로 얻어 사용자 인터페이스에 제공하기도 훨씬 쉬워진다. 사용자가 선택할 값을 정렬해 보여줄 수도 있다.

```
31-Flavors/soln/query-canonical-values.sql
```
```sql
SELECT status FROM BugStatus ORDER by status;
```

### 색인 테이블의 값 갱신하기

색인 테이블을 사용하면, 평범한 INSERT 문으로 값을 추가할 수 있다. 테이블에 대한 접근을 제한하지 않고도 이런 변경을 할 수 있다. 칼럼을 재정의할 필요도, 다운타임 일정을 세울 필요도, ETL 작업을 수행할 필요도 없다. 또한 색인 테이블에 값을 추가하거나 삭제하기 위해 현재의 값을 알아야 할 필요도 없다.

`31-Flavors/soln/insert-value.sql`

```sql
INSERT INTO BugStatus (status) VALUES ('DUPLICATE');
```

FK를 ON UPDATE CASCADE 옵션과 함께 선언했다면, 값의 이름도 쉽게 바꿀 수 있다.

`31-Flavors/soln/update-value.sql`

```sql
UPDATE BugStatus SET status = 'INVALID' WHERE status = 'BOGUS';
```

## 더 이상 사용하지 않는 값 지원하기

Bugs에 있는 행이 참조하는 한, 색인 테이블에서 행을 삭제할 수는 없다. status 칼럼의 FK가 참조 정합성을 강제하므로, 색인 테이블에 값이 존재해야 한다.

그러나 색인 테이블에 또 다른 속성 칼럼을 추가해 더 이상 사용되지 않는 값을 표시할 수 있다. 이렇게 하면 Bugs.status 칼럼의 과거 데이터를 유지하는 동시에, 사용자 인터페이스에 표시되어야 할 값과 더 이상 사용하지 않는 값을 구분할 수 있게 된다.

`31-Flavors/soln/inactive.sql`

```sql
ALTER TABLE BugStatus ADD COLUMN active
  ENUM('INACTIVE', 'ACTIVE') NOT NULL DEFAULT 'ACTIVE';
```

값을 DELETE하는 대신 더 이상 사용되지 않는다고 표시하기 위해 UPDATE한다.

`31-Flavors/soln/update-inactive.sql`

```
UPDATE BugStatus SET active = 'INACTIVE' WHERE status = 'DUPLICATE';
```

사용자 인터페이스에 표시할 값의 집합을 얻을 때는 ACTIVE인 값을 조회하면 된다.

`31-Flavors/soln/select-active.sql`

```
SELECT status FROM BugStatus WHERE active = 'ACTIVE';
```

이 방법은 ENUM이나 체크 제약조건을 사용하는 방법보다 훨씬 융통성 있다. ENUM이나 체크 제약조건은 값에 별도의 속성을 추가할 수 없기 때문이다.

### 포팅이 쉽다

ENUM이나 체크 제약조건, 도메인, 사용자 정의 타입과 달리, 색인 테이블을 사용하는 방법은 FK 제약조건을 사용한 참조 정합성이란 표준 SQL 기능만 사용한다. 따라서 포팅이 쉬워진다.

또한 각 값을 별도의 행으로 저장하기 때문에 색인 테이블에는 사실상 무한한 개수의 값을 저장할 수 있다.

> **SQL Antipatterns Tip**
>
> 고정된 값의 집합에 대한 유효성 확인을 할 때는 메타데이터를 사용하라.
> 유동적인 값의 집합에 대한 유효성 확인을 할 때는 데이터를 사용하라.

# 12장

S Q L   A n t i p a t t e r n s

# 유령 파일

> 어떤 이론이 문제를 해결할 단 하나의 가능성으로 보인다면
> 이론도 그 이론이 풀고자 하는 문제도
> 제대로 이해하지 못했다는 신호로 봐야 한다.
>
> – 칼 포퍼(Karl Popper)

데이터베이스 서버에 재앙이 닥쳤다. 하드 디스크가 가득 찬 선반을 재배치하다가 쿵 하며 선반이 넘어졌다. 다행히 아무도 다치지 않았지만, 대량의 하드 디스크가 산산조각났다. 쓰러진 곳의 바닥까지 깨져버렸다. 다행히 IT 부서가 대비를 해두었다. 모든 중요 시스템에 대해 매일 백업을 받아두었기 때문에, 재빨리 새로운 서버를 배치하고 데이터베이스를 복원(restore)했다.

스모크 테스트로 문제를 발견하는 데는 그리 오래 걸리지 않았다. 그래픽 이미지가 데이터베이스 엔터티와 연관되어 있으나, 모든 이미지가 누락되어 안 보이는 것이다! 즉각 IT 부서 기술자를 부른다.

"우리는 데이터베이스를 복원했고 가장 최근 백업 상태로 돌아간 것을 검증했습니다." 그 기술자는 말한다. "이미지를 어디에 저장했습니까?"

이제 이 애플리케이션에서는 이미지를 데이터베이스 밖의 파일 시스템에 일반 파일로 저장했다는 사실이 생각난다. 데이터베이스에는 이미지에 대한

경로만 저장하고, 애플리케이션에서 해당 경로의 파일을 연다. "이미지는 파일로 저장하는데요. 파일 시스템의 /var 디렉터리에요. 데이터베이스도 같은데."

기술자가 고개를 저으며 말한다. "우리는 파일 시스템의 /var 디렉터리에 있는 파일은 따로 요청 받지 않는 한 백업하지 않습니다. 물론 데이터베이스는 모두 백업을 합니다만, /var에 있는 다른 파일은 보통 로그나 캐시 데이터, 임시 파일 같은 것이기 때문에 백업하지 않습니다. 기본적으로, 그런 것들은 백업되지 않습니다."

가슴이 철렁한다. 거기에는 제품 카틸로그 데이터베이스에서 사용하는 11,000개 이상의 이미지가 저장되어 있다. 이미지 대부분은 아마 다른 어딘가에 있긴 하겠지만, 이미지를 모두 찾아내 형식을 다시 맞추고, 웹 검색에서 사용할 썸네일을 만들어내는 데는 수 주가 걸릴 것이다.

## 12.1 목표: 이미지 또는 벌크 미디어 저장

요즘은 대부분의 애플리케이션에서 이미지나 다른 미디어를 사용한다. 어떨 때는 이런 미디어가 데이터베이스에 저장된 엔터티와 연관되기도 한다. 예를 들어, 사용자가 댓글을 달 때 함께 표시될 사진이나 아바타를 허용할 수 있다. 버그 데이터베이스에서는, 결함이 발생한 상황을 설명하기 위해 스크릿샷이 필요할 수 있다.

이 장의 목표는 이미지를 저장하고 이를 사용자 계정이나 버그와 같은 데이터베이스 엔터티와 연관을 갖게 하는 것이다. 데이터베이스에서 이런 엔터티를 쿼리할 때 관련된 이미지도 함께 얻을 수 있어야 한다.

## 12.2 안티패턴: 파일을 사용해야 한다고 가정한다

개념적으로 이미지는 테이블의 속성이다. 예를 들어, Accounts 테이블은

portrait_image 칼럼을 가질 수 있다.

Phantom-Files/anti/create-accounts.sql
```sql
CREATE TABLE Accounts (
  account_id       SERIAL PRIMARY KEY
  account_name     VARCHAR(20),
  portrait_image   BLOB
);
```

마찬가지로, 종속 테이블에 여러 개의 이미지를 저장할 수도 있다. 예를 들어, 각 버그는 버그를 설명하는 여러 개의 스크린샷을 가질 수 있다.

Phantom-Files/anti/create-screenshots.sql
```sql
CREATE TABLE Screenshots (
  bug_id            BIGINT UNSIGNED NOT NULL,
  image_id          SERIAL NOT NULL,
  screenshot_image  BLOB,
  caption           VARCHAR(100),
  PRIMARY KEY       (bug_id, image_id),
  FOREIGN KEY (bug_id) REFERENCES Bugs(bug_id)
);
```

이 정도까지는 쉽지만, 이미지에 대한 데이터 타입 선정은 논란이 있는 주제다. 이미지의 바이너리 데이터는 위와 같이 BLOB 데이터 타입에 저장될 수 있다. 그러나 많은 사람들이 이미지를 파일 시스템에 파일로 저장하고 파일에 대한 경로만 VARCHAR로 데이터베이스에 저장한다.

Phantom-Files/anti/create-screenshots-path.sql
```sql
CREATE TABLE Screenshots (
  bug_id            BIGINT UNSIGNED NOT NULL,
  image_id          BIGINT UNSIGNED NOT NULL,
  screenshot_path   VARCHAR(100),
  caption           VARCHAR(100),
  PRIMARY KEY       (bug_id, image_id),
  FOREIGN KEY (bug_id) REFERENCES Bugs(bug_id)
);
```

소프트웨어 개발자들은 이 문제에 대해 열정적으로 논쟁한다. 두 방법 모두 나름의 이유가 있지만, 프로그래머들은 일반적으로 파일을 항상 데이터베이스 밖에 저장해야 한다는 생각에 한치의 의심도 하지 않는다. 따라서 많은 사람들이 내 의견을 좋아하지 않겠지만, 파일을 별도로 저장하는 방식에 몇 가지 중대한 위험이 있음을 설명하려 한다.

## DELETE 문제

첫 번째 문제는 가비지 컬렉션과 관련된 것이다. 이미지가 데이터베이스 밖에 저장되어 있고 이미지 경로를 포함하고 있는 행을 삭제할 때, 해당 행이 가리키는 경로의 파일을 자동으로 삭제하는 방법이 없다.

`Phantom-Files/anti/delete.sql`

```
DELETE FROM Screenshots WHERE bug_id = 1234 and image_id = 1;
```

데이터베이스에서 이미지를 참조하는 행을 삭제할 때 이미지 파일도 함께 삭제하도록 애플리케이션을 설계하지 않는 한, 고아가 된 이미지 파일이 계속 쌓일 것이다.

## 트랜잭션 문제

보통은 데이터를 업데이트하거나 삭제할 때, COMMIT으로 트랜잭션을 끝내기 전까지는 변경 사항이 다른 클라이언트에 보이지 않는다.

그러나 데이터베이스 밖에 있는 파일을 변경할 때는 이런 식으로 동작하지 않는다. 파일을 삭제하면 그 즉시 다른 클라이언트에서도 접근하지 못하게 된다. 파일의 내용을 변경하면 트랜잭션이 아직 커밋되지 않은 상태라도 다른 클라이언트에서 파일의 이전 내용을 보는 것이 아니라 변경된 내용을 즉시 본다.

```
Phantom-Files/anti/transaction.php
```
```php
<?php

$stmt = $pdo->query("DELETE FROM Screenshots
                     WHERE bug_id = 1234 AND image_id =1");

unlink('images/screenshot1234-1.jpg');

// 코드가 여기까지 실행됐을 때 데이터베이스 행은 다른 클라이언트에서
// 보이겠지만, 이미지 파일은 보이지 않는다.

$pdo->commit();
```

실제로 이런 종류의 예외가 빈번하게 발생하지는 않을 테고, 발생한다 해도 그 충격은 미미할 것이다. 웹 애플리케이션에서 이미지 누락은 드문 일이 아니다. 그러나 다른 시나리오에서는 그 결과가 비참할 수 있다.

## ROLLBACK 문제

에러가 발생한 경우 또는 애플리케이션 로직이 변경사항을 취소해야 하는 경우, 트랜잭션을 롤백하는 것이 보통이다.

예를 들어, DELETE로 데이터베이스에서 스크린샷을 삭제하면서 여기에 대응되는 이미지 파일을 삭제했다고 생각해보자. 이 변경을 롤백하면, 데이터베이스에서 삭제가 취소되어 행이 되살아나지만, 지워진 파일은 되살아나지 않는다.

```
Phantom-Files/anti/rollback.php
```
```php
<?php

$stmt = $pdo->query("DELETE FROM Screenshots
                     WHERE bug_id = 1234 AND image_id =1");

unlink("images/screenshot1234-1.jpg");

$pdo->rollback();
```

데이터베이스의 행은 복원되지만 이미지 파일은 그렇지 않다.

## 백업 문제

대부분의 데이터베이스 제품은 사용 중인 데이터베이스 백업을 돕기 위한 클라이언트 도구를 제공한다. 예를 들어 MySQL은 mysqldump를, Oracle은 rman을, PostgreSQL은 pg_dump를, SQLite는 .dump 명령을 지원한다. 이런 백업 도구를 사용하는 것은 중요하다. 백업 도중 다른 클라이언트가 동시에 데이터베이스에 변경을 가하고 있으면, 백업에 일부분만 변경된 내용이 포함되거나, 잠재적으로 참조 정합성이 깨지거나, 심지어는 백업 자체가 깨져 복구에 사용할 수 없게 될 수도 있기 때문이다.

백업 도구는 테이블에 VARCHAR 칼럼으로 저장된 경로가 가리키는 파일을 어떻게 포함시켜야 하는지 모른다. 따라서 데이터베이스를 백업할 때 두 단계를 기억해야 한다. 데이터베이스 백업 도구를 사용하고, 그 다음 외부 이미지 파일을 백업하기 위해 파일 시스템 백업 도구를 사용해야 한다.

백업에 외부 파일을 포함시켰다 하더라도, 파일을 복사한 것과 데이터베이스 백업이 잘 동기화된 상태인지는 단정하기 어렵다. 데이터베이스 백업을 시작한 직후에도 애플리케이션에서 어느 때고 이미지 파일을 추가하거나 변경할 수 있기 때문이다.

## SQL 접근 권한 문제

외부 파일은 GRANT나 REVOKE 같은 SQL문으로 할당한 접근권한을 우회한다. SQL 접근권한 제어를 통해 테이블과 칼럼에 대한 접근을 통제할 수 있지만, 데이터베이스에서 문자열로 경로만 가지고 있는 외부 파일에 대해서는 적용되지 않는다.

## SQL 데이터 타입 문제

screenshot_path에 저장된 경로는 문자열일 뿐이다. 데이터베이스는 문자열이 유효한 경로이름인지 검증하지 않고, 해당 경로가 실제로 존재하는지도 검증할 수 없다. 파일 이름을 변경하거나 파일을 이동하거나 삭제해도, 데이터베이스는 칼럼에 있는 문자열을 자동으로 업데이트하지 않는다. 이 문자열을 경로로 다루는 로직은 어떤 것이든 애플리케이션 코드에 의존할 수밖에 없다.

```
Phantom-Files/anti/file-get.php
```
```php
<?php

define('DATA_DIRECTORY', '/var/bugtracker/data/');

$stmt = $pdo->query("SELECT image_path FROM Screenshots
                     WHERE bug_id = 1234 AND image_id = 1");
$row = $stmt->fetch();
$image_path = $row[0];

// 실제 이미지를 읽는다. - 제발 경로가 맞기를...
$image = file_get_contents(DATA_DIRECTORY . $image_path);
```

데이터베이스를 사용했을 때의 장점 중 하나는 데이터 정합성 유지에 도움이 된다는 것이다. 데이터의 일부를 외부 파일로 저장하면 이런 장점을 누릴 수 없게 된다. 데이터베이스가 처리해야 하는 확인 작업을 애플리케이션 코드로 직접 실행해야 한다.

## 12.3 안티패턴 인식 방법

이 안티패턴의 신호를 인식하려면 약간의 조사가 필요하다. 소프트웨어 관리자를 안내하기 위한 문서가 있거나 소프트웨어를 설계한 프로그래머(자기 자신이라도)와 이야기할 기회가 있다면, 다음 질문에 대한 답을 찾아보기 바란다.

- 데이터 백업과 복원 절차는 어떻게 되는가? 백업을 어떻게 검증할 수 있는가? 백업을 만든 서버 이외의 다른 서버에서 데이터 복원 테스트를 해본 적이 있는가?
- 이미지가 계속 쌓이는가, 아니면 더 이상 필요하지 않으면 시스템에서 삭제되는가? 이미지를 삭제하는 절차는 어떻게 되는가? 자동화된 절차인가, 수작업 절차인가?
- 애플리케이션의 어떤 사용자가 이미지를 볼 수 있는 권한이 있는가? 권한은 어떻게 확인하는가? 권한이 없는 이미지를 요청하면 사용자가 뭘 보게 되는가?
- 이미지에 대한 변경을 취소할 수 있는가? 그렇다면, 애플리케이션이 이전 상태의 이미지로 복원해야 하는가?

프로젝트에서 이런 질문에 대해 생각해보지 않았다면 이 안티패턴에 대해 유죄다. 모든 애플리케이션에서 이미지 파일에 대한 정확한 트랜잭션 관리나 SQL 접근 제어가 필요한 것은 아니다. 백업을 수행하는 동안 데이터베이스를 내리는 것도 괜찮은 트레이드오프라 생각할 수 있다. 이런 답이 명확하지 않거나 즉각 떠오르지 않는다면, 프로젝트에서 외부 파일 사용을 부주의하게 설계했음을 나타내는 것일 수 있다.

## 12.4 안티패턴 사용이 합당한 경우

이미지나 다른 대형 객체를 데이터베이스 외부에 파일로 저장하는 것이 좋은 이유도 있다.

- 이미지가 없다면 데이터베이스가 훨씬 가벼워진다. 이미지는 정수나 문자열 같은 단순한 데이터 타입을 사용하는 데이터와 비교해 크기가 크게 마련이다.
- 이미지를 제외하면 데이터베이스 백업이 빨라지고 결과도 작다. 별도의

백업 단계를 통해 파일 시스템의 이미지를 복사해야 하지만, 엄청나게 큰 데이터베이스를 백업하는 것보다는 이게 쉬울 수 있다.
- 이미지가 데이터베이스 외부의 파일로 되어 있으면, 일반적인 이미지 미리보기나 편집이 쉽다. 예를 들어, 모든 이미지에 대해 배치 편집을 적용해야 한다면, 이미지를 데이터베이스 밖에 보관하는 것이 좋다.

이미지를 파일로 저장할 때의 이런 장점이 중요하고 앞에서 설명한 문제가 덜 중요하다면, 해당 프로젝트에서는 이미지를 데이터베이스 밖에 저장하는 것이 올바르다고 결정할 수 있을 것이다.

일부 데이터베이스 제품은 좀더 (또는 조금 덜) 투명하게 외부 파일을 참조하는 특수한 SQL 데이터 타입을 지원한다. 이런 데이터 타입은 Oracle에서는 BFILE, SQL Server 2008에서는 FILESTREAM이라 불린다.

> **어느 설계든 배제하지 마라**
>
> 나는 1992년 계약 프로젝트에서 데이터베이스 외부에 이미지를 저장하는 애플리케이션을 설계했다. 내 고용주는 기술 컨퍼런스를 위한 등록 애플리케이션을 개발해야 했다. 컨퍼런스 참가자가 도착하면 비디오 카메라로 그들의 사진을 찍고, 등록 레코드에 추가한 다음, 이를 참가자의 컨퍼런스 배지에 인쇄했다.
>
> 내 애플리케이션은 매우 단순했다. 딱 하나의 클라이언트 애플리케이션에서만 각 이미지를 삽입하고 업데이트할 수 있었다. 참가자가 눈을 깜박이거나 사진을 마음에 들어 하지 않으면 등록하면서 바꿀 수 있었다. 복잡한 트랜잭션 처리나, 여러 클라이언트를 위한 동시성 제어, 롤백 같은 요구사항은 없었다. SQL 접근 제어 같은 것도 사용하지 않았다. 이미지 미리 보기도 데이터베이스에서 꺼내 보는 것보다 간단했다.
>
> 나는 애플리케이션과 데이터베이스가 현재의 기술로 처리할 수 있는 것보다 훨씬 제한적이었을 때 이 프로젝트에서 일했다. 이런 제약조건을 생각했을 때, 이미지를 여러 디렉터리에 나누어 저장하고 이를 애플리케이션 코드로 관리하는 것도 합당한 일이었다.

이미지를 사용하는 애플리케이션이라면 안티패턴 절에서 설명한 문제가 영향을 미치는지 아닌지를 알아야 한다. 이미지를 외부 파일로 저장하는 것이 항상 제일 좋은 방법이라는 통념을 가진 프로그래머들의 말을 듣기보다는, 제대로 알고 결정을 해야 한다.

## 12.5 해법: 필요한 경우에는 BLOB 데이터 타입을 사용하라

앞의 안티패턴 절에서 설명한 이슈 중 하나라도 해당이 된다면, 이미지를 외부 파일이 아닌 데이터베이스 내부에 저장하는 것을 고려해야 한다. 모든 데이터베이스 제품은 바이너리 데이터 저장에 사용할 수 있는 BLOB 데이터 타입을 지원한다.

```
Phantom-Files/soln/create-screenshots.sql
CREATE TABLE Screenshots (
  bug_id            BIGINT UNSIGNED NOT NULL,
  image_id          BIGINT UNSIGNED NOT NULL,
  screenshot_image  BLOB,
  caption           VARCHAR(100),
  PRIMARY KEY       (bug_id, image_id),
  FOREIGN KEY (bug_id) REFERENCES Bugs(bug_id)
);
```

이미지를 이런 식으로 BLOB 칼럼에 저장하면, 모든 이슈가 해결된다.

- 이미지 데이터가 데이터베이스에 저장된다. 이미지를 로드하기 위한 별도 단계가 필요하지 않다. 파일 경로가 잘못될 위험도 없다.
- 행을 삭제하면 이미지도 자동으로 삭제된다.
- 커밋하기 전까지는 이미지 변경이 다른 클라이언트에 보이지 않는다.
- 트랜잭션을 롤백하면 이미지도 이전 상태로 복원된다.
- 행을 업데이트할 때 해당 행에 잠금이 설정되므로 다른 클라이언트는 동일한 이미지를 동시에 업데이트할 수 없다.

- 데이터베이스 백업에 모든 이미지가 포함된다.
- SQL 권한은 행뿐 아니라 이미지에 대한 접근도 제어한다.

BLOB의 최대 크기는 데이터베이스 제품에 따라 다르지만, 대부분의 이미지를 저장하는 데는 충분하다. 모든 데이터베이스는 BLOB나 이와 비슷한 다른 데이터 타입을 지원해야 한다. 예를 들어 MySQL은 16MB까지 저장할 수 있는 MEDIUMBLOB란 데이터 타입을 지원하는데, 이 정도면 대부분의 이미지에는 충분한 크기다. Oracle은 LONG RAW와 BLOB를 지원하며 각각 2GB와 4GB까지 저장할 수 있다. 다른 데이터베이스 제품에도 비슷한 데이터 타입이 있다.

이미지는 처음에는 파일로 존재하는 것이 보통이므로, 데이터베이스의 BLOB 칼럼으로 로드하는 방법이 필요하다. 몇몇 데이터베이스는 외부 파일을 로드하는 함수를 제공한다. 예를 들어, MySQL에는 LOAD_FILE()이란 함수가 있어 파일을 읽어 BLOB 칼럼에 저장하는 데 사용할 수 있다.

Phantom-Files/soln/load-file.sql

```sql
UPDATE Screenshots
SET screenshot_image = LOAD_FILE('images/screenshot1234-1.jpg')
WHERE bug_id = 1234 AND image_id = 1;
```

물론 BLOB 칼럼의 내용을 파일로 저장할 수도 있다. 예를 들어, MySQL에서는 SELECT 문의 옵션 절을 이용해 칼럼이나 행에 대한 포매팅 정보 없이 쿼리 결과를 파일로 저장할 수 있다.

Phantom-Files/soln/dumpfile.sql

```sql
SELECT screenshot_image
INTO DUMPFILE 'images/screenshot1234-1.jpg'
FROM Screenshots
WHERE bug_id = 1234 AND image_id =1;
```

BLOB로부터 이미지 데이터를 꺼내 바로 내보낼 수도 있다. 웹 애플리케이션에서 이미지와 같은 바이너리 컨텐트를 바로 내보낼 수 있다. 그러나 컨텐트 타입을 적절히 설정해야 한다.

```php
<?php

header('Content-type: image/jpg');

$stmt = $pdo->query("SELECT screenshot_image FROM Screenshots
                     WHERE bug_id = 1234 AND image_id = 1");
$row = $stmt->fetch();

print $row[0];
```

> **SQL Antipatterns Tip**
>
> 데이터베이스 밖의 리소스는 데이터베이스가 관리하지 않는다.

## 13장

SQL Antipatterns

# 인덱스 샷건

> 기계의 도움으로 결과를 찾았을 때는 언제나 같은 질문이 떠오른다.
> 기계에서 어떤 계산 경로로 결과에 도달해야 가장 짧은 시간이 걸릴까?
> – 찰스 배비지(Charles Babbage, Passages from the Life of a Philosopher, 1894)

"여보게, 잠깐 시간 좀 낼 수 있을까? 자네 도움이 필요하네." 오클라호마 액센트가 데이터 센터의 환기 장치 소음과 섞여 들려온다. 당신 회사의 선임 데이터베이스 관리자다.

"물론이죠." 그가 뭘 원하는지는 잘 모르겠지만 대답은 한다.

"사실은 여기 있는 자네 데이터베이스가 서버 자원을 다 잡아먹고 있다네." DBA가 계속 말한다. "그래서 가서 한번 봤는데, 문제가 있더군. 어떤 테이블에는 인덱스가 하나도 없고 또 어떤 테이블에는 인덱스로 도배가 되어 있더군. 이 문제를 해결하든가 아니면 전용 서버를 따로 배치하든가 해야 할 것 같네. 다른 누구도 서버 시간을 얻지 못하고 있네."

"죄송합니다. 사실 저는 데이터베이스에 대해 많이 알지 못합니다." DBA를 진정시키려 노력하며 답한다. "저희도 최적화에 최선을 다 했지만, 아무래도 그건 당신 같은 전문가가 할 수 있는 것 같습니다. 데이터베이스에서 튜닝할 다른 부분은 없나요?"

"여보게, 할 수 있는 건 다 했다네. 그러려고 우리가 여기 와 있는 것 아니겠나?" DBA가 대답한다. "이제 남은 방법은 자네 애플리케이션을 내려버리는 건데, 그건 자네가 원치 않을 듯 하고. 이제 추측은 그만하고, 자네 애플리케이션이 데이터베이스에서 뭘 하려는 건지에 대한 답을 좀 들어야겠네."

머리가 조금 가벼워지는 것 같아 조심스레 묻는다. "어떤 생각을 하시는지요? 우리 팀에는 데이터베이스 전문 지식을 가진 사람이 없다고 말씀드렸습니다만."

"그건 문제되지 않네." DBA는 웃는다. "자네는 자네 애플리케이션을 알 것 아닌가? 바로 그 부분이 중요하네. 내가 도울 수 없는 부분이기도 하고. 함께 병목을 찾도록 사람 한 명을 보내겠네. 그에게 설명을 좀 해주게."

## 13.1 목표: 성능 최적화

성능은 데이터베이스 개발자들로부터 듣는 가장 흔한 우려다. 어느 기술 컨퍼런스든 스케줄을 보면, 데이터베이스를 더 일하게 짜내는 도구와 기술에 대한 것들로 가득 차 있다. 더 좋은 신뢰성, 보안, 정확성을 위한 데이터베이스 구성 방법이나 SQL 작성 방법에 대해 이야기를 했을 때, 청중의 유일한 질문이 "좋소, 그렇지만 그게 성능에 어떤 영향을 미치죠?"라고 하더라도 별로 놀랍지 않다.

데이터베이스 성능을 향상시키는 가장 좋은 방법은 인덱스를 잘 활용하는 것이다. 인덱스는 데이터베이스가 사용하는 데이터 구조로, 값과 이 값을 가지는 행을 서로 관련시켜 놓은 것이다. 인덱스는 테이블 전체를 처음부터 끝까지 검색하는 무식한 방법보다 훨씬 빠르게 원하는 값을 찾을 수 있게 해준다.

소프트웨어 개발자들은 보통 인덱스를 언제 또는 어떻게 사용해야 하는지 이해하지 못한다. 데이터베이스에 대한 문서나 책에 인덱스를 언제 사용해야 하는지 명확한 안내가 있는 경우는 거의 없다. 개발자들은 인덱스를 어떻게 효과적으로 사용할 수 있을지 추측만 할 수 있을 뿐이다.

## 13.2 안티패턴: 무계획하게 인덱스 사용하기

추측으로 인덱스를 선정하면 결국 잘못된 선택을 하게 마련이다. 인덱스를 언제 사용해야 하는지에 대해 오해하면 다음 셋 중 하나의 실수를 하게 된다.

- 인덱스를 불충분하게 정의하거나 또는 아예 정의하지 않는다.
- 너무 많은 인덱스를 정의하거나 도움이 되지 않는 인덱스를 정의한다.
- 어떤 인덱스도 도움이 될 수 없는 쿼리를 실행한다.

### 없는 인덱스

보통 인덱스를 최신 상태로 유지하는 데 데이터베이스에 오버헤드가 있다는 식의 글을 많이 읽는다. INSERT, UPDATE, DELETE를 사용할 때마다 데이터베이스는 인덱스 데이터 구조를 업데이트해야 한다. 테이블을 일관적인 상태로 유지해 이후 인덱스를 사용해 올바른 행의 집합을 제대로 검색할 수 있도록 하기 위해서다.

우리는 오버헤드가 낭비를 뜻한다고 생각하도록 훈련되었다. 따라서 인덱스를 업데이트하는 데 데이터베이스에 오버헤드가 생긴다는 것을 읽으면, 이 오버헤드를 제거하고 싶어 한다. 어떤 개발자는 인덱스를 제거하는 게 해법이란 결론을 내린다. 이런 조언은 흔하지만, 인덱스가 오버헤드를 상쇄할 정도의 이득이 있다는 사실을 무시한 것이다.

오버헤드라고 무조건 낭비는 아니다. 회사에서도 행정 직원, 법률 전문가, 회계원을 고용하고, 시설에 대한 비용을 지불한다. 이런 비용이 수익에 직접적인 공헌을 하지는 않지만, 회사의 성공에 중요한 기여를 하기 때문이다.

일반적인 애플리케이션이라면 테이블을 한 번 업데이트할 때 조회는 백 번 할 것이다. 인덱스를 사용하는 쿼리를 실행할 때마다, 인덱스를 유지하는 데 드는 오버헤드를 상쇄하고도 남는 정도의 이득을 얻는다.

또한 인덱스는 원하는 행을 빨리 찾을 수 있기 때문에 UPDATE 또는

> **인덱스는 표준이 아니다.**
>
> ANSI SQL 표준에는 인덱스에 대한 언급이 없다는 사실을 알고 있는가? 데이터 스토리지 구현과 최적화는 SQL 언어에 명시되어 있지 않기 때문에, 각 데이터베이스 제품은 인덱스를 다르게 구현한다.
>
> 대부분의 제품은 CREATE INDEX 문법이 비슷하지만, 제품마다 자기들만의 고유기술을 추가할 정도의 융통성은 있다. 인덱스 동작에 대한 표준은 없다. 마찬가지로, 인덱스 관리, 쿼리 자동 최적화, 쿼리 계획 리포팅, EXPLAIN과 같은 명령에 대한 표준도 없다.
>
> 인덱스에 대해 자세히 알려면 사용하는 데이터베이스 제품의 문서를 공부해야 한다. 인덱스의 특정 문법이나 기능은 많이 다를 수 있지만, 논리적 개념은 동일하다.

DELETE 문에도 도움이 될 수 있다. 예를 들어, bug_id에 있는 인덱스는 다음 문장에 도움이 된다.

`Index-Shotgun/anti/update.sql`

```sql
UPDATE Bugs SET status = 'FIXED' WHERE bug_id = 1234;
```

인덱스가 없는 칼럼으로 검색하는 문장은 대응되는 행을 찾기 위해 전체 테이블 스캔(full table scan)을 수행해야 한다.

`Index-Shotgun/anti/update-unindexed.sql`

```sql
UPDATE Bugs SET status = 'OBSOLETE' WHERE date_reported < '2000-01-01';
```

## 너무 많은 인덱스

인덱스를 사용하는 쿼리를 실행해야 인덱스로부터 이득을 얻는다. 사용되지 않는 인덱스를 생성하면 아무런 이득도 없다. 여기 몇 가지 예가 있다.

```
Index-Shotgun/anti/create-table.sql
```
```
CREATE TABLE Bugs (
  bug_id          SERIAL PRIMARY KEY,
  date_reported   DATE NOT NULL,
  summary         VARCHAR(80) NOT NULL,
  status          VARCHAR(10) NOT NULL,
  hours           NUMERIC(9,2),
  INDEX (bug_id),
  INDEX (summary),
  INDEX (hours),
  INDEX (bug_id, date_reported, status)
);
```

위 예에서, 쓸모없는 인덱스가 몇 개 있다.

**(1) bud_id:** 대부분의 데이터베이스는 PK에 대해 자동으로 인덱스를 생성한다. 따라서 이 칼럼에 다른 인덱스를 정의하는 것은 중복이다. 아무런 도움도 되지 않고, 불필요한 오버헤드만 늘어난다. 데이터베이스 제품마다 언제 인덱스를 자동으로 만드는지에 대한 규칙이 다르므로, 사용하는 데이터베이스의 문서를 읽어야 한다.

**(2) summary:** VARCHAR(80)과 같이 긴 문자열 타입에 대한 인덱스는 작은 데이터 타입에 대한 인덱스보다 크다. 또한 summary 칼럼 전체로 검색을 하거나 정렬을 하는 쿼리를 실행시킬 일은 거의 없을 것이다.

**(3) hours:** 이 칼럼 역시 특정 값으로 검색할 일이 없을 것 같다.

**(4) bug_id, date_reported, status:** 복합 인덱스를 사용하는 데는 좋은 이유가 많지만, 중복이거나 거의 사용되지 않는 복합 인덱스를 생성하는 경우도 많다. 복합 인덱스에서는 칼럼 순서가 중요하다. 검색 조건, 조인 조건 또는 정렬 순서에 맞춰 왼쪽에서 오른쪽 순으로 칼럼을 나열해야 한다.

> **분산 투자**
>
> 빌 코스비가 라스베가스에서 휴가를 보낼 때 있었던 일을 이야기해주었다. 그는 카지노에서 계속 져서 좌절했고, 떠나기 전에 어떻게든 한 번이라도 이겨야겠다고 결심했다. 그래서 그는 25센트짜리 칩을 200달러어치 구입한 다음 룰렛 테이블로 가서, 빨간 칸, 검은 칸 할 것 없이 모든 칸에 칩을 걸었다. 테이블을 덮어버린 것이다. 딜러가 공을 굴렸는데…… 마룻바닥에 떨어졌다.

어떤 사람은 모든 칼럼에 (그리고 모든 칼럼 조합으로) 인덱스를 만든다. 어떤 인덱스가 쿼리에 도움이 되는지를 모르기 때문이다. 테이블을 인덱스로 뒤덮으면, 확실한 보상도 없이 엄청난 오버헤드만 초래할 뿐이다.

### 인덱스가 도움이 되지 않을 때

실수의 또 다른 형태는 아무런 인덱스도 사용할 수 없는 쿼리를 실행하는 것이다. 개발자는 쿼리를 빠르게 실행하도록 만드는 마법의 칼럼 조합 또는 인덱스 옵션을 찾으려 시도하며, 계속해서 인덱스를 생성한다.

데이터베이스 인덱스는 전화번호부 책을 사용하는 것과 비슷하다. 전화번호부 책에서 Charles란 성을 가진 사람을 모두 찾아내라고 한다면, 쉬운 일이다. 성이 같은 사람들은 함께 나열되어 있기 때문이다. 이게 전화번호부가 정렬되어 있는 방법이다.

그러나, 전화번호부 책에서 Charles란 이름(성에 상관없이)을 가진 사람을 모두 찾아내라고 한다면, 책에 있는 이름의 순서가 아무런 도움이 되지 않는다. 누구든 성과 상관없이 Charles란 이름을 가질 수 있기 때문에, 책 전체를 처음부터 끝까지 한 줄 한 줄 확인해야 한다.

전화번호부 책은 성, 이름순으로 나열했기 때문에, 데이터베이스에서 (last_name, first_name)으로 된 복합 인덱스와 같다. 이 인덱스는 이름으로 검색할 때는 도움이 되지 않는다.

`Index-Shotgun/anti/create-index.sql`

```
CREATE INDEX TelephoneBook ON Accounts(last_name, first_name);
```

다음은 이 인덱스로부터 아무런 도움을 받을 수 없는 쿼리의 몇 가지 예다.

- SELECT * FROM Accounts ORDER BY first_name, last_name;

    이 쿼리는 전화번호부 책 시나리오에서와 동일하다. last_name 다음에 first_name으로 (전화번호부 책에서와 마찬가지로)된 복합 인덱스를 생성하면, 첫 번째 정렬 조건이 first_name인 경우에는 도움이 되지 않는다.

- SELECT * FROM Bugs WHERE MONTH(date_reported) = 4;

    date_reported 칼럼에 대한 인덱스가 있다 하더라도, 월로 검색하는 데에는 인덱스가 도움이 되지 않는다. 이 인덱스는 연도로 시작하는 날짜 전체를 기반으로 해서 정렬되어 있다. 그리고 4번째 달은 매년 있는 것이므로, 달이 4와 같은 행은 인덱스 전 범위에 흩어져 있다. 어떤 데이터베이스는 수식에 대한 인덱스나 계산된 칼럼에 대한 인덱스도 지원한다. 그러나 사용하기 전에 이런 인덱스를 정의해야 하고 인덱스 정의에서 명시한 수식에 대해서만 도움이 된다.

- SELECT * FROM Bugs
    WHERE last_name = 'Charles' OR first_name = 'Charles';

    인덱스의 순서에 대해 특정 이름을 가진 행이 예측 불가능하게 흩어져있는 행의 문제로 돌아왔다. 위 쿼리의 결과는 다음 쿼리의 결과와 동일하다.

    ```
    SELECT * FROM Bugs WHERE last_name = 'Charles'
    UNION
    SELECT * FROM Bugs WHERE first_name = 'Charles' ;
    ```

    예제에서 인덱스는 성을 찾는 데는 도움이 되지만, 이름을 찾는 데는 도움이 되지 않는다.

- SELECT * FROM Bugs WHERE description LIKE '%crash%' ;

   이 검색 식에 있는 패턴은 문자열의 어디에서든 나올 수 있으므로, 정렬된 인덱스 데이터 구조로 도움을 줄 수 있는 방법이 없다.

## 13.3 안티패턴 인식 방법

다음은 인덱스 샷건 안티패턴의 징후다.

- "이게 내 쿼리인데, 어떻게 빠르게 할 수 있을까?"

  아마 SQL을 사용할 때 나오는 가장 흔한 질문일 것이다. 그러나 테이블에

---

### 선택도가 낮은 인덱스

선택도(selectivity)는 데이터베이스 인덱스에 대한 통계로, 테이블의 전체 행 수와 인덱스에서 구별되는 항목 수의 비율로 구한다.

```
SELECT COUNT(DISTINCT status) /
  COUNT(status) AS selectivity FROM BUGS
```

선택도 비율이 낮으면, 비효율적인 인덱스다. 왜 그럴까? 생각해보자.

형태는 다르지만 이 책에도 인덱스가 있다. 책의 인덱스에 있는 각 항목에는 항목의 단어가 나타나는 페이지 수가 표시되어 있다. 어떤 단어가 책에 자주 나온다면, 많은 페이지 수가 나열되어 있을 것이다. 원하는 부분을 찾으려면, 나열된 각 페이지를 넘겨가며 확인해야 한다.

지나치게 많은 페이지에 나타나는 단어를 인덱스에 포함시키는 데는 아무런 문제가 없지만, 인덱스와 책의 페이지를 지나치게 왔다 갔다 해야 한다면, 그냥 책을 첫 페이지에서 마지막 페이지까지 통째로 읽는 게 나을 것이다.

데이터베이스 인덱스도 마찬가지다. 주어진 값이 테이블의 많은 행에 나타나면, 인덱스를 읽는 것이 그냥 테이블 전체를 읽는 것보다 더 문제일 것이다. 이런 경우에는 인덱스를 사용하는 것이 실제로 비용이 더 든다.

이상적으로는 데이터베이스가 인덱스의 선택도를 추적하고, 이득이 없는 경우에는 인덱스를 사용하지 말아야 한다.

대한 설명이나, 인덱스, 데이터 크기, 성능 측정, 최적화에 대한 자세한 내용이 빠져 있다. 이런 배경 설명이 없다면, 어떤 대답을 하든 추측이 될 뿐이다.

- "모든 필드에 인덱스를 걸었는데, 왜 빠르지 않은 거지?"
  인덱스 샷건 안티패턴의 고전적 형태다. 모든 가능한 인덱스를 시도해보지만, 아무런 효과도 얻지 못한다.
- "인덱스가 데이터베이스를 느리게 만든다는 것 들었어. 그래서 나는 인덱스를 사용하지 않지."
  많은 개발자처럼, 성능 향상과 관련된 모든 문제를 한 방에 해결할 수 있는 전략을 찾고 있는 것이다. 그런 것은 없다.

## 13.4 안티패턴 사용이 합당한 경우

어떤 쿼리를 최적화하는 것이 중요한지 알지 못하는 상태에서 일반적인 사용을 위해 데이터베이스를 설계해야 한다면, 인덱스를 어떻게 잡아야 최적인지도 확신할 수 없다. 그냥 경험에 근거해 추측할 수밖에 없다. 그러면 많은 도움이 될 수 있는 인덱스를 놓칠 수도 있다. 불필요한 것으로 밝혀질 인덱스를 생성하게 될 수도 있다. 그렇지만 가능한 최적의 추측을 해야 한다.

## 13.5 해법: 인덱스를 MENTOR하라

인덱스 샷건은 적절한 이유 없이 인덱스를 생성하거나 삭제하는 것에 대한 안티패턴이다. 따라서 데이터베이스를 분석해 인덱스를 만드는 것이 좋을지 만들지 않는 것이 좋을지 판단하는 방법을 살펴보기로 하자.

데이터베이스를 분석해 좋은 인덱스를 선정하기 위한 체크리스트를 기억하기 쉽게 나타내기 위해 MENTOR(Measure, Explain, Nominate, Test, Optimize, Rebuild)를 사용할 것이다.

> **데이터베이스가 항상 병목인 것은 아니다.**
>
> 소프트웨어 개발자 커뮤니티 안의 일반적인 지혜에 따르면 데이터베이스는 항상 애플리케이션에서 가장 느린 부분이고 성능문제의 원천이라 한다. 그러나 이는 사실이 아니다.
>
> 예를 들어, 내가 작업했던 한 애플리케이션에서, 관리자는 내게 속도가 느린 이유를 찾아내라고 했고, 데이터베이스 잘못이라고 주장했다. 프로파일링 도구로 애플리케이션 코드를 측정한 결과, 폼 필드를 찾아 값을 넣기 위해 자신의 HTML 출력 결과를 파싱하는 데 시간의 80%를 사용하고 있었다. 성능 문제는 데이터베이스 쿼리와는 아무런 상관도 없었던 것이다.
>
> 성능 문제가 어디에 있을 거라 가정하기 전에, 소프트웨어 진단 도구를 사용해 측정해보기 바란다. 그렇지 않으면 어설픈 최적화를 적용하게 된다.

### 측정(Measure)

정보 없이 제대로 된 결정을 내릴 수는 없다. 대부분의 데이터베이스는 SQL 쿼리가 실행된 시간을 로그로 남기는 방법을 제공하므로, 가장 많은 비용이 들어간 작업을 식별해 낼 수 있다. 예를 들면 다음과 같다.

- Microsoft SQL Server와 Oracle은 모두 SQL Trace 기능과 이 결과를 분석, 정리하는 도구를 가지고 있다. Microsoft는 이 도구를 SQL Server Profiler라 부르고, Oracle은 TKProf라 부른다.
- MySQL과 PostgreSQL은 지정된 시간보다 오래 수행된 쿼리에 대해 로그를 남길 수 있다. MySQL에서는 이것을 느린 쿼리 로그(slow query log)라 부르며, long_query_time 설정 파라미터에 시간을 지정한다. 디폴트 값은 10초다. PostgreSQL도 log_min_duration_statement란 비슷한 설정 변수를 가지고 있다. PostgreSQL은 또한 pgFouine이라 불리는, 쿼리 로그 분석도구를 제공하며, 이를 통해 주의를 요하는 쿼리를 식별할 수 있다. (http://pgfouine.projects.postgresql.org/)

애플리케이션에서 어떤 쿼리가 가장 많은 시간을 잡아먹고 있는지 알아냈다면, 어디에 최적화 노력을 집중해야 최대 효과를 얻을 수 있는지도 아는 것이다. 모든 쿼리가 효율적으로 잘 동작하는데, 하나의 쿼리가 문제가 되고 있다는 것을 찾아낼지도 모른다. 바로 이 쿼리부터 최적화를 시작해야 한다.

애플리케이션에서 가장 많은 시간을 잡아먹는 쿼리가 가장 많은 비용이 드는 부분이 아닐 수도 있다. 이 쿼리가 드물게 실행된다면 말이다. 다른 간단한 쿼리가 자주, 예상했던 것보다 훨씬 자주 실행되어, 전체적으로는 더 많은 시간을 잡아먹고 있을지도 모른다. 이런 쿼리에 관심을 가지고 최적화를 하면 높은 투자대비 효과를 얻을 수 있다.

쿼리 성능을 측정할 때는 쿼리 결과 캐싱 기능을 비활성화시켜야 한다. 이런 캐싱 기능은 쿼리 실행과 인덱스 사용을 우회할 수 있으므로 정확한 측정이 되지 않는다.

애플리케이션을 디플로이한 다음 프로파일링하면 좀더 정확한 정보를 얻을 수 있다. 실제 사용자가 사용할 때, 코드가 어느 부분에서 시간을 보내는지 실제 데이터베이스에서 집계 데이터를 모을 수 있다. 그리고 가끔씩 프로파일링 데이터를 검사해 새로운 병목이 생기지 않았는지 확인할 수 있다.

이런 도구는 오버헤드를 초래한다. 측정이 끝난 다음에는 프로파일링 빈도를 줄이거나 비활성화하는 것을 잊지 말기 바란다.

### 실행 계획 확인(Explain)

비용이 많이 드는 쿼리를 확인했으면, 다음 단계는 쿼리가 느린 이유를 찾는 것이다. 모든 데이터베이스는 옵티마이저(optimizer)를 통해 쿼리가 사용할 인덱스를 고른다. 데이터베이스의 이런 분석 결과를 리포트로 볼 수 있는데, 이를 쿼리 실행 계획(QEP, query execution plan)이라 한다.

쿼리 실행 계획을 요청하는 문법은 데이터베이스 제품마다 다르다.

| 데이터베이스 제품 | 쿼리 실행 계획 요청 문법 |
| --- | --- |
| IBM DB2 | EXPLAIN, db2expln 명령, Visual Explain |
| Microsoft SQL Server | SET SHOWPLAN_XML 또는 Display Execution Plan |
| MySQL | EXPLAIN |
| Oracle | EXPLAIN PLAN |
| PostgreSQL | EXPLAIN |
| SQLite | EXPLAIN |

쿼리 실행 계획에 포함되는 정보나 리포트 형식에 대한 표준은 없다. 보통, 쿼리 실행 계획은 쿼리에 어떤 테이블이 관련되어 있는지, 옵티마이저가 사용할 인덱스를 어떻게 선택하는지, 테이블에 어떤 순서로 접근하는지를 보여준다. 실행 계획 리포트에는 쿼리의 각 단계별로 생성되는 행의 수와 같은 통계 정보가 포함될 수도 있다.

샘플 쿼리와 실행 계획 리포트를 살펴보자.

`Index-Shotgun/soln/explain.sql`

```
EXPLAIN SELECT Bugs.*
FROM Bugs
JOIN (BugsProducts JOIN Products USING (product_id))
  USING (bug_id)
WHERE summary LIKE '%crash%'
  AND product_name = 'Open RoundFile'
ORDER BY date_reported DESC;
```

그림 13.1에 있는 MySQL의 쿼리 실행 계획 리포트에서, key 칼럼을 보면 이 쿼리는 BugsProducts의 PK 인덱스만을 사용하고 있음을 알 수 있다. 또한 Extra 칼럼에 있는 내용을 보면 인덱스를 활용하지 못하고 임시 테이블에서 정렬을 수행하고 있음을 확인할 수 있다.

LIKE 식이 Bugs 테이블 전체를 스캔하게 만들고 있고, Products.product_name에도 인덱스가 없다. product_name에 새 인덱스를 만들거나 전체 텍스트

그림 13.1 MySQL 쿼리 실행 계획

| table | type | possible_keys | key | key_len | ref | rows | filtered | Extra |
|---|---|---|---|---|---|---|---|---|
| Bugs | ALL | PRIMARY, bug_id | NULL | NULL | NULL | 4650 | 100 | Using where; Using temporary; Using filesort |
| BugsProducts | ref | PRIMARY, product_id | PRIMARY | 8 | Bugs.bug_id | 1 | 100 | Using index |
| Products | ALL | PRIMARY, product_id | NULL | NULL | NULL | 3 | 100 | Using where; Using join buffer |

검색 솔루션(full-text search solution)[1]을 사용하면 이 쿼리를 개선할 수 있다.

쿼리 실행 계획 리포트에 나오는 정보는 벤더에 따라 다르다. 이 예제의 실행 계획 리포트를 어떻게 해석해야 하는지 이해하려면 MySQL 매뉴얼 "Optimizing Queries with EXPLAIN"을 읽어야 한다.

## 지명(Nominate)

이제 쿼리에 대한 옵티마이저의 실행 계획을 가지고 있으므로, 쿼리에서 인덱스를 사용하지 않고 테이블에 접근하는 부분을 살펴볼 차례다.

어떤 데이터베이스는 이런 작업을 대신 해주는 도구를 가지고 있다. 쿼리 추적 통계 정보를 모으고 쿼리를 위해 있으면 좋은 새로운 인덱스 생성을 권고하는 등의 변경을 제안한다. 예를 들면 다음과 같은 것이 있다.

- IBM DB2 Design Advisor
- Microsoft SQL Server Database Engine Tuning Advisor
- MySQL Enterprise Query Analyzer
- Oracle Automatic SQL Tuning Advisor

---

1 17장 「가난한 자의 검색 엔진」 참조

> ### 커버링 인덱스
>
> 인덱스에서 필요한 칼럼을 모두 제공하면, 테이블에서 데이터 행을 읽을 필요가 없다. 전화번호부 책의 항목이 페이지 수만 포함하고 있다고 생각해보기 바란다. 이름을 찾은 다음, 실제 전화번호를 얻기 위해서는 항목에 있는 페이지로 가야 한다. 정보를 한 단계만으로 찾게 하는 편이 더 의미 있을 것이다. 전화번호부 책은 이름순으로 정렬되어 있기 때문에 이름은 빨리 찾을 수 있다. 그리고 거기에 전화번호나 주소와 같이 해당 항목에 필요한 다른 속성을 얻을 수 있다.
>
> 바로 이것이 커버링 인덱스(Covering Index)가 동작하는 방식이다. 인덱스를 정의할 때 인덱스에 필요하지 않더라도 추가적인 속성을 포함시킬 수 있다.
>
> ```
> CREATE INDEX BugCovering ON Bugs
>   (status, bug_id, date_reported, reported_by, summary);
> ```
>
> 만약 쿼리가 인덱스 데이터 구조에 포함된 칼럼만 참조한다면, 데이터베이스는 인덱스만 읽어서 쿼리 결과를 생성할 수 있다.
>
> ```
> SELECT status, bug_id, date_reported, summary
> FROM Bugs WHERE status = 'OPEN' ;
> ```
>
> 데이터베이스는 테이블의 대응되는 행을 읽을 필요가 없다. 모든 쿼리에 커버링 인덱스를 사용할 수는 없지만, 이렇게 할 수 있는 경우에는 성능을 크게 향상시킬 수 있다.

오토매틱 어드바이저가 없더라도, 인덱스가 쿼리에 도움이 되는지를 알아낼 수 있는 방법을 배울 수 있다. 쿼리 실행 계획 리포트를 해석하려면 데이터베이스 문서를 공부해야 한다.

### 테스트(Test)

이 단계가 중요하다. 인덱스를 생성한 후, 쿼리를 다시 프로파일링해야 한다. 변경으로 인해 차이가 생겼고 작업이 제대로 됐다는 것을 확인하는 것이 중요하다.

상사에게 좋은 인상을 주고 최적화 작업에 들어간 노력을 정당화하는 데 이 단계를 활용할 수도 있다. 주간업무 상태를 "성능 문제 해결을 위해 생각할 수 있는 모든 방법을 시도했으니, 이제 기다리면서 ~을 봐야합니다." 와 같은 식으로 말하고 싶지는 않을 것이다. 대신 "접근 빈도가 높은 테이블에 새로운 인덱스를 하나 추가하기로 했으며, 이 작업으로 중요 쿼리에 대한 성능을 38% 향상시켰습니다." 와 같은 식으로 보고할 수 있는 기회를 가져야 한다.

### 최적화(Optimize)

인덱스는 빈번하게 사용되는 데이터 구조로, 캐시 메모리에 보관할 좋은 후보다. 인덱스를 메모리에서 읽으면 디스크 I/O를 통해 읽는 것보다 성능을 수십 배 향상시킨다.

데이터베이스 서버는 시스템 메모리의 일정량을 캐싱에 할당하도록 설정할 수 있다. 대부분의 데이터베이스는 다양한 시스템에서 잘 동작하는 것을 보장하기 위해 캐시 버퍼 크기가 아주 작게 설정되어 있다. 이 캐시 크기를 늘릴 수 있을 것이다.

캐시에 얼마나 많은 메모리를 할당해야 할까? 이 질문에 대한 답은 없다. 데이터베이스의 크기와 가용한 시스템 메모리양에 따라 다르기 때문이다.

인덱스를 캐시 메모리에 미리 로딩해 놓아 이득을 얻을 수 있다. 빈번하게 사용되는 데이터나 인덱스를 캐시에 보관하는 데이터베이스 동작에 의존하지 않고도 말이다. 예를 들어, MySQL에서는 LOAD INDEX INTO CACHE 문을 사용할 수 있다.

### 재구성(Rebuild)

인덱스는 균형이 잡혀있을 때 가장 효율이 좋다. 시간이 지나면서 데이터를 업데이트하고 삭제함에 따라, 인덱스도 점점 균형을 잃는다. 시간이 지남에 따라 파일 시스템이 단편화되는 것과 마찬가지다. 실제로는 최적의 상태인 인덱스와 균형을 잃은 인덱스 사이에 별 차이가 보이지 않을 수 있다. 그러나 우리는 인덱스를 최대한 활용하고 싶다. 따라서 주기적으로 인덱스를 정비해줄 만한 가치가 있다.

인덱스와 관련된 대부분의 기능과 마찬가지로, 각 데이터베이스 제품에서 사용하는 용어, 문법, 특성도 벤더에 따라 다르다.

| 데이터베이스 제품 | 인덱스 정비 명령 |
| --- | --- |
| IBM DB2 | REBUILD INDEX |
| Microsoft SQL Server | ALTER INDEX ⋯ REORGANIZE, ALTER INDEX ⋯ REBUILD, 또는 DBCC DBREINDEX |
| MySQL | ANALYZE TABLE 또는 OPTIMIZE TABLE |
| Oracle | ALTER INDEX ⋯ REBUILD |
| PostgreSQL | VACUUM 또는 ANALYZE |
| SQLite | VACUUM |

인덱스 재구성을 얼마나 자주 해야 할까? '일주일에 한 번'과 같은 일반적인 답을 들었을지도 모르지만, 모든 애플리케이션에 맞는 답은 없다. 테이블에 인덱스 불균형을 초래할 수 있는 변경을 얼마나 자주 하느냐에 따라 다르다. 또한 테이블이 얼마나 큰지, 해당 테이블에 대해 인덱스에서 최적의 이득을 얻어내는 것이 얼마나 중요한지에 따라 다르다. 1% 정도의 성능 향상 효과만을 기대할 수 있는 경우, 크기는 크지만 거의 사용되지 않는 테이블의 인덱스를 재구성하느라 몇 시간씩 작업하는 것이 가치 있는 일일까? 이 결정을 내릴 수 있는 사람은 자신뿐이다. 데이터와 데이터에 필요한 조작을 누구보다도 잘 알기 때문이다.

인덱스를 최대한 활용하는 방법의 많은 부분은 벤더에 따라 다르기 때문에, 자신이 사용하는 데이터베이스 제품을 연구해야 한다. 데이터베이스 매뉴얼을 공부하고, 책과 잡지를 보고, 블로그와 메일링 리스트를 읽고, 그리고 직접 실험도 해봐야 한다. 가장 중요한 규칙은 인덱스에 대한 맹목적인 추측은 좋은 전략이 아니라는 것이다.

> **SQL Antipatterns Tip**
> 데이터를 알고, 쿼리를 알고, 인덱스를 MENTOR하라

# 3부

# 쿼리 안티패턴

SQL
AntiPatterns

# 14장

S Q L   A n t i p a t t e r n s

# 모르는 것에 대한 두려움

> 우리가 알다시피, 아는 아는 것이 있습니다.
> 즉 우리가 알고 있음을 아는 것이 있다는 말입니다.
> 우리는 또한 알려진 모르는 것이 있음을 압니다.
> 말하자면, 우리가 알지 못하는 무언가가 있음을 안다는 말입니다.
> 그리고 또한 모르는 모르는 것,
> 즉 우리가 알지 못함을 알지 못하는 것이 있습니다.
> — 도널드 럼스펠드(Donald Rumsfeld)

버그 데이터베이스에서, Accounts 테이블은 first_name과 last_name 칼럼을 가진다. 사용자의 전체 이름을 하나의 칼럼처럼 포매팅하는 데 문자열 연결 연산자를 사용할 수 있다.

```
Fear-Unknown/intro/full-name.sql
SELECT first_name || ' ' || last_name AS full_name FROM Accounts;
```

---

1 (옮긴이) 2002년 2월 12일 당시 국방장관이었던 도널드 럼스펠드가 이라크 전쟁에 관한 언론 브리핑에서 한 말. http://en.wikipedia.org/wiki/There_are_known_knowns 참조.

상사가 사용자의 중간 이름의 첫 글자를 테이블에 저장하도록 데이터베이스를 수정해달라는 요청을 했다고 생각해보자(아마도 두 사용자가 이름과 성이 같아 혼동을 피하기 위해 중간이름 첫 글자로 구분하려는 것 같다). 아주 간단한 변경이다. 몇몇 사용자에 대해서는 중간 이름 첫 자를 수작업으로 넣어줄 수 있다.

```
Fear-Unknown/intro/middle-name.sql

ALTER TABLE Accounts ADD COLUMN middle_initial CHAR(2);

UPDATE Accounts SET middle_initial = 'J.' WHERE account_id = 123;
UPDATE Accounts SET middle_initial = 'C.' WHERE account_id = 321;

SELECT first_name || ' ' || middle_initial || ' ' || last_name AS full_name
FROM Accounts;
```

갑자기 애플리케이션에서 이름이 표시되지 않는다. 자세히 보니, 항상 그렇지만은 않은 것 같다. 중간 이름 첫 자를 지정한 사용자의 이름은 정상적으로 표시되지만, 다른 사용자의 이름은 빈칸으로 표시된다.

다른 사용자의 이름에 무슨 일이 생긴 것일까? 상사가 보고 데이터베이스의 데이터를 잃어버린 것으로 생각하며 공황에 빠져버리기 전에 이 문제를 해결할 수 있을까?

## 14.1 목표: 누락된 값을 구분하기

데이터베이스의 어떤 데이터에 값이 없는 것은 피할 수 없다. 모든 칼럼에 대한 값을 알기 전에 행을 삽입해야 할 수도 있고, 또는 일부 칼럼은 어떤 상황에서는 의미 있는 값을 가지지 않을 수도 있다. SQL은 특수한 값인 NULL을 지원한다.

SQL 테이블과 쿼리에서 NULL 값을 생산적으로 사용할 수 있는 다양한 방법이 있다.

- 여전히 일하고 있는 직원의 퇴사일과 같이, 행을 생성할 때 값을 알 수 없는 곳에 NULL을 사용할 수 있다.
- 전기만 사용하는 자동차에 대한 연료 효율과 같이, 주어진 칼럼이 주어진 행에서 적용 가능한 값이 없는 경우에 NULL 값을 사용할 수 있다.
- 함수에 인수로 DAY( '2009-12-32' )와 같이 유효하지 않은 값이 입력되는 경우 NULL을 리턴할 수 있다.
- 외부 조인에서 매치되지 않는 행의 칼럼 값의 자리를 채우는 데 NULL 값을 사용한다.

목표는 NULL을 포함하는 칼럼에 대한 쿼리를 작성하는 것이다.

## 14.2 안티패턴: NULL을 일반 값처럼 사용

많은 소프트웨어 개발자가 SQL에서 NULL의 동작을 보고 당황한다. 대부분의 프로그래밍 언어에서와는 달리, SQL에서는 NULL을 0이나 false 또는 빈 문자열과 다른 특별한 값으로 취급한다. 표준 SQL과 대부분의 데이터베이스 제품에서는 그렇다. 그러나 Oracle과 Sybase에서는 NULL이 길이가 0인 문자열과 동일하다.[2] NULL 값은 특별한 규칙을 따른다.

### 수식에서 NULL 사용

사람들을 놀라게 하는 경우는 NULL 값을 가지는 칼럼이나 수식에 대해 산술 연산을 수행했을 때다. 예를 들어, 많은 프로그래머들은 hours 칼럼에 아무런 값도 없는 경우 여기에 10을 더하면 10이 될 것이라고 예상한다. 그러나 실제로는 NULL이 리턴된다.

---

2 (옮긴이) NULL을 문자열 데이터로 취급할 때 그렇다는 뜻이다. 숫자 타입이나 날짜 타입에서는 다른 DBMS와 마찬가지다.

> Fear-Unknown/anti/expression.sql

```
SELECT hours + 10 FROM Bugs;
```

NULL은 0과 같지 않다. 알지 못하는 값에 10을 더한다 해도 여전히 알지 못하는 값이다.

NULL은 길이가 0인 문자열과도 같지 않다. 표준 SQL에서는 어떤 문자열도 NULL과 연결하면 NULL이 된다. (Oracle과 Sybase는 예외)

NULL은 false와도 같지 않다. NULL이 들어간 불리언 수식은 AND, OR, NOT을 사용하더라도 항상 NULL이 되는데 이 또한 일부 사람들에게는 혼동되는 것이다.

## NULL을 가질 수 있는 칼럼 검색

다음 쿼리는 assigned_to의 값이 123인 행만을 리턴하고, 다른 값을 가지거나 칼럼이 NULL인 행은 리턴하지 않는다.

> Fear-Unknown/anti/search.sql

```
SELECT * FROM Bugs WHERE assigned_to = 123;
```

아마 다음 쿼리는 위 쿼리의 여집합, 즉 위 쿼리에서 리턴한 행 이외의 모든 행이 리턴되리라 생각할 것이다.

> Fear-Unknown/anti/search-not.sql

```
SELECT * FROM Bugs WHERE NOT (assigned_to = 123);
```

그러나 두 쿼리 모두 assigned_to 칼럼의 값이 NULL인 행은 리턴하지 않는다. NULL과는 어떤 비교를 하든 그 결과는 NULL이다. true 또는 false가 아니다. 심지어 NULL에 NOT을 해도 여전히 NULL이다.

흔히 NULL인 행 또는 NULL이 아닌 행을 찾을 때 다음과 같은 실수를 한다.

`Fear-Unknown/anti/equal-null.sql`

```
SELECT * FROM Bugs WHERE assigned_to = NULL;

SELECT * FROM Bugs WHERE assigned_to <> NULL;
```

WHERE 절 조건은 수식이 true일 때만 만족되지만, NULL과의 비교는 절대 true가 되는 법이 없다. 그냥 NULL이다. 같은지를 비교하는지, 다른지를 비교하는지는 중요하지 않다. 여전히 NULL이고 true가 아니다. 위 쿼리는 둘 다 assigned_to가 NULL인 행을 리턴하지 않는다.

### 쿼리 파라미터로 NULL 사용

또한 파라미터를 받는 SQL에서는 NULL을 다른 일반적인 값처럼 사용하기가 어렵다.

`Fear-Unknown/anti/parameter.sql`

```
SELECT * FROM Bugs WHERE assigned_to = ?;
```

위 쿼리는 파라미터로 일반 정수를 넣어주면 예측 가능한 결과를 리턴하지만, NULL을 파라미터로 사용할 수 없다.

### 문제 회피하기

NULL을 조작하는 것이 쿼리를 더 복잡하게 만드는 경우, 많은 소프트웨어 개발자가 데이터베이스에서 NULL을 허용하지 않도록 한다. 대신 '알 수 없음' 또는 '적용 불가'와 같이 뜻을 강조할 수 있는 다른 값을 선택한다.

> **"우리는 NULL이 싫어!"**
>
> 소프트웨어 개발자 잭은 자신의 고객이 데이터베이스에서 NULL 사용을 금지한 사연을 이야기해주었다. 그들의 설명은 단순히 "NULL이 싫다"는 것이었고, NULL이 있으면 애플리케이션 코드에서 에러가 발생할 수도 있다는 것이었다. 잭은 누락된 값을 나타내기 위해 다른 어떤 값을 사용해야 할지 물었다.
>
> 나는 잭에게 누락된 값을 나타내는 것이 바로 NULL의 목적이라고 얘기해주었다. 누락된 값을 강조하기 위해 다른 어떤 값을 선택하든, 그 값을 특별하게 다루도록 애플리케이션 코드를 수정해야 한다.
>
> NULL에 대한 고객의 태도는 잘못됐다. 이와 비슷하게, 0으로 나누는 에러를 방지하기 위한 코드를 작성하는 것이 싫다고 해서 0을 가지는 인스턴스를 금지하는 것은 좋은 선택이 아니라고 말할 수 있다.

이렇게 하는 것이 왜 잘못일까? 다음 예에서는 NULL을 허용했던 assigned_to와 hours 칼럼이 NOT NULL로 선언되었다.

`Fear-Unknown/anti/special-create-table.sql`

```sql
CREATE TABLE Bugs (
  bug_id            SERIAL PRIMARY KEY,
  ...
  assigned_to       BIGINT UNSIGNED NOT NULL,
  hours             NUMERIC(9,2) NOT NULL,
  FOREIGN KEY (assigned_to) REFERENCES Accounts(account_id)
);
```

알려지지 않은 값을 나타내기 위해 -1을 사용한다고 해보자.

`Fear-Unknown/anti/special-insert.sql`

```sql
INSERT INTO Bugs (assigned_to, hours) VALUES (-1, -1);
```

hours 칼럼은 숫자 타입이므로, '미정'을 뜻하는 방법도 숫자 값으로 제한된다. 이런 값은 해당 칼럼에서도 의미를 가지지 말아야 하기 때문에, 음수 값을 선택했다. 그러나 -1은 SUM()이나 AVG() 같은 계산을 할 때 포함된다. 별도 처리로 이런 값을 가진 행은 제외시켜야 하는데, 이는 NULL 사용을 금지하면서 피하려 했던 것이다.

`Fear-Unknown/anti/special-select.sql`

```sql
SELECT AVG( hours ) AS average_hours_per_bug FROM Bugs
WHERE hours <> -1;
```

다른 칼럼에서는 -1 값이 중요할 수도 있기 때문에, 각 칼럼마다 상황에 맞게 다른 값을 선택해야 한다. 또한 각 칼럼마다 사용되는 특별한 값을 기억하거나 문서화해야 한다. 이는 프로젝트에 신경이 많이 쓰이는 불필요한 작업을 추가하는 것이다.

이제 assigned_to 칼럼을 살펴보자. 이 칼럼은 Accounts 테이블로의 FK다. 버그가 보고는 됐지만 아직 아무에게도 할당하지 않은 상태라면, NULL 값 이외의 다른 어떤 값을 사용할 수 있을까? NULL이 아니면 어떤 값이든 Accounts에 있는 행을 참조해야 하므로, Accounts에 "아무도 없음" 또는 "할당 안 됨"과 같은 뜻을 가지는 행을 생성해줘야 한다. 실제 사용자 계정에 대한 참조가 없다는 것을 표시하기 위해 계정을 생성해야 한다는 것은 역설이다.

칼럼을 NOT NULL로 선언했을 때는, 해당 칼럼에 값이 없는 상태로 행이 존재하는 것이 의미가 없기 때문이어야 한다. 예를 들어, Bugs.reported_by 칼럼은 값을 가져야 한다. 모든 버그는 누군가에 의해 보고되었기 때문이다. 그러나 버그가 아직 할당되지 않은 상태로 존재할 수 있다. 누락된 값은 NULL이어야 한다.

## 14.3 안티패턴 인식 방법

자신이나 팀원이 다음과 같은 문제를 설명하는 것을 발견한다면, NULL을 잘못 다루고 있기 때문일 수 있다.

- "assigned_to(또는 다른) 칼럼에 아무 값도 설정되지 않은 행을 어떻게 찾을 수 있지?"

  NULL에 대해서는 동등연산자를 사용할 수 없다. 이 장의 뒷부분에서 설명하는 IS NULL을 사용해야 한다.

- "애플리케이션에서 몇몇 사용자의 전체 이름이 표시되지 않아. 데이터베이스에서는 분명 볼 수 있는데."

  아마 문자열과 NULL을 연결해 NULL이 되어 버린 문제일 것이다.

- "이 프로젝트의 전체 작업시간 보고서에 우리가 완료한 몇몇 버그만 포함되어 있어! 그러니까 우선순위를 할당한 것들만 포함이 되어 있네."

  아마도 시간 합계를 구하는 집계 쿼리의 WHERE 절에, priority 칼럼 값이 NULL인 경우 true가 되지 않는 수식을 포함하고 있을 것이다. 같지 않음 조건으로 비교할 때 예상치 못한 결과가 나오는지 확인하기 바란다. 예를 들어, priority가 NULL인 행에 대해 priority <> 1과 같은 비교식은 항상 실패한다.

- "Bugs 테이블에서 '알 수 없음'을 나타내는 데 예전에 사용하던 문자열을 사용할 수 없다는 것을 확인했기 때문에, 다른 어떤 값을 사용해야 할 지 그리고 데이터를 변환해서 우리 코드가 새로운 값을 사용하도록 하는 데

---

### NULL은 관계형인가?

SQL에서 NULL에 대해 약간의 논란이 있다. 관계형 이론을 개발한 컴퓨터 과학자 E. F. Codd는 누락된 데이터를 나타내기 위해 NULL의 필요성을 인식했다. 그러나 C. J. Date는 SQL 표준에 정의된 NULL의 동작이 관계형 로직과 충돌하는 경우가 있음을 보였다.

사실 대부분의 프로그래밍 언어는 컴퓨터 과학 이론을 완벽하게 구현하지 못한다. SQL 언어는, 좋든 나쁘든 NULL을 지원한다. 우리도 몇 가지 위험을 봤지만, 이런 경우를 어떻게 처리하고 NULL을 생산적으로 사용할 수 있는지 배울 수 있다.

개발 기간이 얼마나 필요할지 논의하기 위한 회의가 필요해."

이는 해당 도메인에서 합당한 값이 될 수 있는 특별한 플래그 값을 할당했을 때 생길 수 있는 결과다. 결국 그 값을 플래그 뜻이 아닌 문자 그대로의 뜻으로 사용해야 한다는 것을 알게 된 것이다.

NULL을 다루는 데 있어 문제점을 인식하기란 어려울 수 있다. 애플리케이션을 테스트할 때, 특히 테스트를 위한 샘플 데이터를 만들면서 경계 조건을 간과할 때는 문제가 보이지 않을 수 있다. 그러나 애플리케이션이 실 환경에서 사용되면, 데이터는 예기치 못한 다양한 형태를 취한다. 데이터에 NULL이 슬며시 들어가면, 그때서야 문제가 발생할 수 있다.

## 14.4 안티패턴 사용이 합당한 경우

NULL을 사용하는 것은 안티패턴이 아니다. NULL을 일반적인 값처럼 사용하거나 일반적인 값을 NULL처럼 사용하는 것이 안티패턴이다.

NULL을 일반적인 값처럼 취급해야 하는 경우 중 하나가 외부 데이터를 불러오거나(import) 또는 데이터를 내보내기(export) 할 때다. 필드를 쉼표로 분리한 텍스트 파일에서는 모든 값이 텍스트로 표현되어야 한다. 예를 들어, 텍스트 파일을 읽어 데이터를 로딩하는 도구인 MySQL의 mysqlimport에서는 \N이 NULL을 나타낸다.

비슷하게, 사용자 입력 또한 NULL을 직접 나타낼 수는 없다. 사용자 입력을 받아들이는 애플리케이션에서는 어떤 특별한 입력이 NULL로 매핑되도록 할 수 있다. 예를 들어, Microsoft .NET 2.0 이상에서는 웹 사용자 인터페이스를 위한 ConvertEmptyStringToNull 속성을 지원한다. 이 속성이 지정된 파라미터와 필드는 빈 문자열을 자동으로 NULL로 변환한다.

마지막으로, 누락된 값에 여러 가지 구분이 있을 때는 NULL을 사용할 수 없다. 한 번도 할당되지 않은 버그와 어떤 사람에게 할당되었지만 그 사람이 프로젝트를 떠나 할당되지 않은 상태로 바뀐 버그를 구분하고 싶다고 해보자. 이런 경우는 각 상태에 대해 구별되는 값을 사용해야 한다.

## 14.5 해법: 유일한 값으로 NULL을 사용하라

NULL 값과 관련된 대부분의 문제는 SQL의 세 가지 값 로직의 동작을 제대로 이해하지 못한 데서 비롯된다. 대부분의 다른 언어에 구현된 전통적인 true/false 로직에만 익숙한 프로그래머라면, 이게 약간 어렵게 느껴질 수 있다. 어떻게 동작하는지 조금만 공부하면 SQL 쿼리에서 NULL 값을 잘 다룰 수 있다.

### 스칼라 수식에서의 NULL

스탠은 30세라하고, 올리버는 나이를 모른다고 하자. 스탠이 올리버보다 나이가 많으냐는 질문에 가능한 유일한 대답은 '모른다'일 것이다. 스탠과 올리버의 나이가 같으냐고 물어도 대답은 역시 '모른다'여야 한다. 스탠의 나이와 올리버의 나이를 더하면 얼마가 되겠냐는 질문에 대해서도 대답은 같을 수밖에 없다.

찰리의 나이 또한 모른다고 하자. 올리버의 나이가 찰리의 나이와 같으냐고 물으면 대답은 여전히 '모른다'일 것이다. 이것이 NULL = NULL과 같은 비교

| 수식 | 기대 값 | 실제 값 | 이유 |
|---|---|---|---|
| NULL = 0 | TRUE | NULL | NULL은 0이 아니다. |
| NULL = 12345 | FALSE | NULL | 지정된 값이 모르는 값과 같은지 알 수 없다. |
| NULL ◊ 12345 | TRUE | NULL | 또한 다른지도 알 수 없다. |
| NULL + 12345 | 12345 | NULL | NULL은 0이 아니다. |
| NULL \|\| 'string' | 'string' | NULL | NULL은 빈 문자열이 아니다. |
| NULL = NULL | TRUE | NULL | 모르는 값과 모르는 값이 같은지 알 수 없다. |
| NULL ◊ NULL | FALSE | NULL | 또한 다른지도 알 수 없다. |

결과가 여전히 NULL이 되는 이유다.

앞의 표에 프로그래머가 기대하는 것과 다른 결과가 나오는 몇 가지 경우가 정리되어 있다.

물론, 이 예는 NULL 키워드를 사용했을 때뿐만 아니라 값이 NULL인 칼럼이나 수식에도 적용된다.

### 불리언 수식에서의 NULL

불리언 수식에서 NULL의 동작을 이해하기 위한 핵심 개념은 NULL이 true도 false도 아니라는 것이다.

다음 표에 프로그래머가 기대하는 것과 다른 결과가 나오는 몇 가지 경우가 정리되어 있다.

| 수식 | 기대 값 | 실제 값 | 이유 |
|---|---|---|---|
| NULL AND TRUE | FALSE | NULL | NULL은 false가 아니다. |
| NULL AND FALSE | FALSE | FALSE | 어떤 진리 값이든 FALSE와 AND를 하면 false다 |
| NULL OR FALSE | FALSE | NULL | NULL은 false가 아니다. |
| NULL OR TRUE | TRUE | TRUE | 어떤 진리 값이든 TRUE와 OR를 하면 true다 |
| NOT (NULL) | TRUE | NULL | NULL은 false가 아니다. |

NULL 값은 분명 true가 아니지만, 그렇다고 false도 아니다. NULL이 false라면 NULL에 NOT을 적용했을 때 결과는 true가 되어야 할 것이다. 그러나 이렇게 되지 않는다. NOT (NULL)의 결과는 여전히 NULL이다. 바로 이런 점 때문에 불리언 수식에서 NULL을 사용할 때 일부 사람들이 혼동하는 것이다.

### NULL 검색하기

비교하는 값 중 하나가 NULL인 경우에는 같은지를 비교하든 다른지를 비교하든 모두 true를 리턴하지 않으므로, NULL을 검색하기 위해서는 뭔가 다른 연산이 필요하다. SQL 표준에는 IS NULL 연산자가 정의되어 있는데, 피연산자가 NULL이면 true를 리턴한다. 반대로 IS NOT NULL은 피연산자가 NULL이면 false를 리턴한다.

**Fear-Unknown/soln/search.sql**

SELECT * FROM Bugs WHERE assigned_to IS NULL;

SELECT * FROM Bugs WHERE assigned_to IS NOT NULL;

또한 SQL-99 표준에서는 IS DISTINCT FROM이란 또 다른 비교연산사가 정의되었는데, 일반 비교 연산자인 <>와 비슷하게 동작한다. 다른 점은 피연산자가 NULL이더라도 항상 true 또는 false를 리턴한다는 것이다.

---

### 올바른 결과, 잘못된 이유

운 좋게도 NULL을 허용하는 칼럼이 좀더 직관적으로 동작한 것처럼 보이는, 다음과 같은 경우를 생각해보자.

    SELECT * FROM Bugs WHERE assigned_to <> 'NULL'

여기서 NULL을 허용하는 칼럼인 assigned_to를 실제 NULL 키워드가 아닌 문자열 값 'NULL'(따옴표에 주의)과 비교하고 있다.
assigned_to가 NULL인 경우 문자열 'NULL'과 비교하면 true가 되지 않으며, 이런 행은 쿼리 결과에서 제외된다. 프로그래머가 의도한 것과 같다.
다른 경우는, 칼럼이 정수고 문자열 'NULL'과 비교되는 경우다. 'NULL'과 같은 문자열의 정수 값은 대부분의 데이터베이스 제품에서 0이다. assigned_to의 정수 값은 0보다 큰 것이 거의 확실하다. 따라서 문자열과 다르고, 쿼리 결과에 행이 포함된다.
따라서, NULL 키워드를 따옴표로 감싸는 또 다른 흔한 실수를 저지르지만, 엉뚱하게도 프로그래머는 원하는 결과를 얻게 된다. 그러나 이는 우연의 일치일 뿐이며 WHERE assigned_to='NULL'과 같은 다른 검색에서는 우연이 계속되지 않는다.

이 새 연산자를 사용하면 값을 비교하기 전에 IS NULL로 확인을 해야 하는 지겨운 수식을 쓰지 않아도 된다. 다음 두 쿼리는 동일하다.

`Fear-Unknown/soln/is-distinct-from.sql`

```sql
SELECT * FROM Bugs WHERE assigned_to IS NULL OR assigned_to <> 1;

SELECT * FROM Bugs WHERE assigned_to IS DISTINCT FROM 1;
```

쿼리 파라미터로 리터럴 값이나 NULL을 보내고 싶을 때 이 연산자를 사용할 수 있다.

`Fear-Unknown/soln/is-distinct-from-parameter.sql`

```sql
SELECT * FROM Bugs WHERE assigned_to IS DISTINCT FROM ?;
```

IS DISTINCT FROM 지원은 데이터베이스 제품마다 다르다. PostgreSQL, IBM DB2, Firebird는 이를 지원하지만, Oracle과 Microsoft SQL Server는 아직 지원하지 않는다. MySQL은 IS DISTINCT FROM처럼 동작하는 전용 연산자 〈=〉를 제공한다.

## 칼럼을 NOT NULL로 선언하기

NULL 값이 애플리케이션 정책을 위반하거나 또는 의미가 없는 경우에는 칼럼에 NOT NULL 제약조건을 선언하는 것이 권장사항이다. 애플리케이션 코드에 의존하기보다는 데이터베이스가 제약조건을 균일하게 강제하도록 하는 것이 더 좋은 방법이다.

예를 들어, Bugs 테이블에 입력되는 모든 행에 대해 date_reported, reported_by, status 칼럼에 NULL이 아닌 값을 가지도록 하는 것이 타당하다. 마찬가지로, Comments와 같은 자식 테이블의 행도 다른 버그를 참조하고 NULL이 되면 안 되는 bug_id를 가지고 있다. 이런 칼럼은 NOT NULL로 선언해야 한다.

어떤 사람은 INSERT 문에서 칼럼을 생략하더라도 NULL 디폴트 값이 들어가도록 모든 칼럼에 대해 DEFAULT를 정의하도록 권고한다. 이는 어떤 칼럼에 대해서는 좋은 충고가 되겠지만 모든 칼럼에 그런 것은 아니다. 예를 들어, Bugs.reported_by는 NULL이 되면 안 된다. 이 칼럼에 대해 어떤 디폴트 값을 선언해야 할까? 어떤 칼럼이 논리적인 디폴트 값을 가지지 않더라도 NOT NULL 제약조건이 필요한 경우는 정당하고 흔한 것이다.

### 동적 디폴트

어떤 쿼리에서는 쿼리 로직을 단순화하기 위해 칼럼이나 수식이 NULL이 되지 않도록 강제할 필요가 있겠지만, 그 값이 저장되길 원하지는 않을 수 있다. 필요한 것은 주어진 칼럼이나 수식에, 특히 특정 쿼리에서만 디폴트 값을 설정하는 방법이다. 이를 위해 COALESCE() 함수를 사용할 수 있다. 이 함수는 가변 인수를 받고 NULL이 아닌 첫 인수를 리턴한다.

이 장의 앞부분에서 살펴봤던 사용자 이름을 연결하는 경우, 중간이름 첫 자가 NULL인 경우 공백을 사용하게 해서 NULL 값으로 인해 전체 식이 NULL이 되지 않도록 COALESCE()를 사용할 수 있다.

```
Fear-Unknown/soln/coalesce.sql
```
```
SELECT first_name || COALESCE(' ' || middle_initial || ' ', ' ') || last_name
  AS full_name
FROM Accounts;
```

COALESCE()는 표준 SQL 함수다. 어떤 데이터베이스 제품은 NVL() 또는 ISNULL()과 같은 이름으로 비슷한 함수를 지원한다.

> **SQL Antipatterns Tip**
> 어떤 데이터 타입에 대해서든 누락된 값을 뜻하는 데는 NULL을 사용하라.

## 15장

SQL Antipatterns

# 애매한 그룹

> 지성은 가능한 것과 불가능한 것을 구분한다.
> 이성은 의미 있는 것과 의미 없는 것을 구분한다.
> 가능한 것조차도 의미가 없을 수 있다.
>
> – 막스 본(Max Born)

상사가 버그 데이터베이스에서 어떤 프로젝트가 활동적이고 어떤 프로젝트가 방치되어 있는지 알고 싶어 한다고 생각해보자. 상사는 각 제품별로 가장 최근에 보고된 버그를 조사해달라고 요청한다. MySQL 데이터베이스를 사용해 product_id가 같은 그룹에서 date_reported 칼럼의 가장 큰 값을 계산하는 쿼리를 작성한다. 보고서는 다음과 같은 식이다.

| product_name | latest | bug_id |
|---|---|---|
| Open RoundFile | 2010-06-01 | 1234 |
| Visual TurboBuilder | 2010-02-16 | 3456 |
| ReConsider | 2010-01-01 | 5678 |

당신의 상사는 꼼꼼한 사람이라, 얼마간 시간을 들여 보고서에 나열된 버그를 하나씩 살펴본다. Open RoundFile에 대한 가장 최근 버그로 나열된 행의 bug_id가 가장 최근의 버그가 아님을 눈치챘다. 데이터 전체를 보면 이 불일치가 명확해진다.

| product_name | date_reported | bug_id | |
|---|---|---|---|
| Open RoundFile | 2009-12-19 | 1234 | bug_id가 1234인 행의 |
| Open RoundFile | 2010-06-01 | 2248 | date_reported는 2010-06-01이 아니다. |
| Visual TurboBuilder | 2010-02-16 | 3456 | |
| Visual TurboBuilder | 2010-02-10 | 4077 | |
| Visual TurboBuilder | 2010-02-16 | 5150 | |
| ReConsider | 2010-01-01 | 5678 | |
| ReConsider | 2009-11-09 | 8063 | |

이 문제를 어떻게 설명할 수 있을까? 왜 문제가 전체가 아닌 제품 하나에만 영향을 미쳤을까? 제대로 된 결과는 어떻게 얻을 수 있을까?

## 15.1 목표: 그룹당 최댓값을 가진 행 얻기

SQL을 배우는 대부분의 프로그래머는 쿼리에서 GROUP BY를 사용하고, 행의 그룹에 몇몇 집계 함수를 적용하고, 각 그룹당 한 행만 얻어내는 단계에 이른다. 이는 막강한 기능으로, 다양한 종류의 복잡한 보고서를 상대적으로 적은 코드로 만들 수 있게 한다.

예를 들어, 버그 데이터베이스에서 각 제품별로 가장 최근에 보고된 버그를 얻는 쿼리는 다음과 같은 식일 것이다.

```
Groups/anti/goupbyproduct.sql
SELECT product_id, MAX(date_reported) AS latest
FROM Bugs JOIN BugsProducts USING (bug_id)
GROUP BY product_id;
```

보고일자가 가장 최근인 버그의 ID를 얻기 위해 확장하면 쿼리는 자연스럽게 다음과 같은 형태가 될 것이다.

> Groups/anti/goupbyproduct.sql

```sql
SELECT product_id, MAX(date_reported) AS latest, bug_id
FROM Bugs JOIN BugsProducts USING (bug_id)
GROUP BY product_id;
```

그러나 이 쿼리는 에러가 발생하거나 또는 결과를 신뢰할 수 없다. 이는 SQL을 사용하는 프로그래머가 흔히 혼동하는 부분이다.

목표는 그룹의 최댓값(또는 최솟값 또는 평균 값)뿐 아니라 해당 값을 찾은 행의 다른 속성도 포함하도록 쿼리를 작성하는 것이다.

## 15.2 안티패턴: 그룹되지 않은 칼럼 참조

이 안티패턴의 근본 원인은 단순하며, 이는 많은 프로그래머가 SQL에서 그룹핑 쿼리의 동작 방식을 제대로 알지 못한다는 것을 드러낸다.

### 단일 값 규칙

각 그룹의 행은 GROUP BY 절 뒤에 쓴 칼럼(또는 칼럼 목록)의 값이 같은 행이다. 예를 들어, 다음 쿼리에서는 각 product_id 값마다 그룹이 생긴다.

> Groups/anti/goupbyproduct.sql

```sql
SELECT product_id, MAX(date_reported) AS latest
FROM Bugs JOIN BugsProducts USING (bug_id)
GROUP BY product_id;
```

쿼리에서 SELECT 목록에 있는 모든 칼럼은 그룹당 하나의 값을 가져야 한다. 이를 단일 값 규칙(Single-Value Rule)이라 한다. GROUP BY 절 뒤에 쓴 칼럼들은 얼마나 많은 행이 그룹에 대응되는지에 상관없이 각 그룹당 정확히 하나의 값만 나온다는 것이 보장된다.

MAX() 함수 또한 각 그룹당 하나의 값만 내보낸다는 것이 보장된다. 즉, 그룹 내 모든 행에 대해서 MAX()의 인수 중 최대값 하나만 리턴한다.

그러나 SELECT 목록에 있는 다른 칼럼에 대해서는 데이터베이스 서버가 이를 확신할 수 없다. 이런 다른 칼럼에 대해서는 그룹 안에서 모든 행에 같은 값이 나오는지를 보장할 수 없는 것이다.

`Groups/anti/goupbyproduct.sql`

```
SELECT product_id, MAX(date_reported) AS latest, bug_id
FROM Bugs JOIN BugsProducts USING (bug_id)
GROUP BY product_id;
```

위 예에서, 주어진 product_id에 대해 많은 bug_id 값이 존재한다. BugsProducts 테이블은 다수의 버그를 제품으로 연관시키기 때문이다. 제품 하나당 행도 하나로 축약하는 그룹핑 쿼리에서는 bug_id의 모든 값을 표현할 방법이 없다.

이런 '여분의' 칼럼에 대해서는 그룹 내에서 값이 단일함을 보장할 수 없기 때문에, 데이터베이스는 이들이 단일 값 규칙을 위반했다고 가정한다. 대부분의 데이터베이스 제품은 GROUP BY 절 뒤에 나오는 칼럼 또는 집계 함수의 인수로 사용되는 칼럼 이외의 다른 칼럼을 리턴하려는 쿼리를 실행할 경우 에러를 발생한다.

MySQL과 SQLite는 다른 데이터베이스 제품과 동작이 다른데, 15.4절에서 살펴볼 것이다.

### 내 뜻대로 동작하는 쿼리

프로그래머들은 흔히, 다른 칼럼에 사용된 MAX()를 통해 보고서에서 어떤 bug_id를 넣어야 할지 SQL이 알아낼 수 있다고 잘못 생각한다. 대부분의 사람들은 쿼리가 최댓값을 얻을 때, 자연히 다른 칼럼의 값도 그 최댓값을 얻은 행에서 가져올 것이라 가정한다.

그러나 다음과 같은 경우에는 이런 추론을 할 수 없다.

- 두 버그의 date_reported 값이 동일하고 이 값이 그룹 내 최댓값이라면, 쿼리에서 어느 bug_id 값을 보여줘야 하는가?
- 쿼리에서 두 가지 다른 집계 함수, 예를 들어 MAX()와 MIN()을 사용한다면, 이는 그룹 안에서 두 개의 다른 행에 대응될 것이다. 이 그룹에서는 쿼리가 어느 bug_id 값을 리턴해야 하는가?

`Groups/anti/maxandmin.sql`

```sql
SELECT product_id, MAX(date_reported) AS latest,
  MIN(date_reported) AS earliest, bug_id
FROM Bugs JOIN BugsProducts USING (bug_id)
GROUP BY product_id;
```

- 집계 함수가 리턴하는 값과 매치되는 행이 없는 경우에는 bug_id 값을 어떻게 해야 하는가? AVG(), COUNT(), SUM()과 같은 함수를 사용할 때 이런 경우가 발생한다.

`Groups/anti/sumbyproduct.sql`

```sql
SELECT product_id, SUM(hours) AS total_project_estimate, bug_id
FROM Bugs JOIN BugsProducts USING (bug_id)
GROUP BY product_id;
```

이런 이유로 단일 값 규칙이 중요하다. 이 규칙을 준수하지 못하는 모든 쿼리가 애매한 결과를 만드는 것은 아니지만, 많은 경우는 그렇다. 만약 데이터베이스가 애매한 쿼리와 애매하지 않은 쿼리를 구분해 데이터에 애매한 결과가 포함되는 경우만 에러를 발생시킬 수 있다면 좋을 것 같다. 그러나 이는 애플리케이션 신뢰성을 위해서는 좋은 게 아니다. 동일한 쿼리가 데이터 상태에 따라 유효할 수도 유효하지 않을 수도 있기 때문이다.

## 15.3 안티패턴 인식 방법

대부분의 데이터베이스 제품에서는 단일 값 규칙을 위반하는 쿼리에 대해 즉각적인 에러를 발생한다. 다음은 몇몇 데이터베이스 제품에서 보여주는 에러 메시지 예다.

- Firebird 2.1:

    Invalid expression in the select list (not contained in either an aggregate function or the GROUP BY clause)

- IBM DB2 9.5:

    An expression starting with "BUG_ID" specified in a SELECT clause, HAVING clause, or ORDER BY clause is not specified in the GROUP BY clause or it is in a SELECT clause, HAVING clause, or ORDER BY clause with a column function and no GROUP BY clause is specified.

---

**GROUP BY와 DISTINCT**

SQL은 쿼리 결과 행에서 중복을 제거해주는 DISTINCT라는 쿼리 수정자를 지원한다. 예를 들어, 다음 쿼리는 버그 보고자와 보고일자를 보여주되, 각 날짜와 사람에 대해 한 행만 표시한다.

```
SELECT DISTINCT date_reported, reported_by FROM Bugs;
```

그룹핑 쿼리로도 집계 함수를 생략하면 동일한 결과를 얻을 수 있다. GROUP BY 절 뒤에 기술한 칼럼에 대해 구별되는 값의 쌍을 가지는 행만 쿼리 결과로 표시된다.

```
SELECT date_reported, reported_by FROM Bugs
GROUP BY date_reported, reported_by;
```

두 쿼리 모두 동일한 결과를 내고 비슷하게 최적화되어 실행되어야 한다. 따라서 이 예에서 두 쿼리의 차이점은 취향일 뿐이다.

- Microsoft SQL Server 2008:
  ```
  Column 'Bugs.bug_id' is invalid in the select list because it is
  not contained in either an aggregate function or the GROUP BY
  clause.
  ```

- MySQL 5.1, ONLY_FULL_GROUP SQL 모드를 설정해 모호한 쿼리를 허용하지 않도록 한 경우
  ```
  'bugs.b.bug_id' isn't in GROUP BY
  ```

- Oracle 10.2:
  ```
  not a GROUP BY expression
  ```

- PostgreSQL 8.3:
  ```
  column "bp.bug_id" must appear in the GROUP BY clause or be used in
  an aggregate function
  ```

SQLite와 MySQL에서는, 모호한 칼럼에 예상치 못한 신뢰할 수 없는 값이 들어갈 수 있다. MySQL에서는 그룹의 첫 번째 행의 값이 리턴되는데, 여기서 첫 번째라 함은 물리적 스토리지에서의 첫 번째를 가리킨다. SQLite는 이와 반대로 그룹의 마지막 행의 값을 리턴한다. 두 경우 모두, 이런 동작은 문서화되지 않았고, 향후 버전에서 동일하게 동작하란 보장도 없다. 이런 경우를 주의하고 모호성을 회피하도록 쿼리를 설계하는 것은 각자의 책임이다.

## 15.4 안티패턴 사용이 합당한 경우

살펴본 바와 같이 MySQL과 SQLite는 단일 값 규칙에 맞지 않는 경우 결과의 신뢰성을 보장할 수 없다. 이런 데이터베이스가 다른 제품보다 규칙을 덜 엄격하게 강제한다는 사실을 이점으로 활용할 수 있는 경우도 있다.

`Groups/legit/functional.sql`
```
SELECT b.reported_by, a.account_name
FROM Bugs b JOIN Accounts a ON (b.reported_by = a.account_id)
GROUP BY b.reported_by;
```

이 쿼리에서, account_name 칼럼은 GROUP BY 절에도 나오지 않고 집계

함수 안에 있는 것도 아니기 때문에 원칙적으로는 단일 값 규칙을 위반했다. 그러나 각 그룹에 대해 account_name에 가능한 값은 하나뿐이다. 그룹은 Bugs.reported_by를 기준으로 묶은 것인데 이 칼럼은 Accounts 테이블에 대한 외래키다. 따라서 각 그룹은 Accounts 테이블의 행 하나에 대응된다.

다시 말하면, reported_by 값을 알면 account_name도 명확하게 아는 것이다. Accounts 테이블의 PK로 쿼리한 것처럼 말이다.

이런 종류의 명확한 관계를 함수 종속(functional dependency)이라 부른다. 함수 종속의 가장 일반적인 예는 테이블의 PK와 테이블 속성 간의 관계다. account_name은 PK인 account_id에 함수 종속이다. 쿼리에서 테이블의 PK로 그룹을 지으면, 각 행이 그룹이 되며, 테이블의 모든 다른 칼럼은 그룹당 하나의 값을 가지게 된다.

Bugs.reported_by도 Accounts 테이블의 PK를 참조하므로 Accounts 테이블에 종속된 속성과 비슷한 관계를 가진다. 쿼리에서 외래키인 reported_by 칼럼으로 그룹을 지으면, Accounts 테이블의 속성은 함수 종속이고, 쿼리에 모호한 결과가 포함되지 않는다.

그러나 대부분의 데이터베이스 제품은 여전히 에러를 발생한다. 이것은 SQL 표준에서 요구되는 동작이기도 하고, 쿼리 실행 시 함수 종속성을 판단하는 것은 비용도 많이 든다.[1] 그러나 MySQL 또는 SQLite를 사용하는 경우 함수 종속인 칼럼에 대해서만 주의 깊게 쿼리하면, 모호성 문제를 피하면서도 이런 식의 그룹핑 쿼리를 사용할 수 있다.

## 15.5 해법: 칼럼을 모호하게 사용하지 않기

지금부터 안티패턴을 해결하고 모호하지 않은 쿼리를 작성하는 몇 가지 방법을 살펴볼 것이다.

---

[1] 이 예제 쿼리는 단순하지만, 임의의 SQL 쿼리에 대해 함수 종속성을 판단하기란 훨씬 어렵다.

## 함수 종속인 칼럼만 쿼리하기

가장 간단한 방법은 모호한 칼럼을 쿼리에서 제거하는 것이다.

`Groups/anti/groupbyproduct.sql`

```sql
SELECT product_id, MAX(date_reported) AS latest
FROM Bugs JOIN BugsProducts USING (bug_id)
GROUP BY product_id;
```

이 쿼리는 각 제품에 대해 가장 최근에 보고된 버그의 날짜만 보여준다. 가장 최근에 보고된 버그의 bug_id는 보여주지 않는다. 때론 이것으로 충분할 수 있다. 단순한 방법을 간과하지 마라.

## 상호 연관된 서브쿼리 사용하기

상호 연관된 서브쿼리(correlated subquery)는 바깥쪽 쿼리에 대한 참조를 가지고 있어 바깥쪽 쿼리의 각 행에 대해 다른 결과를 생성할 수 있다. 이를 이용해 서브쿼리가 그룹 내에서 날짜가 큰 버그를 찾게 해, 각 제품별로 가장 최근에 보고된 버그를 찾을 수 있다. 서브쿼리가 아무것도 못 찾으면, 바깥쪽 쿼리에 있는 버그가 가장 최근의 버그다.

`Groups/soln/notexists.sql`

```sql
SELECT bp1.product_id, b1.date_reported AS latest, b1.bug_id
FROM Bugs b1 JOIN BugsProducts bp1 USING (bug_id)
WHERE NOT EXISTS
  (SELECT * FROM Bugs b2 JOIN BugsProducts bp2 USING (bug_id)
   WHERE bp1.product_id = bp2.product_id
     AND b1.date_reported < b2.date_reported);
```

읽기 쉽고 코딩하기 쉬운 간단한 방법으로 사용할 수 있다. 그러나 상호 연관된 서브쿼리는 바깥쪽 쿼리의 각 행에 대해 한 번씩 실행되기 때문에, 성능상 최적의 방법은 아님을 명심하기 바란다.

## 유도 테이블 사용하기

서브쿼리를 유도 테이블(derived table)[2]로 사용해, 각 제품에 대한 product_id 와 버그 보고일자의 최댓값만 포함하는 임시 결과를 만들 수 있다. 그런 다음 이 결과를 테이블과 조인해 쿼리 결과가 각 제품당 가장 최근의 버그만 포함 하게 한다.

```
Groups/soln/derived-table.sql
```

```sql
SELECT m.product_id, m.latest, b1.bug_id
FROM Bugs b1 JOIN BugsProducts bp1 USING (bug_id)
  JOIN (SELECT bp2.product_id, MAX(b2.date_reported) AS latest
        FROM Bugs b2 JOIN BugsProducts bp2 USING (bug_id)
        GROUP BY bp2.product_id) m
  ON (bp1.product_id = m.product_id AND b1.date_reported = m.latest);
```

| product_id | latest | bug_id |
|---|---|---|
| 1 | 2010-06-01 | 2248 |
| 2 | 2010-02-16 | 3456 |
| 2 | 2010-02-16 | 5150 |
| 3 | 2010-01-01 | 5678 |

서브쿼리가 여러 행의 lastest 날짜를 리턴하면 하나의 제품에 대해 여러 행 이 나올 수 있음을 유의하기 바란다. product_id당 하나의 행만 나오게 하고 싶 으면, 바깥쪽 쿼리에 다른 그룹핑 항수를 사용할 수 있다.

```
Groups/soln/derived-table-no-duplicates.sql
```

```sql
SELECT m.product_id, m.latest, MAX(b1.bug_id) AS latest_bug_id
FROM Bugs b1 JOIN
  (SELECT product_id, MAX(date_reported) AS latest
   FROM Bugs b2 JOIN BugsProducts USING (bug_id)
   GROUP BY product_id) m
  ON (b1.date_reported = m.latest)
GROUP BY m.product_id, m.latest;
```

---

[2] (옮긴이) 테이블이 들어갈 자리에 서브쿼리를 사용하는 경우를 말하며 흔히 인라인 뷰(inline view)라고도 한다.

| product_id | latest | bug_id |
| --- | --- | --- |
| 1 | 2010-06-01 | 2248 |
| 2 | 2010-02-16 | 5150 |
| 3 | 2010-01-01 | 5678 |

유도 테이블 방법은 상호 연관된 서브쿼리를 사용하는 방법보다 확장적응성(scalability)이 좋은 대안이다. 유도 테이블은 상호 연관되지 않아, 대부분의 데이터베이스에서 서브쿼리가 한 번만 수행된다. 그러나 데이터베이스가 임시 테이블에 중간 결과를 저장해야 하므로[3], 여전히 성능상 최적의 방법은 아니다.

### 조인 사용하기

대응되는 행이 없을 수도 있는 행의 집합에 대해 대응을 시도하는 조인을 할 수 있다. 이런 종류의 조인을 외부 조인(outer join)이라 한다. 대응되는 행이 없는 곳에는 이 행에 대한 모든 칼럼에 NULL이 채워진다. 따라서 쿼리 결과에 NULL이 나오면 대응되는 행이 없다는 것을 알 수 있다.

`Groups/soln/outer-join.sql`

```
SELECT bp1.product_id, b1.date_reported AS latest, b1.bug_id
FROM Bugs b1 JOIN BugsProducts bp1 ON (b1.bug_id = bp1.bug_id)
LEFT OUTER JOIN (Bugs AS b2 JOIN BugsProducts AS bp2 ON (b2.bug_id =
bp2.bug_id))
  ON (bp1.product_id = bp2.product_id AND (b1.date_reported < b2.date_reported
    OR b1.date_reported = b2.date_reported AND b1.bug_id < b2.bug_id))
WHERE b2.bug_id IS NULL;
```

---

3 (옮긴이) 실제로는 실행 계획이 조인으로 풀릴 수도 있으므로 꼭 중간 결과를 임시 테이블에 저장해야 하는 것은 아니다.

| product_id | latest | bug_id |
|---|---|---|
| 1 | 2010-06-01 | 2248 |
| 2 | 2010-02-16 | 5150 |
| 3 | 2010-01-01 | 5678 |

대부분의 사람들은, 쿼리를 뚫어지게 몇 분간 쳐다보고 연습장에 약간의 메모도 해가며 봐야 이 쿼리가 어떻게 동작하는지 이해할 수 있을 것이다. 그러나 한번 이해하고 나면, 이 기법은 중요한 도구가 될 수 있다.

대량 데이터에 대한 쿼리에서 확장적응성이 중요한 경우에는 조인 방법을 사용하기 바란다. 개념을 이해하기 어렵고, 그래서 유지보수도 더 어렵지만, 서브쿼리를 사용하는 방법보다 확장적응성이 뛰어나다. 어떤 방법이 다른 방법보다 성능이 좋다고 가정하지 말고, 여러 형태의 쿼리에 대해 성능을 측정해 확인해야 한다는 점을 기억하기 바란다.

### 다른 칼럼에 집계 함수 사용하기

다른 칼럼에 집계 함수를 적용해 단일 값 규칙을 따르게 할 수도 있다.

`Groups/soln/extra-aggregate.sql`

```
SELECT product_id, MAX(date_reported) AS latest,
  MAX(bug_id) AS latest_bug_id
FROM Bugs JOIN BugsProducts USING (bug_id)
GROUP BY product_id;
```

bug_id 값이 크면 보고일자도 나중임을 보장할 수 있는 경우, 즉 bug_id가 시간 순으로 생성되는 경우에만 이 방법을 사용할 수 있다.

### 각 그룹에 대해 모든 값을 연결하기

마지막으로, 단일 값 규칙을 위반하지 않기 위해 bug_id에 또 다른 집계 함수를 사용할 수 있다. MySQL과 SQLite는 그룹에 속한 모든 값을 하나의 값으로 연결하는 GROUP_CONCAT() 함수를 지원한다. 이 함수는 디폴트로 쉼표로 구분된 문자열을 만든다.

```
Groups/soln/group-concat-mysql.sql
```
```
SELECT product_id, MAX(date_reported) AS latest
  GROUP_CONCAT(bug_id) AS bug_id_list,
FROM Bugs JOIN BugsProducts USING (bug_id)
GROUP BY product_id;
```

| product_id | latest | bug_id_list |
| --- | --- | --- |
| 1 | 2010-06-01 | 1234, 2248 |
| 2 | 2010-02-16 | 3456, 4077, 5150 |
| 3 | 2010-01-01 | 5678, 8063 |

이 쿼리는 어떤 bug_id가 가장 최근 날짜에 대응되는지를 보이지 않는다. bug_id_list는 각 그룹 안에 있는 모든 bug_id 값을 포함한다.

이 방법의 또 다른 단점은 표준 SQL이 아니란 점이다. 다른 데이터베이스 제품에서는 이 함수를 지원하지 않는다. 어떤 데이터베이스 제품은 사용자 정의 함수와 사용자 정의 집계 함수를 지원한다. 예를 들어, PostgreSQL에서는 다음과 같이 할 수 있다.

```
Groups/soln/group-concat-pgsql.sql
```
```
CREATE AGGREGATE GROUP_ARRAY (
  BASETYPE = ANYELEMENT,
     SFUNC = ARRAY_APPEND,
     STYPE = ANYARRAY,
  INITCOND = '{}'
);

SELECT product_id, MAX(date_reported) AS latest,
  ARRAY_TO_STRING(GROUP_ARRAY(bug_id), ',') AS bug_id_list
FROM Bugs JOIN BugsProducts USING (bug_id)
GROUP BY product_id;
```

어떤 데이터베이스 제품은 사용자 정의 함수를 지원하지 않아, 그룹으로 묶기 전의 쿼리 결과에 대해 루프를 돌면서 값을 직접 연결하는 저장 프로시저를 작성해야 할 수 있다.

다른 칼럼이 각 그룹에 대해 하나의 값을 가져야 하지만 그 칼럼이 여전히 단일 값 규칙을 위반하는 경우에 이 방법을 사용할 수 있다.

> **SQL Antipatterns Tip**
>
> 모호한 쿼리 결과를 피하기 위해 단일 값 규칙을 따라라.

# 16장

S Q L   A n t i p a t t e r n s

# 임의의 선택

난수(random number) 생성은 너무도 중요해서 운에 맡길 수 없다
– 로버트 코비유(Robert R. Coveyou)

광고를 표시하는 웹 애플리케이션을 작성하고 있다. 매번 무작위로 광고를 선택해 모든 광고주의 광고가 균등한 기회로 보이게 하고 사용자는 같은 광고를 반복적으로 보지 않게 해야 한다.

처음 며칠은 잘 돌아갔지만, 애플리케이션이 조금씩 느려지기 시작했다. 몇 주 후, 사람들이 당신의 웹 사이트가 너무 느리다고 불평하기 시작한다. 단지 심리적인 것만은 아님을 알게 된다. 페이지가 로딩되는 실제 시간을 측정해보면 알 수 있다. 사이트 방문자들은 흥미를 잃기 시작했고, 트래픽도 감소하고 있다.

과거 경험에서 배운 대로, 먼저 프로파일링 도구를 사용해 샘플 데이터를 가지고 있는 테스트 데이터베이스에서 성능 병목 지점을 찾으려 한다. 웹 페이지 로딩 시간을 측정해보지만, 이상하게도 페이지를 생성하는 데 사용된 SQL 쿼리 중 어느 것도 성능에 문제가 없다. 그러나 실제 웹 사이트는 계속해서 느려지고 있다.

마침내, 실 환경의 데이터베이스는 테스트 데이터베이스보다 훨씬 크다는

것을 깨닫는다. 테스트 데이터베이스를 실 환경과 비슷한 크기로 맞추고 테스트를 반복해 광고 선택 쿼리가 문제임을 알아낸다. 광고 수가 아주 많은 경우 쿼리 성능이 급격하게 떨어진다. 이 쿼리는 큰 규모에서는 제대로 동작하지 않는다는 것을 알게 됐다. 이는 중요한 진전이다.

웹 사이트 사용자와 광고주를 모두 잃기 전에, 무작위로 광고를 선택하는 쿼리를 어떻게 개선할 수 있을까?

## 16.1 목표: 샘플 행 가져오기

얼마나 자주 임의의 결과를 리턴하는 SQL 쿼리가 필요한지 놀랄 정도다. 이는 반복성과 결정론적 프로그래밍 원리에 배치되는 것으로 보인다. 그러나 대량의 데이터 집합에 샘플 데이터를 요청하는 것은 평범한 일이다. 다음은 몇 가지 예다.

- 광고나 강조하고 싶은 뉴스 스토리와 같은 순환 컨텐트를 표시할 때
- 레코드의 부분집합을 조사할 때
- 걸려오는 전화를 가용한 오퍼레이터에 할당할 때
- 테스트 데이터를 생성할 때

전체 데이터 집합을 애플리케이션으로 가져와 샘플을 고르는 것보다는 데이터베이스에 샘플을 요청하는 것이 낫다.

목표는 임의의 샘플 데이터만 리턴하는 효율적인 SQL 쿼리를 작성하는 것이다.[1]

---

1 수학자나 컴퓨터 과학자는 정말 난수인 것과 의사 난수(pseudorandom)을 구분한다. 실제로 컴퓨터는 의사 난수만 생성할 수 있다.

## 16.2 안티패턴: 데이터를 임의로 정렬하기

쿼리에서 임의의 행을 고르는 가장 흔한 SQL 기법은 데이터를 임의로 정렬한 다음 첫 행을 고르는 것이다. 이 방법은 이해하기도 쉽고 구현하기도 쉽다.

`Random/anti/orderby-rand.sql`

```
SELECT * FROM Bugs ORDER BY RAND() LIMIT 1;
```

인기 있는 방법이긴 하지만, 약점이 금방 드러난다. 이 약점을 이해하기 위해, 먼저 일반적인 정렬과 비교해보자. 일반적인 정렬에서는 칼럼의 값을 비교해 어느 행이 큰 값을 가졌고 어느 행이 작은 값을 가졌는지에 따라 순서를 매긴다. 이런 식의 정렬은 반복적이어서, 여러 번 실행해도 같은 결과를 만든다. 또한 인덱스를 활용할 수도 있다. 인덱스는 본질적으로 특정 칼럼 값으로 미리 정렬한 집합이기 때문이다.

`Random/anti/indexed-sort.sql`

```
SELECT * FROM Bugs ORDER BY date_reported;
```

정렬 조건이 각 행마다 임의의 수를 리턴하는 함수라면, 어떤 행이 다른 행보다 큰지 작은지도 임의가 되고, 따라서 순서도 각 행의 값과는 무관해진다. 또한 이런 식으로 정렬하면 순서가 매번 달라진다. 지금까지는 괜찮다. 이게 우리가 원한 결과다.

RAND()와 같은 비결정적 수식으로 정렬하면 인덱스를 활용할 수 없게 된다. RAND() 함수가 리턴하는 값으로 된 인덱스는 없다. 랜덤이 될 때의 요점은 SELECT할 때마다 다르고 예측할 수 없다는 것이다.

이는 쿼리 성능을 고려할 때 문제가 된다. 인덱스를 사용하는 것은 정렬을 빠르게 하는 가장 좋은 방법 중 하나기 때문이다. 인덱스를 사용하지 못하는 결과, 데이터베이스가 쿼리 결과 집합을 직접 정렬해야 한다. 정렬해야 할 데이터가 많은 경우, 쿼리 결과 전체를 임시 테이블에 넣고 물리적으로 행을 교체해가며 정렬해야 한다.[2] 이런 식의 정렬은 인덱스의 도움을 받는 정렬보다 훨씬 느리며, 데이터가 커질수록 성능 차이도 커진다.

임의로 정렬하는 기법의 또 다른 약점은, 전체 데이터 집합을 정렬하는 비용이 많이 드는 작업을 하는데, 이 작업 결과의 대부분이 낭비라는 것이다. 첫 행을 제외한 나머지는 곧바로 버리기 때문이다. 테이블에 수천 개의 행이 있는 경우, 하나의 행만 필요하다면 왜 수천 개의 행을 전부 읽어야 한단 말인가?

적은 데이터에서 쿼리를 실행하면 이런 문제가 눈에 띄지 않기 때문에, 개발하고 테스트하는 동안에는 좋은 방법으로 보일 수 있다. 그러나 시간이 지나면서 데이터베이스의 크기가 커지면, 이런 식의 쿼리는 문제가 되기 마련이다.

## 16.3 안티패턴 인식 방법

안티패턴에서 보인 기법은 간단해서 많은 프로그래머가 기사에서 읽어 배우거나 아니면 스스로 생각해내서 사용한다. 다음과 같은 말이 들리면 동료들이 안티패턴을 사용하고 있는 것일 수 있다.

- "SQL에서 임의의 행을 리턴하는 건 정말 느려."

  임의의 샘플을 선택하기 위한 쿼리는 개발 기간이나 테스트 기간에 얼마 안 되는 데이터에서 실행하면 잘 동작한다. 그러나 실 환경에서 데이터가 늘어나기 시작하면 점점 느려진다. 서버를 튜닝하고 인덱스를 달고, 캐싱을 늘려서 해결할 수 있는 문제가 아니다.

- "애플리케이션에서 사용할 메모리를 어떻게 늘릴 수 있지? 모든 행을 가져와서 그 중 임의로 한 개를 선택해야 해."

  모든 데이터를 애플리케이션으로 가져올 필요가 없어야 한다. 이렇게 하는 것은 대부분 낭비다. 게다가 데이터베이스는 애플리케이션 메모리에

---

[2] (옮긴이) 데이터베이스 시스템은 보통 정렬할 데이터가 적은 경우에는 메모리에서 정렬을 수행하나, 메모리에서 정렬을 수행할 수 없을 정도로 데이터가 많은 경우에는 디스크의 임시 영역을 이용해 정렬을 수행한다. 디스크 상에서의 정렬은 메모리상에서의 정렬보다 훨씬 느리다.

서 처리할 수 없을 정도로 커지는 게 보통이다.

- "어떤 항목이 다른 것보다 좀더 자주 나오는 것 같아 보이지 않니? 랜덤이 별로 랜덤 같지 않은데?"

  난수가 데이터베이스의 PK 값의 간격과 동기화되지 않았다. (16.5절의 '다음으로 큰 키 값 고르기' 참조)

## 16.4 안티패턴 사용이 합당한 경우

임의로 정렬하는 방법의 비효율성은 데이터 집합이 적을 때는 참을만하다.

예를 들어, 주어진 버그를 수정할 프로그래머를 할당할 때 이 방법을 사용할 수 있다. 프로그래머 수가 엄청나게 늘어나 임의의 사람을 고르는 데 성능이 매우 뛰어난 방법을 사용해야만 할 일은 없다고 가정해도 된다.

다른 예는, 미국의 50개 주 중 임의로 하나를 선택하는 경우다. 이런 식으로 목록 크기도 적당하고 데이터가 늘어날 일이 거의 없는 경우라면 괜찮다.

## 16.5 해법: 테이블 전체 정렬 피하기

임의로 정렬하는 방법은 테이블 스캔과 비용이 많이 드는 수동정렬을 수반한다. SQL을 작성할 때, 이런 비효율적인 쿼리를 경계해야 한다. 최적화할 수 없는 쿼리를 최적화하려고 헛된 노력을 들이기보다는, 새로운 접근방법을 생각하는 편이 낫다. 쿼리 결과 집합에서 임의의 행을 선택할 때 지금부터 설명하는 대안을 사용할 수 있다. 서로 다른 상황에서, 이런 대안은 훨씬 높은 효율로 동일한 결과를 생성할 수 있다.

### 1과 MAX 사이에서 임의의 키 값 고르기

테이블 정렬을 피하는 방법 중 하나는 1과 PK의 최댓값 사이에서 임의의 값을 선택하는 것이다.

Random/soln/rand-1-to-max.sql

```sql
SELECT b1.*
FROM Bugs AS b1
JOIN (SELECT CEIL(RAND() * (SELECT MAX(bug_id) FROM Bugs)) AS
rand_id) AS b2
  ON (b1.bug_id = b2.rand_id);
```

이 방법은 PK 값이 1부터 시작해 연속적으로 존재한다고 가정한다. 즉, 1과 최댓값 사이에 빈 값이 없다는 뜻이다. 빈 값이 존재하는 경우, 임의로 선택한 값이 테이블의 행과 매치되지 않을 수 있다.

키가 1과 최댓값 사이의 모든 값을 사용하는 경우에는 이 방법을 사용할 수 있다.[3]

### 다음으로 큰 키 값 고르기

이 방법은 앞서 살펴본 방법과 비슷하지만, 1과 최댓값 사이에 빈틈이 있는 경우에도 사용할 수 있다. 다음 쿼리는 임의의 값으로 처음 찾아내는 키 값과 매치된다.

Random/soln/next-higher.sql

```sql
SELECT b1.*
FROM Bugs AS b1
JOIN (SELECT CEIL(RAND() * (SELECT MAX(bug_id) FROM Bugs)) AS bug_id)
AS b2
WHERE b1.bug_id >= b2.bug_id
ORDER BY b1.bug_id
LIMIT 1;
```

이 방법은 임의의 수가 키 값과 대응되지 않는 경우에 대한 문제를 해결하지만, 빈틈 바로 앞에 있는 키 값이 더 자주 선택된다는 단점이 있다. 랜덤 값은 거의 균일하게 분포하지만, bug_id 값은 그렇지 않기 때문이다.

---

3 (옮긴이) 다음과 같이 단순하게 작성할 수도 있다.

```sql
SELECT * FROM Bugs
  WHERE bug_id = (SELECT CEIL(RAND() * MAX(bug_id)) FROM Bugs);
```

빈틈이 드물게 존재하고 모든 키 값이 동일한 빈도로 선택되는 것이 중요하지 않을 때 이 방법을 사용할 수 있다.[4]

## 모든 키 값의 목록을 구한 다음, 임의로 하나 고르기

결과 집합의 PK 값 하나를 고르는 애플리케이션 코드를 사용할 수 있다. 그런 다음 이 PK 값을 이용해 데이터베이스에서 전체 행을 조회한다. 다음 코드는 이 기법을 PHP로 구현한 것이다.

Random/soln/rand-key-from-list.php
```php
<?php
$bug_id_list = $pdo->query("SELECT bug_id FROM Bugs")->fetchAll();

$rand = random( count($bug_id_list) );
$rand_bug_id = $bug_id_list[$rand]["bug_id"];

$stmt = $pdo->prepare("SELECT * FROM Bugs WHERE bug_id = ?");
$stmt->execute( array($rand_bug_id) );
$rand_bug = $stmt->fetch();
```

이 기법은 테이블 정렬을 피하고, 각 키 값을 거의 같은 확률로 선택하지만, 다른 비용이 든다.

- 데이터베이스로부터 모든 bug_id 값을 불러올 때 리스트 크기가 엄청나게 클 수 있다. 심지어 애플리케이션 메모리 자원을 넘어서 다음과 같은 에러가 발생할 수 있다.

    `Fatal error: Allowed memory size of 16777216 bytes exhausted`

- 쿼리를 두 번 해야 한다. 한 번은 PK의 목록을 생성하기 위해, 두 번째는 임의의 행을 가져오기 위해서다. 쿼리가 지나치게 복잡하고 비용이 많이

---

4 (옮긴이) 이 쿼리 역시 다음과 같이 단순하게 작성할 수 있다.
```
SELECT * FROM Bugs
  WHERE bug_id >= (SELECT CEIL(RAND() * MAX(bug_id)) FROM Bugs)
  ORDER BY bug_id
  LIMIT 1;
```

든다면, 이게 문제가 될 수도 있다.

결과 집합의 크기가 적당하고 단순한 쿼리로 임의의 행을 선택하는 경우에 이 기법을 사용할 수 있다. 이 방법은 불연속적인 목록에서 값을 선택할 때 좋다.

### 오프셋을 이용해 임의로 고르기

앞에서 살펴본 방법에 존재하는 문제를 피하는 다른 방법이 있다. 데이터 집합에서 행의 개수를 세고 0과 행 개수 사이의 임의의 수를 고른 다음, 데이터 집합을 쿼리할 때 이 수를 오프셋으로 사용하는 것이다.

Random/soln/limit-offset.php

```php
<?php

$rand = "SELECT ROUND(RAND() * (SELECT COUNT(*) FROM Bugs))";
$offset = $pdo->query($rand)->fetch(PDO::FETCH_ASSOC);

$sql = "SELECT * FROM Bugs LIMIT 1 OFFSET :offset";
$stmt = $pdo->prepare($sql);
$stmt->execute( $offset );
$rand_bug = $stmt->fetch();
```

이 방법은 표준이 아닌 LIMIT 절에 의존하고 있다. LIMIT 절은 MySQL, PostgreSQL, SQLite에서 지원한다.

다른 대안은 Oracle, Microsoft SQL Server, IBM DB2에서 동작하는 ROW_NUMBER() 윈도 함수를 사용하는 것이다.

예를 들어, Oracle에서는 다음과 같이 할 수 있다.

Random/soln/row_number.php

```php
<?php
$rand = "SELECT 1 + MOD(ABS(dbms_random.random()),
  (SELECT COUNT(*) FROM Bugs)) AS offset FROM dual";
$offset = $pdo->query($rand)->fetch(PDO::FETCH_ASSOC);

$sql = "WITH NumberedBugs AS (
  SELECT b.*, ROW_NUMBER() OVER (ORDER BY bug_id) AS RN FROM Bugs b
) SELECT * FROM NumberedBugs WHERE RN = :offset";
```

```
$stmt = $pdo->prepare($sql);
$stmt->execute( $offset );
$rand_bug = $stmt->fetch();
```

키 값이 연속적이라고 확신할 수 없고, 각 행이 선택될 확률을 같게 해야 하는 경우에 이 방법을 사용할 수 있다.

### 벤더 종속적인 방법

어떤 데이터베이스 제품이든 이런 종류의 작업을 위한 각자의 방법이 있을 수 있다. 예를 들어, Microsoft SQL Server 2005에는 TABLESAMPLE 절이 있다.

> Random/soln/tablesample-sql2005.sql

```
SELECT * FROM Bugs TABLESAMPLE (1 ROWS);
```

Oracle은 약간 다르게 SAMPLE 절을 사용한다. 예를 들어, 다음 쿼리는 테이블에서 1%의 행을 가져온 다음, 임의의 순서로 정렬한 후 한 행만 가져온다.

> Random/soln/sample-oracle.sql

```
SELECT * FROM (SELECT * FROM Bugs SAMPLE (1)
ORDER BY dbms_random.value) WHERE ROWNUM = 1;
```

데이터베이스 제품에서만 지원하는 고유 기능을 사용하려면 문서를 확인해야 한다. 보통 사용하기 전에 알아야 할 제한이나 옵션이 있는 경우가 많다.

> **SQL Antipatterns Tip**
>
> 어떤 쿼리는 최적화할 수 없다. 이 경우에는 다른 접근방법을 취해야 한다.

## 17장

SQL Antipatterns

# 가난한 자의 검색 엔진

> 어떤 사람들은, 문제에 직면했을 때,
> "알아, 정규표현식을 사용할거야." 하고 생각한다.
> 이제, 그들에겐 문제가 두 개다.
> – 제이미 자윈스키(Jamie Zawinski)

나는 1995년에 기술 지원 업무를 맡고 있었다. 그 당시, 회사들은 고객에게 정보를 제공하는 방법으로 웹을 수용하기 시작했다. 우리는 공통적인 질문에 대한 해법을 설명하는 짧은 문서의 모음을 가지고 있었고, 이것을 지식 관리 시스템의 웹 단에서 보여주고 싶었다.

우리는 곧 문서 집합이 커지면 이를 검색할 수 있어야 한다는 사실을 깨달았다. 고객들은 원하는 답을 찾기 위해 수백 개의 문서를 열람하고 싶어 하지는 않을 것이기 때문이다. 한 가지 방법은 문서를 여러 개의 범주로 분류하는 것이지만, 이런 그룹조차도 너무 컸고, 많은 문서가 여러 그룹에 속하기도 했다.

우리는 고객이 문서를 검색해 어떤 조건에 만족하는 문서로 목록의 범위를 좁혀가길 원했다. 가장 유연하고 직관적인 인터페이스는 사용자가 검색어를 입력하면 이런 단어가 나타나는 문서를 보여주는 것이었다. 검색어에 좀더 많이 매치되면 문서는 가중치가 높아졌다. 또한, 우리는 검색어의 파생어도 매치되길 바랐다. 예를 들어 crash란 단어로 검색하면 crashed, crashes, crashing 같은 단어도 매치되어야 한다. 물론, 검색은 문서 집합이 늘어나더라도 충분히 빠르게 동작해 웹 애플리케이션에서 사용하기에 유용해야 한다.

이런 세세한 설명이 과도하게 들리지도 모르겠지만, 놀랄 만한 것은 아니다. 온라인으로 텍스트를 검색하는 것은 너무도 일반적이 되어 이런 걸 사용할 수 없었던 시절을 기억하기도 힘들 정도다. 그러나 SQL을 사용해 키워드로 빠르고 정확하게 검색하기란 매우 어렵다.

## 17.1 목표: 전체 텍스트 검색

어느 애플리케이션이든 텍스트를 저장하면 단어나 구절로 텍스트를 검색할 필요가 생긴다. 우리는 그 어느 때보다도 많은 양의 텍스트 데이터를 데이터베이스에 저장하고 있고, 동시에 더 빠른 속도로 검색할 수 있는 능력을 요구하고 있다. 웹 애플리케이션에는 특히 텍스트 검색을 위해 높은 성능과 확장 적응성이 뛰어난 데이터베이스 기술이 필요하다.

SQL(또는 관계형 이론)의 기본 원리 중 하나는 칼럼에 들어 있는 값이 원자적이어야 한다는 것이다. 즉, 한 값을 다른 값과 비교할 수 있지만, 비교를 할 때는 항상 전체 값과 비교해야 한다. SQL에서 부분문자열(substring)을 비교하는 것은 비효율적이거나 부정확하다.

그러나 우리는 긴 문자열과 짧은 문자열을 비교하고, 짧은 문자열이 긴 문자열에 나오는 경우를 찾을 방법이 필요하다. 이런 간극을 SQL로 어떻게 메울 수 있을까?

## 17.2 안티패턴: 패턴 매칭 사용

SQL은 문자열 비교를 위해 패턴 매칭 기능을 제공하며, 대부분의 프로그래머가 키워드를 찾을 때 가장 먼저 이 방법을 이용한다. 이 중 가장 널리 지원되는 것은 LIKE 연산자다.

LIKE 연산자는 0개 이상의 문자와 매치되는 와일드카드(%)를 지원한다. 키워드의 앞뒤에 와일드카드를 사용하면 해당 키워드를 포함하는 문자열과 매치된다. 첫 번째 와일드카드는 단어 앞의 어느 텍스트든 매치되고, 두 번째 와일드카드는 단어 뒤에 나오는 어느 텍스트든 매치된다.

> Search/anti/like.sql

```
SELECT * FROM Bugs WHERE description LIKE '%crash%';
```

표준적인 방법은 아니지만 정규 표현식 또한 많은 데이터베이스 제품에서 지원된다. 정규 표현식은 패턴을 부분문자열에 매치시키기 때문에 와일드카드는 필요하지 않다. 다음은 MySQL에서의 정규표현식 사용 예다.[1]

> Search/anti/regexp.sql

```
SELECT * FROM Bugs WHERE description REGEXP 'crash';
```

패턴 매칭 연산자의 가장 중요한 단점은 성능이 나쁘다는 것이다. 일반 인덱스를 활용할 수 없기 때문에 테이블의 모든 행을 스캔해야 한다. 문자열 칼럼에 대한 패턴 매칭은 상당한 비용이 드는 연산이기 때문에(두 정수가 같은지 비교하는 등의 연산에 비해 상대적으로 비용이 높다), 이런 검색을 위해 테이블을 스캔할 때 전체비용은 매우 높아진다.

두 번째 문제는 LIKE나 정규 표현식을 사용한 단순한 패턴 매칭이 원치 않는 결과도 찾을 수 있다는 것이다.

> Search/anti/like-false-match.sql

```
SELECT * FROM Bugs WHERE description LIKE '%one%';
```

이 쿼리는 단어 one을 포함한 텍스트를 찾아낼 뿐 아니라, money, prone,

---

1 SQL-99에서 정규 표현식에 대응되는 SIMILAR TO 연산자가 정의되었지만, 대부분의 데이터베이스 제품은 비표준 문법을 사용한다.

lonely 등과 같은 문자열도 찾아낸다. 공백을 경계로 하는 키워드 패턴으로 검색을 한다 해도, 단어가 텍스트의 맨 앞 또는 맨 뒤에 있거나 문장부호와 함께 있는 경우는 제대로 찾지 못할 것이다. 사용하는 데이터베이스에 따라 이런 문제를 해결하기 위해 단어 경계(word boundary)를 위한 특별한 정규 표현식 패턴을 지원할 수도 있다.[2]

Search/anti/regexp-word.sql
```sql
SELECT * FROM Bugs WHERE description REGEXP '[[:<:]]one[[:>:]]';
```

성능과 확장적응성 문제, 정확한 매치를 위해서는 연습이 필요함을 고려할 때, 단순한 패턴 매칭은 키워드 검색을 위한 좋은 방법이 아니다.

## 17.3 안티패턴 인식 방법

다음과 같은 질문은 보통 가난한 자의 검색 엔진 안티패턴이 사용되고 있음을 나타낸다.

- "LIKE를 사용할 때 어떻게 하면 두 와일드카드 사이에 변수를 넣을 수 있지?"
  프로그래머가 사용자로부터 입력 받은 텍스트로 패턴 매칭 검색을 하려고 할 때 보통 이런 질문이 나온다.
- "문자열이 여러 개의 주어진 단어를 포함하고 있는지, 문자열이 특정 단어를 포함하지 않고 있는지, 또는 문자열이 주어진 단어의 변형을 포함하고 있는지를 확인하는 정규 표현식을 작성하려면 어떻게 해야 하지?"
  문제가 복잡해 정규 표현식으로 풀기에 어려워 보이면, 아마 정규 표현식으로는 못 풀 것이다.

---
2 이 예제에서는 MySQL 문법을 사용한다.

- "우리 웹 사이트의 검색 기능은 데이터베이스에 많은 문서를 추가했을 때 사용하기 어려울 정도로 느려. 뭐가 잘못된 걸까?"

데이터 크기가 늘어날수록, 안티패턴을 이용한 방법의 문제는 심각해질 것이다.

## 17.4 안티패턴 사용이 합당한 경우

안티패턴 절에서 보인 표현은 모두 적법한 SQL 쿼리고, 직관적일 뿐 아니라 사용하기도 쉽다. 이는 중요한 점이다.

물론 성능도 중요하지만, 어떤 쿼리는 아주 가끔씩만 실행되기 때문에 이를 최적화하기 위해 많은 자원을 투자하는 것이 의미가 없을 수 있다. 거의 사용되지 않는 쿼리에서 사용하기 위해 인덱스를 유지하는 것은, 그냥 해당 쿼리를 비효율적으로 실행시키는 것보다 더 많은 비용이 들 수 있다. 필요할 때만 가끔 사용하는 쿼리라면, 이를 위해 정의한 인덱스가 꼭 도움이 된다는 보장은 없다.

복잡한 쿼리에서 패턴 매칭 연산자를 사용하기는 어렵지만, 간단한 경우에 대한 패턴이라면 최소의 노력으로 올바른 결과를 얻는 데 도움이 될 수 있다.

## 17.5 해법: 작업에 맞는 올바른 도구 사용하기

SQL 대신 특화된 검색 엔진을 사용하는 것이 제일 좋다. 다른 대안은 검색 결과를 저장해 반복되는 비용을 줄이는 것이다.

지금부터는 각 데이터베이스 제품에서 확장 기능으로 제공하는 기술과 독립된 프로젝트가 제공하는 기술을 살펴볼 것이다. 또한 표준 SQL을 사용하지만 부분문자열 매칭보다 효율적인 방법을 직접 개발할 것이다.

## 벤더 확장기능

대부분의 주요 데이터베이스 제품은 전체 텍스트 검색(full-text search) 요구에 대응하기 위해 각자의 답을 만들었지만, 이런 기능은 표준이 아니고 데이터베이스 제품 간 호환성도 없다. 하나의 데이터베이스 제품을 사용한다면(또는 벤더 종속적인 기능을 사용할 의지가 있다면), 이런 기능을 활용하는 것이 SQL 쿼리와 가장 잘 통합된 고성능 텍스트 검색을 위한 최선의 방법이다.

이제부터 몇몇 SQL 데이터베이스 제품에서의 전체 텍스트 검색 기능을 간략히 설명하겠다. 상세 내용은 변할 수 있으므로, 사용하는 데이터베이스의 현재 버전에 맞는 문서를 반드시 확인하기 바란다.

### MySQL에서의 전체 텍스트 검색

MySQL은 MyISAM 스토리지 엔진에서만 간단한 전체 텍스트 인덱스 타입을 제공한다. CHAR, VARCHAR, 또는 TEXT 타입의 칼럼에 전체 텍스트 인덱스를 정의할 수 있다. 다음은 Bugs 테이블의 summary와 description 칼럼에 전체 텍스트 인덱스를 정의한 것이다.

> Search/soln/mysql/alter-table.sql

```
ALTER TABLE Bugs ADD FULLTEXT INDEX bugfts (summary, description);
```

인덱스가 걸린 텍스트에서 키워드를 검색할 때는 MATCH() 함수를 사용한다. 이때 전체 텍스트 인덱스의 칼럼을 지정해줘야 한다. (그래야 같은 테이블의 다른 칼럼에 대한 인덱스도 사용할 수 있다.)

> Search/soln/mysql/match.sql

```
SELECT * FROM Bugs WHERE MATCH(summary, description) AGAINST ('crash');
```

MySQL 4.1부터는 결과를 좀더 세밀하게 걸러내기 위해, 패턴에 간단한 불리언 수식 표기법을 사용할 수 있다.

```
Search/soln/mysql/match-boolean.sql
```
```sql
SELECT * FROM Bugs WHERE MATCH(summary, description)
  AGAINST ('+crash -save' IN BOOLEAN MODE);
```

### Oracle에서의 텍스트 인덱싱

Oracle은 1997년 Oracle 8부터 텍스트 인덱싱 기능을 지원했는데, ConText라 불리는 데이터 카트리지의 일부였다. 이 기술은 몇 번에 걸쳐 개선되었고, 지금은 데이터베이스 소프트웨어 속에 통합되었다. Oracle의 텍스트 인덱싱 기능은 복잡하고 풍부하기 때문에, 여기서는 아주 단순화한 요점만 설명한다.

- CONTEXT

  하나의 텍스트 칼럼에 대해서는 이 타입의 인덱스를 생성한다. 이 인덱스를 사용하는 검색에서는 CONTAINS() 연산자를 사용한다. 이 인덱스는 데이터가 변경되어도 일관적인 상태를 유지하지 않으므로, 인덱스를 직접 또는 스케줄을 걸어 주기적으로 재구성(rebuild)해줘야 한다.

  ```
  Search/soln/oracle/create-index.sql
  ```
  ```sql
  CREATE INDEX BugsText ON Bugs(summary) INDEXTYPE IS CTSSYS.CONTEXT;

  SELECT * FROM Bugs WHERE CONTAINS(summary, 'crash') > 0;
  ```

- CTXCAT

  이 인덱스 타입은 짧은 텍스트 샘플(온라인 카탈로그와 같은 데서 사용되는)과 동일 테이블의 다른 칼럼을 함께 사용하는 데 특화되었다. 이 인덱스는 테이블 데이터가 변경되어도 일관적인 상태를 유지한다.

  ```
  Search/soln/oracle/ctxcat-index.sql
  ```
  ```sql
  CTX_DDL.CREATE_INDEX_SET('BugsCatalogSet');
  CTX_DDL.ADD_INDEX('BugsCatalogSet', 'status');
  CTX_DDL.ADD_INDEX('BugsCatalogSet', 'priority');

  CREATE INDEX BugsCatalog ON Bugs(summary)
    INDEXTYPE IS CTSSYS.CTXCAT
    PARAMETERS('BugsCatalogSet');
  ```

CATSEARCH() 연산자는 텍스트 칼럼과 일반 칼럼 집합을 위한 두 개의 인수를 취한다.

`Search/soln/oracle/ctxcat-search.sql`

```sql
SELECT * FROM Bugs
WHERE CATSEARCH(summary, '(crash save)', 'status = "NEW"') > 0;
```

- CTXXPATH

이 인덱스 타입은 existsNode() 연산자로 XML 문서를 검색하는 데 특화되었다.

`Search/soln/oracle/ctxpath.sql`

```sql
CREATE INDEX BugTestXml ON Bugs(testoutput) INDEXTYPE IS
CTSSYS.CTXXPATH;

SELECT * FROM Bugs
WHERE testoutput.existsNode('/testsuite/test[@status="fail"]') > 0;
```

- CTXRULE

데이터베이스에 문서 모음이 많고 이를 내용에 따라 분류해야 한다고 생각해보자.

CTXRULE 인덱스를 사용하면, 문서를 분석해 분류하는 규칙을 설계할 수 있다. 또는 사람의 생각대로 분류한 문서 집합의 샘플을 제공하면 Oracle이 규칙을 설계해 나머지 문서 집합에 적용하도록 할 수 있다. 심지어 모든 과정을 자동화해, Oracle이 문서 집합을 분석하고 규칙 집합을 만들고 문서를 분류하도록 할 수도 있다.

CTXRULE 인덱스를 사용하는 예제는 이 책의 범위를 벗어난다.

**Microsoft SQL Server에서의 전체 텍스트 검색**

SQL Server는 2000 이상에서 전체 텍스트 검색을 지원하며, 언어나 동의어에 대한 복잡한 설정과 데이터 변경에 따른 자동 동기화 기능도 함께 제공한다. SQL Server에서는 일련의 저장 프로시저를 사용해 전체 텍스트 인덱스를 생성할 수 있으며, 쿼리에서 전체 텍스트 인덱스를 사용하기 위해 CONTAINS() 연산자를 사용한다.

crash란 단어를 포함하는 버그를 검색하려면, 먼저 전체 텍스트 기능을 활성화하고, 데이터베이스에 카탈로그를 정의해야 한다.

Search/soln/Microsoft/catalog.sql
```
EXEC sp_fulltext_database 'enable'
EXEC sp_fulltext_catalog 'BugsCatalog', 'create'
```

그 다음, Bugs 테이블에 전체 텍스트 인덱스를 정의하고, 인덱스에 칼럼을 추가하고, 인덱스를 활성화한다.

Search/soln/Microsoft/create-index.sql
```
EXEC sp_fulltext_table 'Bugs', 'create', 'BugsCatalog', 'bug_id'
EXEC sp_fulltext_column 'Bugs', 'summary', 'add', '2057'
EXEC sp_fulltext_column 'Bugs', 'description', 'add', '2057'
EXEC sp_fulltext_table 'Bugs', 'activate'
```

전체 텍스트 인덱스에 대해 자동 동기화 기능을 활성화해, 인덱스가 걸린 칼럼의 데이터가 바뀌면 변경 내용이 인덱스에도 전파되도록 한다. 그 다음 인덱스를 띄울 프로세스를 시작한다. 이 프로세스는 백그라운드로 실행되며, 쿼리가 인덱스를 활용할 수 있게 되기까지 약간의 시간이 걸린다.

Search/soln/Microsoft/start.sql
```
EXEC sp_fulltext_table 'Bugs', 'start_change_tracking'
EXEC sp_fulltext_table 'Bugs', 'start_background_updateindex'
EXEC sp_fulltext_table 'Bugs', 'start_full'
```

마지막으로, CONTAINS() 연산자를 사용하는 쿼리를 실행한다.

Search/soln/Microsoft/search.sql

```sql
SELECT * FROM Bugs WHERE CONTAINS(summary, '"crash"');
```

## PostgreSQL에서의 텍스트 검색

PostgreSQL 8.3은 텍스트를 검색 가능한 어휘 요소의 집합으로 변환하고 이를 패턴에 매칭하도록 하는, 정교하고 고도로 설정 가능한 방법을 제공한다.

성능 이점을 최대로 얻으려면, 내용을 원래의 텍스트뿐 아니라 TSVECTOR란 특별한 데이터 타입을 사용하여 검색 가능한 형태로도 저장해야 한다.

Search/soln/postgresql/create-table.sql

```sql
CREATE TABLE Bugs (
  bug_id SERIAL PRIMARY KEY,
  summary      VARCHAR(80),
  description  TEXT,
  ts_bugtext   TSVECTOR
  ...
);
```

검색 가능하게 하고 싶은 텍스트 칼럼의 내용과 TSVECTOR 칼럼이 동기화되도록 했는지 확인해야 한다. PostgreSQL은 이를 쉽게 해주는 내부 트리거를 제공한다.

Search/soln/postgresql/trigger.sql

```sql
CREATE TRIGGER ts_bugtext BEFORE INSERT OR UPDATE ON Bugs
FOR EACH ROW EXECUTE PROCEDURE
  tsvector_update_trigger(ts_bugtext, 'pg_catalog.english',
                          summary, description);
```

또한 TSVECTOR 칼럼에 GIN(generalized inverted index) 인덱스를 생성해야 한다.

Search/soln/postgresql/create-index.sql

```sql
CREATE INDEX bugs_ts ON Bugs USING GIN(ts_bugtext);
```

이렇게 하고 나면, 전체 텍스트 인덱스의 도움을 받아 검색을 효율적으로 할 수 있게 된다. PostgreSQL의 텍스트 검색연산자 @@를 사용하면 된다.

Search/soln/postgresql/search.sql

```sql
SELECT * FROM Bugs WHERE ts_bugtext @@ to_tsquery('crash');
```

PostgreSQL은 검색 가능한 내용, 검색 쿼리, 검색 결과를 입맛에 맞게 설정하기 위한 많은 옵션을 제공한다.

### SQLite에서의 전체 텍스트 검색

SQLite에서 일반 테이블은 효과적인 전체 텍스트 검색을 지원하지 않지만, SQLite의 확장기능을 이용하면 텍스트 검색에 특화된 가상 테이블(virtual table)에 검색하려는 텍스트를 저장할 수 있다. FTS1, FTS2, FTS3 세 가지 버전의 텍스트 검색 확장기능이 있다.

FTS 확장은 SQLite의 디폴트 빌드에는 활성화되어 있지 않은 것이 보통이다. 따라서 FTS 확장 중 하나를 활성화하고 소스 코드를 직접 빌드해야 한다. 예를 들어, MakeFile.in에서 다음 옵션을 추가한 다음 SQLite를 빌드할 수 있다.

Search/soln/sqlite/makefile.in

```
TCC += -DSQLITE_CORE=1
TCC += -DSQLITE_ENABLE_FTS3=1
```

일단 SQLite에서 FTS가 활성화되면, 텍스트 검색을 위한 가상테이블을 생성할 수 있다. 데이터 타입, 제약조건, 또는 다른 칼럼 옵션은 모두 무시된다.

Search/soln/sqlite/create-table.sql

```sql
CREATE VIRTUAL TABLE BugsText USING fts3(summary, description);
```

다른 테이블(이 예제에서는 Bugs 테이블)의 텍스트를 인덱싱하는 거라면, 데이터를 가상 테이블에 복사해줘야 한다. FTS 가상 테이블은 항상 docid라 불리는 PK 칼럼을 가지고 있다. 따라서 이를 이용해 원본 테이블의 행과 서로 연관시킬 수 있다.

> Search/soln/sqlite/insert.sql

```sql
INSERT INTO BugsText (docid, summary, description)
  SELECT bug_id, summary, description FROM Bugs;
```

이제 전체 텍스트 검색 연산자 MATCH를 이용해 FTS 가상 테이블 BugsText를 조회하고, 매칭되는 행을 원본 테이블인 Bugs와 조인할 수 있다. FTS 테이블의 이름을 의사칼럼(pseudocolumn)으로 사용해 어느 칼럼에 대해서든 패턴이 매치되는지 확인할 수 있다.

> Search/soln/sqlite/search.sql

```sql
SELECT b.* FROM BugsText t JOIN Bugs b ON (t.docid = b.bug_id)
WHERE BugsText MATCH 'crash';
```

또한 패턴 매칭에서 제한된 불리언 수식을 사용할 수 있다.

> Search/soln/sqlite/search-boolean.sql

```sql
SELECT * FROM BugsText WHERE BugsText MATCH 'crash -save';
```

## 서드파티 검색 엔진

사용하는 데이터베이스 제품에 상관없이 동일한 방식으로 텍스트를 검색해야 한다면, SQL 데이터베이스와 독립적으로 실행되는 검색 엔진을 사용해야 한다. 이 절에서는 Sphinx와 Apache Lucene 두 제품을 간단히 살펴볼 것이다.

### Sphinx Search

Sphinx Search(http://www.sphinxsearch.com/)는 오픈 소스 검색 엔진 기술로 MySQL, PostgreSQL과 잘 통합된다. 이 글을 쓰는 시점에 오픈 소스 데이터베이스 Firebird를 지원하는 Sphinx Search의 비공식 패치가 있었다. 미래에는 아마 다른 데이터베이스도 지원하게 될 것이다.

Sphinx Search에서는 인덱싱과 검색이 빠르고, 분산 쿼리 또한 지원한다. 데이터가 드물게 업데이트되고 검색 빈도가 높은 애플리케이션에서는 좋은 선택이다.

MySQL 데이터베이스에 저장된 데이터를 인덱싱하는 데 Sphinx Search를 사용할 수 있다. 설정 파일 sphinx.conf에서 필드 몇 개를 수정해 데이터베이스를 지정할 수 있다. 또한 인덱스를 구성하기 위한 데이터를 얻기 위해 SQL 쿼리를 작성해야 한다. 이 쿼리의 첫 번째 칼럼은 정수 PK여야 한다. 결과를 제한하거나 정렬에 사용할 속성으로 약간의 칼럼을 선언할 수 있다. 나머지 칼럼은 전체 텍스트로 색인될 칼럼이다. 마지막 SQL 쿼리는 지정된 PK 값에 대한 전체 행을 데이터베이스에서 가져온다.

```
Search/soln/sphinx/sphinx.conf
source bugsrc
{
  type                  = mysql
  sql_user              = bugsuser
  sql_pass              = xyzzy
  sql_db                = bugsdatabase
  sql_query             = \
    SELECT bug_id, status, date_reported, summary, description \
    FROM Bugs
  sql_attr_timestamp    = date_reported
  sql_attr_str2ordinal  = status
  sql_query_info        = SELECT * FROM Bugs WHERE bug_id = $id
}

index bugs
{
  source                = bugsrc
  path                  = /opt/local/var/db/sphinx/bugs
}
```

일단 sphinx.conf에 이 설정을 선언하면, 셸에서 indexer 명령으로 인덱스를 생성할 수 있다.

`Search/soln/sphinx/indexer.sh`

```
indexer -c sphinx.conf bugs
```

search 명령을 사용해 인덱스를 검색할 수 있다.

`Search/soln/sphinx/search.sh`

```
search -b "crash -save"
```

Sphinx Search는 데몬 프로세스와 API도 가지고 있다. 이 API를 이용해 PHP나 Perl, Ruby 같은 인기 있는 스크립팅 언어에서 검색을 호출할 수 있다. 가장 큰 단점은 색인 알고리즘이 점증적 업데이트를 효율적으로 지원하지 못한다는 것이다. 빈번하게 업데이트되는 데이터 소스에 Sphinx Search를 사용하려면 타협이 필요하다. 예를 들어, 검색 대상 테이블을 둘로 나누어, 한쪽 테이블에는 변하지 않는 과거 데이터를 저장하고, 다른 쪽 테이블에는 점증적으로 늘어나고 주기적으로 재색인 작업을 해야 하는 현재 데이터를 저장할 수 있다. 그런 다음 애플리케이션에서 두 개의 Sphinx Search 인덱스를 검색할 수 있다.

### Apache Lucene

Lucene(http://lucene.apache.org/)은 Java 애플리케이션을 위한 성숙한 검색 엔진이다. C++, C#, Perl, Python, Ruby, PHP 등의 다른 언어를 위한 비슷한 프로젝트가 있다.

Lucene은 텍스트 문서 집합에 대해 자신의 고유형식으로 인덱스를 만든다. Lucene 인덱스는 색인하는 소스 데이터와 동기화되지 않는다. 데이터베이스에 행을 삽입, 삭제하거나 업데이트하는 경우, Lucene 인덱스에도 대응되는 변경을 직접 적용해줘야 한다.

Lucene 검색 엔진을 사용하는 것은 자동차 엔진을 사용하는 것과 어느 정도 비슷하다. 제대로 사용하려면 주변 기술을 어느 정도 알아야 한다. Lucene은 SQL 데이터베이스로부터 직접 데이터 집합을 읽지 않는다. Lucene 인덱스에 문서를 직접 기록해야 한다. 예를 들어, SQL 쿼리를 실행한 다음 결과의 각 행을 Lucene 문서로 만들어 Lucene 인덱스에 저장할 수 있다. Lucene을 사용하려면 Java API를 이용해야 한다.

다행히, Apache는 Solr(http://lucene.apache.org/solr)라 불리는 보완 프로젝트도 제공한다. Solr는 Lucene 인덱스로의 게이트웨이를 제공하는 서버다. Solr에 문서를 추가하고 REST 인터페이스를 사용해 검색 쿼리를 보낼 수 있어 어느 프로그래밍 언어에서든 사용할 수 있다.

또한 DataImportHandler 도구를 사용해 Solr가 직접 데이터베이스에 접속해 쿼리를 실행하고, 결과를 색인하도록 할 수 있다.

## 직접 만들기

특정 벤더의 기능을 사용하고 싶지도 않고 별도의 검색 엔진 제품을 설치하고 싶지도 않다고 생각해보자. 데이터베이스 독립적이고 효율적인 텍스트 검색 방법이 필요하다. 이 절에서는 전치 인덱스(inverted index)라 불리는 것을 만들 것이다. 기본적으로, 전치 인덱스는 검색할 모든 단어의 목록이다. 다대다 관계에서, 인덱스는 이 단어들과 각 단어를 포함한 텍스트 항목을 연관시킨다. 즉 crash란 단어는 많은 버그에 나타날 수 있고, 각 버그는 다른 많은 키워드를 가질 수 있다. 이 절에서는 전치 인덱스를 어떻게 만드는지 설명할 것이다.

먼저, 사용자가 검색할 키워드 목록을 나타내는 Keywords 테이블을 정의하고, BugsKeywords 교차 테이블을 정의해 다대다 관계를 만든다.

```
Search/soln/inverted-index/create-table.sql
```
```sql
CREATE TABLE Keywords (
  keyword_id  SERIAL PRIMARY KEY,
  keyword     VARCHAR(40) NOT NULL,
  UNIQUE KEY (keyword)
);

CREATE TABLE BugsKeywords (
  keyword_id  BIGINT UNSIGNED NOT NULL,
  bug_id      BIGINT UNSIGNED NOT NULL,
  PRIMARY KEY (keyword_id, bug_id),
  FOREIGN KEY (keyword_id) REFERENCES Keywords(keyword_id),
  FOREIGN KEY (bug_id) REFERENCES Bugs(bug_id)
);
```

그 다음, 주어진 버그에 대해 설명 텍스트와 매치되는 모든 키워드를 BugsKeywords에 추가한다. LIKE나 정규 표현식을 이용한 부분문자열 매치 쿼리를 사용해 매치되는지 여부를 결정할 수 있다. 이는 안티패턴 절에서 설명했던 고지식한 방법과 마찬가지로 비용이 많이 들지만, 이 검색을 한 번 수행한 다음에는 효율적으로 동작할 것이다. 결과를 교차 테이블에 저장하고 나면, 동일한 키워드에 대한 이후 검색은 훨씬 빨라질 것이다.

그 다음, 주어진 키워드에 대한 검색을 쉽게 하기 위한 저장 프로시저를 작성한다.[3] 단어가 이미 검색된 적이 있다면, 그 키워드를 포함하는 문서 목록이 BugsKeywords에 존재하므로 쿼리가 빠르다. 주어진 키워드를 아직 아무도 검색한 적이 없으면, 어려운 방법으로 텍스트 항목의 집합을 검색해야 한다.

---

3 이 예제에서는 MySQL 문법을 사용한다.

Search/soln/inverted-index/search-proc.sql

```sql
CREATE PROCEDURE BugsSearch(keyword VARCHAR(40))
BEGIN
  SET @keyword = keyword;

① PREPARE s1 FROM 'SELECT MAX(keyword_id) INTO @k FROM Keywords
     WHERE keyword = ?';
   EXECUTE s1 USING @keyword;
   DEALLOCATE PREPARE s1;

   IF (@k IS NULL) THEN
②    PREPARE s2 FROM 'INSERT INTO Keywords (keyword) VALUES (?)';
     EXECUTE s2 USING @keyword;
     DEALLOCATE PREPARE s2;
③    SELECT LAST_INSERT_ID() INTO @k;

④    PREPARE s3 FROM 'INSERT INTO BugsKeywords (bug_id, keyword_id)
       SELECT bug_id, ? FROM Bugs
       WHERE summary REGEXP CONCAT(''[[:<:]]'', ?, ''[[:>:]]'')
       OR description REGEXP CONCAT(''[[:<:]]'', ?, ''[[:>:]]'')';
     EXECUTE s3 USING @k, @keyword, @keyword;
     DEALLOCATE PREPARE s3;
   END IF;

⑤ PREPARE s4 FROM 'SELECT b.* FROM Bugs b
     JOIN BugsKeywords k USING (bug_id)
     WHERE k.keyword_id = ?';
   EXECUTE s4 USING @k;
   DEALLOCATE PREPARE s4;
END
```

① 사용자가 지정한 키워드를 검색한다. 정수형 PK인 Keywords.keyword_id 값을 리턴한다. 이전에 검색된 적이 없는 단어라면 NULL을 리턴한다.

② 단어가 없으면, 새로운 키워드로 등록한다.

③ Keywords에서 생성된 PK 값을 조회한다.

④ Bugs에서 새로운 키워드를 포함하는 행을 검색해 교차 테이블에 넣는다.

⑤ 마지막으로, 키워드를 찾았든 새로운 항목을 추가했든 keyword_id를 이용해 Bugs의 전체 행을 조회한다.

이제 원하는 키워드로 이 저장 프로시저를 호출할 수 있다. 프로시저는 매 칭되는 버그 집합을 리턴하는데, 새로운 키워드에 대해 매칭되는 버그를 찾고 교차 테이블에 데이터를 넣고 나서 리턴한 것일 수도 있고, 간단히 이전 검색의 결과를 이용한 것일 수도 있다.

`Search/soln/inverted-index/search-proc.sql`

```sql
CALL BugsSearch('crash');
```

이 방법의 또 다른 조각이 있다. 트리거를 정의해 새로운 버그가 등록될 때 마다 교차 테이블에 데이터를 넣어줘야 한다. 버그 설명을 편집할 수 있는 경우에는, 텍스트를 다시 분석해 BugsKeywords 테이블에 행을 추가하거나 삭제하는 트리거도 작성해야 한다.

`Search/soln/inverted-index/trigger.sql`

```sql
CREATE TRIGGER Bugs_Insert AFTER INSERT ON Bugs
FOR EACH ROW
BEGIN
  INSERT INTO BugsKeywords (bug_id, keyword_id)
    SELECT NEW.bug_id, k.keyword_id FROM Keywords k
    WHERE NEW.description REGEXP CONCAT('[[:<:]]', k.keyword, '[[:>:]]')
        OR NEW.summary REGEXP CONCAT('[[:<:]]', k.keyword, '[[:>:]]');
END
```

키워드 목록은 사용자가 검색을 수행하면 자연히 생성되기 때문에, 문서에 나오는 모든 단어로 키워드 목록을 채울 필요는 없다. 그러나 검색될 것 같은 키워드를 예상하여 이를 미리 검색해 두면, 각 키워드의 첫 검색에 드는 초기 비용을 사용자가 느끼지 못하게 할 수 있다.

나는 이 장의 시작부분에서 이야기한 지식 기반 애플리케이션에 전치 인덱 스를 사용했다. 또한 Keywords 테이블에 num_searches 칼럼을 추가해 사용자가 키워드를 검색할 때마다 이 칼럼의 값을 하나씩 증가시켰다. 이렇게 해서 어떤 검색어가 가장 많이 들어오는지를 추적할 수 있었다.

■ **SQL Antipatterns Tip**

모든 문제를 SQL로 풀어야 하는 것은 아니다.

Antipatterns —

# 18장

S Q L  A n t i p a t t e r n s

# 스파게티 쿼리

> Enita non sunt multiplicanda praeter necessitate.
> (라틴어, "실체는 필요 이상으로 복잡해지지 않는다.")
>
> **오캄의 윌리엄(William of Ockham)**

상사가 전화통화를 하면서 자기 자리로 오라고 손짓한다. 그는 수화기를 손으로 막고 속삭인다. "임원들이 예산 회의를 하는 중인데, 부사장님께 우리 부서 사람들이 모두 바쁘다는 것을 증명하는 통계를 제시하지 못하면 우리 모두 잘릴 거야. 우리가 작업하는 제품이 얼마나 되는지, 버그를 수정한 개발자가 몇 명인지, 개발자당 평균 몇 개의 버그를 수정하는지, 그리고 우리가 수정한 버그 중 고객이 보고한 게 얼마나 되는지 알아야겠어. 지금 당장!"

바로 SQL 도구를 띄워 쿼리를 작성하기 시작한다. 모든 답이 한 번에 나왔으면 좋겠다는 생각에, 중복 작업을 최소화해 결과가 빨리 나오길 바라면서, 복잡한 쿼리를 작성한다.

18장 **스파게티 쿼리** 255

```
Spaghetti-Query/intro/report.sql
SELECT COUNT(bp.product_id) AS how_many_products,
  COUNT(dev.account_id) AS how_many_developers,
  COUNT(b.bug_id)/COUNT(dev.account_id) AS avg_bugs_per_developer,
  COUNT(cust.account_id) AS how_many_customers
FROM Bugs b JOIN BugsProducts bp ON (b.bug_id = bp.bug_id)
JOIN Accounts dev ON (b.assigned_to = dev.account_id)
JOIN Accounts cust ON (b.reported_by = cust.account_id)
WHERE cust.email NOT LIKE '%@example.com'
GROUP BY bp.product_id;
```

숫자가 나오긴 하는데, 이상해 보인다. 어떻게 제품이 수십 개가 되지? 평균 수정 버그수가 어떻게 정확하게 1.0이 나오지? 그리고 상사가 필요하다고 한 건 고객 수가 아니라 고객이 보고한 버그 수였지? 아니, 어떻게 이 모든 숫자들이 이렇게 틀리게 나올 수 있지? 쿼리가 훨씬 더 복잡해져야 하나보다 하고 생각한다.

상사가 전화를 끊는다. "됐어. 너무 늦었어." 한숨을 쉬며 말한다. "짐 싸자고."

## 18.1 목표: SQL 쿼리 줄이기

SQL 프로그래머들이 일하면서 가장 흔하게 수렁에 빠지는 경우 중 하나가 "이걸 어떻게 하나의 쿼리로 할 수 있을까?"하고 생각할 때다. 이런 질문은 거의 모든 작업에 나온다. 프로그래머들은 하나의 SQL 쿼리가 어렵고, 복잡하고, 비용이 많이 든다고 배웠기 때문에, SQL 쿼리가 두 개면 두 배로 나쁘다고 생각한다. 문제를 푸는 데, 두 개 이상의 SQL을 사용하는 것은 보통 생각하지도 않는다.

프로그래머는 작업의 복잡도를 줄일 수는 없지만, 방법은 단순화하고 싶어 한다. 그들은 목표를 '우아한' 또는 '효율적인' 같은 용어로 말하며, 하나의 쿼리로 문제를 풀면 이 목표를 달성했다고 생각한다.

## 18.2 안티패턴: 복잡한 문제를 한 번에 풀기

SQL은 표현력이 뛰어난 언어다. 하나의 쿼리나 문장으로 많은 것을 할 수 있다. 그러나 모든 작업을 한 줄의 코드로 해치워야 한다는 접근방법이 좋은 생각이라는 뜻은 아니다. 다른 프로그래밍 언어를 사용할 때도 이런 습관을 가지고 있는가? 아마 아닐 것이다.

### 의도하지 않은 제품

모든 결과를 하나의 쿼리로 만들어내려고 시도할 때 나타나는 흔한 결과 중 하나가 카테시안 곱(Cartesian product)이다. 카테시안 곱은 쿼리에 사용된 두 테이블에 이들의 관계를 제한하는 조건이 없을 때 발생한다. 이런 제한이 없이 두 테이블을 조인하면, 첫 번째 테이블의 모든 행과 다른 테이블의 모든 행이 짝이 되고, 이런 각각의 짝이 결과 집합의 행이 된다. 그 결과 기대했던 것보다 훨씬 많은 행이 나오게 된다.

```
Spaghetti-Query/anti/Cartesian.sql
```
```sql
SELECT p.product_id,
  COUNT(f.bug_id) AS count_fixed,
  COUNT(o.bug_id) AS count_open
FROM BugsProducts p
LEFT OUTER JOIN (BugsProducts bpf JOIN Bugs f USING (bug_id)) f
  ON (p.bug_id = f.bug_id AND f.status = 'FIXED')
LEFT OUTER JOIN (BugsProducts bpo JOIN Bugs o USING (bug_id)) o
  ON (p.bug_id = o.bug_id AND o.status = 'OPEN')
WHERE p.product_id = 1
GROUP BY p.product_id;
```

주어진 제품에 대해 실제로는 11개의 수정된 버그가 있고 7개의 오픈된 버그가 있다는 것을 알고 있다. 따라서 쿼리 결과가 다음과 같이 나오는 것은 영

| product_id | count_fixed | count_open |
|---|---|---|
| 1 | 77 | 77 |

문 모를 일이다.

어떤 이유 때문에 이렇게 틀려졌을까? 11 곱하기 7이 77이란 사실은 우연이 아니다. 이 예제는 Products 테이블을 Bugs의 부분집합 두 개와 조인하지만, 버그의 두 부분집합이 카테시안 곱이 되어 버린다. 수정된 버그 11개의 각 행과 오픈된 버그 7개의 각 행이 짝이 된 것이다.

그림 18.1에 카테시안 곱이 어떤 식으로 수행되는지 나타나있다. 수정된 버그에서 오픈된 버그로 연결되는 각각의 직선이 (그룹이 적용되기 전의) 중간 결과 집합의 행이 된다. GROUP BY 절과 집계 함수를 제거하면 이 중간 결과 집합을 확인할 수 있다.

> Spaghetti-Query/anti/Cartesian-no-group.sql

```sql
SELECT p.product_id, f.bug_id AS fixed, o.bug_id AS open
FROM BugsProducts p
JOIN Bugs f ON (p.bug_id = f.bug_id AND f.status = 'FIXED')
JOIN BugsProducts p2 USING (product_id)
JOIN Bugs o ON (p2.bug_id = o.bug_id AND o.status = 'OPEN')
WHERE p.product_id = 1;
```

그림 18.1 FIXED 버그와 OPEN 버그의 카테시안 곱

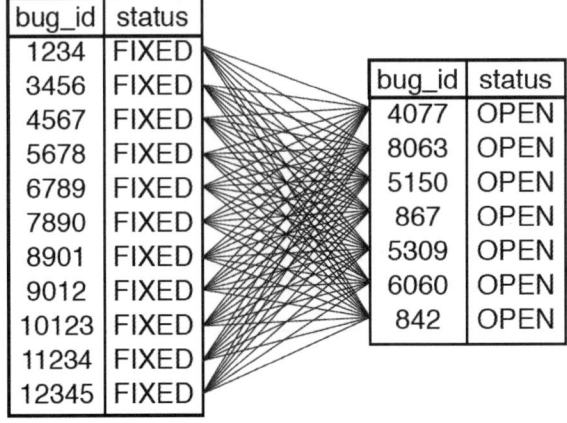

이 쿼리에서 표현된 관계는 BugsProducts 테이블과 Bugs의 각 부분집합 사이뿐이다. 수정된 버그와 오픈된 버그 사이의 관계를 제한하는 조건이 지정되지 않았고, 디폴트는 카테시안 곱이다. 그 결과 11 곱하기 7개의 행이 나온다.

이와 같이 한 쿼리로 여러 작업을 처리하려 할 때는 의도하지 않은 카테시안 곱을 생성하기 쉽다. 하나의 쿼리에서 관련 없는 작업을 더 많이 처리하려 시도하면, 또 다른 카테시안 곱으로 전체 행의 수가 다시 늘어날 것이다.

### 그래도 충분하지 않다면

이런 쿼리는 잘못된 결과를 얻을 수 있을 뿐만 아니라, 작성하기도 어렵고, 수정하기도 어렵고, 디버깅하기도 어렵다는 점을 고려해야 한다. 데이터베이스 애플리케이션에서는 지속적인 개선 요청이 있을 것이라 예상해야 한다. 관리자들은 좀더 복잡한 보고서를 원하고 사용자 인터페이스에 더 많은 필드를 추가하고 싶어 한다. SQL 쿼리를 복잡하게 작성하면, 이를 개선하는 데 더 많은 비용과 시간이 필요하게 된다. 자신에게나 프로젝트에나 시간은 소중한 것이다.

실행할 때의 비용도 있다. 많은 조인과, 상호 연관된 서브쿼리, 그리고 다른 연산을 사용해야 하는 복잡한 SQL 쿼리는 SQL 엔진이 빠르게 최적화하여 실행하기도 어렵다. 프로그래머들은 적은 수의 SQL 쿼리를 실행시켜야 성능이 더 좋을 것이라 생각한다. SQL 쿼리가 같은 복잡도를 가진다면 맞는 말이다. 그러나 하나의 괴물 같은 쿼리가 실행되는 데 드는 비용은 지수적으로 증가할 수 있다. 여러 개의 단순한 쿼리를 사용하는 편이 훨씬 경제적이다.

## 18.3 안티패턴 인식 방법

프로젝트 구성원이 다음과 같은 말을 하는 게 들리면, 스파게티 쿼리 안티패턴이 사용되고 있음을 나타내는 것일 수 있다.

- "합계와 개수가 왜 이렇게 크지?"

  의도하지 않은 카테시안 곱으로 데이터 집합이 뻥튀기됐다.

- "나는 하루 종일 이 괴물 같은 SQL 쿼리와 씨름했어."

  SQL은 이렇게 복잡하지 않다. 정말이다. 지나치게 긴 SQL 쿼리와 씨름하고 있었다면, 접근방법을 재고해야 한다.

- "우리 데이터베이스 리포트에는 아무것도 추가할 수 없어. SQL 쿼리가 어떻게 동작하는지 이해하려면 시간이 엄청나게 오래 걸릴 거야."

  쿼리를 작성한 사람은 그 코드를 영원히 유지보수 해야 할 책임을 지게 될 것이다. 다른 프로젝트로 옮기더라도 말이다. 그 사람이 바로 당신이 될 수도 있다. 아무도 손댈 수 없는 지나치게 복잡한 쿼리는 작성하지 말아야 한다.

- "쿼리에 DISTINCT를 하나 더 추가해봐."

  카테시안 곱으로 인한 행의 폭발적 증가를 보정하기 위해, 프로그래머들은 쿼리 수정자 또는 집계 함수 수정자로 DISTINCT 키워드를 사용해 중복을 제거한다. 이렇게 하면 잘못된 쿼리의 증거는 감춰지지만, DBMS는 중간 결과 집합을 생성해서 데이터를 정렬하고 중복을 제거하는 부가 작업을 하게 된다.

어떤 쿼리가 스파게티 쿼리임을 나타내는 또 다른 실마리는 쿼리가 지나치게 오랫동안 실행되는 것이다. 안 좋은 성능은 다른 문제의 전조일 수도 있지만, SQL 문장 하나로 한꺼번에 지나치게 많은 일을 시도한 게 아닌지 확인해봐야 한다.

## 18.4 안티패턴 사용이 합당한 경우

하나의 쿼리로 복잡한 작업을 실행하는 가장 일반적인 경우는 프로그래밍 프레임워크나 비주얼 컴포넌트 라이브러리를 사용할 때다. 간단한 BI(Business Intelligence) 도구나 리포팅 도구 또한 이런 범주에 속하며 보통 하나의 데이터 소스에 접속해 데이터를 표시한다. 그러나 좀더 정교한 BI 소프트웨어는 여러 데이터 소스의 결과를 병합할 수 있다.

데이터 소스가 하나의 SQL 쿼리라 가정하는 컴포넌트나 리포팅 도구는 사용하긴 쉽지만, 리포트에 모든 데이터를 종합하는 큰 덩어리의 쿼리를 사용하도록 조장한다. 이런 리포팅 애플리케이션을 사용한다면, 코드를 직접 작성하는 경우보다 복잡한 SQL 쿼리를 만들게 된다.

리포트 요구사항이 너무 복잡해 하나의 SQL 쿼리로 만들어내기 어렵다면, 리포트를 여러 개로 나누는 것이 나을 수 있다. 상사가 이걸 좋아하지 않는다면, 리포트의 복잡도와 리포트를 만드는 데 필요한 시간 사이의 관계를 설명하는 것이 좋다.

때로는, 모든 결과를 정렬된 순서로 묶어서 봐야 하기 때문에, 하나의 쿼리로 복잡한 결과를 만들고 싶을 수도 있다. SQL 쿼리에서 정렬 순서를 지정하는 것은 쉽다. 여러 개의 쿼리 결과를 모아 정렬하는 코드를 애플리케이션에서 직접 작성하는 것보다는 데이터베이스에 이런 일을 시키는 게 좀더 효율적일 수 있다.

## 18.5 해법: 분할해서 정복하기

이 장 시작 부분에 나온 오캄의 윌리엄의 인용문은 검약률(law of parsimony)[1]로도 알려져 있다.

> **검약률**
> 두 개의 이론이 동일한 예측을 한다면, 단순한 쪽이 좋은 이론이다.

---

[1] (옮긴이) 오캄의 면도날(Ockham's razor 또는 Occam's razor)이라고도 한다.

이것이 SQL에 의미하는 바는 무엇일까? 동일한 결과 집합을 만드는 쿼리 두 개 중 하나를 선택해야 할 때, 단순한 쪽을 선택하라는 것이다. 이 안티패턴을 해결하려 할 때 이 점을 명심해야 한다.

### 한 번에 하나씩

의도하지 않은 카테시안 곱이 생기는 두 테이블 사이에 논리적 조인 조건을 찾을 수 없다면, 그런 조건이 아예 없기 때문일 수도 있다. 카테시안 곱을 피하려면, 스파게티 쿼리를 단순한 여러 개의 쿼리로 나누어야 한다. 앞에서 본 예에서는, 쿼리를 둘로 나누면 된다.

```
Spaghetti-Query/soln/split-query.sql
SELECT p.product_id, COUNT(f.bug_id) AS count_fixed
FROM BugsProducts p
LEFT OUTER JOIN Bugs f ON (p.bug_id = f.bug_id AND f.status = 'FIXED')
WHERE p.product_id = 1
GROUP BY p.product_id;

SELECT p.product_id, COUNT(o.bug_id) AS count_open
FROM BugsProducts p
LEFT OUTER JOIN Bugs o ON (p.bug_id = o.bug_id AND o.status = 'OPEN')
WHERE p.product_id = 1
GROUP BY p.product_id;
```

이 쿼리의 결과는 기대한 대로 11과 7이다.

쿼리를 여러 개로 나누는 '우아하지 못한' 방법을 사용한 것에 약간의 아쉬움을 느낄지도 모르겠다. 그러나 개발과 유지보수, 성능에 대한 여러 가지 긍정적 효과를 깨달으면 이런 아쉬움은 곧 안도감으로 바뀌게 된다.

- 이 쿼리는 앞의 예제에서 본 것과 같은 원치 않은 카테시안 곱을 생성하지 않는다. 따라서 쿼리가 정확한 결과를 보여준다는 확신을 쉽게 가질 수 있다.
- 리포트에 새로운 요구사항을 추가해야 하는 경우, 이미 복잡한 쿼리에 다른 계산을 통합하는 것보다는 간단한 쿼리를 하나 추가하기가 더 쉽다.

- SQL 엔진은 보통 복잡한 쿼리보다는 단순한 쿼리를 쉽게 최적화하고 실행할 수 있다. 쿼리를 나누면 작업이 중복되는 것처럼 보여도, 전체적으로는 이득이다.
- 코드 검토나 팀원 훈련 시간에, 복잡한 쿼리 하나를 설명하는 것보다는 간단한 쿼리 여러 개를 설명하는 것이 더 쉽다.

## UNION 연산

UNION 연산을 사용하면 여러 쿼리의 결과를 하나의 결과 집합으로 묶을 수 있다. 하나의 쿼리를 실행시켜 하나의 결과 집합을 받는 것이 정말 필요하다면 (예를 들어, 결과 집합을 정렬해야 하는 경우처럼) UNION이 유용할 수 있다.

```
Spaghetti-Query/soln/union.sql
```

```
(SELECT p.product_id, f.status, COUNT(f.bug_id) AS bug_count
 FROM BugsProducts p
 LEFT OUTER JOIN Bugs f ON (p.bug_id = f.bug_id AND f.status = 'FIXED')
 WHERE p.product_id = 1
 GROUP BY p.product_id, f.status)

UNION ALL

(SELECT p.product_id, o.status, COUNT(o.bug_id) AS bug_count
 FROM BugsProducts p
 LEFT OUTER JOIN Bugs o ON (p.bug_id = o.bug_id AND o.status = 'OPEN')
 WHERE p.product_id = 1
 GROUP BY p.product_id, o.status)

ORDER BY bug_count;
```

쿼리의 결과는 각 서브 쿼리의 결과를 묶은 것이다. 위 예제 쿼리는 두 행을 리턴하는데, 각 서브쿼리가 한 행씩 리턴한 것을 묶은 것이다. 각 서브쿼리의 결과를 구분할 수 있는 칼럼을 추가하는 것을 잊지 않기 바란다. 여기서는 status 칼럼이 그런 역할을 한다.

서브쿼리의 칼럼이 호환될 때만 UNION 연산을 사용할 수 있다. 결과 집합을 만드는 중간에 칼럼 개수나 이름, 데이터 타입을 바꿀 수 없다. 따라서 모든 행에 대한 칼럼이 일관적이고 의미 있게 적용되도록 해야 한다. 칼럼 별명(alias)을 bugcount_or_customerid_or_null과 같은 식으로 정의했다면, 호환되지 않는 쿼리 결과를 UNION으로 묶으려 하는 것일 확률이 높다.

## 상사의 문제 해결하기

이 장의 도입부에서 설명했던 프로젝트에 대한 긴급한 통계 요청은 어떻게 처리할 수 있었을까? 상사는 "우리가 작업하는 제품이 얼마나 되는지, 버그를 수정한 개발자가 몇 명인지, 개발자당 평균 몇 개의 버그를 수정하는지, 그리고 우리가 수정한 버그 중 고객이 보고한 게 얼마나 되는지 알아야겠어."라고 말했다.

가장 좋은 방법은 작업을 분리하는 것이다.

- 작업하는 제품 개수

`Spaghetti-Query/soln/count-products.sql`

```sql
SELECT COUNT(*) AS how_many_products
FROM Products;
```

- 버그를 수정한 개발자 수

`Spaghetti-Query/soln/count-developers.sql`

```sql
SELECT COUNT(DISTINCT assigned_to) AS how_many_developers
FROM Bugs
WHERE status = 'FIXED';
```

- 개발자 당 평균 수정 버그 개수

`Spaghetti-Query/soln/bugs-per-developers.sql`

```sql
SELECT AVG(bugs_per_developer) AS average_bugs_per_developer
FROM (SELECT dev.account_id, COUNT(*) AS bugs_per_developer
      FROM Bugs b JOIN Accounts dev
        ON (b.assigned_to = dev.account_id)
      WHERE b.status = 'FIXED'
      GROUP BY dev.account_id) t;
```

• 수정한 버그 중 고객이 보고한 것의 개수

```
Spaghetti-Query/soln/count-products.sql
```
```sql
SELECT COUNT(*) AS how_many_customer_bugs
FROM Bugs b JOIN Accounts cust ON (b.reported_by = cust.account_id)
WHERE b.status = 'FIXED' AND cust.email NOT LIKE '%@example.com';
```

이중 일부 쿼리는 그 자체만으로 충분히 까다롭다. 이 모두를 하나의 쿼리로 통합해야 한다면 악몽이 될 것이다.

## SQL을 이용한 SQL 자동 생성

복잡한 쿼리를 나누면 데이터 값에 따라 조금씩 변하는 비슷한 쿼리가 많이 나올 수 있다. 이런 쿼리를 작성하는 것은 따분하다. 따라서 코드 생성을 적용할 좋은 기회다.

코드 생성(code generation)은 새로운 코드를 출력하는 코드를 작성하는 기법이다. 코드를 수작업으로 작성하는 것이 지루한 작업이라면 이 방법을 사용할 가치가 있다. 코드 생성을 사용하면 지루한 반복작업을 제거할 수 있다.

---

**여러 테이블 업데이트**

컨설팅을 하는 동안, 다른 부서에 있는 관리자로부터 급한 SQL 문제를 풀어달라는 요청을 받았다.

관리자의 사무실에 갔을 때, 막다른 길에 몰려 괴로워하고 있는 듯한 사람을 보았다. 우리는 인사도 하는 둥 마는 둥 하고 그의 고통을 공유하기 시작했다. "저는 당신이 이 문제를 빨리 해결할 수 있을 거라 확신합니다. 우리 재고관리 시스템이 하루 종일 먹통이에요." 그는 SQL에 대해 아마추어가 아니었지만, 많은 데이터를 업데이트하는 SQL문을 가지고 몇 시간째 씨름하고 있다고 알려주었다.

문제는 모든 행에 대한 UPDATE 문에 동일한 SQL 수식을 사용할 수 없다는 것이었다. 사실, 필요로 하는 값은 각 행마다 달랐다. 그 데이터베이스는 컴퓨터 연구실의 장비와 각 컴퓨터의 사용을 추적하는 것이었다. 그는 last_used란 칼럼을 각 컴퓨터가 사용된 가장 최근의 날짜로 설정해야 했다.

관리자는 이 복잡한 작업을 하나의 SQL 문으로 해결하려 하는데 집중해 있었는데, 이는 스파게티 쿼리 안티패턴의 다른 예가 될 수 있겠다. 완벽한 UPDATE 문을 작성하느라 씨름할 시간에 그냥 수작업으로 하나씩 업데이트를 해도 될 것 같았다.

나는 이 복잡한 업데이트를 해결하는 데 하나의 복잡한 SQL 문을 만드는 대신, 원하는 효과를 내는 단순한 SQL 문의 집합을 생성하는 스크립트를 작성했다.

Spaghetti-Query/soln/generate-update.sql

```
SELECT CONCAT('UPDATE Inventory '
  ' SET last_used = ''', MAX(u.usage_date), ''','
  ' WHERE inventory_id = ', u.inventory_id, ';') AS
update_statement
FROM ComputerUsage u
GROUP BY u.inventory_id;
```

이 쿼리의 실행 결과는 세미콜론으로 끝나는, SQL 스크립트로 바로 실행할 수 있는 일련의 UPDATE 문이다.

```
update_statement
UPDATE Inventory SET last_used = '2002-04-19' WHERE inventory_id = 1234;
UPDATE Inventory SET last_used = '2002-03-12' WHERE inventory_id = 2345;
UPDATE Inventory SET last_used = '2002-04-30' WHERE inventory_id = 3456;
UPDATE Inventory SET last_used = '2002-04-04' WHERE inventory_id = 4567;
...
```

나는 이 방법으로 관리자가 몇 시간 동안 씨름했던 문제를 몇 분 만에 해결했다.

아주 많은 SQL 쿼리나 명령문을 실행시키는 것은 작업을 완수하는 데 가장 효율적인 방법은 아닐 수 있다. 그러나 효율을 달성하는 것과 작업을 완료하는 것 사이의 균형을 유지해야 한다.

> **SQL Antipatterns Tip**
> 하나의 SQL로 복잡한 문제를 풀 수 있을 것처럼 보이더라도,
> 확실치 못한 방법의 유혹에 넘어가면 안 된다.

#  19장

S Q L   A n t i p a t t e r n s

# 암묵적 칼럼

내가 뭘 말하는지를 보기 전에 뭘 생각하는지 어떻게 말할 수 있겠소?

포스터(E. M. Foster)

한 PHP 프로그래머가 도움을 요청했다. 도서 데이터베이스에 날린 단순해 보이는 SQL 쿼리의 결과가 이상하다는 것이었다.

> Implicit-Columns/intro/join-wildcard.sql

```
SELECT * FROM Books b JOIN Authors a ON (b.author_id = a.author_id);
```

이 쿼리는 모든 책 제목이 NULL로 리턴된다. 더 이상한 것은, Authors와 조인하지 않는 쿼리를 만들어 실행하면 기대한 대로 책 제목이 나온다는 것이다.

나는 문제를 찾는 것을 도왔다. 그가 사용하는 PHP 데이터베이스 확장 모듈은 SQL 쿼리의 결과를 연관 배열(associative array)로 리턴했다. 예를 들어, Book.isbn 칼럼은 $row["isbn"]으로 접근할 수 있었다. 그런데 Books와 Authors 테이블에는 둘 다 title 칼럼이 있었다. Authors 테이블의 title 칼럼은 Dr.(박사) 또는 Rev.(목사)와 같은 직함을 뜻하는 것이었다. 하나의 배열 요소 $row["title"]에는 하나의 값만을 저장할 수 있는데, 이 경우에는 Authors.title이 자리를 차지한 것이었다. 데이터베이스 내 대부분의 저자는 직함(title)을 가지지 않았고, 그 결과 $row["title"]이 NULL이 된 것이다. Authors 테이블과 조인하지 않은 경우에는 칼럼 이름이 충돌하지 않아 예상대로 책 제목이 배열 요소에 들어간 것이다.

나는 그 프로그래머에게, 문제를 해결하는 방법은 칼럼 별명(alias)을 지정해 두 title 칼럼이 다른 이름을 갖도록 하는 것이라 말했다. 이렇게 하면 배열에 값이 따로 들어간다.

`Implicit-Columns/intro/join-alias.sql`
```sql
SELECT b.title, a.title AS salutation
FROM Books b JOIN Authors a ON (b.author_id = a.author_id);
```

그의 두 번째 질문은, "어떻게 하면 한 칼럼에만 별명을 주고도 다른 칼럼을 함께 SELECT할 수 있을까요?"였다. 그는 와일드카드(SELECT *)를 계속 사용하면서 와일드카드로 커버되는 칼럼 중 하나에만 별명을 적용할 수 있기를 바란 것이다.

## 19.1 목표: 타이핑 줄이기

소프트웨어 개발자들은, 자신들의 직업 선택과는 모순되게도, 타이핑을 좋아하는 것 같지 않다. 마치 오 헨리 이야기에서의 반전 같다.

프로그래머들이 타이핑을 너무 많이 해야 한다고 불평하는 예 중 하나가 사용할 모든 칼럼을 SQL 쿼리에 써야 하는 경우다.

`Implicit-Columns/obj/select-explicit.sql`
```sql
SELECT bug_id, date_reported, summary, description, resolution,
  reported_by, assigned_to, verified_by, status, priority, hours
FROM Bugs;
```

소프트웨어 개발자들이 감사하는 마음으로 SQL 와일드카드를 사용하는 것은 놀랄 만한 일이 아니다. * 기호는 모든 칼럼을 뜻한다. 따라서 칼럼 목록은 명시적이 아니라 암묵적이다. 와일드카드는 쿼리를 간결하게 하는 데 도움이 된다.

> Implicit-Columns/obj/select-implicit.sql

```
SELECT * FROM Bugs;
```

마찬가지로, INSERT를 사용할 때도 디폴트의 장점을 활용하는 것이 똘똘해 보인다. 테이블에서 정의한 칼럼 순서대로 값이 적용된다.

> Implicit-Columns/obj/insert-explicit.sql

```
INSERT INTO Accounts (account_name, first_name, last_name, email,
  password, portrait_image, hourly_rate) VALUES
    ('bkarwin', 'Bill', 'Karwin', 'bill@example.com', SHA2('xyzzy'),
NULL, 49.95);
```

칼럼 목록을 나열하지 않고 작성하는 게 더 짧다.

> Implicit-Columns/obj/insert-implicit.sql

```
INSERT INTO Accounts VALUES (DEFAULT,
  'bkarwin', 'Bill', 'Karwin', 'bill@example.com',
  SHA2('xyzzy'), NULL, 49.95);
```

## 19.2 안티패턴: 지름길만 좋아하면 길을 잃는다

칼럼 이름 지정 없이 와일드카드를 사용하면 타이핑을 줄이는 목적은 이룰 수 있겠지만, 이런 습관은 몇 가지 위험을 초래한다.

### 리팩터링 방해

Bugs 테이블에 일정 관리를 위해 date_due 칼럼을 추가해야 한다고 생각해보자.

> Implicit-Columns/anti/add-column.sql

```
ALTER TABLE Bugs ADD COLUMN date_due DATE;
```

이제 INSERT 문에서 에러가 발생한다. 테이블이 변경되어 12개의 값이 들어가야 하는데, 11개의 값만 나열했기 때문이다.

`Implicit-Columns/anti/insert-mismatched.sql`

```sql
INSERT INTO Bugs VALUES (DEFAULT, CURDATE(), 'New bug',
'Test T987 fails...', NULL, 123, NULL, NULL, DEFAULT, 'Medium', NULL);

-- SQLSTATE 21S01: Column count doesn't match value count at row 1
```

암묵적 칼럼을 사용하는 INSERT 문에서는, 테이블의 모든 칼럼에 대한 값을 테이블에 정의된 순서대로 지정해야 한다. 칼럼이 바뀌면, INSERT 문에서 에러가 발생하거나 심지어 엉뚱한 칼럼에 값을 할당할 수 있다.

SELECT * 쿼리를 실행한다고 생각해보자. 칼럼 이름을 모르기 때문에, 칼럼의 순서 위치로 칼럼을 참조한다.

`Implicit-Columns/anti/ordinal.php`

```php
<?php
$stmt = $pdo->query("SELECT * FROM Bugs WHERE bug_id = 1234");
$row = $stmt->fetch();
$hours = $row[10];
```

그런데 모르는 사이에 팀의 다른 사람이 칼럼을 하나 삭제했다.

`Implicit-Columns/anti/drop-column.sql`

```sql
ALTER TABLE Bugs DROP COLUMN verified_by;
```

hours 칼럼의 위치는 더 이상 10이 아니다. 애플리케이션은 실수로 엉뚱한 칼럼의 값을 사용하게 된다. 칼럼 이름이 바뀌거나, 칼럼이 추가 또는 삭제되면, 쿼리 결과가 애플리케이션 코드에서 지원하지 않는 방식으로 바뀔 수 있다. 와일드카드를 사용하면 쿼리가 몇 개의 칼럼을 리턴하는지 예상할 수 없다.

이런 에러는 코드로 전파되고, 애플리케이션의 출력 부분에서 문제를 인지한 시점에는, 어느 라인에서 실수가 발생했는지 추적하기가 어려워진다.

### 숨겨진 비용

쿼리에서 와일드카드를 사용하는 편리함은 성능과 확장적응성(scalability)에 해를 끼칠 수 있다. 쿼리에서 더 많은 칼럼을 선택하면 데이터베이스 서버와 애플리케이션 사이의 네트워크를 통해 더 많은 데이터가 전달되어야 한다.

실 애플리케이션 환경에서는 많은 쿼리가 동시에 실행될 것이다. 이들은 같은 네트워크 대역폭을 놓고 경합할 것이다. 수백 개의 애플리케이션 클라이언트가 동시에 수천 행을 리턴하는 쿼리를 실행하면 기가비트 네트워크조차도 포화상태에 이를 것이다.

액티브 레코드와 같은 객체-관계 매핑(ORM, Object-Relational Mapping) 도구는 데이터베이스의 한 행을 표현하는 객체의 필드를 채우는 데 디폴트로 SELECT *를 사용한다. ORM은 이 동작을 재정의하는 방법을 제공하지만, 대부분의 프로그래머는 신경 쓰지 않는다.

### 요청한 것을 얻은 것이다

SQL 와일드카드를 사용하는 것과 관련해 프로그래머로부터 듣는 가장 흔한 질문 중 하나가, "지정한 몇 개의 칼럼을 제외한 나머지 모든 칼럼을 요청하는 간단한 방법이 있습니까?"다. 아마 이런 질문을 하는 프로그래머는 필요치 않은 거대한 TEXT 칼럼을 가져오는 것은 피하면서 와일드카드를 사용하는 편리함은 원하는 것일 게다.

그런 방법은 없다. SQL에 '원하지 않는 칼럼을 제외한 모든 칼럼'을 지정하는 문법은 없다. 테이블의 모든 칼럼을 요청하는 와일드카드를 사용하거나, 아니면 원하는 칼럼의 목록을 명시적으로 나열해야 한다.

## 19.3 안티패턴 인식 방법

다음 시나리오는 프로젝트에서 암묵적 칼럼을 부적절하게 사용하고 그로 인해 문제가 생기고 있음을 나타낸다.

- "애플리케이션이 여전히 데이터베이스의 칼럼을 예전 이름으로 참조해 동작하지 않아. 모든 코드를 수정했지만, 어딘가 빠뜨린 곳이 있나 봐."
데이터베이스의 테이블을 변경했다. (칼럼을 추가하거나, 삭제하거나, 칼럼 이름을 바꾸거나 칼럼의 순서를 바꾸는 등) 그러나 그 테이블을 참조하는 애플리케이션 코드를 수정하는 데는 실패했다. 참조하는 곳을 모두 찾아 수정하는 것은 힘든 일이다.
- "네트워크 병목을 추적하는 데 며칠이 걸렸고, 마침내 데이터베이스 서버의 과도한 트래픽 문제로 범위를 좁혔어. 통계에 따르면, 쿼리가 평균 2MB의 데이터를 가져가지만 표시하는 것은 그 10분의 1에 불과해."
불필요한 데이터를 많이 가져오고 있는 것이다.

## 19.4 안티패턴 사용이 합당한 경우

테스트를 위한 또는 현재 데이터를 확인하기 위한 즉석 쿼리와 같이 임시로 사용할 SQL이라면 와일드카드 사용을 정당화할 수 있다. 한번 사용할 쿼리라면 유지보수성은 중요하지 않다.

이 책의 예제에서는 공간을 절약하고, 흥미로운 부분에서 주의를 분산시키지 않기 위해 와일드카드를 사용한다. 나는 실 환경에서 사용할 애플리케이션 코드에는 SQL 와일드카드를 거의 사용하지 않는다.

애플리케이션에서 칼럼이 추가, 삭제되거나, 칼럼 이름, 위치가 바뀌는 것에 적응하는 쿼리를 실행시켜야 한다면, 와일드카드를 사용하는 것이 최적이라 생각할 것이다. 이 경우, 앞에서 설명한 문제를 해결하는 데 드는 부가 작업에 대한 계획도 생각해야 한다.

조인 쿼리에서는 각 테이블에 개별적으로 와일드카드를 사용할 수 있다. 와일드카드 앞에 테이블 이름이나 별명을 붙이면 된다. 이렇게 하면 한쪽 테이블에는 필요한 칼럼만 지정해 나열할 수 있고, 다른 쪽 테이블에 대해서는 와일드카드로 모든 칼럼을 얻어오게 할 수 있다. 예를 들면 다음과 같다.

```
Implicit-Columns/legit/wildcard-one-table.sql
```
```sql
SELECT b.*, a.first_name, a.email
  FROM Bugs b JOIN Accounts a
  ON (b.reported_by = a.account_id);
```

칼럼 이름의 긴 목록을 입력하는 것은 시간이 많이 드는 작업이다.[1]

어떤 사람은 실행시의 효율보다 개발 효율을 중요하게 여긴다. 마찬가지로, 짧고 읽기 쉬운 쿼리를 작성하는 쪽에 우선순위를 둘 수도 있다. 와일드카드를 사용하면 키보드 입력도 줄어들고 쿼리도 짧아진다. 이게 더 중요하다면 와일드카드를 사용할 수 있다.

나는 애플리케이션에서 데이터베이스 서버로 긴 SQL 쿼리를 날리는 것은 너무 많은 네트워크 오버헤드를 유발할 수 있다고 주장하는 개발자를 본 적이 있다. 이론적으로 따지면, 어떤 경우에는 쿼리 길이 때문에 차이가 생길 수 있다. 그러나 SQL 쿼리 문자열보다는 쿼리가 리턴하는 데이터가 훨씬 많은 네트워크 대역폭을 차지하는 게 더 일반적이다. 예외 상황에 대해서는 스스로 판단하기 바란다. 그러나 사소한 것에 목숨을 걸 필요는 없다.

## 19.5 해법: 명시적으로 칼럼 이름 지정하기

와일드카드나 암묵적 칼럼 목록에 의지하기보다는, 항상 필요한 칼럼을 나열해야 한다.

---

[1] (옮긴이) 사용하는 데이터베이스의 데이터 사전(또는 메타데이터)에 대한 지식과 18장에서 설명한 쿼리 자동생성을 응용하면 SQL로 칼럼 목록을 쉽게 만들어낼 수 있다.

```sql
SELECT column_name || ','
  FROM information_schema.columns
  WHERE table_name = 'Bugs'
  ORDER BY ordinal_positon;
```

쿼리 결과를 복사해, 작성하는 쿼리에 붙여넣기 한 다음 약간 편집하면 된다. 이렇게 하면 많은 칼럼 이름을 입력할 때의 수고를 줄일 수 있다.

```
Implicit-Columns/soln/select-explicit.sql
```
```sql
SELECT bug_id, date_reported, summary, description, resolution,
  reported_by, assigned_to, verified_by, status, priority, hours
FROM Bugs;
```

```
Implicit-Columns/soln/insert-explicit.sql
```
```sql
INSERT INTO Accounts (account_name, first_name, last_name, email,
  password_hash, portrait_image, hourly_rate)
VALUES ('bkarwin', 'Bill', 'Karwin', 'bill@example.com',
  SHA2('xyzzy'), NULL, 49.95);
```

이걸 다 입력하려면 부담이 되겠지만, 몇 가지 이유로 그럴만한 가치가 있다.

## 오류 검증

포카요케(poka-yoke)[2]를 기억하는가? 쿼리의 SELECT 목록에 칼럼을 지정하면 SQL 쿼리가 에러나 앞에서 설명한 혼동에 대해 더 큰 저항력이 생긴다.

- 테이블에서 칼럼의 위치가 바뀌어도, 쿼리 결과에서는 바뀌지 않는다.
- 테이블에 칼럼이 추가되어도, 쿼리 결과에는 나타나지 않는다.
- 테이블에서 칼럼이 삭제되면, 쿼리가 에러를 발생시킨다. 그러나 이것은 좋은 에러다. 코드를 고쳐야 할 위치를 직접 알려주기 때문이다. 나중에 에러의 근본 원인을 추적하지 않아도 된다.

INSERT 문에서 칼럼을 지정해도 비슷한 이익을 얻을 수 있다. INSERT 문에 칼럼을 지정하면 테이블에 정의된 칼럼 순서와 상관없이 칼럼을 이름으로 참조하기 때문에, 값들이 의도한 칼럼으로 들어간다. 새로 추가되어 INSERT 문에 없는 칼럼은 디폴트 값이나 NULL로 들어간다. 삭제된 칼럼을 참조하는 경우엔 에러가 발생하지만, 문제를 해결하기가 쉽다.

---

2 일본 업계의 오류 검증 시스템을 설계하는 관행이다. 5장 「키가 없는 엔터티」를 참조하기 바란다.

바로 이것이 '빨리 실패하라'는 원칙의 예다.

### 그거 필요하지 않을 꺼야

소프트웨어의 확장적응성과 작업처리량을 염려한다면, 네트워크 대역폭을 낭비할 가능성이 있는 곳을 살펴봐야 한다. 소프트웨어 개발과 테스트 단계에서는 SQL 쿼리의 대역폭이 문제없어 보일 수 있지만, 초당 수천 개의 SQL 쿼리가 실행되는 실 환경에서는 문제가 될 수 있다.

SQL 와일드카드를 포기하면, 자연히 불필요한 칼럼을 쓰지 않게 된다. 그 결과, 대역폭을 보다 효율적으로 사용하게 된다.

```
Implicit-Columns/soln/yagni.sql
SELECT date_reported, summary, description, resolution, status, priority
FROM Bugs;
```

### 어쨌든 와일드카드를 포기해야 돼

자판기에서 M&M 초코볼을 한 봉지 산 경우, 포장지 덕분에 초코볼을 들고 자리로 쉽게 돌아갈 수 있다. 그러나 일단 포장을 뜯으면, 각각의 M&M 초코볼을 하나씩 다루어야 한다. 초코볼은 구르고, 미끄러지고, 여기저기로 튄다. 주의하지 않으면, 누군가 책상 밑에 떨어뜨릴 테고, 그 자리에는 벌레가 꼬일 것이다. 그러나 봉지를 뜯기 전에는 먹을 수 없다.

SQL 쿼리에서도, 특정 칼럼에 수식을 적용하거나, 칼럼에 별명을 지정하거나, 효율을 위해 칼럼을 제외하려고 하면, 와일드카드가 제공하는 포장지를 뜯어서 열어야 한다. 칼럼의 모음을 한 봉지로 다룰 수 있는 편리함을 잃어버리지만, 안에 들어있는 알맹이에 하나씩 접근할 수 있게 된다.

칼럼 별명이나 함수를 사용해야 한다든가 목록에서 특정 칼럼을 제외해야 하는 등의 이유로 인해, 쿼리에서 어떤 칼럼을 개별적으로 다룰 일이 꼭 생길 것이다. 처음부터 와일드카드를 사용하지 않으면, 나중에 쿼리를 변경하기도 쉬울 것이다.

### SQL Antipatterns Tip

원하는 대로 가져가라. 그러나 가져간 건 다 먹어야 한다.

4부

# 애플리케이션 개발 안티패턴

SQL
AntiPatterns

# 20장

S Q L   A n t i p a t t e r n s

# 읽을 수 있는 패스워드

> 적은 시스템을 안다.
> – 샤논(Shannon)의 격언

당신이 지원하는 애플리케이션 사용자로부터 걸려온 전화를 받고 있다고 생각해보자. 그는 로그인을 하는 데 문제가 있다.

"저는 영업부의 팻 존슨입니다. 패스워드를 잊어버린 것 같습니다. 확인해보고 알려주실 수 있나요?" 팻의 목소리는 약간 수줍어하는 것 같으면서도 이상하리만치 서두르고 있다.

"죄송합니다. 그렇게는 할 수 없습니다." 대답한다. "저는 당신의 계정을 재설정할 수 있습니다. 그러면 당신 계정에 등록한 주소로 이메일이 날아갈 겁니다. 그 이메일의 설명을 따라하면 새로운 패스워드를 설정할 수 있습니다."

전화 속의 그 남자는 좀더 조급해지고 단정적이 된다. "그것 참 웃기는군요." 그가 말한다. "내가 지난번에 다녔던 회사에서는 지원 인력이 내 패스워드를 확인할 수 있었습니다. 당신은 그렇게 못한다는 말입니까? 당신 윗사람에게 전화를 걸어야 하겠습니까?"

당연히, 당신은 사용자와 부드러운 관계를 유지하고 싶다. 그래서 SQL 쿼리를 실행해 평문(plain text)으로 저장된 팻 존슨의 패스워드를 찾은 다음 전화에 대고 불러준다.

그 남자는 전화를 끊는다. 당신은 동료에게 말한다. "휴, 위험했다. 관리자에게까지 올라갈 뻔했네. 그 남자가 불평하지 말았으면 좋겠는데."

당신의 동료가 당황한다. "그 남자라고? 영업부의 팻 존슨은 여자야. 방금 그녀의 패스워드를 사기꾼한테 알려준 것 같은데."

## 20.1 목표: 패스워드를 복구하거나 재설정하기

어떤 애플리케이션에서든 패스워드가 있으면, 사용자는 패스워드를 잊어버리게 마련이다. 대부분의 현대적 애플리케이션에서는 이메일 피드백을 통해 패스워드를 복구하거나 재설정할 수 있게 한다. 이 방법은 애플리케이션의 사용자 정보에 등록된 이메일 주소를 사용한다.

## 20.2 안티패턴: 패스워드를 평문으로 저장하기

이런 식의 패스워드 복구 방법에서 가장 흔한 실수는 사용자가, 자신의 패스워드를 평문으로 담은 이메일을 요청할 수 있도록 하는 것이다. 이는 데이터베이스 설계와 관련된 심각한 보안 결함이고, 인증 받지 않은 사람이 애플리케이션에 접근 권한을 얻을 수 있는 위험을 초래한다.

버그 추적 데이터베이스에 있는 Accounts 테이블에 각 사용자의 계정을 저장하고 있다고 하고, 어떤 보안 위험이 있는지 살펴보자.

### 패스워드 저장

패스워드는 보통 Accounts 테이블에 문자열 속성 칼럼으로 저장된다.

`Passwords/anti/create-table.sql`

```
CREATE TABLE Accounts (
  account_id     SERIAL PRIMARY KEY,
  account_name   VARCHAR(20) NOT NULL,
  email          VARCHAR(100) NOT NULL,
  password       VARCHAR(30) NOT NULL
);
```

여기에 행을 하나 삽입하고 문자열 리터럴로 패스워드를 지정해 계정을 생성할 수 있다.

`Passwords/anti/insert-plaintext.sql`

```
INSERT INTO Accounts (account_id, account_name, email, password)
  VALUES (123, 'billkarwin', 'bill@example.com', 'xyzzy');
```

패스워드를 평문으로 저장하거나 평문 상태로 네트워크를 통해 전달하는 것은 안전하지 않다. 공격자가 삽입에 사용한 SQL문을 가로채서 읽을 수 있다면, 패스워드가 그대로 노출된다. 패스워드를 변경하기 위한 SQL문이나 사용자의 입력이 저장된 패스워드와 일치하는지를 확인하는 SQL문도 마찬가지다. 해커는 패스워드를 가로챌 수 있는 여러 번의 기회를 갖게 되는데, 다음과 같은 경우를 생각할 수 있다.

- 클라이언트 애플리케이션에서 데이터베이스 서버로 전송되는 네트워크 패킷을 가로채 SQL문을 확인할 수 있다. 이것은 생각보다 쉬운 작업이고, 이런 목적으로 사용할 수 있는 Wireshark[1]와 같은 공짜 소프트웨어 도구도 있다.
- 데이터베이스 서버에서 SQL 쿼리 로그를 검색할 수 있다. 공격자는 데이터베이스 서버에 접근할 수 있어야 하지만, 이 권한을 이미 획득했다고 가정하면, 데이터베이스 서버에서 실행된 SQL문의 기록이 포함된 로그

---

[1] (옮긴이) Wireshark(공식적으로는 Ethereal)는 http://www.wireshark.org/에서 확인할 수 있다.

파일에도 접근할 수 있다.

- 서버나 백업 미디어에 저장되어 있는 데이터베이스 백업 파일로부터 데이터를 읽을 수 있다. 백업 미디어를 재사용하거나 처분하기 전에 복구 불가능하게 완전히 삭제하는가?

### 패스워드 인증

사용자가 로그인을 시도할 때, 애플리케이션은 사용자의 입력과 데이터베이스에 저장된 패스워드 문자열을 비교한다. 패스워드가 평문으로 저장되어 있기 때문에 이 비교도 평문으로 수행된다. 예를 들어, 다음과 같이 데이터베이스에 저장된 패스워드와 일치하는지 확인해 0 (false) 또는 1 (true)를 리턴하는 쿼리를 사용할 수 있다.

**Passwords/anti/auth-plaintext.sql**
```sql
SELECT CASE WHEN password = 'opensesame' THEN 1 ELSE 0 END
  AS password_matches
FROM Accounts
WHERE account_id = 123;
```

이 예제에서, 사용자가 입력한 opensesame는 데이터베이스에 저장된 값과 다르고, 쿼리는 0을 리턴한다.

앞 절 '패스워드 저장'에서 살펴본 바와 같이, 사용자 입력 문자열을 SQL 쿼리에 평문으로 삽입하면 공격자에게 패스워드가 노출될 위험이 증가한다.

---

**두 개의 다른 조건을 한 덩어리로 만들지 마라**

인증 쿼리에서 account_id와 password 칼럼에 대한 조건을 모두 WHERE 절에 놓는 경우가 많다.

> `Passwords/anti/auth-lumping.sql`
>
> ```sql
> SELECT * FROM Accounts
> WHERE account_name = 'bill' AND password = 'opensesame';
> ```
>
> 계정이 존재하지 않거나 사용자가 정확한 패스워드를 제시하지 못한 경우 이 쿼리는 빈 결과 집합을 리턴한다. 애플리케이션에서는 이 두 가지 인증 실패 원인을 구분할 수 없다. 두 경우를 다르게 처리할 수 있도록 쿼리를 작성하는 것이 더 좋다. 이렇게 하면 각 경우를 적절한 방법으로 처리할 수 있다.
>
> 예를 들어, 여러 번 로그인에 실패하면 해당 계정을 임시로 잠그길 원할 수 있다. 이는 침입 시도로 볼 수 있기 때문이다. 그러나 틀린 계정을 입력한 경우와 틀린 패스워드를 입력한 경우를 구분하지 못한다면 이런 공격 패턴도 인지하지 못할 것이다.[2]

## 이메일로 패스워드 보내기

패스워드가 데이터베이스에 평문으로 저장되었기 때문에, 애플리케이션에서 패스워드를 검색하는 것도 간단하다.

`Passwords/anti/select-plaintext.sql`

```sql
SELECT account_name, email, password
FROM Accounts
WHERE account_id = 123;
```

애플리케이션에서는 사용자의 요청이 있을 경우 사용자의 이메일 주소로 메시지를 보낼 수 있다. 아마 사용 중인 웹 사이트에서 다음과 같이 패스워드를 알려주는 메일을 받아 본 적이 있을 것이다.

---

2 (옮긴이) 간혹 계정이 틀렸는지 패스워드가 틀렸는지를 사용자에게 친절하게(?) 알려주는 경우가 있다. 계정이 틀렸다는 메시지와 패스워드가 틀렸다는 메시지가 구분되어 나오는 경우, 공격자는 메시지만 보고도 해당 시스템에 특정 계정이 있는지 확인할 수 있게 된다. 이는 결국 보안 수준을 떨어뜨리는 결과를 초래한다. 여기서 각 경우를 구분하라는 것이 이렇게 메시지를 따로 보여주라는 뜻은 아님을 명심하기 바란다.

> **패스워드를 알려주는 메일 예제**
>
> From: daemon
> To: bill@example.com
> Subject: password request
>
> 당신은 계정 "bill"에 대한 패스워드를 요청했습니다.
> 당신의 패스워드는 "xyzzy"입니다.
> 로그인하려면 아래 링크를 클릭하기 바랍니다.
> http://www.example.com/login

패스워드를 평문으로 담고 있는 이메일을 보내는 것은 보안에 심각한 위험이 된다. 이메일은 해커가 여러 가지 방법을 통해 가로채거나, 로깅하거나, 저장할 수 있다. 메일을 볼 때 보안 프로토콜을 사용하거나 메일을 보내고 받는 서버가 책임감 있는 시스템 관리자에 의해 관리되고 있다든가 하는 것으로는 충분하지 않다. 이메일은 인터넷을 통해 배달되기 때문에, 다른 사이트에서 가로챌 수 있다. 이메일을 위한 보안 프로토콜이 널리 퍼지거나 당신의 통제 하에 있는 것도 아니고 그럴 필요도 없다.

## 20.3 안티패턴 인식 방법

패스워드를 복구하고 사용자에게 보내는 애플리케이션은 패스워드를 평문으로 저장하거나 아니면 역변환할 수 있는 암호화 기법을 사용하고 있는 것이다. 이는 안티패턴이다. 애플리케이션에서 적법한 목적으로 패스워드를 읽을 수 있다면, 해커도 불법적으로 패스워드를 읽는 것이 가능하다.

> **소프트웨어 개발 윤리**
>
> 당신이 패스워드를 지원하는 애플리케이션을 개발하고 있고, 패스워드 복구 기능을 설계해달라는 요청을 받으면, 정중히 거절해야 한다. 프로젝트 결정권자에게 해당 기능의 위험성을 경고하고, 비슷한 가치를 제공하는 대안을 제시해야 한다.
>
> 전기 기사가 화재 위험이 있는 배선 설계를 인식하고 정정하는 것처럼, 소프트웨어 엔지니어로서 안전성 문제를 인식하고 안전한 소프트웨어를 장려하는 것은 당신의 책임이다.
>
> 『19 Deadly Sins of Software Security』(HLV05)는 좋은 책이므로 꼭 한 번 읽어보기를 권한다. 다른 좋은 자료로 Open Web Application Security Project(http://owasp.org)가 있다.

## 20.4 안티패턴 사용이 합당한 경우

애플리케이션에서 패스워드를 이용해 다른 서드파티 서비스에 접근해야 할 수 있다. 즉, 이 애플리케이션이 클라이언트가 되는 것이다. 이런 경우에는 패스워드를 읽을 수 있는 형식으로 저장해야 한다. 그러나 데이터베이스에 평문으로 저장하기보다는 애플리케이션에서 풀 수 있는 암호화 기법을 사용하는 것이 더 좋다.

신원확인(identification)과 인증(authentication)을 구분할 수 있다. 사용자는 자신이 원하는 누구로든 인증을 받을 수 있다. 그러나 신원확인은 자신이 누구라고 주장할 때 정말 그 사람이 맞는지를 증명하는 것이다. 패스워드는 인증에 사용되는 가장 흔한 방법이다.

노련하고 결심이 굳은 공격자를 무찌를 정도로 충분히 강력하게 보안을 강제할 수 없다면, 인증 메커니즘은 있지만 신뢰할 수 있는 신원확인 메커니즘은 없는 것이다. 그러나 신원확인이 꼭 필요한 것은 아니다.

모든 소프트웨어 애플리케이션이 공격 위험에 처해 있는 것도 아니고, 모든 애플리케이션이 보호해야 할 민감한 정보를 가지고 있는 것도 아니다. 예를 들어, 인트라넷 애플리케이션은 정직하고 협조적이라고 알려진 사람들 몇 명만 사용하는 것일 수 있다. 이런 경우에는 인증 메커니즘이면 충분할 것이다. 그리고 이런 격의 없는 환경에서라면, 단순한 로그인 설계도 적당하다. 강력한 신원확인 시스템을 만들기 위한 부가적 노력은 정당화하기 어려울 수 있다.

그러나 주의하기 바란다. 애플리케이션은 원래의 환경과 역할을 넘어 진화하게 마련이다. 이런 별스러운 인트라넷 애플리케이션을 회사 방화벽 밖에서도 사용 가능하게 하려면, 적절한 자격을 갖춘 보안 전문가의 평가를 받는 것이 좋다.

## 20.5 해법: 패스워드의 소금 친 해시 값을 저장한다[3]

이 안티패턴에서 가장 큰 문제는 패스워드를 읽을 수 있는 형태로 저장한다는 것이다. 그러나 패스워드를 읽지 않고도 사용자 입력을 인증할 수 있다. 이 절에서는 SQL 데이터베이스에 패스워드를 안전하게 저장하는 방법을 살펴볼 것이다.

### 해시 함수 이해하기

일방향 해시 함수를 사용해 패스워드를 부호화(encode)한다. 해시 함수는 입력 문자열을 해시라 불리는 알아볼 수 없는 문자열로 변환한다. 원래 문자열의 길이조차도 알 수 없게 된다. 해시 함수가 리턴하는 문자열은 항상 길이가 같기 때문이다. 예를 들어, SHA-256 알고리즘을 사용해 우리 예제 패스워드인 xyzzy를 변환하면 길이 64의 16진수 문자열이 나온다.[4]

---

[3] (옮긴이) 해시(hash)는 원래 비기술적 용어로 "(고기를) 잘게 잘라 섞는다."는 뜻이며, 전산에서 말하는 해시도 이런 뜻에서 나온 것이다. 소금을 친다는 것도 이런 비유의 연장이라 할 수 있다. 암호학에서 salt란 일방향 함수(one-way function)의 입력값에 덧붙이는 랜덤비트를 의미한다.

[4] (옮긴이) 16진수 한 자리는 4비트로 나타낼 수 있다. 따라서 256비트는 16진수로 64자리가 된다. 이를 그대로 문자열로 표현한 것이다.

```
SHA2('xyzzy') = '184858a00fd7971f810848266ebcecee5e8b69972c5ffaed
622f5ee078671aed'
```

해시의 또 다른 특징은 역을 구하기가 어렵다는 것이다. 해시 값으로부터 원래 입력된 값을 구할 수 없다. 해시 알고리즘은 입력에 대한 일부 정보를 잃어버리도록 설계되었기 때문이다. 좋은 해시 알고리즘은 원래의 입력 값을 알아내는 데, 무작정 입력하고 에러를 얻는 방법으로 알아내는 시간만큼 걸릴 것이다.[5]

예전에는 SHA-1이 인기 있는 알고리즘이었으나, 이 160비트 해시 알고리즘은 암호학적으로 충분히 강력하지 않아 해시 값으로부터 입력 문자열을 추론할 수 있는 기법이 존재한다는 것이 최근 밝혀졌다. 물론 이 기법을 사용해도 시간이 많이 걸리지만, 무작정 입력하고 에러를 얻는 방법으로 패스워드를 알아내는 것보다는 시간이 적게 걸린다. 미국 국립 표준국(NIST, National Institute of Standards and Technology)은 SHA-256, SHA-384, SHA-512와 같은 좀더 강력한 형태의 알고리즘 사용을 권장하고 있으며, 이를 위해 2010년 이후부터 SHA-1이 안전한 해시 알고리즘이란 승인을 철회할 계획이라 밝혔다. 미국 국립 표준국의 표준 준수 여부와는 상관없이, 패스워드를 위해 최소한 SHA-256 이상을 사용하는 것이 좋다.

MD5() 역시 인기 있는 해시 함수로 128비트 해시 값을 만든다. MD5() 또한 암호학적으로 약하다는 것이 증명되었으며, 패스워드를 부호화하는 데 사용하면 안 된다. 약한 알고리즘은 여전히 사용되고 있지만, 패스워드와 같은 민감한 정보에는 사용해선 안 된다.

### SQL에서 해시 사용하기

다음은 Accounts 테이블을 다시 정의한 것이다. SHA-256으로 패스워드의 해

---

5 (옮긴이) 이런 공격법을 무차별 대입 공격(brute force attack)이라 한다.

시 값을 구하면 문자열 길이는 항상 64다. 따라서 칼럼 길이도 CHAR로 고정 길이로 했다.

Passwords/soln/create-table.sql

```sql
CREATE TABLE Accounts (
    account_id      SERIAL PRIMARY KEY,
    account_name    VARCHAR(20),
    email           VARCHAR(100) NOT NULL,
    password_hash   CHAR(64) NOT NULL
);
```

해시 함수는 SQL 표준에 포함되어 있지 않으므로, 해시 함수를 지원하는 데이터베이스 확장 기능을 사용해야 한다. 예를 들어, SSL을 지원하는 MySQL 6.0.5에서는 디폴트로 256비트 해시 값을 리턴하는 SHA2() 함수를 사용할 수 있다.

Passwords/soln/insert-hash.sql

```sql
INSERT INTO Accounts (account_id, account_name, email, password_hash)
    VALUES (123, 'billkarwin', 'bill@example.com', SHA2('xyzzy'));
```

사용자 입력에 동일한 해시 함수를 적용해 이를 데이터베이스에 저장된 값과 비교하면 사용자가 입력한 패스워드가 맞는지 확인할 수 있다.

Passwords/soln/auth-hash.sql

```sql
SELECT CASE WHEN password_hash = SHA2('xyzzy') THEN 1 ELSE 0 END
    AS password_matches
FROM Accounts
WHERE account_id = 123;
```

패스워드 해시 값을 해시 함수가 리턴할 수 없는 값으로 바꾸면 계정을 잠글 수 있다. 예를 들어, 16진수가 아닌 문자를 포함하고 있는 noaccess로 바꿀 수 있다.

## 해시에 소금 추가하기

패스워드 대신 해시 값을 저장했어도 공격자가 데이터베이스에 접근했다면 (예를 들어, 휴지통을 뒤져 백업이 담긴 CDROM을 찾았다든가 해서), 공격자는 여전히 무작정 입력하고 에러를 얻는 방법으로 패스워드를 알아내려 할 수 있다. 패스워드를 알아내는 데는 시간이 오래 걸리겠지만, 사용될 것 같은 패스워드의 해시 값을 담은 데이터베이스를 미리 준비해 이를 당신의 데이터베이스에 저장된 해시 값과 비교할 수 있다. 사용자 중 한 명이라도 사전에 있는 단어를 패스워드로 사용한다면, 공격자가 당신의 패스워드 데이터베이스를 검색해 자신이 준비해둔 해시 값의 테이블에 매치되는 값이 있는지 찾기란 쉬운 일이다. 공격자는 이 작업을 SQL로 할 수도 있다.

`Passwords/soln/dictionary-attack.sql`

```sql
CREATE TABLE DictionaryHashes (
  password        VARCHAR(100),
  password_hash   CHAR(64)
);

SELECT a.account_name, h.password
FROM Accounts AS a JOIN DictionaryHashes AS h
  ON a.password_hash = h.password_hash;
```

이런 식의 사전 공격(dictionary attack)을 물리치는 방법 중 하나는 패스워드를 부호화할 때 소금(salt)을 추가하는 것이다. 소금은 해시 값을 구하기 전에 사용자의 패스워드에 덧붙이는 무의미한 바이트열이다. 사용자가 사전에 있는 단어를 패스워드로 사용한다 해도, 소금을 친 패스워드를 이용해 만든 해시 값은 공격자의 해시 데이터베이스에 있는 값과 매치되지 않을 것이다. 예를 들어, 패스워드가 password라면, 이 단어의 해시 값과 단어 뒤에 임의의 바이트를 덧붙여 만든 해시 값이 다른 것을 알 수 있다.

```
SHA2('password')
    = '5e884898da28047151d0e56f8dc6292773603d0d6aabbdd62a11ef721d1542d8'

SHA2('password-0xT!sp9')
    = '7256d8d7741f740ee83ba7a9b30e7ac11fcd9dbd7a0147f4cc83c62dd6e0c45b'
```

패스워드마다 다른 소금 값을 사용하면 공격자는 각 패스워드에 대해 별도의 사전 테이블을 만들어야 한다. 따라서 공격자는 다시 시작점으로 돌아온다. 데이터베이스에 저장된 패스워드를 깨는 데에 무작정 입력하고 에러를 얻는 방법만큼이나 시간이 오래 걸리게 되기 때문이다.[6]

Passwords/soln/salt.sql

```
CREATE TABLE Accounts (
   account_id      SERIAL PRIMARY KEY,
   account_name    VARCHAR(20),
   email           VARCHAR(100) NOT NULL,
   password_hash   CHAR(64) NOT NULL,
   salt            BINARY(8) NOT NULL
);

INSERT INTO Accounts (account_id, account_name, email,
    password_hash, salt)
  VALUES (123, 'billkarwin', 'bill@example.com',
    SHA2('xyzzy' || '-0xT!sp9'), '-0xT!sp9');

SELECT (password_hash = SHA2('xyzzy' || salt)) AS password_matches
FROM Accounts
WHERE account_id = 123;
```

소금은 8바이트면 충분하다. 각 패스워드에 대해 임의로 소금 값을 생성해야 한다. 위 예제에서는 소금 문자열이 인쇄 가능한 문자로만 되어 있지만, 인쇄가 불가능한 바이트를 포함한 어떤 임의의 값도 사용 가능하다.

---

[6] (옮긴이) 이와 관련해, 레인보우 테이블(rainbow table)이라 불리는 해시 값으로부터 패스워드를 복구하는 좀 더 세련된 방법이 있다. 소금을 이용하는 방법은 이 기법에도 방어가 된다.

## SQL에서 패스워드 숨기기

이제 패스워드를 부호화하기 위해 강력한 해시 함수를 사용하고, 사전 공격을 방해하기 위해 소금을 사용하고 있으므로, 보안은 이 정도로 충분하다 생각할지도 모르겠다. 그러나 SQL 문장에 패스워드가 여전히 평문으로 노출되고 있다. 공격자가 네트워크 패킷을 가로채거나 또는 SQL 쿼리가 기록된 로그 파일이 잘못된 손에 전달된다면 공격자가 패스워드를 읽을 수 있다.

SQL 쿼리에 패스워드를 평문으로 넣지 않고 대신 애플리케이션 코드에서 해시 값을 계산해 SQL 쿼리에서 이 해시 값만 사용하면, 이런 종류의 노출을 피할 수 있다. 해시 값으로는 패스워드를 알아낼 수 없으므로 공격자가 중간에 가로채도 소용이 없다.

해시 값을 계산하기 전에 소금이 필요하다.

다음 PHP 코드는 PDO 확장을 사용해 소금 값을 얻고, 해시 값을 계산한 다음, 패스워드가 맞는지 확인하기 위한 쿼리를 실행한다.

```
Passwords/soln/auth-solt.php
```

```php
<?php

$password = 'xyzzy';

$stmt = $pdo->query(
   "SELECT salt
    FROM Accounts
    WHERE account_name = 'bill'");

$row = $stmt->fetch();
$salt = $row[0];

$hash = hash('sha256', $password . $salt);

$stmt = $pdo->query("
  SELECT (password_hash = '$hash') AS password_matches;
  FROM Accounts AS a
  WHERE a.account_name = 'bill'");

$row = $stmt->fetch();
if ($row === false) {
   // 'bill'이라는 계정이 존재하지 않음
```

```
} else {
  $password_matches = $row[0];
  if (!$password_matches) {
     // 입력한 패스워드가 일치하지 않음.
  }
}
```

hash() 함수는 16진수 값을 리턴하는 것을 보장하므로, SQL 인젝션(21장 SQL 인젝션 참조) 위험은 없다.

웹 애플리케이션에서는 공격자가 네트워크에서 데이터를 가로챌 수 있는 다른 곳이 있는데, 바로 사용자의 브라우저와 웹 애플리케이션 서버 사이다. 사용자가 로그인 폼을 채워 제출할 때, 브라우저는 평문 상태의 패스워드를 서버로 보낸다. 폼 데이터를 보내기 전에 브라우저에서 해시 값을 계산하게 하면 패스워드를 보호할 수 있을 것 같다. 그러나 이렇게 하기는 어렵다. 적절한 해시 값을 구하기 위해서는 해당 패스워드와 연관된 소금 값을 알아야 하기 때문이다. 브라우저에서 애플리케이션 서버로 패스워드를 보낼 때는 항상 HTTPS와 같은 보안 프로토콜을 사용하는 것이 좋다.

### 패스워드 복구가 아닌 패스워드 재설정 사용하기

이제 패스워드는 좀더 안전한 방법으로 저장되지만, 원래의 목표를 다 이루려면 할 일이 남아 있다. 사용자가 패스워드를 잊어버렸을 때에 대한 처리를 해야 하는 것이다. 데이터베이스에는 패스워드 대신 해시 값이 저장되어 있으므로 패스워드를 복구해줄 수는 없다. 더 이상 해시 값으로부터 원래의 패스워드를 구할 수 없다. 이 점은 공격자도 마찬가지다. 그러나 다른 방법으로 사용자의 접근을 허용할 수 있다. 다음에 두 가지 방법의 샘플 구현이 설명되어 있다.

첫 번째 대안은 패스워드를 잊어버린 사용자가 도움을 요청한 경우, 이메일로 사용자의 패스워드를 보내는 대신, 애플리케이션에서 생성한 임시 패스워드를 보내는 것이다. 좀더 안전하게 하려면, 짧은 시간이 지난 후에 임시 패스워드를 만료시킬 수 있다. 이렇게 하면 이메일을 누군가 가로채더라도 권한이 없는 사람의 접근을 허용할 가능성이 줄어든다. 또한 임시 패스워드로 로그인한 사용자는 패스워드를 변경하도록 강제해야 한다.

---

**시스템에서 생성한 임시 패스워드를 담은 이메일 예제**

From: daemon
To: bill@example.com
Subject: password reset

당신은 계정에 대해 패스워드 재설정을 요청했습니다.

임시 패스워드는 "p0trz3b1e"입니다.
한 시간 후에는 이 패스워드를 사용할 수 없습니다.

다음 링크를 클릭해 로그인한 다음
패스워드를 재설정하기 바랍니다.

http://www.example.com/login

---

두 번째 대안은, 이메일에 새로운 패스워드를 포함시키는 대신, 요청을 데이터베이스 테이블에 기록하고 아이디로 유일한 토큰을 할당하는 것이다.

`Passwords/soln/reset-request.sql`

```sql
CREATE TABLE PasswordResetRequest (
  token       CHAR(32) PRIMARY KEY,
  account_id  BIGINT UNSIGNED NOT NULL,
  expiration  TIMESTAMP NOT NULL,
  FOREIGN KEY (account_id) REFERENCES Accounts(account_id)
);

SET @token = MD5('billkarwin' || CURRENT_TIMESTAMP || RAND());

INSERT INTO PasswordResetRequest (token, account_id, expiration)
  VALUES (@token, 123, CURRENT_TIMESTAMP + INTERVAL 1 HOUR);
```

그런 다음 토큰을 이메일로 보낸다. 물론 SMS와 같은 다른 메시지로 토큰을 보낼 수도 있다. 낯선 사람이 부정으로 패스워드 재설정을 요청한다 해도, 이메일은 계정의 원 소유자에게만 전달된다.

---

**패스워드 재설정 페이지에 대한 임시 링크를 포함한 이메일 예제**

From: daemon
To: bill@example.com
Subject: password reset

당신은 계정에 대해 패스워드 재설정을 요청했습니다.

패스워드를 변경하려면 한 시간 이내에 아래 링크를 클릭하십시오.
한 시간 후에는 아래 링크가 유효하지 않으며
패스워드는 변하지 않고 그대로 남아있게 됩니다.

http://www.example.com/reset_password?token=f5cabff22532bd0025118905bdea50da

---

애플리케이션이 reset_password 페이지 요청을 받으면, token 파라미터 값이 PasswordResetRequest 테이블에 있는 행의 값과 일치해야 하며, 이 행의 expiration 타임스탬프 시각도 아직 지나지 않았어야 한다. 이 행에 있는 account_id는 Accounts 테이블을 참조하므로, 이 토큰은 특정 계정 하나에 대해서만 패스워드 재설정 기능을 활성화한다.

물론 엉뚱한 사람이 이 페이지에 접근하면 위험할 것이다. 패스워드 재설정 페이지의 만료 시간을 짧게 하고 페이지에서 패스워드를 재설정하는 계정을 보여주지 않는 간단한 제약으로 이런 위험을 줄일 수 있다.

암호학은 지속적으로 발전하고 있으며, 공격 기법보다 앞서려 노력하고 있다. 이 장에서 설명한 기법 정도로도 수많은 애플리케이션의 보안 수준을 개선할 수 있겠지만, 아주 안전한 시스템을 개발해야 한다면 다음과 같은 고급 기술을 활용해야 한다.

- PBKDF2(http://tools.ietf.org/html/rfc2898)은 널리 사용되는 키 강화 표준이다.
- Bcrypt(http://bcrypt.sourceforge.net)은 적응성 해시 함수를 구현한다.

> **SQL Antipatterns Tip**
>
> 당신이 패스워드를 읽을 수 있으면, 해커도 읽을 수 있다.

## 21장

SQL   Antipatterns

# SQL 인젝션

> 내가 잘못 인용되었다고 인용해주게.
> – 그로초 막스(Groucho Marx)

2010년 3월, 컴퓨터 해커 앨버트 곤잘레스(Albert Gonzalez)는 역사상 최대 규모의 개인정보 절도 혐의로 기소돼 유죄 판결을 받았다. 그는 몇몇 주요 소매점 체인과 이들에게 서비스하는 신용카드 처리 회사의 ATM기와 지불 시스템을 해킹해 1억3천만 건으로 추정되는 신용카드와 현금카드 번호를 빼돌렸다.[1]

곤잘레스는 2006년에 4천5백6십만 건의 신용카드, 현금카드 번호를 훔쳐 세웠던 자신의 기록을 3배나 경신했다. 그 때는 무선 네트워크의 취약점을 이용해 범죄를 저질렀다.

곤잘레스는 어떻게 이전 기록을 경신할 수 있었을까? 우리는 검은 옷을 입은 요원이 엘리베이터 통로를 통해 하강하거나, 슈퍼컴퓨터를 사용해 최첨단 기술로 암호화된 패스워드를 깨거나, 도시 전체의 전력 공급을 차단하는 등 제임스 본드 영화에서 본 것과 같은 대담한 음모를 상상한다.

기소장에는 좀더 평범한 현실이 설명되어 있다. 곤잘레스는 인터넷에서 가

---

[1] (옮긴이) http://en.wikipedia.org/wiki/Albert_Gonzalez 참조.

장 흔한 보안 취약점 중 하나를 이용했다. 그는 SQL 인젝션(injection)이라 불리는 공격 기법을 사용해 희생 기업의 서버로 파일을 업로드할 접근 권한을 얻었다. 곤잘레스와 그의 공모자가 접근 권한을 얻은 후의 일은, 기소장에 진술되어 있다.[2]

> **공격 실행: 악성코드**
>
> …… 그들은 '스나이퍼' 프로그램을 설치해 희생 기업의 네트워크에서 신용카드와 현금카드 번호, 그와 관련된 카드 데이터, 기타 정보를 실시간으로 낚아챈 다음, 이 정보를 주기적으로 공모자에게 전송했다.

곤잘레스에게 웹 사이트를 공격 받았던 소매상인들은 이런 보안 구멍을 해결하기 위한 수정을 마쳤다고 했다. 그러나 그들은 다른 구멍을 가진 새로운 웹 애플리케이션이 매일 생성되는 동안, 구멍을 하나만 막았던 것이다. SQL 인젝션 공격은 해커들에게 쉬운 목표로 남아있다. 소프트웨어 개발자들이 취약성의 본질을 이해하지 못하고 이를 방지하기 위해 코드를 어떻게 작성해야 하는지를 모르고 있기 때문이다.

## 21.1 목표: 동적 SQL 쿼리 작성하기

SQL은 애플리케이션 코드와 함께 사용될 수 있다. 쿼리 문자열과 애플리케이션 변수를 엮어 SQL 문자열로 만드는 것을 보통 동적 SQL(dynamic SQL)이라 한다.

---

[2] http://voices.washingtonpost.com/securityfix/heartlandIndictment.pdf

```
SQL-Injection/obj/dynamic-sql.php
```
```php
<?php
$sql = "SELECT * FROM Bugs WHERE bug_id = $bug_id";
$stmt = $pdo->query($sql);
```

이 예제는 문자열에 PHP 변수를 삽입하는 것을 보인다. 우리는 $bug_id가 정수이고 데이터베이스가 이 쿼리를 전달받았을 때 $bug_id의 값이 쿼리의 일부가 되는 것을 의도했다.

동적 SQL 쿼리는 데이터베이스로부터 최대의 효과를 얻으려 할 때 쓰는 자연스런 방법이다. 애플리케이션 데이터를 사용해 데이터베이스 쿼리를 지정하려 하는 것은, SQL을 양방향 언어로 사용하는 것이다. 애플리케이션은 데이터베이스와 일종의 대화를 하고 있는 것이다.

그러나 우리가 원하는 대로 이 작업을 하도록 소프트웨어를 만들기가 아주 어려운 것은 아니다. 어려운 부분은 소프트웨어를 안전하게 만들어 우리가 원치 않는 동작은 허용하지 않도록 하는 것이다. SQL 인젝션의 결과로 인한 소프트웨어 결함은 이를 만족시키는 데 실패해 생기는 것이다.

## 21.2 안티패턴: 검증되지 않은 입력을 코드로 실행하기

SQL 인젝션은 어떤 내용을 SQL 쿼리 문자열에 삽입해 쿼리의 동작을 원래의 의도와 다르게 수정하는 것이다. SQL 인젝션의 고전적인 예는, SQL에 삽입되는 문자열에 세미콜론을 넣어 SQL 문장을 끝내고 두 번째 문장을 실행하도록 하는 것이다. 예를 들어, $bug_id 변수의 값이 1234; DELETE FROM Bugs라면, 앞에서 살펴본 SQL은 다음과 같이 될 것이다.

```
SQL-Injection/anti/delete.sql
```
```sql
SELECT * FROM Bugs WHERE bug_id = 1234; DELETE FROM Bugs
```

이런 식의 SQL 인젝션은 그림 21.1[3]에 나온 것처럼 극적일 수 있다. 보통 이

그림 21.1 엄마의 위업

결함은 좀더 미묘하지만 여전히 위험하다.

## 사고는 발생할 것이다

버그 데이터베이스를 보는 웹 인터페이스를 작성하고 있고, 프로젝트 이름으로 프로젝트 정보를 볼 수 있는 페이지를 만들고 있다고 생각해보자.

`SQL-Injection/anti/ohare.php`

```
<?php
$project_name = $_REQUEST["name"];
$sql = "SELECT * FROM Projects WHERE project_name = '$project_name'";
```

당신 팀이 시카고에 있는 오헤어(O'Hare) 국제공항에서 사용할 소프트웨어를 개발하는 데 고용되면서 문제가 생기기 시작한다. 당신은 자연스럽게 프로젝트 이름을 'O'Hare'로 짓는다. 웹 애플리케이션에서 프로젝트 정보를 보기 위한 요청을 어떻게 제출할 것인가?

```
http://bugs.example.com/project/view.php?name=O'Hare
```

PHP 코드는 요청 파라미터의 값을 가져와 SQL 쿼리에 넣지만, 쿼리는 누구

---

3 Randall Munroe의 카툰으로 허가를 받아 실었다. (http://xkcd.com/237/)

도 의도하지 않은 형태로 바뀐다.

```
SELECT * FROM Projects WHERE project_name = 'O'Hare'
```

문자열은 처음 나타나는 홑따옴표로 끝나기 때문에, 위 쿼리는 짧은 문자열 'O'와 그 뒤에 여기서는 아무런 의미도 가지지 못하는 Hare'란 문자열이 나오는 것으로 해석된다. 데이터베이스에서는 문법 에러가 발생할 것이다. 이것은 사고치곤 운이 좋은 편이다. 문법 에러가 포함된 문장은 실행될 수 없으므로 더 이상의 나쁜 일이 발생할 위험은 낮다. 더 큰 위험은 의도하지 않은 문장이 에러도 없이 실행되어 버리는 것이다.

### 최고의 웹 보안 위협

공격자가 SQL 인젝션을 이용해 SQL문을 조작할 수 있게 되면 심각한 위협이 된다. 예를 들어, 애플리케이션은 사용자의 패스워드 변경을 허용할 수 있다.

SQL-Injection/anti/set-password.php
```php
<?php
$password = $_REQUEST["password"];
$userid = $_REQUEST["userid"];
$sql = "UPDATE Accounts SET password_hash = SHA2('$password')
    WHERE account_id = $userid";
```

요청 파라미터가 SQL문에서 어떻게 사용되는지를 추측할 수 있는 교활한 공격자는, 이를 이용하기 위해 주의 깊게 선택한 문자열을 보낼 수 있다.

```
http://bugs.example.com/setpass?password=xyzzy&userid=123 OR TRUE
```

user_id 파라미터 문자열을 SQL에 넣으면, 이로 인해 다음과 같이 SQL 문의 조건이 바뀌고, 이제 특정 계정 하나가 아니라 모든 계정의 패스워드가 바뀌게 된다.

SQL-Injection/anti/set-password.sql
```sql
UPDATE Accounts SET password_hash = SHA2('xyzzy')
WHERE account_id = 123 OR TRUE;
```

바로 이 점이 SQL 인젝션을 이해하고 어떻게 대응해야 할지를 아는 핵심이다. SQL 인젝션은 파싱되기 전의 SQL문을 조작하는 방법으로 동작한다. SQL문이 파싱되기 전에 동적인 부분을 삽입하는 한, SQL 인젝션 위험이 있는 것이다.

SQL문의 동작을 바꾸는 악의적인 문자열을 만드는 방법은 수도 없이 많다. 공격자의 상상력과 자신의 SQL 문장을 보호하려는 개발자의 능력에만 제한을 받을 뿐이다.

## 치료를 위한 탐구

이제 SQL 인젝션의 위험을 알게 되었다. 자연스러운 다음 질문은 '코드를 이용당하지 않도록 보호하려면 어떻게 해야 하는가?'이다. 한 가지 기법을 설명하면서 그것이 SQL 인젝션에 대한 보편적인 해결책이라고 주장하는 블로그나 기사를 본 적이 있을 것이다. 실제로는 이런 기술 중 어떤 것도 그 하나만으로 모든 형태의 SQL 인젝션을 막을 수 있다고 검증된 것은 없으므로, 각 경우에 맞게 이런 모든 기법을 활용해야 한다.

### 값을 이스케이프하기

매치되지 않는 따옴표 문자가 생기는 것으로부터 SQL 쿼리를 보호하는 방법 중 가장 오래된 것은 따옴표 문자가 문자열의 마지막이 되지 않도록 모든 따옴표 문자를 이스케이프하는 것이다. 표준 SQL에서는 따옴표 문자를 두 개 써서 하나의 따옴표 문자 리터럴을 만들 수 있다.

`SQL-Injection/anti/ohare-escape.sql`
```
SELECT * FROM Projects WHERE project_name = 'O''Hare'
```

대부분의 프로그래밍 언어에서와 마찬가지로 대부분의 데이터베이스 제품도 역슬래시를 이용한 이스케이프를 지원한다.

`SQL-Injection/anti/ohare-escape.sql`

```
SELECT * FROM Projects WHERE project_name = 'O\'Hare'
```

기본적인 아이디어는 SQL에 문자열을 삽입하기 전에 애플리케이션 데이터를 변환하는 것이다. 대부분의 SQL 프로그래밍 인터페이스는 이를 위한 편리한 함수를 제공한다. 예를 들어 PHP의 PDO 확장에서는 문자열을 따옴표로 구분할 때나 문자열 내의 따옴표를 이스케이프하는 데 quote() 함수를 사용할 수 있다.

`SQL-Injection/anti/ohare-escape.php`

```
<?php
$project_name = $pdo->quote($_REQUEST["name"]);
$sql = "SELECT * FROM Projects WHERE project_name = $project_name";
```

이 기법은 동적 내용 안에서 매칭되지 않는 따옴표를 통한 SQL 인젝션 위험을 줄여줄 수 있지만, 문자열이 아닌 경우에는 잘 동작하지 않는다.

`SQL-Injection/anti/set-password-escape.php`

```
<?php
$password = $pdo->quote($_REQUEST["password"]);
$userid = $pdo->quote($_REQUEST["userid"]);
$sql = "UPDATE Accounts SET password_hash = SHA2($password)
    WHERE account_id = $userid";
```

`SQL-Injection/anti/set-password-escape.sql`

```
UPDATE Accounts SET password_hash = SHA2('xyzzy')
WHERE account_id = '123 OR TRUE'
```

대부분의 데이터베이스 제품에서 숫자 칼럼을 숫자를 포함한 문자열과 직접 비교할 수 없다. 어떤 데이터베이스에서는 문자열을 그에 상응하는 숫자로 암묵적으로 변환하지만, 표준 SQL에서는 문자열을 숫자 타입으로 변환하려면 명시적으로 CAST() 함수를 사용해야 한다.

또한 이스케이프되지 않은 따옴표 문자를 그대로 남기려는 의도로 ASCII가 아닌 문자로 된 문자열을 함수로 전달하는 경우와 같은, 명확하지 않은 경우

가 생길 수 있다.[4]

### 쿼리 파라미터

SQL 인젝션에 대한 만병통치약으로 가장 자주 인용되는 것은 쿼리 파라미터[5]를 사용하는 방법이다. SQL 문자열에 동적 값을 삽입하는 대신, 쿼리를 만들 때 파라미터가 들어갈 자리를 미리 정의하는 것이다. 그런 다음 준비한 쿼리를 실행할 때 파라미터 값을 제공한다.

SQL-Injection/anti/parameter.php
```php
<?php
$stmt = $pdo->prepare("SELECT * FROM Projects WHERE project_name = ?");
$params = array($_REQUEST["name"]);
$stmt->execute($params);
```

많은 프로그래머가 이 방법을 권고한다. 동적 내용을 이스케이프할 필요도 없고 이스케이프 함수의 결함을 걱정하지 않아도 되기 때문이다. 사실 쿼리 파라미터를 사용하는 방법은 SQL 인젝션에 대한 매우 강력한 방어가 된다. 그러나 파라미터가 보편적 해결방법은 될 수 없다. 쿼리 파라미터의 값은 항상 하나의 리터럴 값으로 해석되기 때문이다.

- 값의 목록을 하나의 파라미터로 전달할 수 없다.

SQL-Injection/anti/parameter.php
```php
<?php
$stmt = $pdo->prepare("SELECT * FROM Bugs WHERE bug_id IN ( ? )");
$stmt->execute(array("1234,3456,5678"));
```

이 코드는 숫자와 쉼표가 있는 문자열 하나를 전달하는 것이 되는데, 정수의 나열을 전달하는 것과는 다른 것이다.

---

4 http://bugs.mysql.com/bug.php?id=8378 참조.
5 (옮긴이) 바인드 변수(bind variable)라고도 한다.

> SQL-Injection/anti/parameter.sql

```
SELECT * FROM Bugs WHERE bug_id IN ( '1234,3456,5678' )
```

- 테이블 이름은 파라미터로 전달할 수 없다.

> SQL-Injection/anti/parameter.php

```
<?php
$stmt = $pdo->prepare("SELECT * FROM ? WHERE bug_id = 1234");
$stmt->execute(array("Bugs"));
```

테이블 이름을 넣어야 할 자리에 문자열 리터럴을 넣은 것이 되며, 문법 에러가 발생한다.

---

### 완성된 쿼리가 뭐였더라?

많은 사람들이 SQL 쿼리 파라미터를 사용하는 것을 SQL문에서 자동으로 값을 인용하는 방법이라 생각한다. 이는 정확하지도 않고, 이런 식으로 생각하는 것은 쿼리 파라미터의 동작 방식에 대한 오해를 낳을 수도 있다.

DBMS 서버는 쿼리를 준비(prepare)할 때 SQL을 파싱한다. 이렇게 한 후에는 SQL 쿼리에 아무런 변경도 가할 수 없다.

준비된(prepared) 쿼리를 실행할 때 값을 전달한다. 전달한 각 값은 하나씩 파라미터의 자리에 사용된다.

준비된 쿼리는 예전 파라미터 값을 새로운 값으로 대체한 후 다시 실행될 수 있다. 따라서 DBMS는 쿼리와 파라미터 값을 따로 추적해야 한다. 이는 보안에 좋은 것이다.

이는 또한 SQL 쿼리 문자열을 얻어와도 여기에 파라미터 값은 포함되어 있지 않음을 뜻한다. 디버깅할 때나 로깅할 때는 파라미터 값을 포함한 SQL문을 보는 것은 쉽지만, 이런 값들은 사람이 읽을 수 있는 SQL 형태로 묶이지는 않는다.

동적 SQL문을 디버깅하는 가장 좋은 방법은 파라미터 자리를 가진 SQL문과 실행시의 파라미터 값을 모두 로깅하는 것이다.

```
SQL-Injection/anti/parameter.sql
```
```sql
SELECT * FROM 'Bugs' WHERE bug_id = 1234
```

- 칼럼 이름을 파라미터로 전달할 수 없다.

```
SQL-Injection/anti/parameter.php
```
```php
<?php
$stmt = $pdo->prepare("SELECT * FROM Bugs ORDER BY ?");
$stmt->execute(array("date_reported"));
```

수식이 문자열 상수이기 때문에 정렬 조건으로 아무 것도 주지 않은 것과 마찬가지다.

```
SQL-Injection/anti/parameter.sql
```
```sql
SELECT * FROM Bugs ORDER BY 'date_reported';
```

- SQL 키워드를 파라미터로 전달할 수 없다.

```
SQL-Injection/anti/parameter.php
```
```php
<?php
$stmt = $pdo->prepare("SELECT * FROM Bugs ORDER BY date_reported ?");
$stmt->execute(array("DESC"));
```

파라미터는 키워드가 아닌 문자열 리터럴로 해석된다. 이 경우는 문법 에러가 발생한다.

```
SQL-Injection/anti/parameter.sql
```
```sql
SELECT * FROM Bugs ORDER BY date_reported 'DESC'
```

### 저장 프로시저

저장 프로시저는 SQL 인젝션 취약성에 대응하는 매우 강력한 방법이라고 많은 소프트웨어 개발자가 주장한다. 보통, 저장 프로시저는 고정된 SQL문을 포함하며, 프로시저를 정의할 때 파싱된다.

그러나 저장 프로시저 안에서도 안전하지 않은 방법으로 동적 SQL을 사용할 수 있다. 다음 예에서 input_userid 인수는 SQL 쿼리에 그대로 삽입되는데, 이는 안전하지 않은 것이다.

SQL-Injection/anti/procedure.sql

```sql
CREATE PROCEDURE UpdatePassword(input_password VARCHAR(20),
  input_userid VARCHAR(20))
BEGIN
  SET @sql = CONCAT('UPDATE Accounts
    SET password_hash = SHA2(', QUOTE(input_password), ')
    WHERE account_id = ', input_userid);
  PREPARE stmt FROM @sql;
  EXECUTE stmt;
END
```

저장 프로시저 안에서 동적 SQL을 사용하는 것은 애플리케이션 코드에서 동적 SQL을 사용하는 것과 마찬가지로 안전하지 않다. input_userid 인수에 해로운 내용이 들어가면 안전하지 않은 SQL문이 생성될 수 있다.

SQL-Injection/anti/set-password.sql

```sql
UPDATE Accounts SET password_hash = SHA2('xyzzy')
WHERE account_id = 123 OR TRUE;
```

### 데이터 접근 프레임워크

데이터 접근 프레임워크 옹호자들이 자신들의 라이브러리가 SQL 인젝션 위험으로부터 코드를 지켜준다고 주장하는 것을 봤을 것이다. SQL문을 문자열로 작성하는 것을 허용한다면 어떤 프레임워크든 이 주장은 틀린 것이다.

> **좋은 예방법 실천하기**
>
> 내가 개발한 PHP 데이터 접근 프레임워크에 대해 발표한 후, 청중 중 한 명이 내게 다가와 물었다. "당신의 프레임워크는 SQL 인젝션을 예방하나요?" 나는 이 프레임워크가 문자열을 인용해 쿼리 파라미터로 사용하는 함수를 제공한다고 대답했다.

> 젊은 친구는 당황한 것처럼 보였다. "그렇지만 SQL 인젝션을 방지할 수 있겠죠?" 그는 다시 물었다. 그는 자신이 스스로 인식할 수 없는 것에 대해 실수를 하지 않도록 보장하는 자동화된 방법을 찾고 있었다.
> 
> 나는 그에게 칫솔이 충치를 예방하듯 이 프레임워크도 SQL 인젝션을 예방한다고 말해주었다. 이런 이익을 얻기 위해서는 프레임워크를 일관적으로 사용해야 한다.

어떤 프레임워크도 안전한 SQL 코드만 작성하도록 강제할 수 없다. 프레임워크는 개발자를 돕기 위한 편리한 함수를 제공할 수도 있지만, 이런 함수를 쉽게 우회해 안전하지 않은 SQL 문을 만드는 문자열 조작을 사용할 수 있다.

## 21.3 안티패턴 인식 방법

실질적으로, 모든 데이터베이스 애플리케이션은 SQL문을 동적으로 생성한다. SQL문의 어느 부분이든 문자열을 연결하거나 값을 문자열에 삽입해 만든다면, 이런 문장이 있는 애플리케이션은 잠재적인 SQL 인젝션 공격 위험에 노출되는 것이다.

SQL 인젝션 취약점은 너무도 흔해서 이런 취약점을 찾아 해결하기 위한 코드 검토(code review)를 마치지 않은 이상, SQL을 사용하는 모든 애플리케이션에 이런 취약점이 있을 것이라 가정해야 한다.

> **규칙 #31: 뒷좌석을 확인하라**
> 
> 괴물 영화를 좋아한다면, 괴물들이 자동차 뒷좌석에 숨어 있다가 운전자를 덮치길 좋아한다는 사실을 알 것이다. 교훈은 자신의 자동차와 같은 익숙한 공간에 위험이 없다고 가정하면 안 된다는 것이다.
> 
> SQL 인젝션은 간접적인 형태를 취할 수 있다. 쿼리 파라미터를 통해 사용자가 제공한 데이터를 안전하게 INSERT했다 하더라도, 이 데이터를 나중에 동적 SQL 쿼리를 만드는 데 사용할 수 있다.

```
<?php
$sql1 = "SELECT last_name FROM Accounts WHERE account_id = 123";
$row = $pdo->query($sql1)->fetch();
$sql2 = "SELECT * FROM Bugs WHERE MATCH(description) AGAINST ('"
    . $row["last_name"] . "')";
```

사용자가 자신의 이름을 O'Hara로 입력했거나 또는 의도적으로 이름에 SQL 문을 포함하도록 했다면 위 쿼리에서 어떤 일이 일어나겠는가?

## 21.4 안티패턴 사용이 합당한 경우

애플리케이션에 SQL 인젝션으로 인한 보안 취약점을 허용할 합당한 이유는 있을 수 없다는 점에서, 이 안티패턴은 이 책의 다른 안티패턴과 다르다. 코드를 방어적으로 작성하고 동료들 또한 그렇게 할 수 있도록 돕는 것이 소프트웨어 개발자로서 당신의 책임이다. 소프트웨어는 가장 취약한 고리만큼만 안전하다. 그 가장 취약한 고리가 당신이 만든 것이 되지 않게 하기 바란다.

## 21.5 해법: 아무도 믿지 마라

하나의 기술로 SQL 코드를 안전하게 만드는 방법은 없다. 지금부터 설명하는 기법을 모두 배우고 이를 적절한 경우에 사용해야 한다.

### 입력 값 필터링

어떤 입력이 해로운 내용을 가지고 있을지 걱정만 하지 말고, 해당 입력에 대해 유효하지 않은 문자는 모두 제거해야 한다. 즉, 정수가 필요하다면, 정수에 맞는 내용만을 사용한다. 이렇게 하는 가장 좋은 방법은 프로그래밍 언어에 따라 다르다. 예를 들어 PHP에서는 filter 확장을 사용할 수 있다.

`SQL-Injection/soln/filter.php`

```php
<?php
$bugid = filter_input(INPUT_GET, "bugid", FILTER_SANITIZE_NUMBER_INT);
$sql = "SELECT * FROM Bugs WHERE bug_id = {$bugid}";
$stmt = $pdo->query($sql);
```

숫자와 같은 단순한 경우에 대해서는 타입 변환 함수를 사용할 수 있다.

`SQL-Injection/soln/casting.php`

```php
<?php
$bugid = intval($_GET["bugid"]);
$sql = "SELECT * FROM Bugs WHERE bug_id = {$bugid}";
$stmt = $pdo->query($sql);
```

또한 안전한 부분문자열 매치를 위해 정규 표현식을 사용해, 규칙을 벗어난 내용은 제거할 수 있다.

`SQL-Injection/soln/regexp.php`

```php
<?php
$sortorder = "date_reported"; // default

if (preg_match("/[_[:alnum:]]+/", $_GET["order"], $matches)) {
  $sortorder = $matches[1];
}

$sql = "SELECT * FROM Bugs ORDER BY {$sortorder}";
$stmt = $pdo->query($sql);
```

## 파라미터를 통한 값 전달

쿼리의 동적인 부분이 단순한 값이면, 쿼리 파라미터를 사용해 다른 SQL 표현과 분리해야 한다.

```
SQL-Injection/soln/parameter.php
```

```php
<?php
$sql = "UPDATE Accounts SET password_hash = SHA2(?) WHERE account_id = ?";
$stmt = $pdo->prepare($sql);
$params = array($_REQUEST["password"], $_REQUEST["userid"]);
$stmt->execute($params);
```

안티패턴 절의 예제에서 쿼리 파라미터는 하나의 값으로만 바뀔 수 있음을 봤다. 파라미터가 있는 SQL문을 DBMS가 파싱하고 나면, 어떤 SQL 인젝션 공격도 쿼리를 바꿀 수 없다. 공격자가 파라미터 값으로 123 OR TRUE와 같은 악성 문자열을 넘긴다 해도, DBMS는 이를 하나의 값으로 해석한다. 최악의 경우, 쿼리는 어느 행에도 적용되지 않는다. 엉뚱한 행에 적용되는 일은 발생하지 않는다. 악성 값이 들어와도 SQL문은 다음과 같은 상대적으로 안전한 형태가 될 것이다.

```
SQL-Injection/soln/parameter.sql
```

```sql
UPDATE Accounts SET password_hash = SHA2('xyzzy')
WHERE account_id = '123 OR TRUE'
```

애플리케이션 변수를 SQL문의 리터럴 값으로 엮어야 할 경우에는 쿼리 파라미터를 사용해야 한다.

### 동적 값 인용하기

보통 쿼리 파라미터를 사용하는 것은 최상의 방법이지만, 간혹 쿼리 파라미터 사용으로 쿼리 옵티마이저(optimizer)가 어떤 인덱스를 사용할지에 대해 엉뚱한 결정을 할 때가 있다.

예를 들어, Accounts 테이블에 is_active란 칼럼이 있다고 생각해보자. 이 칼럼은 99%의 행에 대해서는 true 값을 가지기 때문에, 균등한 분포는 아니다. is_active=false 조건으로 검색하는 쿼리는 인덱스를 사용하는 것이 유리하다. is_active=true 조건으로 검색하는 쿼리에 대해서는 인덱스를 읽는 것은 낭비일 뿐이다. 그러나 is_active=?와 같이 파라미터를 사용했다면, 쿼리를 준비(prepare)할 때 옵티마이저가 파라미터에 어떤 값이 들어올지 알 수 없기 때문에, 자칫 잘못된 최적화 계획을 선택할 수 있다.

쿼리 파라미터를 사용하는 것이 일반적인 권장사항이긴 하지만, 이런 특별한 경우에는 SQL문에 해당 값을 직접 삽입하는 것이 나을 수도 있다. 이렇게 하는 경우에는, 문자열을 주의 깊게 인용해야 한다.

`SQL-Injection/soln/interpolate.php`

```php
<?php
$quoted_active = $pdo->quote($_REQUEST["active"]);
$sql = "SELECT * FROM Accounts WHERE is_active = {$quoted_active}";
$stmt = $pdo->query($sql);
```

### IN 연산자에 파라미터 넘기기

쉼표로 구분된 문자열을 하나의 파라미터로 넘기는 것은 소용이 없음을 살펴봤다. 목록에 있는 항목 수만큼 파라미터가 필요하다.

예를 들어, PK 값으로 여섯 개의 버그를 조회해야 한다고 하자. 키 값은 $bug_list 배열 변수에 저장되어 있다.

```php
<?php
$sql = "SELECT * FROM Bugs WHERE bug_id IN (?, ?, ?, ?, ?, ?)");
$stmt = $pdo->prepare($sql);
$stmt->execute($bug_list);
```

이 코드는 $bug_list가 파라미터 개수와 동일하게 정확히 여섯 개의 항목일 때만 동작한다. 파라미터의 수는 $bug_lists에 있는 항목 수와 같아야 한다는 점을 이용해 SQL의 IN() 부분을 동적으로 만들어야 한다.

다음 PHP 예제는 내장 배열 함수를 사용해 $bug_list와 동일한 길이의 파라미터 배열을 만든 다음, 배열의 각 항목을 쉼표로 연결해 SQL 문에 집어넣는다.

```php
<?php
$sql = "SELECT * FROM Bugs WHERE bug_id IN ("
    . join(",", array_fill(0, count($bug_list), "?")) . ")";
$stmt = $pdo->prepare($sql);
$stmt->execute($bug_list);
```

값의 목록을 파라미터로 만들 때 이 방법을 사용할 수 있다.

모호한 SQL 보안 문제에 대해 잘 테스트된 성숙한 함수를 사용해야 함에 유의하기 바란다. 대부분의 데이터 접근 라이브러리는 문자열 인용 함수를 포함하고 있다. 예를 들어, PHP에서는 PDO::quote()를 사용한다. 보안 위험을 완전하게 공부한 것이 아니라면 인용 함수를 직접 구현하려는 시도는 하지 않는 것이 좋다.

### 사용자의 입력을 코드와 격리하기

쿼리 파라미터와 이스케이핑 기법은 리터럴 값을 SQL과 묶는 데는 도움이 되지만, 테이블 이름이나 칼럼 이름 또는 SQL 키워드와 같은 SQL문의 다른 부분에는 활용할 수 없다. 쿼리에서 이런 부분을 동적으로 만들려면 다른 방법이 필요하다.

사용자가 버그 목록을 정렬하는 방법(예를 들면 버그 상태라든가 버그 생성 일자와 같은 조건으로)을 선택할 수 있다고 생각해보자. 또한 정렬 방향(오름차순, 내림차순)도 선택할 수 있다.

```
SQL-Injection/soln/orderby.sql
```
```sql
SELECT * FROM Bugs ORDER BY status ASC
SELECT * FROM Bugs ORDER BY date_reported DESC
```

다음 예제에서, PHP 스크립트는 요청 파라미터 order와 dir을 받고 이 사용자 선택 값(칼럼 이름과 키워드)을 SQL 쿼리에 넣는다.

```
SQL-Injection/soln/mapping.php
```
```php
<?php
$sortorder = $_REQUEST["order"];
$direction = $_REQUEST["dir"];
$sql = "SELECT * FROM Bugs ORDER BY $sortorder $direction";
$stmt = $pdo->query($sql);
```

이 스크립트는 order에 칼럼 이름이, dir에는 ASC나 DESC가 들어 있을 거라 가정한다. 이는 안전한 가정이 아니다. 사용자가 웹 요청의 파라미터로 어떤 값이든 보낼 수 있기 때문이다.

이렇게 하는 대신, 요청 파라미터로 미리 정의된 값을 검색하게 하고 이 값을 SQL 쿼리에 사용하도록 할 수 있다.

1. 사용자 선택을 키로 하고 SQL 칼럼 이름을 값으로 하여 매핑하는 $sortorder 배열을 선언한다. 사용자 선택을 키로 하고 SQL 키워드인 ASC와 DESC를 값으로 하여 매핑하는 $direction 배열을 선언한다.

   SQL-Injection/soln/mapping.php

   ```
   $sortorders = array( "status" => "status", "date" => "date_reported" );
   $directions = array( "up" => "ASC", "down" => "DESC" );
   ```

2. 사용자의 선택이 배열에 있지 않은 경우에 대비해 변수 $sortorder와 $dir을 디폴트 값으로 설정한다.

   SQL-Injection/soln/mapping.php

   ```
   $sortorder = "bug_id";
   $direction = "ASC";
   ```

3. 사용자의 선택이 $sortorders와 $directions 배열에 선언된 키 값과 매치되면, 그에 대응되는 값을 사용한다.

   SQL-Injection/soln/mapping.php

   ```
   if (array_key_exists($_REQUEST["order"], $sortorders)) {
     $sortorder = $sortorders[ $_REQUEST["order"] ];
   }
   if (array_key_exists($_REQUEST["dir"], $directions)) {
     $direction = $directions[ $_REQUEST["dir"] ];
   }
   ```

4. 이제 $sortorder와 $direction 변수를 SQL에서 안전하게 사용할 수 있다. 변수에는 코드에서 선언한 값만 포함하고 있기 때문이다.

```
SQL-Injection/soln/mapping.php
$sql = "SELECT * FROM Bugs ORDER BY {$sortorder} {$direction}";
$stmt = $pdo->query($sql);
```

이 방법은 몇 가지 장점이 있다.

- 사용자 입력을 SQL 쿼리와 직접 엮지 않으므로, SQL 인젝션 위험이 줄어든다.
- 식별자, SQL 키워드, 심지어는 전체 수식까지, SQL의 어느 부분이든 동적으로 만들 수 있다.
- 사용자의 입력이 유효한지 확인하기가 쉽고 효율적이다.
- 데이터베이스 쿼리의 내부 상세사항을 사용자 인터페이스에서 분리한다.

선택할 수 있는 값이 애플리케이션에 하드코딩되어 있지만, 테이블 이름, 칼럼 이름, SQL 키워드에 대해서는 적절한 것이다. 문자열이나 숫자에 대해 모든 값을 선택하게 하는 것은 보통 데이터 값에 대한 것이지, 식별자나 키워드에 대한 것이 아니다.

## 코드 검토를 함께할 동료 구하기

결함을 잡아내는 가장 좋은 방법은 다른 사람과 함께 코드를 검토하는 것이다. SQL 인젝션 위험에 익숙한 팀 동료에게 코드를 함께 검사(inspection)하자고 부탁하자. 자존심 또는 자아(ego) 때문에 올바른 일을 하지 못하면 안 된다. 당장은 코딩 실수를 스스로 발견하지 못한 것에 부끄러울 수 있다. 그러나 나중에 보안 결함으로 웹 사이트가 해킹을 당했을 때 책임을 인정하는 것보다는 나을 것이다.

SQL 인젝션에 대한 검사를 할 때, 다음 가이드라인을 따르기 바란다.

1. 애플리케이션 변수, 문자열 연결 또는 치환을 통해 생성되는 SQL문을 찾

는다.
2. SQL문에서 사용되는 모든 동적 내용의 출처를 추적해, 사용자 입력, 파일, 환경변수, 웹 서비스, 서드파티 코드, 심지어는 데이터베이스로부터 얻어온 문자열까지, 외부로부터 오는 모든 데이터를 찾는다.
3. 외부로부터 오는 데이터는 잠재적으로 위험하다고 가정한다. 필터나 유효성 검사기, 매핑 배열을 통해 신뢰할 수 없는 데이터를 변환한다.
4. 외부 데이터를 SQL문과 연결할 때는 쿼리 파라미터나 견고한 이스케이프 함수를 사용한다.
5. 저장 프로시저나 동적 SQL문을 찾을 수 있는 다른 부분에 대한 코드 검사도 잊지 않는다.

코드 검사는 SQL 인젝션 결함을 찾는 가장 정확하고 경제적인 방법이다. 코드 검사를 위한 시간을 확보하고, 이를 필수 활동으로 생각해야 한다. 팀 동료의 코드를 함께 검사해 주어 호의에 보답하는 것도 잊지 않는다.

> **SQL Antipatterns Tip**
>
> 사용자가 값을 입력하게 하라. 그러나 코드를 입력하게 해서는 안 된다.

## 22장

SQL　Antipatterns

# 가상키 편집증

> 중요한 사람은 신경을 쓰지 않고, 신경을 쓰는 사람은 중요하지 않아.
> – 버나드 바루치(Bernard Baruch, 저녁 파티에 참석할 손님들의 자리를 배정하면서)

상사가 리포트 출력물 두 개를 들고 접근한다. "회계사가 말하길 이번 분기와 지난 분기 보고서에 모순이 있다고 하는데, 나도 확인해봤더니 회계사 말이 맞더군. 최근 자산 대부분이 사라져버렸어. 무슨 일이 일어난 거지?"

당신은 보고서를 살펴본다. 모순의 패턴을 보니 뭔가 생각이 난다. "아니요. 모든 게 다 있습니다. 지난번에 누락된 행이 없도록 데이터베이스의 행을 정리해 달라고 하셨습니다. 숫자에 빈 게 있어 회계사가 자꾸 누락된 자산에 대해 질문한다고 했었죠. 그래서 몇몇 행의 번호를 바꾸어 누락된 번호가 있던 곳을 모두 채웠습니다. 1부터 12,340까지 모든 번호가 채워졌고, 이제는 누락된 행이 없습니다. 모든 행이 그대로 있지만, 몇몇 행은 번호가 바뀌어 위로 올라갔습니다. 이렇게 하라고 지시하셨었고요."

상사가 그의 머리를 흔든다. "그건 내가 원한 게 아니야. 회계사는 자산 번호로 감가상각을 추적해야 해. 각 장비에 할당된 번호는 각 분기보고서에서 계속 같은 값을 유지해야 한단 말이야. 게다가, 모든 자산 아이디 번호를 레이블에 인쇄해 장비에 붙였어. 사내 모든 장비의 레이블을 바꾸려면 수 주는 걸릴 거야. 모든 아이디 번호를 원래의 값으로 되돌릴 수 있겠나?"

당신은 협조적이고 싶어서 키보드로 돌아가 작업을 시작하지만, 새로운 문제가 떠오른다. "자산 아이디를 병합한 다음에 구입한 새로운 자산은 어떡하지? 새로운 자산에는 번호를 다시 매기기 전에 사용했던 아이디 값을 할당했는데. 자산 아이디를 원래 값으로 되돌리면, 아이디 번호가 충돌할텐데?"

## 22.1 목표: 데이터 정돈하기

수열 중간에 숫자가 몇 개 빠지면 마음이 매우 불편해지는 사람들이 있다.

| bug_id | status | product_name |
|---|---|---|
| 1 | OPEN | Open RoundFile |
| 2 | FIXED | ReConsider |
| 4 | OPEN | ReConsider |

한편으론, 이해할 수 있다. bug_id가 3인 행에 무슨 일이 있었는지 명확하지 않기 때문에 걱정이 되는 것이다. 쿼리에 왜 그 버그가 안 나왔지? 데이터베이스가 잃어버렸나? 그 버그에는 뭐가 있었을까? 우리 중요 고객이 보고한 버그는 아니었을까? 잃어버린 데이터에 대한 책임을 내가 지게 되는 것 아닐까?

가상키 편집중 안티패턴을 사용하는 사람의 목표는 이런 질문을 해결하는 것이다. 이런 사람들은 데이터 정합성 문제에 대해 책임을 져야 하지만, 생성된 보고서 결과에 자신감을 가질 만큼 데이터베이스 기술에 대한 이해나 확신이 부족한 것이 보통이다.

## 22.2 안티패턴: 모든 틈 메우기

틈을 발견했을 때 대다수 사람들의 반응은 틈을 메우고 싶어 한다는 것이다.

이렇게 하는 데는 두 가지 방법이 있다.

## 시퀀스에서 벗어난 번호 할당하기

새로운 행에 키 값을 할당할 때, 가상키 자동 생성 메커니즘을 사용하는 대신 PK 값 중 사용되지 않은 첫 번째 값을 사용하고 싶을 수 있다. 이렇게 데이터를 넣으면, 자연스럽게 틈을 메울 수 있다.

| bug_id | status | product_name |
| --- | --- | --- |
| 1 | OPEN | Open RoundFile |
| 2 | FIXED | ReConsider |
| 4 | OPEN | ReConsider |
| 3 | NEW | Visual TurboBuilder |

그러나 사용되지 않은 가장 작은 값을 찾으려면 불필요한 셀프조인을 실행해야 한다.

```
Neat-Freak/anti/lowest-value.sql

SELECT b1.bug_id + 1
FROM Bugs b1
LEFT OUTER JOIN Bugs AS b2 ON (b1.bug_id + 1 = b2.bug_id)
WHERE b2.bug_id IS NULL
ORDER BY b1.bug_id LIMIT 1;
```

이 책의 앞부분에서, SELECT MAX(bug_id)+1 FROM Bugs와 같은 식의 쿼리를 실행해 유일한 PK 값을 할당하려는 방법에는 동시성 문제가 있음을 살펴봤다.[1]

이 방법 역시 두 애플리케이션이 동시에, 사용되지 않은 가장 작은 값을 찾으려 하면 동일한 문제가 생긴다. 둘 다 같은 값을 PK 값으로 사용하려 하면,

---

1 62쪽 사이드바 참조

하나는 성공하고 다른 하나는 에러가 날 것이다. 이 방법은 비효율적일뿐 아니라 에러가 발생하기도 쉽다.

### 기존 행의 번호를 다시 매기기

PK 값을 연속적으로 만드는 것이 더 급해, 새로운 행이 틈을 메울 때까지 기다릴 여유가 없을 수도 있다. 기존 행에 대한 키 값을 업데이트해 틈을 메우고 모든 값을 연속이 되도록 할 수 있다고 생각할 것이다. 보통 PK 값이 가장 큰 행을 찾아 사용되지 않은 가장 작은 키 값으로 업데이트하는 방법을 사용할 수 있다. 예를 들어, 4를 3으로 업데이트할 수 있다.

`Neat-Freak/anti/renumber.sql`

```
UPDATE Bugs SET bug_id = 3 WHERE bug_id = 4;
```

| bug_id | status | product_name |
| --- | --- | --- |
| 1 | OPEN | Open RoundFile |
| 2 | FIXED | ReConsider |
| 3 | DUPLICATE | ReConsider |

이렇게 하려면 먼저, 앞에서 새로운 행을 삽입할 때 사용했던 것과 비슷한 방법으로 사용되지 않은 키 값을 찾아야 한다. 또한 PK 값을 재할당하기 위해 UPDATE 문을 실행해야 한다. 두 단계 모두 동시성 문제가 발생할 가능성이 있다. 틈이 많으면 이 단계를 여러 번 반복해야 한다.

또한 번호를 새로 붙인 행을 참조하는 모든 자식 행에 변경된 키 값을 전파해야 한다. ON UPDATE CASCADE 옵션을 사용해 외래키를 선언했다면 이 작업이 쉽겠지만, 그렇지 않다면 제약조건을 비활성화한 다음 모든 자식 행을 수작업으로 업데이트하고 제약조건을 복원해야 한다. 이는 귀찮기도 하고 데이터베이스 서비스를 중단시킬 수 있는 에러가 발생하기 쉬운 과정이다. 따라서 이런 작업을 피하고 싶은 느낌이 든다면, 그게 맞다.

이런 정리 작업을 마쳤다 하더라도, 결과는 일시적일 뿐이다. 새로운 가상 키 값을 생성하면, 그 값은 (일부 데이터베이스 프로그래머들이 가정하는 것과 같이) 현재 테이블에서 가장 큰 값이 아니라, 가장 최근에 생성했던 값보다 큰 값이 된다. 가장 최근에 생성했던 키 값을 가지는 행이 삭제되었거나 변경되었다 하더라도 마찬가지다. 틈을 메우기 위해 bug_id가 가장 큰 값을 가지는 행(bug_id=4)을 업데이트했다고 하자. 디폴트 가상키 생성기를 사용해 삽입하는 다음 행은 키 값이 5가 될 것이다. 새로운 틈 4를 남겨둔 채로 말이다.

## 데이터 불일치 만들기

미치 랫클리프(Mitch Ratcliffe)는 말했다. "컴퓨터는 인류 역사상 어떤 발명품보다도 더 많은 실수를 더 빨리 하게 해준다…… 권총과 테킬라만 빼고."[2]

이 장의 시작 부분 이야기에서 PK 값을 바꾸는 것에 대한 위험을 설명했다. 데이터베이스 외부의 시스템이 PK 값으로 행을 식별하고 있다면, 키 값을 업데이트하는 것은 외부 시스템의 참조를 유효하지 않게 만든다.

PK 값을 재사용하는 것은 좋은 생각이 아니다. 적절한 이유로 행을 삭제했거나 롤백한 결과로 틈이 발생한 것일 수 있기 때문이다. 예를 들어, account_id가 789인 사용자가 모욕적인 이메일을 보내 당신 시스템에서 퇴출되었다고 생각해보자. 정책상 이런 무례한 자의 계정은 삭제해야 하지만, PK 값을 재사용하면, 이후에 등록되는 다른 사람에게 789를 할당하게 된다. 몇몇 모욕적인 이메일은 아직 수신자가 읽지 않은 상태라면, 계정 789에 대한 추가 불만이 제기될 수 있다. 아무 잘못도 없는 그 불쌍한 사용자는 아이디가 같다는 이유로 비난을 받게 된다.

가상키 값에 빈 값이 있다고 키를 재할당하면 안 된다.

---

2 MIT Technology Review, 1992년 4월.

## 22.3 안티패턴 인식 방법

다음과 같은 말이 나오면 누군가가 가상키 편집증 안티패턴을 사용하려 함을 나타내는 힌트가 될 수 있다.

- "INSERT를 롤백했을 때 자동 생성된 아이디 값을 어떻게 재사용할 수 있지?"

  가상키 할당은 롤백되지 않는다. 만약 그렇다면, DBMS는 가상키 값을 트랜잭션 범위 안에서 할당해야 할 것이다. 이럴 경우 여러 클라이언트가 동시에 데이터를 삽입하려 하는 경우 경합 또는 대기가 발생한다.
- "bug_id 4에 무슨 일이 일어난 거지?"

  이는 PK의 시퀀스에 사용되지 않은 번호에 대한 엉뚱한 걱정의 표현이다.
- "사용되지 않은 첫 번째 아이디 값을 어떻게 조회할 수 있을까?"

  이런 검색을 하려는 이유는 아이디 값을 재할당하려는 것이 거의 확실하다.
- "번호가 넘치면 어떻게 되지?"

  사용되지 않은 아이디 값을 재할당하는 것을 합리화하려 할 때 사용되는 표현이다.

## 22.4 안티패턴 사용이 합당한 경우

가상키 값을 바꿔야 할 이유는 없다. 가상키 값은 아무런 의미도 가지지 말아야 하기 때문이다. PK 칼럼의 값이 어떤 의미를 가진다면 그건 자연키(natural key)지 가상키가 아니다. 자연키 값을 변경하는 것은 드물지 않다.

## 22.5 해법: 극복하라

PK 값은 유일하고 NULL이 아니어서 각 행을 참조하는 데 사용할 수 있어야 한다. 이게 전부다. 행을 식별하는 데 연속적인 숫자일 필요는 없다.

## 행에 번호 매기기

대부분의 가상키 생성기는 거의 행 번호처럼 보이는 번호를 리턴한다. 이들은 단조 증가(즉, 다음 값은 이전 값보다 1 큰 값이 된다)하지만, 이는 구현상 우연의 일치일 뿐이다. 이런 식으로 값을 생성하는 이유는 유일성을 보장하는 편리한 방법이기 때문이다.

행 번호를 PK와 혼동해서는 안 된다. PK는 한 테이블에서 한 행을 식별하지만, 행 번호는 결과 집합에서 행을 식별하는 것이다. 쿼리 결과 집합에서의 행 번호는 테이블에서의 PK 값에 대응되는 것이 아니다. 특히 쿼리에서 조인이나 GROUP BY, ORDER BY와 같은 연산을 했을 때는 더욱 그렇다.

행 번호를 사용하면 좋은 경우가 있는데, 예를 들어 쿼리 결과의 부분집합만 리턴하는 경우가 그렇다. 이는 종종 페이지 처리(pagination)라 불리기도 하는데, 인터넷 검색에서의 페이지와 같은 것이다. 이런 식으로 부분집합만 선택하려면 쿼리의 형태와 상관없이 연속적으로 증가하는 진짜 행 번호를 사용해야 한다.

SQL:2003에는 ROW_NUMBER()를 포함한 윈도 함수(window functions)[3]가 포함되었다. ROW_NUMBER()는 쿼리 결과 집합에 대한 연속된 번호를 리턴한다. 쿼리 결과에서 행의 범위를 제한할 때 행 번호가 흔히 쓰인다.

Neat-Freak/soln/row_number.sql

```
SELECT t1.* FROM
  (SELECT a.account_name, b.bug_id, b.summary,
    ROW_NUMBER() OVER (ORDER BY a.account_name, b.date_reported) AS rn
  FROM Accounts a JOIN Bugs b ON (a.account_id = b.reported_by)) AS t1
WHERE t1.rn BETWEEN 51 AND 100;
```

---

3 (옮긴이) windowing functions라고도 한다. Oracle에서는 분석 함수(analytic functions)라 한다.

이런 함수는 Oracle, Microsoft SQL Server 2005, IBM DB2, PostgreSQL 8.4, Apache Derby 등 주요 데이터베이스 제품에서 지원되고 있다.

MySQL, SQLite, Firebird, Informix는 SQL:2003의 윈도 함수를 지원하지 않지만, 이런 상황에서 사용할 수 있는 고유 문법을 가지고 있다. MySQL과 SQLite는 LIMIT 절을 지원하고, Firebird와 Informix는 FIRST와 SKIP 쿼리 옵션을 지원한다.

## GUID 사용하기

어떤 수를 한 번 이상 사용하지 않으면서 랜덤한 가상키 값을 생성할 수 있다. 몇몇 데이터베이스는 이런 목적으로 GUID(Global Unique Identifier)를 지원한다.

GUID는 128비트 의사난수(pseudorandom number)로 보통 32자리 16진수로 표현된다. GUID는 사실상 유일하기 때문에 가상키에 GUID를 생성해 사용

---

**정수는 연장할 수 없는 자원인가?**

가상키 편집증 안티패턴과 관련된 또 다른 오해는 단조 증가하는 가상키 생성기는 결국 정수 집합을 소진해버릴 것이므로, 값을 낭비하지 않도록 미리 주의해야 한다는 것이다.

언뜻 보면, 그럴싸해 보인다. 수학에서 정수는 무한대로 발산하지만, 데이터베이스에서는 어떤 데이터 타입이든 유한한 개수의 값을 가진다. 32비트 정수는 최대 $2^{32}$개의 구분된 값을 표현할 수 있다. PK에 값을 할당할 때마다, 마지막에 한 단계씩 가까워지는 것은 사실이다.

그렇지만 계산을 해보자. 1초에 하나씩 하루 24시간 행을 삽입하면서 유일한 PK 값을 생성하면, 부호 없는 32비트 정수형의 모든 값을 소진하는 데 136년이 걸린다. 이게 요구사항에 미치지 못하면, 64비트 정수를 사용하면 된다. 이제 1초에 1백만 건씩 584,542년 동안 계속해서 정수를 할당할 수 있다.

정수가 모두 소진되는 일은 아마 발생하지 않을 것이다.

할 수 있다.

다음은 Microsoft SQL Server 2005에서 GUID를 사용하는 예다.

`Neat-Freak/soln/uniqueidentifier-sql2005.sql`

```sql
CREATE TABLE Bugs (
  bug_id UNIQUEIDENTIFIER DEFAULT NEWID(),
  ...
);

INSERT INTO Bugs (bug_id, summary)
VALUES (DEFAULT, 'crashes when I save');
```

이렇게 하면 다음과 같은 행이 생성된다.

| bug_id | summary |
| --- | --- |
| 0xff19966f868b11d0b42d00c04fc964ff | 저장할 때 크래시됨 |

GUID를 사용하면 일반적인 가상키 생성기를 사용할 때보다 최소한 두 가지 좋은 점이 있다.

- 중복을 걱정하지 않고 여러 데이터베이스 서버에서 동시에 가상키를 생성할 수 있다.
- 아무도 틈에 대해 불평하지 않는다. PK 값으로 16진수를 32자리나 입력해야 하는 것을 불평하느라 바쁠 것이기 때문이다.

다음은 몇 가지 나쁜 점이다.

- 값이 너무 길고 입력하기 나쁘다.
- 값이 랜덤하기 때문에, 어떤 패턴을 추론할 수 없고 큰 값이 최근 행을 나타낸다고 생각할 수도 없다.
- GUID를 저장하는 데는 16바이트가 필요하다. 일반적인 4바이트 정수 가

상키를 사용하는 것보다 공간도 많이 차지하고 속도도 느리다.

**가장 중요한 문제**

이제 가상키 번호를 다시 매길 때 발생하는 문제와 관련된 목표를 위한 대안을 알게 되었지만, 여전히 풀어야 할 큰 문제가 있다. 가상키 값 사이의 틈을 메워 데이터베이스를 정리하길 바라는 상사의 지시를 어떻게 받아넘길 수 있을까? 이는 커뮤니케이션 문제지 기술적 문제가 아니다. 그렇지만, 데이터베이스의 데이터 정합성을 사수하기 위해 관리자를 관리해야 할 필요가 있을 것이다.

- 기술을 설명하기

  보통은 정직이 최선의 정책이다. 요청의 뒤에 있는 느낌을 존중하고 인정한다. 예를 들어, 관리자에게 다음과 같이 말한다. "틈이 이상해 보일 겁니다. 그러나 아무런 해도 없습니다. 데이터베이스 레코드는 종종 건너뛰거나 롤백되거나 삭제되곤 합니다. 우리는 어떤 번호를 안전하게 재사용할 수 있을지 확인하는 코드를 작성하지 않고 데이터베이스에 행이 새로 생길 때마다 새로운 번호를 부여합니다. 이렇게 하는 것이 코드를 개발하는 데 비용이 적게 들고, 실행 속도를 빠르게 하며, 에러를 줄여줍니다."

- 비용을 명확하게 하기

  PK 값을 바꾸는 것은 아주 쉬워 보이지만, 새로운 값을 계산하고, 중복 값을 처리하는 코드를 작성, 테스트하고, 데이터베이스에서 관련된 키 값을 함께 변경하고, 다른 시스템에 영향이 없는지 조사하고, 새로운 절차를 따르도록 사용자와 관리자를 훈련시키는 데 필요한 실질적인 추정을 해야 한다. 대부분의 관리자는 작업의 비용에 따라 우선순위를 매기며, 실제 비용과 직면하면 중요하지 않은 세세한 최적화 요청은 철회할 것이다.

- 자연키 사용하기

  관리자나 데이터베이스의 다른 사용자가 PK 값에서 의미를 찾으려 한다면, PK 값이 의미를 가지게 한다. 가상키를 사용하지 말고, 어떤 의미를 식별할 수 있는 문자열이나 숫자를 사용한다. 그러면 이런 자연키의 의미 속에서 틈이 발생한 이유를 설명하기가 쉬워질 것이다. 자연 식별자(natural identifier)로 사용할 다른 속성 칼럼과 함께 가상키를 사용할 수도 있다. 사람들이 수열의 틈을 걱정한다면 보고서에서는 가상키를 보이지 않게 한다.

> **SQL Antipatterns Tip**
>
> 가상키를 행의 식별자로 사용한다. 가상키는 행 번호가 아니다.

# 23장

SQL  Antipatterns

# 나쁜 것 안 보기

모든 증거를 확보하기 전에 이론화하는 것은 중대한 실수입니다.
- 셜록 홈즈(Sherlock Holmes)

"당신 제품에서 또 다른 버그를 찾았소." 전화기 속 목소리가 말했다.

나는 1990년대 SQL DBMS 기술 지원 엔지니어로 일하는 동안 이 전화를 받았다. 우리 데이터베이스에 대해 비논리적인 보고를 일삼는 것으로 유명한 고객이 한 명 있었다. 그의 보고는 거의 모두 버그가 아닌 그쪽의 단순한 실수로 밝혀졌다.

"좋은 아침입니다. 데이비스 씨. 물론 우리는 당신이 발견한 어떤 문제라도 해결하고 싶습니다." 나는 대답했다. "무슨 문제가 생겼는지 말씀해주시겠습니까?"

"내가 당신네 데이터베이스에 쿼리를 실행시켰는데, 아무것도 나오지 않았소." 데이비스 씨는 날카롭게 말했다. "그렇지만 나는 데이터베이스에 데이터가 있다는 걸 알고 있소. 테스트 스크립트로 검증도 할 수 있다니까."

"쿼리에는 아무 문제도 없습니까?" 나는 물었다. "API에서 아무런 에러도 리턴하지 않았나요?"

데이비스 씨는 대답했다. "왜 내가 API 함수의 리턴 값을 봐야 합니까? 그 함수는 그냥 내 SQL 쿼리를 실행해야 한단 말이오. 함수가 에러를 리턴한다면, 그게 당신네 제품에 버그가 있다는 걸 나타내는 게 아니겠소? 당신네 제품에 버그가 없다면, 에러도 없어야 하는 것 아니오? 내가 왜 당신네 버그에 신경을 써야 합니까?"

뚜껑이 열릴 지경이었지만, 나는 사실이 명확하게 드러나도록 해야 했다. "좋습니다. 테스트를 한 번 해보시죠. 코드에서 SQL 쿼리를 복사해 쿼리 도구에 붙여 넣고, 실행해 보십시오. 결과가 어떻게 나오나요?" 나는 대답을 기다렸다.

"SELECT에서 문법 에러." 그는 잠깐 주저한 후 말했다. "이 이슈는 종결해도 됩니다." 그러고는 퉁명스럽게 전화를 끊었다.

데이비스 씨는 항공관제 회사에서 국제 항공기에 대한 데이터를 기록하는 소프트웨어를 만드는 유일한 개발자였다. 우리는 매주 그의 전화를 받아야 했다.

## 23.1 목표: 코드를 적게 작성하기

누구나 우아한 코드를 작성하고 싶어 한다. 즉, 적은 코드로 멋진 일을 하고 싶은 것이다. 작업이 멋지고 코드가 적을수록 우아함은 커진다. 작업 자체를 멋지게 만들지 못한다면, 같은 작업을 적은 코드로 해내는 것이 우아함의 수준을 높인다고 생각할 수 있다.

표면적인 이유였지만, 간결한 코드를 작성해야 하는 좀더 이성적인 이유도 있다.

- 작동하는 애플리케이션 코딩을 좀더 빨리 끝낼 수 있다.
- 테스트하고 문서화하고 동료검토(peer review)해야 할 코드 양이 줄어든다.
- 코드가 적으면 버그도 적을 것이다.

따라서 프로그래머에게는 가능한 코드를 제거하려는 (특히 그 코드가 우아함을 높이지 못한다면) 본능적 우선순위가 있다.

## 23.2 안티패턴: 짚 없이 벽돌 만들기[1]

개발자는 다음과 같은 두 가지 형태로 나쁜 것 안 보기 안티패턴을 사용한다. 하나는 데이터베이스 API의 리턴 값을 무시하는 것이고, 다른 하나는 애플리케이션 코드에 산재해 있는 SQL 코드의 단편만을 보는 것이다. 두 경우 모두, 쉽게 사용할 수 있는 정보를 놓치게 된다.

### 진단 없는 진료

See-No-Evil/anti/no-check.php

```
<?php
① $pdo = new PDO("mysql:dbname=test;host=db.example.com",
      "dbuser", "dbpassword");
  $sql = "SELECT bug_id, summary, date_reported FROM Bugs
      WHERE assigned_to = ? AND status = ?";
② $stmt = $dbh->prepare($sql);
③ $stmt->execute(array(1, "OPEN"));
④ $bug = $stmt->fetch();
```

이 코드는 간결하지만, 함수로부터 리턴된 상태값을 무시하고 있다. 리턴된 값을 확인하지 않으면 문제가 생겼는지 알 수 없다.

데이터베이스 API에서 가장 흔한 에러는 아마 데이터베이스 커넥션을 생성할 때 발생하는 에러일 것이다. 예를 들어, ①에서 데이터베이스 이름이나 서버 호스트네임, 또는 사용자 아이디와 패스워드를 실수로 잘못 입력한 경우, 데이터베이스 서버에 접속할 수 없을 것이다. PDO 커넥션을 생성하다가 예외가 발생하고, 예제 스크립트는 종료될 것이다.

---

[1] (옮긴이) 예전에 진흙으로 벽돌을 만들 때는, 짚이 인장력을 강화하고 비틀어짐을 방지하는 중요 재료였다고 한다. 여기서는 코드에 오류처리 로직과 같은 중요 요소를 넣지 않는 행위를 비유한 것이다.

②에서 prepare()는 입력 실수나 짝이 맞지 않는 괄호, 잘못된 칼럼 이름 등의 단순한 문법 에러로 false를 리턴할 수 있다. 이 상태에서 ③에서 $stmt에 대해 execute() 메서드를 호출하면, false는 객체가 아니기 때문에 치명적인 에러가 발생한다.

```
PHP Fatal error: Call to a member function execute() on a non-object
```

execute() 호출 또한 SQL문이 제약조건이나 접근 권한을 위반한 경우 실패할 수 있다. 이 메서드도 실패한 경우에 false를 리턴한다.

④에서 호출하는 fetch() 또한 DBMS에 대한 커넥션이 실패하는 것과 같은 에러가 발생할 경우 false를 리턴한다.

데이비스 씨와 같은 태도를 가진 프로그래머는 드물지 않다. 리턴 값이나 예외를 확인하는 것은 코드에 아무 것도 더해지지 않는다고 느낀다. 어쨌든 이런 것들은 발생하면 안 되기 때문이다. 또한 이런 부가 코드는 반복적으로 나타나 애플리케이션 코드를 추하고 읽기 어렵게 할 뿐, 멋진 부분은 없다.

그러나 사용자는 코드를 보지 않는다. 사용자는 결과를 본다. 치명적 에러가 발생했는데 제대로 처리되지 않으면, 사용자는 그림 23.1과 같은 빈 화면이

그림 23.1 PHP에서 치명적 에러가 발생하면 빈 화면이 나온다.

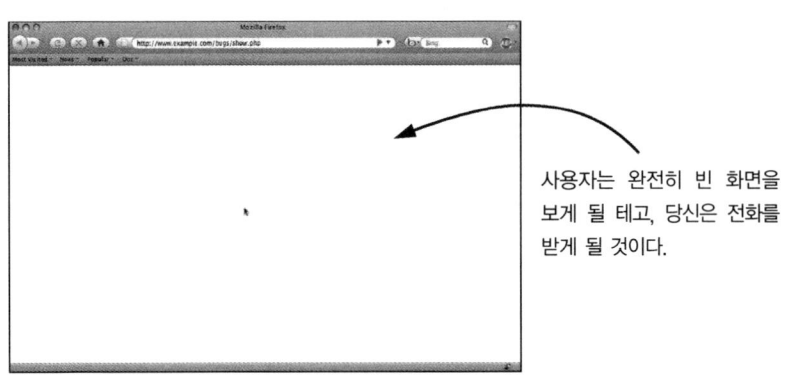

사용자는 완전히 빈 화면을 보게 될 테고, 당신은 전화를 받게 될 것이다.

나 이해할 수 없는 에러 메시지를 보게 될 것이다. 이런 일이 발생하면 애플리케이션 코드가 깔끔하고 간결한 것은 위안이 되지 않는다.

## 읽기간 행[2]

나쁜 것 안 보기 안티패턴에 해당하는 흔한 나쁜 습관은 SQL 쿼리를 문자열로 생성하는 애플리케이션 코드를 뚫어져라 쳐다보는 것이다. 이는 매우 어려운 작업이다. 애플리케이션 로직과 문자열 연결, 애플리케이션 변수로부터 얻은 부가적 내용에 따라 생성되는 결과 SQL을 시각화해 보기가 쉽지 않기 때문이다. 이런 식으로 디버깅하는 것은 상자의 그림을 보지 않고 그림 맞추기 퍼즐을 맞추는 것과 같다.

간단한 예로, 내가 자주 접하는 개발자들의 질문 형태를 살펴보자. 다음 코드는 조건에 따라 버그 전체가 아닌 특정 버그가 필요할 때만 WHERE 절을 붙여 쿼리를 생성한다.

```
See-No-Evil/anti/white-space.php
```

```php
<?php
$sql = "SELECT * FROM Bugs";
if ($bug_id) {
    $sql .= "WHERE bug_id = " . intval($bug_id);
}
$stmt = $pdo->prepare($sql);
```

이 예제에서 왜 에러가 발생할까? 연결이 끝난 결과 문자열 $sql 전체를 보면 답이 명확하다.

```
See-No-Evil/anti/white-space.sql
```

```
SELECT * FROM BugsWHERE bug_id = 1234
```

Bugs와 WHERE 사이에 공백이 없어 쿼리 문법에 어긋났다. 마치

---

2 (옮긴이) 행간 읽기(reading between lines)를 거꾸로 말한 것이다.

BugsWHERE란 테이블을 읽어야 하는 것처럼 되어 버렸고, 그 뒤에는 문맥에 맞지 않는 SQL 수식이 나온다. 연결된 각 문자열 사이에 공백이 없어 이렇게 된 것이다.

개발자들은 이런 문제를 디버깅할 때 SQL 자체를 보지 않고 SQL을 만들어 내는 코드를 살펴보느라 엄청나게 많은 시간과 노력을 낭비한다.

## 23.3 안티패턴 인식 방법

코드가 없는 것을 지적하기는 어려울 것이라 생각할지도 모르겠다. 그러나 대부분의 현대적 IDE는 코드에서 함수의 리턴값을 무시하는 부분이나 함수를 호출하지만 검사예외(checked exception)[3]를 무시하는 부분을 하이라이트해준다. 다음과 같은 말을 들으면 나쁜 것 안 보기 안티패턴에 직면한 것일 수 있다.

- "데이터베이스를 조회한 다음에 프로그램이 죽어버려."
쿼리에 실패한 후 객체가 아닌 것에 메서드를 호출한다든가 NULL 포인터를 참조한다든가 하는 부당한 방법으로 결과를 사용하려 할 때 프로그램이 죽는 경우가 종종 있다.
- "내 SQL에서 에러 찾는 것을 도와주겠니? 내 코드는 여기 있어……"
SQL을 만드는 코드가 아닌, SQL을 먼저 살펴봐야 한다.
- "내 코드를 에러 처리로 어지럽히고 싶지 않아."
어떤 컴퓨터 과학자가 추산한 바에 따르면, 견고한 애플리케이션에서는 에러를 처리하는 코드가 전체 코드의 50%까지 차지한다고 한다. 발견하고, 분류하고, 보고하고, 대처하는 등 에러 처리에 포함될 수 있는 모든 단

---

3 검사 예외는 함수의 시그니처에 선언되어 있어 함수가 해당 예외를 던질 수 있다는 것을 알 수 있다.

계를 생각한다면 결코 많은 게 아니다. 어떤 소프트웨어든 이 모든 것을 수행하는 것이 중요하다.

## 23.4 안티패턴 사용이 합당한 경우

에러에 대해 정말 아무것도 할 것이 없다면 에러 검사를 생략할 수 있다. 예를 들어, 데이터베이스 커넥션에 대한 close() 함수는 상태를 리턴하지만, 애플리케이션 실행이 끝나 종료하려 한다면, 어떻게 하든 커넥션과 관련된 리소스가 해제될 것이다.

객체지향 언어에서는 처리할 책임을 지지 않으면서 예외를 던질 수 있다. 해당 코드를 호출하는 곳에서 예외를 처리할 책임이 있다. 따라서 예외가 호출 스택의 위로 전달되도록 할 수 있다.

## 23.5 해법: 에러에서 우아하게 복구하기

춤을 즐기는 사람이라면 스텝을 잘못 밟는 것은 피할 수 없다는 사실을 안다. 우아하게 남아있는 비결은 어떻게 복구하는지를 아는 것이다. 실수의 원인을 인지할 수 있는 기회를 가져야 한다. 그러면 빠르고 한결같게 반응해, 다른 사람이 실수를 눈치채기 전에 리듬으로 돌아올 수 있다.

### 리듬 유지하기

데이터베이스 API 호출 후 리턴 상태나 예외를 확인하는 것이 스텝을 잘못 밟지 않는 가장 좋은 방법이다. 다음 예제는 에러가 발생할 수 있는 모든 호출에 대해 상태를 확인하는 코드다.

See-No-Evil/soln/check.php

```php
<?php
try {
    $pdo = new PDO("mysql:dbname=test;host=localhost",
        "dbuser", "dbpassword");
① } catch (PDOException $e) {
    report_error($e->getMessage());
    return;
}

$sql = "SELECT bug_id, summary, date_reported FROM Bugs
    WHERE assigned_to = ? AND status = ?";

② if (($stmt = $pdo->prepare($sql)) === false) {
    $error = $pdo->errorInfo();
    report_error($error[2]);
    return;
}

③ if ($stmt->execute(array(1, "OPEN")) === false) {
    $error = $stmt->errorInfo();
    report_error($error[2]);
    return;
}

④ if (($bug = $stmt->fetch()) === false) {
    $error = $stmt->errorInfo();
    report_error($error[2]);
    return;
}
```

①에서는 데이터베이스 커넥션이 실패하면 발생할 수 있는 예외를 확인한다. 다른 함수는 문제가 있으면 false를 리턴한다. ②, ③, ④에서 문제가 있는 경우 데이터베이스 커넥션 객체나 stmt 객체로부터 상세 정보를 얻을 수 있다.

### 스텝 되짚기

문제를 디버깅하는 데 SQL 쿼리를 생성하는 코드를 보는 대신 실제 SQL 쿼리를 확인하는 것 또한 중요하다. 다른 경우는 모호하고 헷갈릴지 모르나, 철자가 틀리거나 괄호나 따옴표가 짝이 안 맞는 것과 같은 단순한 실수는 즉시 알아볼 수 있다.

- API 메서드의 인수에서 SQL 쿼리를 만들지 말고 변수를 사용해서 만든다. 이렇게 하면 사용하기 전에 변수 값을 확인할 수 있는 기회가 생긴다.
- 로그 파일, IDE 디버거 콘솔 또는 디버깅 정보를 보여주는 브라우저 확장 기능[4] 등 애플리케이션 출력이 아닌 다른 곳에 SQL을 출력하도록 한다.
- SQL 쿼리를 웹 애플리케이션의 HTML 주석으로 출력하지 않는다. 페이지 소스는 어느 사용자든 볼 수 있다. 해커가 SQL 쿼리를 보면 데이터베이스 구조에 대한 많은 정보가 노출될 수 있다.

SQL 쿼리를 투명하게 만들고 실행하는 ORM(Object-Relational Mapping) 프레임워크를 사용하면 디버깅이 복잡해질 수 있다. SQL 쿼리 내용에 접근할 수 없다면, 어떻게 쿼리를 디버깅할 수 있겠는가? 일부 ORM 프레임워크는 생성된 SQL을 로그에 남겨 이 문제를 해결한다.

마지막으로, 대부분의 데이터베이스 제품은 클라이언트 애플리케이션 코드를 사용하지 않고 데이터베이스 서버에서 자체 로깅 메커니즘을 제공한다. 애플리케이션에서 SQL 로깅을 활성화할 수 없더라도, 데이터베이스 서버에서 실행되는 쿼리를 모니터할 수 있다.

> **SQL Antipatterns Tip**
> 코드의 문제를 해결하는 것만으로도 이미 충분히 어렵다.
> 보지 않고 작업해 스스로를 방해하지 마라.

---

[4] Firebug(http://getfirebug.com)가 좋은 예다.

Antipatterns —

## 24장

SQL Antipatterns

# 외교적 면책특권

> 인간은 변화를 몹시 싫어한다. 그들은 이렇게 말하길 좋아한다.
> "우리는 항상 이렇게 해." 나는 이런 것과 투쟁하려 한다.
> 내 방에 거꾸로 가는 시계가 있는 것도 그런 이유에서다.
> – 함대 사령관 그레이스 머레이 하퍼(Grace Murray Hopper)

내가 이 일을 시작했을 무렵, 비극적인 사고로 중요한 데이터베이스 애플리케이션에 대한 책임을 떠맡게 되면서 소프트웨어 공학 관례(best practice)[1]를 따르는 것의 중요성을 배웠다.

나는 HP에서 UNIX C로 작성된 HP ALLBASE/SQL의 개발과 유지보수 업무를 위한 면접을 봤다. 나를 면접 본 관리자와 직원들은 유감스럽게도 그 애플리케이션을 만들던 직원이 교통사고로 사망했다고 알려주었다. 부서의 어느 누구도 그 애플리케이션을 어떻게 사용하는지 알지 못했다.

업무를 시작한 직후, 그 개발자는 애플리케이션에 대한 문서나 테스트를 전혀 작성하지 않았고, 소스 코드 관리 시스템도 사용하지 않았으며, 심지어 코드에 주석도 달지 않았다는 것을 알게 되었다. 그의 모든 코드는 한 디렉터리

---

[1] (옮긴이) best practice는 최상의 업무 처리 관례(관행)을 뜻하며 여기서는 편의상 '관례'로 번역했다. 이 장에서 나오는 '관례'는 모두 best practice를 뜻한다.

에 담겨 있었는데, 여기에는 실제로 돌아가는 시스템에 대한 코드뿐 아니라 개발 중인 코드, 더 이상 사용되지 않는 코드도 포함되어 있었다.

이 프로젝트는 기술적 부채(관례를 따르기보다는 지름길을 선택한 결과)[2]가 많았다. 리팩터링, 테스트, 문서화로 상환하지 않으면 기술적 부채는 프로젝트에 초과 작업과 위험을 초래한다.

나는 별로 많지 않은 애플리케이션 코드를 체계화하고 문서화하는 데 여섯 달을 보냈는데, 사용자를 지원하는 데 많은 시간을 소모하면서도 개발을 계속해야 했기 때문이다.

프로젝트 속도를 높이기 위해 내 선임자에게 도움을 요청할 수도 없었다. 이 경험은 기술적 부채가 통제를 벗어났을 때의 파급이 어땠는지를 생생하게 보여준 것이었다.

## 24.1 목표: 관례 따르기

전문적인 프로그래머들은 프로젝트에서 다음과 같은 좋은 소프트웨어 공학적 습관을 사용하려 노력한다.

- Subversion이나 Git 같은 버전 관리 도구를 사용해 애플리케이션 소스 코드를 관리한다.
- 애플리케이션을 위한 자동화된 단위 테스트나 기능 테스트를 개발하고 실행한다.
- 애플리케이션의 요구사항과 구현 전략을 기록하기 위해 명세서, 문서, 코드 주석을 작성한다.

불필요하거나 반복적인 작업을 대폭 줄여주기 때문에, 관례를 사용해 소프트웨어를 개발할 때 들어가는 시간도 전체적으로는 이익이다. 대부분의 노련

---

[2] 워드 커닝험이 OOPSLA 1992 Experience Report에서 비유를 처음 썼다. (http://c2.com/doc/oopsla92.html)

한 개발자들은 편의를 위해 이런 관례를 희생하는 것이 실패의 지름길임을 안다.

## 24.2 안티패턴: SQL을 2등 시민으로 만들기

애플리케이션 코드를 개발할 때 관례를 따르는 개발자조차도 데이터베이스 코드를 작성할 때는 이런 관례로부터 면제된다고 생각하는 경향이 있다. 나는 이 안티패턴을 외교적 면책특권이라 부른다. 애플리케이션 개발 규칙이 데이터베이스 개발에는 적용되지 않는다고 가정하기 때문이다.

개발자들은 왜 이런 가정을 하는 것일까? 몇 가지 가능한 이유는 다음과 같다.

- 어떤 회사에서는 소프트웨어 엔지니어와 데이터베이스 관리자 역할이 분리되어 있다. 보통 DBA는 여러 개발팀을 지원하기 때문에 어느 팀에서도 완전한 팀원이 아니라는 인식이 깔려있다. DBA는 방문자로 취급되며, 소프트웨어 엔지니어와 같은 책임이 따른다고 생각하지 않는다.
- 관계형 데이터베이스에서 사용되는 SQL 언어는 일반 프로그래밍 언어와 다르다. 애플리케이션 코드 내에서 특별한 방법으로 SQL문을 호출해야 하는 것 또한 SQL을 손님처럼 취급하는 이유다.
- 애플리케이션 코드 개발에 사용하는 고급 IDE는 편집, 테스트, 소스 관리를 빠르고 편하게 해준다. 그러나 데이터베이스 개발을 위한 도구는 그 정도로 발전되지도 않았고, 널리 사용되지도 않는다. 개발자는 관례를 따라 애플리케이션 코드를 작성할 수 있지만, SQL에도 이런 관례를 적용하는 것에는 불편함을 느낀다. 개발자들은 다른 할 것을 찾으려 하는 경향이 있다.
- IT 분야에서, 데이터베이스 운영과 지식은 DBA 한 사람에게 집중되는 것이 보통이다. DBA는 데이터베이스 서버에 접근할 수 있는 유일한 사람으로, 살아있는 지식베이스와, 소스 관리 시스템 역할을 한다.

데이터베이스는 애플리케이션의 기초로, 품질이 중요하다. 개발자는 품질 좋은 애플리케이션 코드를 만들 수 있지만, 프로젝트의 필요를 해결하는 데 실패했거나 아무도 이해하지 못하는 데이터베이스 위에서 애플리케이션을 구축하고 있을 지도 모른다. 열심히 개발했지만 결국은 내다 버려야 하는 애플리케이션을 만들고 있을 위험이 있다.

## 24.3 안티패턴 인식 방법

무언가를 안 하는 것에 대한 증거를 찾기란 어렵다고 생각하겠지만, 항상 그런 것은 아니다. 다음은 지름길을 가려고 하는 것에 대한 징조라 할 수 있다.

- "우리는 새로운 엔지니어링 프로세스를 채택했어. 즉 그것의 경량 버전이야."
  여기서 경량(lightweight)이란 말은 엔지니어링 프로세스가 요구하는 몇몇 작업을 생략하려는 의도를 뜻한다. 물론 일부는 생략하는 것이 합리적일 수 있지만, 중요 관례를 따르지 않겠다는 말을 완곡하게 표현한 것일 수도 있다.
- "새로운 소스 관리 시스템 교육에 DBA 직원들은 참가하지 않아도 돼. 어쨌든 그들은 그걸 사용하지도 않거든."
  기술 팀원을 교육에서 배제하면 그들은 그 도구를 사용하지 않게 될 것이 확실하다.
- "데이터베이스에서 테이블과 칼럼의 사용률을 어떻게 추적할 수 있을까? 목적을 알 수 없는 요소가 있는데, 사용되지 않는 거면 삭제해버리려고."
  데이터베이스 스키마에 대한 프로젝트 문서를 사용하지 않고 있다. 아마도 문서가 오래됐거나, 접근 불가능하거나, 아예 존재한 적이 없을 수도 있다. 어떤 테이블이나 칼럼의 목적을 당신이 모른다고 해도, 다른 누군가에게는 중요한 것일 수 있기 때문에 함부로 삭제하면 안 된다.

- "두 데이터베이스 스키마를 비교해 차이점을 보고하고, 한 쪽을 다른 한 쪽에 맞추는 스크립트를 생성하는 도구가 없을까?"

데이터베이스 스키마 변경을 적용하는 절차를 따르지 않으면, 스키마들이 서로 맞지 않을 수 있다. 이후 다시 정리하는 것은 매우 복잡한 작업이다.

## 24.4 안티패턴 사용이 합당한 경우

나는 한 번 이상 사용할 모든 코드에 대해 문서와 테스트를 작성하고, 소스 관리 도구나 기타 좋은 습관을 사용한다. 또한 API 함수를 어떻게 사용하는 것이 었는지 확인하기 위한 테스트 코드나 사용자 질문에 답하기 위해 작성한 SQL 쿼리와 같은 임시적인 코드도 작성한다.

코드가 정말 임시적인지 확인하는 좋은 방법은 그 코드를 사용 후에 바로 지워버리는 것이다. 그렇게 할 수 없다면, 아마 보관할 가치가 있을 것이다. 그 것도 좋다. 그러나 이는 코드를 소스 관리 도구에 저장해야 하고 최소한 코드의 목적과 사용방법 정도의 간단한 기록은 남길 가치가 있음을 뜻한다.

## 24.5 해법: 초당적 품질 문화 확립

품질은 대부분의 프로그래머에게는 단순히 테스트를 의미한다. 그러나 이는 단지 품질 제어일 뿐이며, 이야기의 일부일 뿐이다. 소프트웨어 공학의 전체 생명주기에는 다음 세 부분이 포함되는데, QA(Quality Assurance, 품질 보증)도 수반된다.

1. 프로젝트 요구사항을 문서로 명확하게 명세한다.
2. 요구사항에 대한 솔루션을 설계하고 개발한다.
3. 솔루션이 요구사항에 맞는지 검토하고 테스트한다.

일부 소프트웨어 방법론에서는 이를 순서대로 하지 않아도 되지만, QA를 올바르게 수행하기 위해선 이 세 단계가 모두 필요하다.

문서화, 소스 코드 관리, 테스트의 관례에 따라 데이터베이스 개발에서 QA를 달성할 수 있다.

### 증거1: 문서화

자체 문서화 코드 같은 것은 없다. 노련한 프로그래머는 주의 깊은 분석과 실험의 조합으로 대부분의 코드를 해독할 수 있지만, 이는 인내를 요하는 일이다.[3] 또한 코드는 빠진 기능이나 해결하지 못한 문제에 대해선 아무것도 알려주지 않는다.

애플리케이션에서와 마찬가지로 데이터베이스에 대해서도 요구사항과 구현에 대한 문서를 만들어야 한다. 데이터베이스의 원래 설계자이든, 다른 사람이 설계한 데이터베이스를 전달 받았든 데이터베이스 문서화를 위해 다음 체크리스트를 사용하기 바란다.

#### ERD(Entity-Relationship Diagram)

데이터베이스 문서 중에서 가장 중요한 것은 테이블과 테이블 사이의 관계를 나타내는 ERD다. 이 책에서도 여러 장에서 단순한 형태의 ERD를 사용했다. 좀더 복잡한 ERD는 칼럼과, 키, 인덱스, 기타 데이터베이스 객체를 표현한다.

어떤 다이어그램 소프트웨어 패키지에는 ERD에 사용하는 표기법 도구가 포함되어 있다. 어떤 도구는 역공학(reverse-engineering)을 통해 SQL 스크립트나 실제 데이터베이스로부터 ERD를 생성해낼 수도 있다.

한 가지 문제는 데이터베이스가 매우 복잡하고 많은 테이블을 포함하고 있어 하나의 다이어그램으로 나타내는 것이 비현실적일 수 있다는 점이다. 이런 경우에는, 이러 개의 다이어그램으로 분해해야 한다. 보통은 테이블의 자연스런 부분 집합을 선택하면 각 다이어그램이 충분히 읽기 쉽고 유용해지며 보는

---

3 코드가 읽기 쉽다면, 왜 코드라 부르겠는가?

사람을 압도하지 않을 수 있다.

**테이블, 칼럼, 뷰**

데이터베이스에 대한 문서 또한 필요하다. ERD는 각 테이블과 칼럼, 기타 객체의 목적과 사용법을 기술하기에 적절한 형식이 아니기 때문이다.

어떤 엔터티를 테이블로 만든 것인지에 대한 설명도 필요하다. 예를 들어 Bugs, Products, Accounts는 명확하지만, BugStatus와 같은 색인 테이블이나 BugsProducts와 같은 교차 테이블, Comments와 같은 종속 테이블은 설명이 필요하다. 또한 각 테이블별로 얼마나 많은 행이 예상되는지, 테이블에 어떤 쿼리가 들어올 것으로 기대되는지, 테이블에 어떤 인덱스가 있는지도 기술해야 한다.

각 칼럼에는 이름과 데이터 타입이 있지만, 이것만으로는 칼럼의 값이 무얼 의미하는지 알기 어렵다. 칼럼에 어떤 값이 의미를 가지는지(데이터 타입으로 표현할 수 있는 모든 값을 허용하는 경우는 드물다), 양을 저장하는 칼럼의 경우에는 측정 단위가 무엇인지, 칼럼이 NULL을 허용하는지 하지 않는지, 그리고 그 이유는 무엇인지, 유일키 제약조건이 있는지, 있다면 이유는 무엇인지 기술해야 한다.

뷰는 하나 또는 여러 테이블에 대해 자주 사용되는 쿼리를 저장해놓은 것이다. 주어진 뷰를 생성해야 하는 이유는 무엇인지, 어떤 애플리케이션 또는 사용자가 뷰를 이용할 것으로 기대되는지, 뷰가 테이블의 복잡한 관계를 추상화하는 의도인지, 권한이 없는 사용자에게 권한이 필요한 테이블의 행이나 칼럼의 일부만 보여주기 위한 것인지, 업데이트가 가능한지 기술해야 한다.

**관계**

참조 정합성 제약조건은 테이블 간의 종속성을 구현한 것이지만, 모델링하려는 한 제약조건의 의도를 모두 알려주지는 않는다. 예를 들어, Bugs.reported_ by는 NULL을 허용하지 않지만 Bugs.assigned_to는 NULL을 허용한다. 이것이 버그가 할당되기 전에 수정될 수 있다는 뜻일까? 그렇지 않다면 버그가 언제 할당되어야 하는지에 대한 비즈니스 규칙은 무엇인가?

어떤 경우에는 암묵적 관계만 가지고 제약조건은 없는 경우도 있다. 문서가 없으면, 관계가 있는지조차 알기 어렵다.

### 트리거

데이터 검증, 데이터 변환, 데이터베이스 변경 로깅 등은 트리거를 활용한 작업 예다. 어떤 비즈니스 규칙이 트리거로 구현되었는지 기술한다.

### 저장 프로시저

저장 프로시저는 API처럼 문서화해야 한다. 프로시저가 어떤 문제를 해결하는지, 프로시저가 데이터를 변경하는지, 입력 파라미터와 출력 파라미터의 데이터 타입과 의미는 무엇인지, 특정 형태의 쿼리를 대체해 성능 병목을 제거하려는 의도인지, 권한이 필요한 테이블에 권한이 없는 사용자가 접근할 수 있게 하는 데 프로시저를 사용하는 것인지 기술한다.

### SQL 보안

애플리케이션에서 사용하기 위해 정의한 데이터베이스 계정은 무엇인지, 각 계정이 가지는 접근 권한은 무엇인지, 어떤 계정이 어떤 역할(role)[4]을 가지고 있는지, 백업이나 보고와 같은 특정 작업에 사용하는 계정이 있는지, 시스템 수준의 보안 규정(클라이언트가 SSL을 통해 DBMS 서버에 접근하는지와 같은)은 어떤 것을 사용하고 있는지, 무차별 대입공격과 같은 불법적 인증시도를 발견하고 차단하기 위해 어떤 방법을 취하고 있는지, SQL 인젝션 취약점을 예방하기 위한 전반적 코드 검토를 실행했는지를 기술한다.

---

4 (옮긴이) 여기서는 데이터베이스에서의 역할(role), 즉 권한의 집합을 뜻한다.

### 데이터베이스 기반 구조

이 정보는 주로 IT 부서 직원과 DBA에게 사용되지만, 개발자 역시 어느 정도는 알아야 한다. 사용하는 DBMS 제품 이름과 버전, 데이터베이스 서버 호스트 네임, 여러 대의 데이터베이스 서버를 사용하는지, 리플리케이션(replication)을 사용하는지, 클러스터를 사용하는지, 프락시를 사용하는지 등을 기술한다. 또한 데이터베이스 서버가 사용하는 네트워크, 포트 번호, 클라이언트 애플리케이션이 사용해야 하는 커넥션 옵션, 데이터베이스 계정 패스워드, 데이터베이스 백업 정책도 기술한다.

### 객체-관계 매핑

프로젝트에서 ORM 기반 코드 클래스 계층의 일부를 사용해 애플리케이션에서 몇몇 데이터베이스 처리 로직을 구현했을 수도 있다. 어떤 비즈니스 규칙이 이런 방식으로 구현되었는지, 데이터 유효성 검증, 데이터 변환, 로깅, 캐싱 또는 프로파일링을 어떻게 하는지 기술한다.

개발자들은 기술 문서를 유지보수하기를 좋아하지 않는다. 쓰기도 어렵고, 최신으로 유지하기도 어렵고, 읽는 사람이 거의 없으면 힘도 빠진다. 그러나 산전수전 다 겪은 익스트림 프로그래머들도 소프트웨어의 다른 부분에 대해서는 문서를 작성하지 않더라도, 데이터베이스에 대해서는 문서화가 필요하다는 것을 안다.[5]

### 증거의 흔적: 소스 코드 제어

데이터베이스 서버가 완전히 맛이 가면, 데이터베이스를 어떻게 다시 생성할 수 있을까? 데이터베이스 설계의 복잡한 변경을 추적하는 가장 좋은 방법은 무엇일까? 변경 내용을 어떻게 취소할 수 있을까?

---

[5] 예를 들어, Jeff Atwood와 Joel Spolsky는 StackOverflow 팟캐스트 #80에서 코드에 대한 문서화는 가치가 거의 없다고 본다. 데이터베이스는 제외하고 말이다.
http://blog.stackoverflow.com/2010/01/podcast-80/ 참조.

우리는 소프트웨어 개발에서 소스 관리 시스템을 사용해 애플리케이션 코드를 관리하는 방법을 안다. 기존 배포가 완전히 망가지더라도, 프로젝트를 다시 빌드하고 다시 배포할 수 있도록 소스 관리 시스템에는 필요한 모든 것이 포함되어 있어야 한다. 소스 관리 시스템은 모든 변경 내역을 저장하기 때문에 점증적 백업이 가능하며, 어떤 변경이든 되돌릴 수 있다.

데이터베이스 코드에 대해서도 소스 관리 시스템을 사용해 비슷한 이익을 얻을 수 있다.

데이터베이스 개발과 관련된 모든 파일을 소스 관리 시스템에 보관해야 하는데, 다음과 같은 것이 포함된다.

### 데이터 정의 스크립트

모든 데이터베이스 제품은 CREATE TABLE이나 다른 데이터베이스 객체를 정의하는 SQL 문을 포함하는 스크립트를 실행하는 방법을 제공한다.

### 트리거와 프로시저

많은 프로젝트는 데이터베이스에 저장된 루틴으로 애플리케이션 코드를 보충한다. 이런 루틴이 없다면 애플리케이션은 동작하지 않을 것이므로, 이런 루틴 역시 프로젝트 코드의 일부로 생각해야 한다.

### 부트스트랩 데이터

색인 테이블에는 어떤 데이터도 입력되기 전의 데이터베이스 초기 상태를 나타내는 약간의 데이터가 포함될 수 있다. 프로젝트 소스로부터 데이터베이스를 재생성할 필요가 있는 경우 도움이 되므로, 부트스트랩 데이터도 보관해야 한다. 초기 데이터라 부르기도 한다.

### ERD와 문서

ERD나 문서는 코드가 아니지만, 코드와 밀접하게 연관되어 있고, 데이터베이스 요구사항, 구현, 애플리케이션과의 통합을 기술한다. 프로젝트가 발전해 가면 데이터베이스도 바뀌고 애플리케이션 코드도 바뀌므로 이들 파일도 최신 정보를 반영하도록 수정해야 한다. 문서가 현재의 설계를 기술하고 있는지 확인한다.

### DBA 스크립트

대부분의 프로젝트에는 애플리케이션 밖에서 수행되는 데이터 처리 작업이 있다. 여기에는 불러오기/내보내기, 동기화, 리포팅, 백업, 데이터 검증, 테스트 등이 포함된다. 이런 작업은 SQL 스크립트로 작성될 것이며, 애플리케이션의 일부가 아닐 것이다.

데이터베이스 코드 파일이 데이터베이스를 사용하는 애플리케이션 코드와 연관되어 있는지 확인한다. 버전 관리 시스템을 사용할 때의 장점 중 하나는 특정 리비전 번호나 날짜 또는 마일스톤으로 체크아웃하면, 모든 파일이 함께 움직인다는 것이다. 애플리케이션 코드와 데이터베이스 코드에 대해 동일한 저장소를 사용하는 것이 좋다.

---

#### 스키마 발전 도구

코드는 소스 관리 시스템에 있지만 데이터베이스는 그렇지 않다. Ruby on Rails는 소스 관리 하에 데이터베이스 인스턴스 업그레이드를 관리하는 마이그레이션(migration)이라 불리는 기법을 보급했다. 업그레이드 예를 간단히 살펴보자. 데이터베이스를 한 단계로 업그레이드하는 스크립트를 데이터베이스 변경을 위한 Rails의 추상 클래스에 기반해 작성한다. 또한 업그레이드 함수의 변경을 반대로 하는 다운그레이드 함수도 작성한다.

```ruby
class AddHoursToBugs < ActiveRecord::Migration
  def self.up
    add_column :bugs, :hours, :decimal
  end

  def self.down
    remove_column :bugs, :hours
  end
end
```

Rails 도구는 마이그레이션을 자동으로 실행하고 테이블을 생성해 현재 데이터베이스 인스턴에 적용할 리비전을 기록한다. Rails 2.1에서는 이 시스템을 좀더 유연하게 변경할 수 있게 되어, Rails의 후속 버전 또한 마이그레이션 작업과 동일하게 변경할 수 있다.

데이터베이스 스키마가 변경될 때마다 새로운 마이그레이션 스크립트를 작성한다. 데이터베이스 스키마를 한 단계씩 업그레이드하거나 다운그레이드하는 이런 마이그레이션 스크립트를 쌓아놓을 수 있다. 데이터베이스를 버전 5로 변경해야 하면, 마이그레이션 도구에 인수로 지정한다.

```
$ rake db:migrate VERSION=5
```

마이그레이션에 대해 더 많은 것을 배우고 싶다면, Agile Web Development with Rails, 3판 (RTH08) 또는 http://guides.rubyonrails.org/migrations.html를 참조하기 바란다.

PHP의 Doctrine, Python의 Django, Microsoft ASP.NET을 포함한 대부분의 다른 웹 개발 프레임워크도 Rails의 마이그레이션과 비슷한 기능을 지원하는데, 프레임워크 자체에 포함되어 있거나 커뮤니티 프로젝트로 사용 가능하다.

마이그레이션은 소스 코드 관리 하에 있는 프로젝트에서, 특정 리비전에 사용해야 하는 데이터베이스의 구조로 동기화하는 데 필요한 많은 지루한 작업을 자동화한다. 그러나 완벽한 것은 아니다. 마이그레이션은 몇몇 단순한 형태의 스키마 변경만 처리할 수 있으며, 기본적으로는 소스 코드 관리 시스템 위에서 리비전 시스템을 구현한 것이다.

## 입증 책임: 테스트

QA의 마지막 부분은 품질 제어, 즉 애플리케이션이 기대대로 동작하는지를 검증하는 것이다. 대부분의 전문 개발자는 코드의 동작을 검증하기 위한 자동화된 테스트 작성에 익숙하다. 테스트에서 중요한 원칙 중의 하나는 격리(isolation)로, 한 번에 시스템의 한 부분씩 테스트해서 결함이 발견되면 그 결함이 어느 부분에 있는 것인지를 가능한 정확하게 알 수 있어야 한다.

우리는 테스트 격리 원칙을 데이터베이스에도 적용할 수 있는데, 데이터베이스 구조와 동작을 애플리케이션 코드와 독립적으로 검증하면 된다.

다음 예제는 PHPUnit 테스트 프레임워크[6]를 사용한 단위 테스트 스크립트다.

Diplomatic_immunity/DatabaseTest.php
```php
<?php
require_once "PHPUnit/Framework/TestCase.php";

class DatabaseTest extends PHPUnit_Framework_TestCase
{
    protected $pdo;

    public function setUp()
    {
        $this->pdo = new PDO("mysql:dbname=bugs", "testuser", "xxxxxx");
    }

    public function testTableFooExists()
    {
        $stmt = $this->pdo->query("SELECT COUNT(*) FROM Bugs");
        $err = $this->pdo->errorInfo();
        $this->assertType("object", $stmt, $err[2]);
        $this->assertEquals("PDOStatement", get_class($stmt));
    }
```

---

[6] http://www.phpunit.de를 참조하기 바란다. 데이터베이스 기능을 테스트하는 것은 엄격하게 말하면 단위 테스트가 아니지만, 테스트를 정리하고 자동화하는 데 여전히 이 도구를 사용할 수 있다.

```php
    public function testTableFooColumnBugIdExists()
    {
      $stmt = $this->pdo->query("SELECT COUNT(bug_id) FROM Bugs");
      $err = $this->pdo->errorInfo();
      $this->assertType("object", $stmt, $err[2]);
      $this->assertEquals("PDOStatement", get_class($stmt));
    }

    static public function main()
    {
      $suite  = new PHPUnit_Framework_TestSuite(__CLASS__);
      $result = PHPUnit_TextUI_TestRunner::run($suite);
    }
}

DatabaseTest::main();
```

데이터베이스를 검증하는 테스트에 다음 체크리스트를 활용할 수 있다.

### 테이블, 칼럼, 뷰

데이터베이스에 존재할 것으로 기대되는 테이블과 뷰가 실제로 존재하는지 테스트해야 한다. 새로운 테이블, 뷰, 또는 칼럼을 추가할 때마다 해당 객체가 있는지 확인하는 테스트를 추가한다. 현재 리비전에서 삭제한 테이블이나 컬럼이 실제로 존재하지 않는지를 확인하는 데 부정 테스트(negative test)를 사용할 수 있다.

### 제약조건

제약조건을 확인하는 데도 부정 테스트를 사용할 수 있다. 제약조건 때문에 에러가 발생할 INSERT, UPDATE, DELETE문을 실행해본다. 예를 들어, NOT NULL, 유일키 제약조건, 외래키 제약조건 위반을 시도해 본다. 에러가 발생하지 않으면 제약조건이 제대로 동작하지 않는 것이다. 이런 실패를 식별하는 것으로 많은 버그를 조기에 잡을 수 있다.

### 트리거

트리거 또한 제약조건을 강제한다. 트리거로 연쇄 효과, 값의 변환, 변경사항 로깅 등을 수행할 수 있다. 트리거 실행을 촉발하는 문장을 실행해 이런 시나리오를 테스트해야 한다. 그런 다음, 트리거가 의도한 동작을 제대로 수행했는지 쿼리로 확인한다.

### 저장 프로시저

데이터베이스의 프로시저를 테스트하는 것은 애플리케이션 코드의 일반적인 단위 테스트와 비슷하다. 저장 프로시저는 입력 파라미터를 가지며, 유효한 범위 밖의 값을 전달하면 에러가 발생할 수 있다. 프로시저의 몸체에 있는 로직에는 여러 실행 경로가 존재할 수 있다. 프로시저는 입력 값이나 데이터베이스 상태에 따라 하나의 값을 리턴하거나 쿼리 결과 집합을 리턴할 수 있다. 또한, 프로시저는 데이터베이스를 업데이트하는 형태의 부수효과를 가질 수 있다. 프로시저의 이런 모든 면을 테스트할 수 있다.

### 부트스트랩 데이터

빈 데이터베이스조차도 보통은 색인 테이블과 같은 초기 데이터를 필요로 한다. 쿼리를 통해 초기 데이터가 존재하는지 검증할 수 있다.

### 쿼리

애플리케이션 코드는 쿼리와 묶여 있다. 문법과 결과를 검증하기 위해 테스트 환경에서 쿼리를 실행시켜 볼 수 있다. 테이블과 뷰를 테스트할 때와 마찬가지로, 결과 집합에 기대한 칼럼과 데이터가 있는지 확인한다.

**ORM 클래스**

트리거와 마찬가지로, ORM 클래스도 검증, 변환, 모니터링과 같은 로직을 포함한다. ORM 기반의 추상화 코드 또한 다른 애플리케이션 코드와 마찬가지로 테스트해야 한다. 이런 클래스들이 입력에 대해 기대대로 동작하는지, 유효하지 않은 값은 거부하는지 확인한다.

테스트가 하나라도 실패하면, 애플리케이션에서 잘못된 데이터베이스 인스턴스를 사용하고 있는 것이다. 올바른 데이터베이스에 접속하고 있는지 항상 이중으로 확인하기 바란다. 단순히 엉뚱한 인스턴스에 접속해 문제가 생기는 경우도 많다. 필요하면 설정을 편집한 다음 다시 시도해본다. 커넥션이 올바른 게 확실하고 데이터베이스를 변경해야 한다면, 마이그레이션 스크립트(349쪽 사이드바 참조)를 실행해 애플리케이션이 기대하는 데이터베이스 인스턴스로 동기화할 수 있다.

**담당 건수: 여러 브랜치에서 작업하기**

애플리케이션을 개발하면서 코드의 여러 리비전을 작업할 수도 있다. 심지어는 하루에 두 개의 리비전을 작업할 수도 있다. 예를 들어, 현재 배포(deploy)된 브랜치에 긴급한 버그를 수정한 다음, 잠시 후에 메인 브랜치에서 차기 버전 개발을 재개할 수 있다.

그러나 애플리케이션이 사용하는 데이터베이스는 버전 관리하에 있지 않다. 잠시 살펴보기 위해 데이터베이스를 만들었다 버리는 것은, 사용중인 데이터베이스가 상대적으로 애자일하고 사용하기 쉽다 하더라도, 실용적이지 않다.

이상적으로는, 각 애플리케이션의 리비전마다 별도의 데이터베이스 인스턴스를 생성하는 것이 좋다. 또한 프로젝트 팀의 각 개발자가 별도의 데이터베이스 인스턴스를 가져 다른 팀원의 개발에 영향을 주지 않으면서 작업을 할 수 있어야 한다.

파라미터를 조절해 데이터베이스 커넥션 설정을 바꿀 수 있게 해서, 어떤 애플리케이션 리비전에서 작업하든 사용할 데이터베이스를 코드 수정 없이 지정할 수 있게 해야 한다.

요즘은 상업용 제품이든 오픈 소스든 모든 DBMS가 개발과 테스트를 위한 무료 솔루션을 제공한다. VMware Workstation, Xen, VirtualBox와 같은 플랫폼 가상화 기술을 활용하면 모든 개발자가 서버 기반구조를 적은 비용으로 복제할 수 있다. 소프트웨어 개발자가 실 환경과 같은 완전히 동작하는 환경에서 개발이나 테스트를 하지 못할 이유가 없다.

> **SQL Antipatterns Tip**
>
> 애플리케이션뿐만 아니라 데이터베이스에 대해서도
> 문서화, 테스트, 소스 코드 관리와 같은 소프트웨어 개발 관례를 사용하라.

# 25장

SQL Antipatterns

# 마법의 콩

> 설명은 존재한다. 설명은 항상 존재해왔다.
> 인간의 모든 문제에는 항상 잘 알려진 해결방법이 있다.
> 깔끔하고, 그럴듯하고, 잘못된.
> – 멘켄(H. L. Mencken)

"간단한 기능 하나 추가하는 데 왜 이렇게 오래 걸리는 거지?" 관리자가 버그에 달린 댓글 개수를 보여주도록 버그 추적 시스템을 개선하는 업무를 당신 팀에 할당했다. 이 작업을 4주째 하고 있다.

회의실에서 소프트웨어 개발자들이 질문에 대답하기를 꺼리고 있다. 프로젝트 책임자인 당신이 대답한다. "처음에 시작을 잘못 했습니다." 설명한다. "처음에는 간단해 보였습니다. 애플리케이션에 댓글 개수를 보여줘야 하는 화면이 더 있다는 것을 깨닫기 전까지는 말입니다."

"화면은 디자인하는 데 4주가 걸렸다는 뜻인가?" 관리자가 묻는다.

"어, 아닙니다. 그건 HTML을 조금 수정하면 되는 일이고, 우리는 코드와 프리젠테이션을 분리하는 프레임워크를 사용하고 있기 때문에 간단한 작업입니다." 당신은 계속 설명한다. "그렇지만 이 요소를 화면에 추가할 때마다, 데이터를 가져오는 화면의 백엔드 코드를 중복해야 합니다. 이는 각 백엔드 클래스에 새로운 테스트 스위트가 필요하다는 뜻이 됩니다."

"테스트 프레임워크를 사용하고 있지 않은가?" 관리자가 묻는다. "테스트 몇 개를 추가하는 데 시간이 얼마나 걸리나?"

"테스트를 작성하는 것은 코드를 작성하는 것처럼 간단하지 않습니다." 다른 엔지니어가 주저하며 말한다. "우리는 테스트 데이터를 위한 스크립트도 만들었습니다. 그런 다음 테스트 데이터베이스에서 각 테스트에 대한 데이터를 다시 적재해야 합니다. 물론 기존 시나리오와 새로운 기능이 연결되는 모든 조합에 대해 프론트엔드도 테스트를 해야 합니다."

관리자의 눈에는 지루함이 역력했지만, 당신의 동료는 설명을 계속한다. "우리는 프론트엔드에 600개의 테스트가 있고, 각각이 브라우저 에뮬레이터 인스턴스를 실행합니다. 이 테스트를 모두 돌리는 데는 시간이 걸립니다." 그는 어깨를 으쓱하며 말한다. "여기에 대해서는 할 수 있는 게 없습니다."

관리자는 한숨을 쉬며 말한다. "좋네. 자네가 말한 내용이 모두 이해되지는 않네만, 간단한 기능 하나 추가하는 게 왜 이렇게 복잡한 건지 알고 싶군. 자네들이 사용하는 객체지향 프레임워크가 기능 추가를 쉽고 빠르게 해줘야 하는 것 아닌가?"

좋은 질문이다.

## 25.1 목표: MVC에서 모델 단순화하기

웹 애플리케이션 프레임워크는 애플리케이션에 기능 추가를 빠르고 쉽게 해준다. 소프트웨어 프로젝트에서 비용에 가장 큰 영향을 미치는 것은 개발 시간이다. 따라서 개발 기간을 줄일 수 있다면, 소프트웨어를 개발하는 데 드는 비용도 줄어든다.

Robert L. Glass는 "소프트웨어 작업의 80%는 지적인 작업이다. 그 중 상당 부분은 창조적인 작업이다. 사무적인 작업은 거의 없다"[1]고 했다.

소프트웨어 개발의 지적인 부분을 돕는 방법 하나는 디자인 패턴의 관례와 용어를 수용하는 것이다. 우리가 싱글턴(Singleton)이나 퍼사드(Facade), 팩터리(Factory)를 이야기하면, 팀 내의 다른 개발자들은 우리가 무얼 뜻하는지 안다. 이렇게 하면 많은 시간을 절약할 수 있다.

어느 애플리케이션이든 코드의 많은 부분이 반복적(실제로는 판에 박힌 코드)이다. 프레임워크는 재사용 가능한 컴포넌트와 코드 생성 도구를 제공해 코딩 생산성을 늘리는 데 도움이 된다. 코드를 적게 작성하고도 제대로 동작하는 소프트웨어 애플리케이션을 만들 수 있다.

MVC(Model View Controller) 아키텍처를 사용하면 디자인 패턴과 소프트웨어 프레임워크를 함께 사용하는 것이다. MVC는 그림 25.1에 나타난 것과 같이, 애플리케이션에서의 관심사를 분리한다.

- 컨트롤러는 사용자 입력을 받고, 애플리케이션이 응답으로 해야 할 작업을 정의하고, 적절한 모델로 작업을 위임하고, 결과를 뷰로 보낸다.
- 모델은 다른 모든 것을 처리한다. 모델은 애플리케이션의 중심으로 입력값 검증, 비즈니스 로직, 데이터베이스와의 상호작용을 포함한다.
- 뷰는 사용자 인터페이스에 정보를 표시한다.

그림 25.1 모델-뷰-컨트롤러

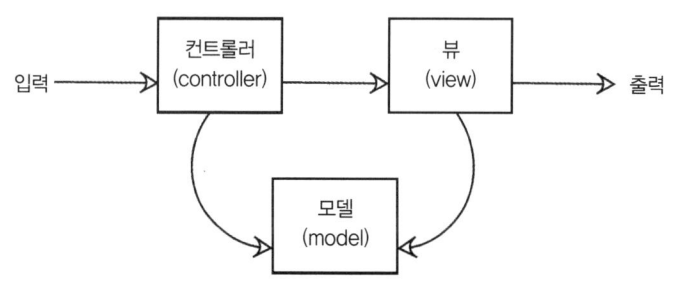

---

1 『소프트웨어 공학의 사실과 오해』(인사이트, 2004) 119쪽

컨트롤러와 뷰가 무얼 하는지는 이해하기 쉽다. 그러나 모델의 목적은 조금 모호하다. 소프트웨어 개발자 커뮤니티에서는 소프트웨어 설계의 복잡도를 줄이려는 목표와 함께 모델이 무엇인지 단순화하고 일반화하고 싶어 하는 열망을 가지고 있다. 그러나 이 목적은 종종 모델이 단지 데이터 접근 객체일 뿐이라 가정하는 지나친 단순화를 초래한다.

## 25.2 안티패턴: 액티브 레코드인 모델

간단한 애플리케이션에서는, 모델에 맞춤 로직이 많이 필요하지 않다. 모델 객체의 필드를 데이터베이스에 있는 테이블 하나의 칼럼과 매치하는 것은 상대적으로 쉽고 단순하다. 이것도 객체-관계 매핑의 한 종류다. 모델 객체는 테이블에 행을 생성하고, 행을 읽고, 행을 업데이트하고 삭제하는 방법, 즉 기본적인 CRUD 동작만 알면 된다.

Martin Fowler는 이런 매핑을 지원하는 디자인 패턴을 액티브 레코드(Active Record)[2]라 불렀다. 액티브 레코드는 데이터 접근 패턴이다. 데이터베이스의 테이블이나 뷰에 대응되는 클래스를 정의하고, 클래스 메서드인 find()를 호출해 테이블이나 뷰의 개별 행에 대응되는 클래스의 객체 인스턴스를 얻을 수 있다. 또한 클래스의 생성자를 호출해 새로운 행을 생성할 수 있다. 이 객체에 save()를 호출하면 새로운 행이 삽입되거나 기존 행이 업데이트된다.

Magic-Beans/anti/doctrine.php

```
<?php
$bugsTable = Doctrine_Core::getTable('Bugs' );
$bugsTable->find(1234);
$bug = new Bugs();
$bug->summary = "Crashes when I save";
$bug->save();
```

---

2 Patterns of Enterprise Application Architecture[Fow03], p.160 Active Record 참조.

> ### 누설되기 쉬운 추상화
>
> Joel Spolsky는 2002년에 누설되기 쉬운 추상화(leaky abstraction)[3]란 용어를 만들었다. 추상화는 어떤 기술의 내부 동작을 단순화해 사용하기 쉽게 해준다. 그러나 생산적이 되기 위해서는 어쨌든 내부 구조를 알아야 한다면, 누설되기 쉬운 추상화라 할 수 있다.
>
> MVC에서 액티브 레코드를 모델로 사용하는 것은 누설되기 쉬운 추상화의 좋은 예다. 아주 단순한 경우에 액티브 레코드는 마치 마법처럼 동작한다. 그러나 모든 형태의 데이터베이스 접근에 액티브 레코드를 사용하려 할 경우, 조인이나 GROUP BY 같이 SQL에서는 간단하게 표현할 수많은 것들이 액티브 레코드에서는 다루기 힘들어진다는 사실을 알게 될 것이다.
>
> 어떤 프레임워크에서는 액티브 레코드를 개선해 다양한 SQL 절을 지원하려 한다. 이런 개선으로 액티브 레코드 클래스가 내부적으로 SQL을 사용한다는 사실을 드러낼수록, SQL을 직접 사용하는 것이 낫겠다는 느낌이 들게 된다.
>
> 추상화가 그 비밀을 숨기는 데 실패한 것이다. 토토가 오즈의 마법사는 커튼 뒤에 숨은 평범한 사람이라는 사실을 폭로한 것처럼 말이다.

2004년, Ruby on Rails는 액티브 레코드를 웹 개발 프레임워크에 보급했고, 이제 이 패턴은 대부분의 웹 개발 프레임워크에서 데이터 접근 객체(DAO, Data Access Object)에 대한 사실상의 표준이 되었다. 액티브 레코드를 사용하는 것에는 아무런 잘못이 없다. 하나의 테이블에 있는 개별 행에 대한 단순한 인터페이스를 제공하는 좋은 패턴이다. 안티패턴은 MVC 애플리케이션에서 모든 모델 클래스가 액티브 레코드 클래스를 상속하는 관행이다. 이는 금 망치(Golden Hammer) 안티패턴의 예이기도 하다. 가진 도구가 망치밖에 없으면, 모든 것을 못처럼 다룬다.

소프트웨어 설계가 단순해진다면 어떤 관례든 받아들이고 싶다. 약간의 유

---

[3] (옮긴이) Joel Spolsky. 'The law of leaky abstractions' [Spo02] http://www.joelonsoftware.com/articles/LeakyAbstractions.html 참조.

연성을 희생할 수 있다면 작업을 좀더 쉽게 할 수 있다. 그 유연성이란 것이 처음부터 전혀 필요한 것이 아니었다면, 더 좋다.

그러나 이것은 '잭과 콩나무'와 같은 동화일 뿐이다. 잭은 잠자는 동안 자신의 마법 콩이 거대한 콩나무로 자랄 것이라 믿었다. 잭의 이야기에서는 그렇게 됐지만, 우리도 그렇게 운이 좋은 것은 아니다. 마법의 콩 안티패턴의 개념을 살펴보자.

## 액티브 레코드는 모델을 스키마와 결합시킨다

액티브 레코드는 단순한 패턴이다. 액티브 레코드 클래스는 데이터베이스의 테이블 하나 또는 뷰 하나를 나타낸다. 액티브 레코드 객체의 각 필드는 대응되는 테이블의 각 칼럼과 매치된다. 테이블이 열여섯 개라면 모델 서브클래스도 열여섯 개를 정의한다.

이는 새로운 구조의 데이터를 표현하기 위해 데이터베이스를 리팩터링해야 할 때 모델 클래스도 수정해야 하고, 이들 모델 클래스를 사용하는 애플리케이션 코드도 수정해야 함을 뜻한다. 마찬가지로, 애플리케이션에 새로운 화면을 처리하기 위해 컨트롤러를 추가하면, 모델을 조회하는 코드를 중복시켜야 할 것이다.

## 액티브 레코드는 CRUD 함수를 노출시킨다

다음 문제는, 당신의 모델 클래스를 사용하는 다른 프로그래머가 당신이 의도한 사용법을 우회해, CRUD 함수로 데이터를 직접 업데이트할 수 있다는 것이다.

예를 들어, 버그 모델에 assignUser() 메서드를 추가해 버그가 업데이트되면 담당 엔지니어에게 메일을 보내도록 했다고 하자.

Magic-Beans/anti/crud.php

```php
<?php
class CustomBugs extends BaseBugs
{
  public function assignUser(Accounts $a)
  {
    $this->assigned_to = $a->account_id;
    $this->save();
    mail($a->email, "Assigned bug",
      "You are now responsible for bug #{$this->bug_id}.");
  }
}
```

그러나 다른 프로그래머가 이 메서드를 우회해 메일을 보내지 않고 버그를 직접 할당할 수 있다.

Magic-Beans/anti/crud.php

```php
$bugsTable = Doctrine_Core::getTable('Bugs');
$bug = $bugsTable->find(1234);
$bug->assigned_to = $user->account_id;
$bug->save();
```

요구사항은 할당이 바뀔 때마다 이메일을 보내 알려주는 것이었다. 그런데 이메일을 보내는 단계를 우회할 수 있는 것이다. 상속한 모델 클래스에 액티브 레코드 클래스의 CRUD 메서드를 노출하는 것이 의미 있을까? 다른 프로그래머가 이런 메서드를 부적절하게 사용하는 것을 어떻게 막을 수 있을까? 액티브 레코드 클래스의 인터페이스가 자동 생성된 문서와 프로그래밍 에디터의 코드 자동완성 기능에 나타나지 않게 하려면 어떻게 해야 할까?

### 액티브 레코드는 빈약한 도메인 모델을 조장한다

앞에서 살펴본 경우와 밀접하게 관련된 점 하나는 모델이 기본적인 CRUD 메서드 외에는 아무런 동작도 가지지 않는 경우가 많다는 것이다. 많은 개발자가 액티브 레코드 클래스를 상속한 다음, 모델이 해야 하는 동작과 관련한 메서드를 추가하지 않고 사용한다.

모델을 단순한 데이터 접근 객체로 취급하면 비즈니스 로직은 모델 외부에, 보통은 여러 개의 컨트롤러 클래스에 걸쳐 존재하게 되고, 이로 인해 모델 동작의 응집도(cohesion)가 낮아진다. Martin Fowler는 자신의 블로그에서 이런 안티패턴을 빈약한 도메인 모델(Anemic Domain Model)[4]이라 불렀다. 예를 들어, Bugs, Accounts, Products 테이블에 대응되는 액티브 레코드 클래스를 각각 가질 수 있다. 그러나 많은 애플리케이션 작업에서 이 세 테이블의 데이터가 모두 필요하다.

버그 추적 애플리케이션에서 버그 할당, 데이터 입력, 버그 표시, 버그 검색 작업을 구현하는 간단한 코드 예제를 살펴보기로 하자. 간단한 액티브 레코드 인터페이스를 제공하기 위해 Doctrine이란 PHP 프레임워크를 사용하고, MVC 아키텍처를 위해 Zend 프레임워크를 사용하고 있다.

Magic-Beans/anti/anemic.php

```php
<?php
class AdminController extends Zend_Controller_Action
{
  public function assignAction()
  {
    $bugsTable = Doctrine_Core::getTable("Bugs");
    $bug = $bugsTable->find($_POST["bug_id"]);
    $bug->Products[] = $_POST["product_id"];
    $bug->assigned_to = $_POST["user_assigned_to"];
    $bug->save();
  }
}

class BugController extends Zend_Controller_Action
{
  public function enterAction()
  {
    $bug = new Bugs();
    $bug->summary = $_POST["summary"];
    $bug->description = $_POST["description"];
```

---

4 http://www.martinfowler.com/bliki/AnemicDomainModel.html

```
      $bug->status = "NEW";

      $accountsTable = Doctrine_Core::getTable("Accounts");
      $auth = Zend_Auth::getInstance();
      if ($auth && $auth->hasIdentity()) {
        $bug->reported_by = $auth->getIdentity();
      }
      $bug->save();
    }

    public function displayAction()
    {
      $bugsTable = Doctrine_Core::getTable("Bugs");
      $this->view->bug = $bugsTable->find($_GET["bug_id"]);

      $accountsTable = Doctrine_Core::getTable("Accounts");
      $this->view->reportedBy = $accountsTable->find($bug->reported_by);
      $this->view->assignedTo = $accountsTable->find($bug->assigned_to);
      $this->view->verifiedBy = $accountsTable->find($bug->verified_by);

      $productsTable = Doctrine_Core::getTable("Products");
      $this->view->products = $bug->Products;
    }
  }

  class SearchController extends Zend_Controller_Action
  {
    public function bugsAction()
    {
      $q = Doctrine_Query::create()
        ->from("Bugs b")
        ->join("b.Products p")
        ->where("b.status = ?", $_GET["status"])
        ->andWhere("MATCH(b.summary, b.description) AGAINST (?)", $_GET["search"]);
      $this->view->searchResults = $q->fetchArray();
    }
  }
```

컨트롤러 클래스에서 액티브 레코드를 사용하는 코드는 애플리케이션 로직을 정리하기 위해 절차적 방법을 사용했다. 데이터베이스 스키마나 애플리케이션 동작이 변하기라도 한다면, 코드의 여러 부분을 수정해야 한다. 마찬가지로 컨트롤러를 추가하면, 모델에 대한 쿼리가 다른 컨트롤러에 있는 것과 비슷하다 하더라도 새로운 코드를 작성해야 한다.

클래스 상호작용 다이어그램(그림 25.2)이 너저분하고 읽기도 어렵다. 컨트롤러나 DAO 클래스를 추가하면 더 나빠질 것이다. 이는 다른 모델을 함께 사용하는 코드가 컨트롤러 여기저기에 중복되어 있음을 나타내는 강력한 단서가 될 수 있다. 애플리케이션을 단순화하고 캡슐화하기 위한 다른 접근방법이 필요하다.

그림 25.2 마법의 콩을 사용하면 포도송이처럼 얽힌 구조가 나온다

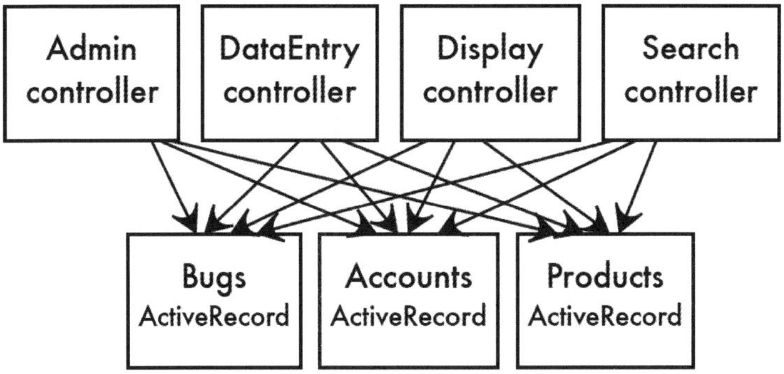

## 마법의 콩은 단위 테스트가 어렵다.

마법의 콩 안티패턴을 사용하면, MVC의 각 계층을 테스트하기가 어려워진다.

- **모델 테스트**: 모델을 액티브 레코드와 같은 클래스로 만들었기 때문에, 데이터 접근과 분리해 모델의 동작을 테스트할 수 없다. 모델을 테스트하려면, 실제 데이터베이스에 쿼리를 실행해야 한다. 많은 사람들이 데이터베이스 픽스처(fixture)를 사용한다. 데이터베이스 픽스처는 테스트 데이터베이스에 데이터를 적재해 각 테스트가 베이스라인 상태에서 실행될 수 있도록 한다. 이렇게 하면 모델을 테스트하기 위해 실제 데이터베이스가 필요해질 뿐 아니라, 모델을 테스트하기 위한 준비작업(setup)과 정리 작

업(teardown)을 느리게 하고 에러가 발생할 가능성도 높인다.

- **뷰 테스트:** 뷰를 테스트한다는 말은 뷰를 HTML로 렌더링하고 결과를 파싱해 모델로부터 제공받은 동적 HTML 요소가 출력에 나타나는지를 확인한다는 뜻이다. 프레임워크가 테스트 스크립트에서의 단정문(assertion)을 단순화한다 해도, 렌더링한 후 HTML을 파싱해 특정 요소를 찾는 복잡하고 시간이 걸리는 코드를 실행해야 한다.

- **컨트롤러 테스트:** 컨트롤러를 테스트하는 방법도 복잡할 것이다. 데이터 접근 객체인 모델로 인해 여러 컨트롤러에 동일한 코드가 반복해서 나타나게 되는데, 이 모든 것이 테스트되어야 한다. 컨트롤러를 테스트하려면, 가짜 HTTP 요청을 생성해야 한다. 웹 애플리케이션의 출력은 HTTP 응답이다. 테스트를 검증하려면, 컨트롤러가 리턴하는 HTTP 응답을 골라내야 한다. 이에 따라 비즈니스 로직을 테스트하는 데 많은 설정 코드가 필요해지고, 테스트 실행도 느려진다.

비즈니스 로직을 데이터베이스 접근과 분리하고 비즈니스 로직을 프리젠테이션과 분리하면, MVC의 목표를 달성하는 데 도움이 되고, 테스트도 간단해진다.

## 25.3 안티패턴 인식 방법

다음 단서가 마법의 콩이 있음을 뜻하는 것일 수 있다.

- "모델에 맞춤 SQL 쿼리를 어떻게 넘길 수 있을까?"
  질문을 보면 모델 클래스를 데이터베이스 접근 클래스로 사용하고 있는 것을 알 수 있다. 모델에 SQL 쿼리를 넘길 필요가 없어야 한다. 모델 클래스는 필요한 쿼리가 어떤 것이든 캡슐화해야 한다.
- "복잡한 모델 쿼리를 모든 컨트롤러에 복사해야 할까, 아니면 코드를 추

상 컨트롤러에 한 번만 작성해야 할까?"

어떤 방법도 안정성이나 단순성 같은 원하는 것을 얻을 수 없다. 모델 안에 복잡한 쿼리를 코딩해야 하고, 모델의 인터페이스로 노출해야 한다. 그렇게 해서 DRY(Don't Repeat Yourself)[5] 원칙을 따르고, 모델의 사용을 쉽게 한다.

- "내 모델을 단위 테스트하기 위해 데이터베이스 픽스처를 더 작성해야 해."

데이터베이스 픽스처를 사용하고 있다면, 데이터베이스 접근을 테스트하는 것이지 비즈니스 로직을 테스트하는 것이 아니다. 데이터베이스와 격리된 상태에서 모델을 단위 테스트 할 수 있어야 한다.

## 25.4 안티패턴 사용이 합당한 경우

액티브 레코드 디자인 패턴 자체에는 잘못된 것이 없다. 액티브 레코드는 간단한 CRUD 동작에 사용할 수 있는 편리한 패턴이다. 대부분의 애플리케이션에서는 테이블의 개별 행에 대해 간단한 연산만 하는 단순한 데이터 접근 객체만 필요한 경우가 있다. 이런 경우에는 모델을 DAO와 동일하게 정의해 단순화할 수 있다.

액티브 레코드 사용의 다른 좋은 예는 프로토타입(prototype)을 만들 때다. 코드를 빨리 작성하는 것이 테스트 가능하고 유지보수하기 쉬운 코드를 작성하는 것보다 중요할 때는 간단한 방법이 좋다. 동작하는 프로토타입을 일찍, 자주 보여주는 것은 종종 활발한 피드백을 통해 프로젝트를 정제하는 훌륭한 방법이다. 이런 상황에서는 프로토타입 개발을 빠르게 하는 방법은 무엇이든 도움이 되고, 간단한 애플리케이션 프레임워크를 사용하는 것이 도움이 될 수 있다.

---

5 Andy Hunt와 Dave Thomas의 『실용주의 프로그래머』(인사이트, 2005) 참조.

단지 프로토타입 모드로 코드를 작성하면서 쌓인 기술적 부채를 탕감하기 위해 리팩터링할 시간을 확보해야 함에 유의하기 바란다.

## 25.5 해법: 액티브 레코드를 가지는 모델

컨트롤러는 애플리케이션 입력을 처리하고 뷰는 애플리케이션 출력을 처리한다. 둘 다 상대적으로 단순하고 잘 정의된 작업이다. 프레임워크는 이런 것들을 빠르게 만드는 데 도움이 된다. 그러나 프레임워크가 모델을 위한 만능 솔루션을 제공하기는 어렵다. 모델은 애플리케이션을 위한 객체지향 설계의 나머지 부분을 포함하고 있기 때문이다.

바로 이 부분이 애플리케이션에 어떤 객체가 있고, 이런 객체가 어떤 데이터와 동작을 갖는지에 대해 열심히 생각해야 하는 부분이다. 소프트웨어 개발 작업의 대부분이 지적이고 창조적이라고 했던 Robert L. Glass의 말을 기억하기 바란다.

### 모델 이해하기

다행히, 객체지향 설계 분야에는 우리를 안내할 많은 지혜가 있다. 예를 들어, Craig Larman의 책 『Applying URM and Patterns』[Lar04]에서는 General Responsibility Assignment Software Patterns(GRASP)라 불리는 가이드라인을 설명한다. 이 가이드라인 중 일부는 특히 모델과 데이터 접근 객체를 분리하는 방법과 관련이 있다.

### 정보 전문가

어떤 동작에 책임이 있는 객체는 동작을 수행하는 데 필요한 모든 데이터를 가지고 있어야 한다. 애플리케이션의 어떤 동작은 여러 테이블과 관련이 있을

---

6 (옮긴이) 번역서로 『UML과 패턴의 적용』(홍릉과학출판사, 2005)이 있다.

수 있고(아무 테이블과도 관련이 없을 수도 있다) 액티브 레코드는 한 번에 한 테이블하고만 잘 동작하므로, 여러 개의 데이터 접근 객체를 모아 합성 동작에 사용할 다른 클래스가 필요하다.

모델과 액티브 레코드와 같은 DAO 사이의 관계는 IS-A(상속)가 아닌 HAS-A(집합연관)여야 한다. 액티브 레코드를 사용하는 대부분의 프레임워크는 IS-A 관계를 가정한다. 모델이 DAO 클래스를 상속하는 것이 아니라 DAO를 사용한다면, 모델링해야 하는 도메인을 위한 모든 데이터와 코드를 포함하도록 모델을 설계할 수 있다. 모델이 여러 테이블을 필요로 하더라도 말이다.

### 창조자

모델이 데이터를 데이터베이스에 저장하는 방법은 내부적 구현 상세여야 한다. DAO를 모은 도메인 모델이 이런 DAO 객체 생성을 책임져야 한다.

애플리케이션의 컨트롤러와 뷰는 모델이 데이터를 가져오고 저장하는 데 어떤 데이터베이스 상호작용을 해야 하는지 알 필요 없이, 도메인 모델의 인터페이스만을 사용해야 한다. 이렇게 하면 나중에 데이터베이스 쿼리를 바꾸기가 쉬워진다. 애플리케이션의 한 부분만 바꾸면 되기 때문이다.

### 낮은 결합도

논리적으로 독립적인 코드 블록을 분리하는 것은 중요하다. 이렇게 하면 다른 곳에 영향을 주지 않으면서 클래스의 구현을 바꿀 수 있는 유연성을 얻을 수 있다. 애플리케이션에 대한 요구사항을 단순화할 수는 없으므로, 어느 정도의 복잡도가 코드의 어딘가에 존재하는 것을 피할 수는 없다. 그러나 그 복잡도를 구현할 최적의 위치는 스스로 선택할 수 있다.

### 높은 응집도

도메인 모델 클래스의 인터페이스는 의도된 사용법을 반영해야지, 데이터베이스의 물리적 구조나 CRUD 동작을 반영하면 안 된다. 액티브 레코드 인터페이스의 find(), first(), insert() 또는 save()와 같은 일반적인 메서드로는 이들이 애플리케이션 요구사항에 어떻게 적용되는지 그리 많이 알 수 없다. assignUser()와 같은 메서드가 좀더 설명적이고, 컨트롤러 코드도 이해하기 쉬워진다.

DAO로부터 모델을 분리할 때, 동일한 DAO에 대해 하나 이상의 모델을 설계할 수도 있다. 이렇게 하는 것은 주어진 테이블에 관련된 모든 작업을, 액티브 레코드를 상속하는 하나의 클래스에 모아놓으려 하는 것보다 응집도를 높이는 데 좋다.

## 도메인 모델 동작하게 하기

『Domain-Driven Design: Tackling Complexity in the Heart of Software』[Eva03]에서, Eric Evans는 도메인 모델이라는 더 좋은 방법을 설명한다.

원래의 MVC 관점에서 봤을 때(완고한 소프트웨어적 관점이 아니라) 모델은 애플리케이션에서 도메인의 객체지향적 표현이다. 즉 애플리케이션에서의 비즈니스 규칙이고 이런 비즈니스 규칙을 위한 데이터다. 모델은 애플리케이션을 위한 비즈니스 로직을 구현하는 곳이다. 데이터를 데이터베이스에 저장하는 것은 모델의 내부적 구현 상세다.

모델을 데이터베이스 레이아웃이 아닌 애플리케이션 개념에 따라 설계하면, 데이터베이스 동작을 모델 클래스 속에 완전히 숨길 수 있다. 앞에서 살펴 봤던 예제 코드를 리팩터링한 결과 예를 살펴보자.

`Magic-Beans/soln/domainmodel.php`

```php
<?php

class BugReport
{
  protected $bugsTable;
  protected $accountsTable;
  protected $productsTable;
```

— SQL

```php
public function __construct()
{
  $this->bugsTable = Doctrine_Core::getTable("Bugs");
  $this->accountsTable = Doctrine_Core::getTable("Accounts");
  $this->productsTable = Doctrine_Core::getTable("Products");
}

public function create($summary, $description, $reportedBy)
{
  $bug = new Bugs();
  $bug->summary = $summary
  $bug->description = $description
  $bug->status = "NEW";
  $bug->reported_by = $reportedBy;
  $bug->save();
}

public function assignUser($bugId, $assignedTo)
{
  $bug = $bugsTable->find($bugId);
  $bug->assigned_to = $assignedTo"];
  $bug->save();
}

public function get($bugId)
{
  return $bugsTable->find($bugId);
}

public function search($status, $searchString)
{
  $q = Doctrine_Query::create()
    ->from("Bugs b")
    ->join("b.Products p")
    ->where("b.status = ?", $status)
    ->andWhere("MATCH(b.summary, b.description) AGAINST (?)",
        $searchString]);
  return $q->fetchArray();
  }
}

class AdminController extends Zend_Controller_Action
{
  public function assignAction()
  {
    $this->bugReport->assignUser(
      $this->_getParam("bug"),
      $this->_getParam("user"));
```

```
    }
}

class BugController extends Zend_Controller_Action
{
  public function enterAction()
  {
    $auth = Zend_Auth::getInstance();
    if ($auth && $auth->hasIdentity()) {
      $identity = $auth->getIdentity();
    }
    $this->bugReport->create(
      $this->_getParam("summary"),
      $this->_getParam("description"),
      $identity);
  }

  public function displayAction()
  {
    $this->view->bug = $this->bugReport->get(
      $this->_getParam("bug"));
  }
}

class SearchController extends Zend_Controller_Action
{
  public function bugsAction()
  {
    $this->view->searchResults = $this->bugReport->search(
      $this->_getParam("status", "OPEN"),
      $this->_getParam("search"));
  }
}
```

다음과 같은 여러 가지 개선에 주목할 수 있어야 한다.

- 클래스 상호작용 다이어그램(그림 25.3)이 훨씬 간단하고 읽기 쉬워졌다. 클래스가 잘 분리되었음을 나타낸다.
- 데이터베이스 구조로부터 모델 인터페이스를 분리해, 컨트롤러 코드를 줄이고 단순화했다.
- 각 모델 클래스는 하나 이상의 테이블과 상호작용하는 객체를 생성한다. 컨트롤러는 어떤 테이블이 관련되는지 몰라도 된다.

- 모델 클래스는 데이터베이스 쿼리를 캡슐화해 숨긴다. 컨트롤러는 사용자 입력을 불러오고 모델 API를 통한 고수준 작업을 호출하는 것에만 관심을 가진다.
- 어떤 경우에는, 쿼리가 너무 복잡해 DAO를 통한 처리가 어렵고, 맞춤 SQL을 작성해야 할 수 있다. SQL이 안전하게 모델 클래스 안에 캡슐화되어 있다면 이를 사용하기가 덜 두려울 것이다.

### 간단한 객체 테스트하기

이상적으로는, 실제 데이터베이스에 접속하지 않고도 모델을 테스트할 수 있어야 한다. 모델을 DAO에서 분리하면 DAO의 스텁(stub)과 목(mock)을 생성해 모델의 단위 테스트를 도울 수 있다.

마찬가지로, 도메인 모델의 인터페이스도 다른 객체지향 테스트와 비슷하게 테스트할 수 있다. 객체의 메서드를 호출하고 리턴 값을 검증하는 식으로

그림 25.3 분리를 통해 포도송이를 풀어놓은 구조

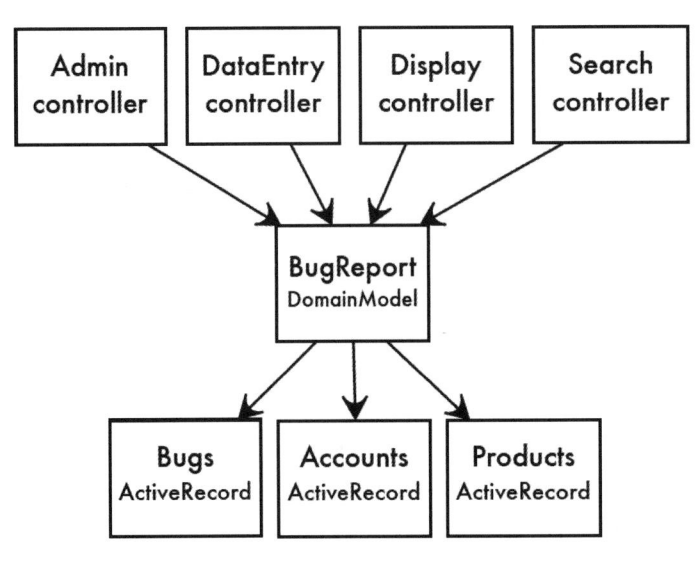

말이다. 이렇게 하는 것이 가짜 HTTP 요청을 만들어 컨트롤러에 넘기고 결과로 리턴된 HTTP 응답을 파싱하는 것보다 쉽고 빠르다.

여전히 가짜 HTTP 요청을 사용해 컨트롤러를 테스트할 수 있지만, 컨트롤러 코드가 단순해졌기 때문에 많은 논리적 경로를 테스트할 필요는 없다.

모델과 컨트롤러를 분리하고 데이터 접근 컴포넌트를 모델과 분리하면, 이 모든 클래스를 간단하게 그리고 더 좋은 격리 수준에서 단위 테스트할 수 있다. 이렇게 되면 결함이 발생한 경우 진단하기도 쉬워진다. 이게 단위 테스트의 요점 아니겠는가?

### 땅으로 내려오기

어느 소프트웨어 개발 프레임워크에서든, 심지어 마법의 콩 안티패턴을 조장하는 프레임워크에서도, 데이터 접근 객체를 생산적으로 사용할 수 있다. 그러나 객체지향 설계 원칙을 어떻게 활용하는지 배우지 못한 개발자는 스파게티처럼 복잡한 코드를 작성할 것이다.

이 장에서 설명한 도메인 모델의 기본 사항은 테스트와 코드 유지보수를 쉽게 할 수 있는 최적의 설계를 선정하는 데 도움이 될 것이다. 결국에는 데이터베이스 주도 애플리케이션을 개발할 때 엄청난 생산성을 달성할 수 있을 것이다.

> **SQL Antipatterns Tip**
> 테이블에서 모델을 분리하라.

# 5부

# 부록

SQL
AntiPatterns

# 부록 A

SQL Antipatterns

# 정규화 규칙

> 젊은 친구, 수학에서 이해라는 것은 없네.
> 다만 익숙해질 뿐이지.
> – 존 폰 노이만(John von Neumann)

관계형 데이터베이스 설계는 임의적인 것도 아니고 신비로운 것도 아니다. 잘 정의된 규칙에 따라 중복을 피하고 애플리케이션의 실수를 증명하는 데 도움이 되도록 데이터 저장 전략을 설계할 수 있다. 이 책의 앞부분에서 언급했던 포카요케 아이디어와 같이 말이다. 아마도 동일한 아이디어에 대한 다른 비유(방어적 설계나 일찍 실패하기와 같은)도 들어봤을 것이다.

정규화(normalization) 규칙은 복잡하지 않지만, 미묘하다. 개발자들은 종종 정규화 규칙을 오해하곤 하는데, 아마도 더 어려운 규칙을 기대했기 때문일 수도 있다.

다른 가능성은 사람들이 규칙을 따라야 한다는 것에 흥미를 잃어버렸다는 가정이다. 새로운 것, 창조성, 혁신 같은 것에 가치를 두는 개발자들에게 규칙이란 혐오의 대상이다. 규칙은 어떤 면에서는 자유의 반대이기도 하다.

소프트웨어 개발자는 지속적으로 단순성과 유연성 사이에서 공학적 거래를 한다. 혼자 힘으로 바퀴를 새로 만들 듯, 모든 애플리케이션에 대한 데이터 관리 소프트웨어를 개발하느라 많은 노력을 쏟을 수 있다. 그러나 관계형 설계를 잘 따를 수 있다면 기존 지식과 기술의 장점을 취할 수 있다.

나는 이 책에서 지나치게 학문적이거나 이론적이 되지 않도록 하면서 관계형 설계의 장점(또는 단점)을 사용해 안티패턴을 설명했다. 그러나 이 부록에서는 이론도 실용적일 수 있음을 살펴볼 것이다.

## A.1 관계형의 뜻

이 관계형(relational)이란 용어는 테이블 사이의 관계를 뜻하는 게 아니라, 테이블 자체 또는 테이블과 칼럼 사이의 관계를 뜻한다. 어떻게 보면 둘 다를 뜻한다.

수학자들은 관계(relation)를 서로 다른 변역(domain)의 값으로 구성된 두 집합의 모든 가능한 조합에 어떤 부분집합을 만드는 조건을 적용한 것이라 정의한다.

예를 들어, 한 집합은 야구 팀 이름이고, 다른 집합은 도시 이름이라고 하자. 모든 팀과 모든 도시의 조합은 팀-도시 쌍의 긴 목록일 것이다. 그러나 우리는 이 목록의 특정 부분집합, 즉 홈그라운드 도시와 짝이 된 팀에만 관심이 있다. 유효한 쌍에는 시카고/화이트삭스, 시카고/커브스 또는 보스턴/레드삭스가 포함되지만, 마이애미/레드삭스는 포함되지 않는다.

관계란 단어는 규칙('이 도시는 이 팀의 홈그라운드다')과 규칙을 따르는 쌍의 부분집합이란 두 가지 뜻으로 사용된다. 관계형 데이터베이스에서는 이 결과를 쌍 하나당 한 행씩 두 개의 칼럼을 가진 테이블에 저장할 수 있다.

물론, 관계는 두 개 이상의 칼럼도 지원한다. 변역 개수가 몇 개이든 칼럼 하나에 하나씩 관계로 조합할 수 있다. 32비트 정수 집합 또는 특정 길이의 텍스트 문자열 집합을 변역으로 사용할 수도 있다.

테이블 정규화를 시작하기 전에, 이들이 적절한 관계인지 확인해야 한다. 이들은 몇 가지 조건을 만족해야 한다.

## 행은 위아래 순서를 가지지 않는다

SQL에서 ORDER BY 절을 사용해 순서를 지정하지 않는 한, 쿼리는 예상할 수 없는 순서의 결과를 리턴한다. 순서를 고려하지 않으면, 행의 집합은 동일하다.

## 칼럼은 좌우 순서를 가지지 않는다

우리가 스티븐에게 Open RoundFile 제품을 버그#1234에 대해 테스트해달라고 요청하거나, 버그#1234가 Open RoundFile 제품에서 스티븐에 의해 검증될 수 있는지 알아봐달라고 하거나, 결과는 같아야 한다.

이는 칼럼을 이름이 아닌 위치로 사용하려 했던 19장의 「암묵적 칼럼」 안티패턴과 관련이 있다.

## 중복 행은 허용되지 않는다

일단 사실을 알고 나면, 이를 다시 말한다고 더 참이 되지는 않는다. 데이터에서 야구 팀 이름이 주어지면, 도시 이름도 정해진다. 우리는 이것을 도시가 팀 이름에 종속되었다고 한다.

중복을 방지하기 위해 한 행을 다른 행과 구분하는 방법이 있어야 하고 개별 행에 접근할 수 있어야 한다. SQL에서는 이를 보장하기 위해 유일하게 행을 식별할 필요가 있는 칼럼 하나 또는 칼럼의 집합에 PK 제약조건을 선언한다.

키가 아닌 칼럼에는 중복이 있을 수 있다. 보스턴 시에는 두 개의 팀이 있지만, 팀 이름이 다르기 때문에 행 전체는 여전히 유일하다.

모든 칼럼은 하나의 타입만 갖고, 각 행당 하나의 값만 갖는다

관계는 칼럼의 이름과 데이터 타입을 정의하는 헤더를 가진다. 모든 행은 헤더에 있는 것과 같은 칼럼을 가져야 하고, 주어진 칼럼은 모든 행에서 동일한 의미를 가져야 한다.

우리는 이 규칙을 위반하는 안티패턴을 6장 「엔터티-속성-값」에서 살펴봤

다. EAV 테이블은 각 인스턴스마다 다른 집합의 속성을 가질 수 있는 엔터티를 모델링한 것이므로, 엔터티는 해당 속성을 정의하는 헤더에 종속되지 않는다.

또한, EAV의 attr_value 칼럼은 버그의 보고일자, 버그의 상태, 버그가 할당된 계정 등 엔터티의 모든 속성을 포함한다. 이 칼럼에 주어진 값 1234는 두 개의 다른 속성에서 유효할 수 있지만 그 뜻은 완전히 다른 것일 수 있다.

7장의 「다형성 연관」 안티패턴 또한 이 규칙을 위반한다. 주어진 값 1234는 여러 부모 테이블 중 어느 테이블의 PK든 참조할 수 있기 때문이다. 한 행의 1234가 다른 행의 1234와 같은 것이라 말할 수 없다.

### 행은 숨은 컴포넌트를 갖지 않는다

칼럼은 데이터 값을 포함하며, 행 ID나 객체 ID와 같은 물리적 스토리지 지시자를 갖지 않는다. 22장 「가상키 편집중」에서 PK는 유일한 것이지만, 행 번호는 아님을 살펴봤다.

어떤 데이터베이스는 이 규칙을 변경해 SQL 확장 기능(예를 들어, Oracle에서는 ROWID 가상 칼럼, PostgreSQL에서는 OID와 같은)으로 데이터가 저장된 물리적 위치에 접근할 수 있게 한다. 그러나 이런 값은 관계의 일부가 아니다.

## A.2 정규화에 대한 미신

정확한 정의를 가지고 있음에도 널리 오해되는 주제를 찾기란 쉽지 않다. 완전한 확신을 가지고 다음과 같은 잘못된 의견을 말하는 개발자를 접할 일이 분명 있을 것이다.

- "정규화는 데이터베이스를 느리게 만든다. 반정규화(denormalization)는 데이터베이스를 빠르게 만든다."

틀렸다. 정규화를 적용한 후에 다른 테이블의 속성을 가져오기 위해 조인

이 필요한 것은 사실이다. 반정규화를 하면 어떤 조인은 피할 수 있다. 예를 들어, 2장 「무단횡단」 안티패턴에서는 특정 버그에 대한 담당자를 저장하는 데 쉼표로 분리된 목록을 사용했다. 그러나 특정 담당자에 대한 버그의 목록도 필요하다면 어떻게 할 것인가? 반정규화는 보통 한 형태의 쿼리에 대해서는 편해지고 성능에도 도움이 되지만, 다른 쿼리에 대해서는 엄청난 비용을 초래한다. 반정규화 사용이 합당한 경우도 있다. 그러나 반정규화 사용을 결정하기 전에 데이터베이스를 정규화된 형태로 만드는 것이 먼저다. 13장 「인덱스 샷건」에서 인덱싱을 위한 MENTOR 지침은 반정규화에도 적용된다. 효율성을 위해 뭔가를 변경할 때는 바꾸기 전과 바꾼 후의 성능을 측정해 확인해야 한다.

- "정규화에서는 데이터를 자식 테이블로 밀어내고 가상키를 사용해 참조하라고 한다."

틀렸다. 편의나 성능, 저장 효율성을 위해 가상키를 사용할 수 있고, 이런 이유는 정당한 것이다. 그러나 이것이 정규화와 관련이 있다고 믿지는 말기 바란다.

- "정규화는 EAV 설계에서와 같이 속성을 최대한 분리하는 것이다."

틀렸다. 개발자들이 정규화란 용어를 사람이 읽기 어렵게 만들거나 쿼리하기 불편하게 하는 것으로 잘못 사용하는 일은 흔하다. 사실은 그 반대가 맞다.

- "아무도 제3 정규형 이상으로 정규화할 필요는 없어. 그 이상의 정규형은 너무 난해해서 절대 쓸 일이 없을 거야."

틀렸다. 한 연구에 의하면 비즈니스 데이터베이스의 20% 이상이 제3 정규형까지는 만족하지만 제4 정규형에는 위배된다고 한다. 이는 소수이긴 하지만 무시할 정도는 아니다. 잠재적으로 데이터 손실을 초래할 수 있고 20%의 애플리케이션에서 발생할 수 있는 버그에 대해 알게 되었다면, 고치고 싶지 않겠는가?

## A.3 정규화란?

정규화의 목표는 다음과 같다.

- 우리가 이해할 수 있는 방법으로 실세계에 대한 사실을 표현한다.
- 사실을 중복해 저장하는 것을 줄이고 데이터에 이상(anomaly)이 생기거나 모순이 생기는 것을 방지한다.
- 정합성을 지원한다.

데이터베이스 성능 향상이 목록에 없다는 점을 유의하기 바란다. 정규화는 데이터를 올바르게 저장하고 문제가 생기는 것을 회피하는 데 도움이 된다. 정규화되지 않은 데이터베이스는 엉망이 되는 것을 피할 수 없다. 우리는 모순된 데이터나 중복 데이터를 정리하기 위해 훨씬 많은 코드를 개발하는 것을 깨닫는다. 잘못된 데이터로 업무가 지연되거나 추가비용이 발생하는 것을 경험한다. 이런 시나리오를 포함한다면, 데이터베이스 정규화로부터 얻는 이득은 명확해진다.

테이블이 정규화 규칙을 만족하면, 그 테이블을 정규형(normal form)이라고 말한다. 정규화의 각 단계를 나타내는 전통적인 정규형은 다섯 개가 있다. 각 정규형은 관계를 설계함에 있어 특정 형태의 중복이나 이상을 제거한다. 보통, 테이블이 한 정규형을 만족하면, 그 테이블은 이전의 정규형을 모두 만족한다. 연구자들이 설명하는 세 개의 추가 정규형이 있다. 정규형의 각 단계는

---

그림 A.1 정규형의 단계

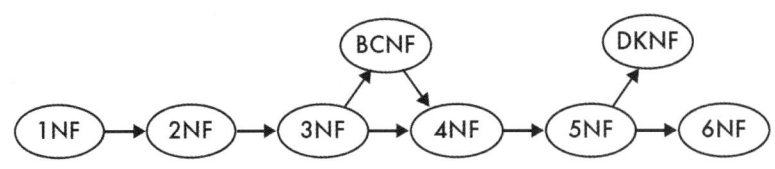

그림 A.1에 나타나있다.

## 제1 정규형

제1 정규형의 가장 기본적인 요구사항은 테이블이 관계여야 한다는 것이다. A.1절에서 설명한 조건을 만족하지 않으면, 테이블은 제1 정규형 또는 그 이상의 정규형이 될 수 없다.

그 다음 요구사항은 테이블이 반복 그룹(repeating group)을 가지지 않아야 한다는 것이다. 관계의 각 행은 여러 집합의 조합이고 각 집합에서 값을 하나씩 고른 것임을 기억하기 바란다. 반복 그룹은 주어진 집합에서 한 행이 여러 개의 값을 가짐을 의미한다.

그림 A.2 반복되는 그룹과 제1 정규형

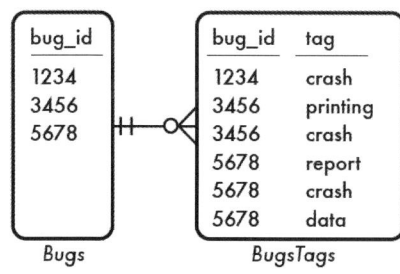

우리는 반복 그룹을 만드는 두 개의 안티패턴을 살펴봤다.

- 같은 도메인의 여러 값이 여러 칼럼에 걸치는 경우는 8장 「다중 칼럼 속성」에서 설명했다.
- 한 칼럼에 여러 값이 들어가는 경우는 2장 「무단횡단」에서 설명했다.

그림 A.2에서 각 안티패턴을 따르는 반복 그룹을 볼 수 있다. 제1 정규형을 만족하는 적절한 설계는 별도 테이블을 생성하는 것이다. 이제 태그는 하나의 칼럼을 차지하게 되고, 태그 하나를 행 하나에 저장해 여러 개의 태그를 지원할 수 있다.

## 제2 정규형

제2 정규형은 테이블이 복합 PK를 가지지 않으면 제1 정규형과 동일하다. 태깅 예제에서, 어떤 사용자가 특정 태그를 버그에 적용하는지 추적해보자. 또한 누가 특정 태그를 처음 생성했는지도 관심이 있다.

`Normalization/2NF-anti.sql`

```sql
CREATE TABLE BugsTags (
  bug_id  BIGINT NOT NULL,
  tag     VARCHAR(20) NOT NULL,
  tagger  BIGINT NOT NULL,
  coiner  BIGINT NOT NULL,
  PRIMARY KEY (bug_id, tag),
  FOREIGN KEY (bug_id) REFERENCES Bugs(bug_id),
  FOREIGN KEY (tagger) REFERENCES Accounts(account_id),
  FOREIGN KEY (coiner) REFERENCES Accounts(account_id)
);
```

그림 A.3을 보면, 태그를 처음 생성한 사람이 중복해 저장되어 있다.[1] 이는 누군가가 특정 태그의 한 행만 coiner를 변경하고(충돌) 같은 태그에 대한 다른 행은 변경하지 않으면 이상이 생길 수 있음을 뜻한다.

---

[1] 그림에서는 사용자 식별자로 아이디 번호 대신 이름을 사용했다.

그림 A.3 중복과 제2정규형

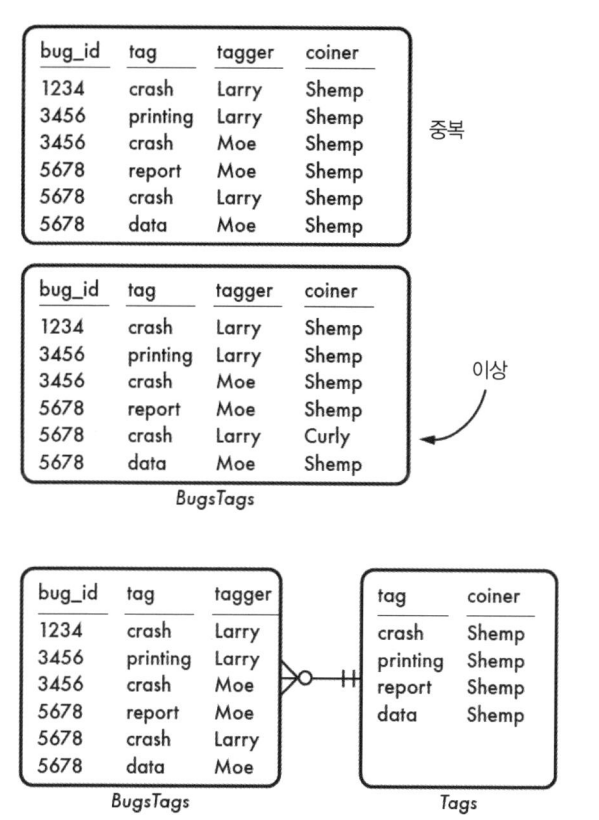

 제2 정규형을 만족하려면, 주어진 태그에 대한 coiner를 한 번만 저장해야 한다. 이는 태그가 PK가 되는 Tags란 다른 테이블을 정의해서 각 태그당 행이 하나씩만 생기도록 해야 한다는 뜻이다. 그리고 해당 태그의 coiner도 BugsTags 테이블 대신 이 새로운 테이블에 저장해 이상을 방지할 수 있다.

```
Normalization/2NF-normal.sql
```
```sql
CREATE TABLE Tags (
  tag     VARCHAR(20) PRIMARY KEY,
  coiner  BIGINT NOT NULL,
  FOREIGN KEY (coiner) REFERENCES Accounts(account_id)
);

CREATE TABLE BugsTags (
  bug_id  BIGINT NOT NULL,
  tag     VARCHAR(20) NOT NULL,
  tagger  BIGINT NOT NULL,
  PRIMARY KEY (bug_id, tag),
  FOREIGN KEY (bug_id) REFERENCES Bugs(bug_id),
  FOREIGN KEY (tag) REFERENCES Tags(tag),
  FOREIGN KEY (tagger) REFERENCES Accounts(account_id)
);
```

## 제3 정규형

Bugs 테이블에 버그를 수정하는 엔지니어의 이메일 주소를 저장하고 싶을 수 있다.

```
Normalization/3NF-anti.sql
```
```sql
CREATE TABLE Bugs (
  bug_id SERIAL PRIMARY KEY
  -- . . .
  assigned_to BIGINT,
  assigned_email VARCHAR(100),
  FOREIGN KEY (assigned_to) REFERENCES Accounts(account_id)
);
```

그러나 엄밀하게 말하자면, 이메일은 할당된 엔지니어의 속성이지, 버그의 속성이 아니다. 이런 식으로 이메일을 저장하는 것은 중복이고, 제2 정규형을 만족하지 못했던 테이블에서와 같은 이상이 발생할 위험이 있다.

제2 정규형의 예제에서 규칙을 깨는 칼럼은 최소한 복합 PK의 일부와 관계가 있다. 제3 정규형을 위반하는 이 예에서는 규칙을 깨는 칼럼은 PK와 전혀 관계가 없다.

그림 A.4  중복과 제2 정규형

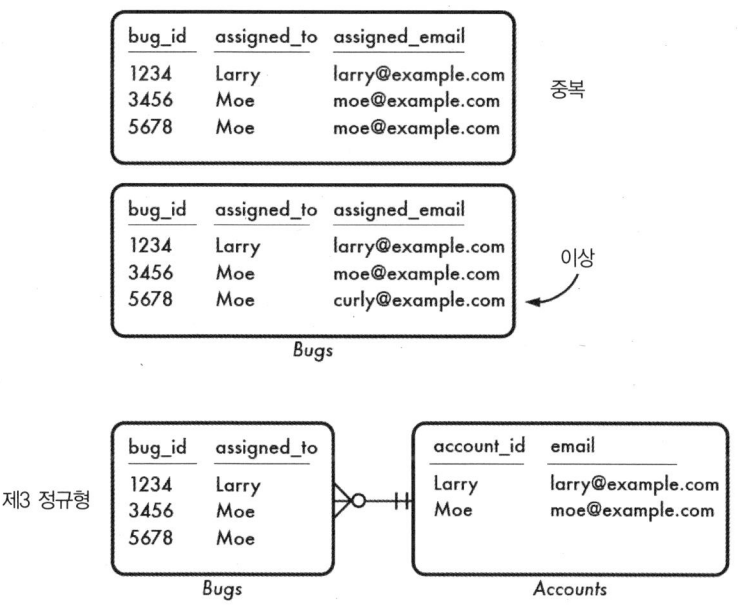

이를 수정하려면, 이메일 주소를 Accounts 테이블로 옮겨야 한다. 그림 A.4 에서, 이메일 칼럼을 Bugs 테이블과 어떻게 분리했는지 볼 수 있다. 이메일은 중복 없이 Accounts 테이블의 PK에 직접 대응되기 때문에 여기가 있어야 할 올바른 곳이다.

### 보이스-코드 정규형

제3 정규형보다 조금 강력한 버전을 보이스-코드 정규형(BCNF, Boyce-Codd Normal Form)이라 한다. 이 두 정규형의 차이는 제3 정규형에서는 키가 아닌 모든 속성은 키에 종속이어야 하지만, 보이스-코드 정규형에서는 키 칼럼 또한 이 규칙을 따라야 한다는 것이다. 이는 테이블에서 키로 사용할 수 있는 칼럼의 집합이 여럿일 때 중요해진다.

**그림 A.5** 제3정규형과 보이스-코드 정규형

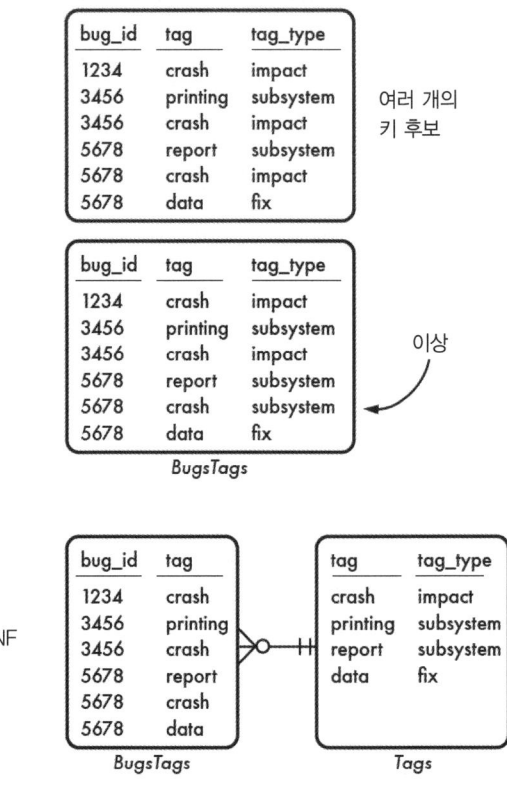

예를 들어, 버그의 심각성을 나타내는 태그, 버그의 영향을 받는 서브시스템에 대한 태그, 버그의 수정 방법을 설명하는 태그, 이렇게 세 개의 태그 타입이 있다고 하자. 각 버그는 각 타입의 태그를 하나씩만 가질 수 있다고 정할 수 있다. 우리가 생각할 수 있는 키 후보는 bug_id + tag일 것이지만, bug_id + tag_type이 될 수도 있다. 두 가지 칼럼 쌍 모두 각 행을 하나씩 식별할 수 있다.

그림 A.5에서, 제3 정규형을 만족하지만 보이스-코드 정규형은 아닌 테이블과 이를 어떻게 수정할 수 있는지를 볼 수 있다.

## 제4 정규형

이제 우리 데이터베이스를 변경해, 각 버그가 여러 사용자로부터 보고되고, 여러 개발자에게 할당되고, 여러 품질 엔지니어가 검증할 수 있게 하자. 우리는 다대다 관계에는 부가적 테이블이 있어야 한다는 사실을 안다.

```
Normalization/4NF-anti.sql

CREATE TABLE BugsAccounts (
  bug_id       BIGINT NOT NULL,
  reported_by  BIGINT,
  assigned_to  BIGINT,
  verified_by  BIGINT,
  FOREIGN KEY (bug_id) REFERENCES Bugs(bug_id),
  FOREIGN KEY (reported_by) REFERENCES Accounts(account_id),
  FOREIGN KEY (assigned_to) REFERENCES Accounts(account_id),
  FOREIGN KEY (verified_by) REFERENCES Accounts(account_id)
);
```

bug_id만을 PK로 사용할 수는 없다. 각 버그당 여러 행이 있어야 각 칼럼에 여러 개의 계정을 저장할 수 있다. 또한 처음 두 개, 또는 처음 세 개의 칼럼을 PK로 사용할 수도 없다. 마지막 칼럼에도 여러 개의 값이 들어갈 수 있기 때문이다. 따라서 네 개의 칼럼 모두가 PK 칼럼이 되어야 한다. 그러나 버그는 할당되고 검증되기 전에 보고될 수 있으므로, assigned_to와 verified_by는 NULL이 들어갈 수 있어야 한다. 모든 PK 칼럼은 NOT NULL 제약조건을 가지는 것이 표준이다.

또 다른 문제는 어느 행이든 다른 행보다 적은 계정을 가지고 있다면 중복된 값을 가질 수 있다는 것이다. 그림 A.6에서 값이 중복되는 것을 확인할 수 있다.

이런 모든 문제는 두 가지 목적(여기서는 세 가지 목적)을 가진 교차 테이블을 만들려 할 때 발생하는 것이다. 여러 개의 다대다 관계를 하나의 교차 테이블로 나타내려 할 때, 제4 정규형을 위반하게 된다.

테이블을 나눠 각 다대다 관계마다 교차테이블을 가지도록 해 문제를 해결

그림 A.6 병합된 관계와 제4 정규형

|  | bug_id | reported_by | assigned_to | verified_by |
|---|---|---|---|---|
|  | 1234 | Zeppo | NULL | NULL |
|  | 3456 | Chico | Groucho | Harpo |
|  | 3456 | Chico | Spalding | Harpo |
|  | 5678 | Chico | Groucho | NULL |
|  | 5678 | Zeppo | Groucho | NULL |
|  | 5678 | Gummo | Groucho | NULL |

BugsAccounts

중복, NULL, PK 없음

제4 정규형

| bug_id | reported_by |
|---|---|
| 1234 | Zeppo |
| 3456 | Chico |
| 5678 | Chico |
| 5678 | Zeppo |
| 5678 | Gummo |

BugsReported

| bug_id | assigned_to |
|---|---|
| 3456 | Groucho |
| 3456 | Spalding |
| 5678 | Groucho |

BugsAssigned

| bug_id | verified_by |
|---|---|
| 3456 | Harpo |

BugsVerified

할 수 있다. (그림 A.6) 이렇게 하면 중복 문제도 해결되고, 각 행마다 값의 수가 달라지는 문제도 해결된다.

`Normalization/4NF-normal.sql`

```sql
CREATE TABLE BugsReported (
  bug_id       BIGINT NOT NULL,
  reported_by  BIGINT NOT NULL,
  PRIMARY KEY (bug_id, reported_by),
  FOREIGN KEY (bug_id) REFERENCES Bugs(bug_id),
  FOREIGN KEY (reported_by) REFERENCES Accounts(account_id)
);

CREATE TABLE BugsAssigned (
  bug_id       BIGINT NOT NULL,
  assigned_to  BIGINT NOT NULL,
  PRIMARY KEY (bug_id, assigned_to),
  FOREIGN KEY (bug_id) REFERENCES Bugs(bug_id),
  FOREIGN KEY (assigned_to) REFERENCES Accounts(account_id)
);
```

```
CREATE TABLE BugsVerified (
  bug_id         BIGINT NOT NULL,
  verified_by    BIGINT NOT NULL,
  PRIMARY KEY (bug_id, verified_by),
  FOREIGN KEY (bug_id) REFERENCES Bugs(bug_id),
  FOREIGN KEY (verified_by) REFERENCES Accounts(account_id)
);
```

## 제5 정규형

보이스-코드 정규형의 조건을 만족하고 복합 PK를 가지지 않는 테이블은 이미 제5 정규형이다. 그러나 제5 정규형을 이해하기 위해, 예제를 좀더 살펴보자.

어떤 엔지니어는 특정 제품에 대해서만 작업을 한다. 우리는 누가 어떤 제품에 어떤 버그를 작업하고 있는지 알 수 있도록 하면서, 동시에 중복이 최소화되도록 데이터베이스를 설계해야 한다. 이를 위해 첫 번째로 시도한 방법은 BugsAssigned 테이블에 칼럼을 추가해 어떤 엔지니어가 어떤 제품에 대해 작업하는지 볼 수 있도록 하는 것이다.

```
Normalization/5NF-anti.sql
CREATE TABLE BugsAssigned (
  bug_id         BIGINT NOT NULL,
  assigned_to    BIGINT NOT NULL,
  product_id     BIGINT NOT NULL,
  PRIMARY KEY (bug_id, assigned_to),
  FOREIGN KEY (bug_id) REFERENCES Bugs(bug_id),
  FOREIGN KEY (assigned_to) REFERENCES Accounts(account_id),
  FOREIGN KEY (product_id) REFERENCES Products(product_id)
);
```

이것만으로는 엔지니어를 어느 제품에 할당할 수 있는지를 알 수 없다. 단지 엔지니어가 현재 어떤 제품에 할당되었는지를 알 수 있을 뿐이다. 또한 엔지니어가 특정 제품에 대해 작업하고 있다는 것을 중복해 저장한다. 이는 독립적인 다대다 관계에 대한 여러 개의 사실을 하나의 테이블에 저장하려고 해서 생긴 문제로, 제4 정규형에서 봤던 문제와 비슷하다. 그림 A.7에 중복이 설명되어 있다.[2]

## 그림 A.7 병합된 관계와 제5 정규형

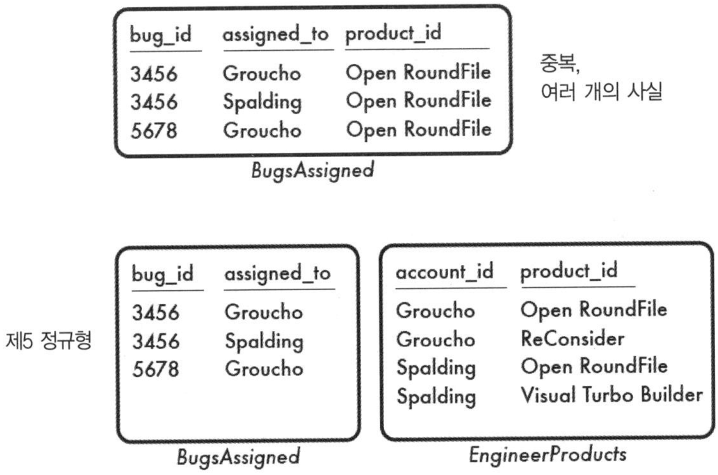

| bug_id | assigned_to | product_id |
|--------|-------------|------------|
| 3456 | Groucho | Open RoundFile |
| 3456 | Spalding | Open RoundFile |
| 5678 | Groucho | Open RoundFile |

*BugsAssigned* — 중복, 여러 개의 사실

제5 정규형

| bug_id | assigned_to |
|--------|-------------|
| 3456 | Groucho |
| 3456 | Spalding |
| 5678 | Groucho |

*BugsAssigned*

| account_id | product_id |
|------------|------------|
| Groucho | Open RoundFile |
| Groucho | ReConsider |
| Spalding | Open RoundFile |
| Spalding | Visual Turbo Builder |

*EngineerProducts*

해결 방법은 각 관계를 분리된 테이블로 격리하는 것이다.

`Normalization/5NF-anti.sql`

```
CREATE TABLE BugsAssigned (
    bug_id       BIGINT NOT NULL,
    assigned_to  BIGINT NOT NULL,
    PRIMARY KEY (bug_id, assigned_to),
    FOREIGN KEY (bug_id) REFERENCES Bugs(bug_id),
    FOREIGN KEY (assigned_to) REFERENCES Accounts(account_id),
    FOREIGN KEY (product_id) REFERENCES Products(product_id)
);

CREATE TABLE EngineerProducts (
    account_id   BIGINT NOT NULL,
    product_id   BIGINT NOT NULL,
    PRIMARY KEY (account_id, product_id),
    FOREIGN KEY (account_id) REFERENCES Accounts(account_id),
    FOREIGN KEY (product_id) REFERENCES Products(product_id)
);
```

---

2 그림에서는 제품 식별자로 아이디 번호 대신 이름을 사용했다.

이제 엔지니어가 제품에 있는 특정 버그에 대해 작업하고 있는 중이라는 사실과는 독립적으로, 엔지니어가 특정 제품에 대해 작업할 수 있다는 사실을 기록할 수 있다.

## 그 이상의 정규형

도메인-키 정규형(DKNF, Domain-Key Normal Form)에서는, 테이블의 모든 제약조건은 테이블 도메인 제약조건과 키 제약조건의 논리적 결과라 말한다. DKNF는 제3 정규형, 제4 정규형, 제5 정규형과 보이스-코드 정규형을 모두 포괄한다.

예를 들어, 상태가 NEW 또는 DUPLICATE인 버그는 작업을 아직 안 했거나 할 필요가 없으므로 작업시간 hours가 기록되면 안 되고, verified_by 칼럼에 품질 엔지니어를 할당하는 것 또한 의미가 없다. 이런 제약조건을 트리거나 CHECK 제약조건으로 구현할 수 있다. 이런 것들은 테이블에서 키가 아닌 칼럼 사이의 제약조건이고, DKNF의 조건을 충족하지 못한다.

제6 정규형은 모든 조인 종속성 제거를 추구한다. 보통 속성의 변경 히스토리를 지원하기 위해 사용된다. 예를 들어, Bugs.status는 시간에 따라 변할 텐데, 이 변경 내역을 변경이 언제 발생 했는지, 누가 변경했는지, 그리고 기타 상세 내용과 함께 자식 테이블에 기록하고 싶을 수 있다.

Bugs가 제6 정규형을 완전히 지원하는 것을 상상할 수 있지만, 거의 모든 칼럼에 대한 별도의 히스토리 테이블이 필요할 것이다. 그러면 테이블이 너무 많아진다. 대부분의 애플리케이션에서는 제6 정규형이 지나친 것이지만, 어떤 데이터 웨어하우스 기법에서는 이를 사용한다.[3]

---

[3] 예를 들어, Anchor Modeling(http://www.anchormodeling.com/)에서 이를 사용한다.

## A.4 상식

정규화 규칙은 난해하거나 복잡하지 않다. 정규화 규칙은 데이터의 중복을 줄이고 일관성을 향상시키는 상식적인 기법일 뿐이다.

관계와 정규형에 대해 간략히 살펴봤다. 나중에 프로젝트에서 더 좋은 데이터베이스를 설계하려 할 때 이 장을 참조하고 도움을 받을 수 있다.

## 부록 B

SQL Antipatterns

- **[BMMM98]** William J. Brown, Raphael C. Malveau, Hays W. McCormick III, and Thomas J. Mowbray. AntiPatterns. John Wiley and Sons, Inc., New York, 1998.
- **[Cel04]** Joe Celko. Joe Celko's Trees and Hierarchies in SQL for Smarties. Morgan Kaufmann Publishers, San Francisco, 2004.
- **[Cel05]** Joe Celko. Joe Celko's SQL Programming Style. Morgan Kaufmann Publishers, San Francisco, 2005.
- **[Cod70]** Edgar F. Codd. A relational model of data for large shared data banks. Communications of the ACM, 13(6):377?387, June 1970.
- **[Eva03]** Eric Evans. Domain-Driven Design: Tackling Complexity in the Heart of Software. Addison-Wesley Professional, Reading, MA, first edition, 2003.
- **[Fow03]** Martin Fowler. Patterns of Enterprise Application Architecture. Addison Wesley Longman, Reading, MA, 2003.
- **[Gla92]** Robert L. Glass. Facts and Fallacies of Software Engineering. Addison-Wesley Professional, Reading, MA, 1992. 『소프트웨어 공학의 사실과 오해』 (인사이트, 2004)로 번역 출간.

- [Gol91] David Goldberg. What every computer scientist should know about floating-point arithmetic. ACM Comput. Surv., pages 5?48, March 1991. Reprinted http://www.validlab.com/goldberg/paper.pdf.
- [GP03] Peter Gulutzan and Trudy Pelzer. SQL Performance Tuning. Addison-Wesley, 2003.
- [HLV05] Michael Howard, David LeBlanc, and John Viega. 19 Deadly Sins of Software Security. McGraw-Hill, Emeryville, California, 2005.
- [HT00] Andrew Hunt and David Thomas. The Pragmatic Programmer: From Journeyman to Master. Addison-Wesley, Reading, MA, 2000. 『실용주의 프로그래머』(인사이트, 2005)로 번역 출간.
- [Lar04] Craig Larman. Applying UML and Patterns: an Introduction to Object-Oriented Analysis and Design and Iterative Development. Prentice Hall, Englewood Cliffs, NJ, third edition, 2004.
- [RTH08] Sam Ruby, David Thomas, and David Heinemeier Hansson. Agile Web Development with Rails. The Pragmatic Programmers, LLC, Raleigh, NC, and Dallas, TX, third edition, 2008.
- [SZTZ08] Baron Schwartz, Peter Zaitsev, Vadim Tkachenko, and Jeremy Zawodny. High Performance MySQL. O'Reilly Media, Inc., second edition, 2008. 『MySQL 성능 최적화』(위키북스, 2010)로 번역 출간.
- [Tro06] Vadim Tropashko. SQL Design Patterns. Rampant Techpress, Kittrell, NC, USA, 2006.

# 찾아보기

SQL Antipatterns

## 기호

% 와일드카드 237
:polymorphic 속성 (Ruby on Rails) 106
31가지 맛 안티패턴 153~163
   결과 155~159
   대안: 색인 테이블 사용 160~163
   사용이 합당한 경우 160
   안티패턴 인식 방법 159~160

## ㄱ

가난한 자의 검색 엔진 안티패턴 235
   검색을 위한 더 좋은 도구 239~249, 249
      벤더 확장 기능 239~246
      서드파티 엔진 246~249
      전치 인덱스 249~252
   결과 236~238
   사용이 합당한 경우 239
   안티패턴 인식 방법 238~239
가변 속성 지원 79~98
   범용 속성 테이블 사용 81~88
      사용이 합당한 경우 89
      안티패턴 인식 방법 88
   서브타입 모델링 사용 90~98
      구체 테이블 상속 92~94
      단일 테이블 상속 90~92
      반구조적 데이터 95
      사후 처리 96~98
      클래스 테이블 상속 94~95
가상키 57, (ID가 필요해 안티패턴 참조)
   대안 66
   사용이 합당한 경우 64
   이름 66
   조인 61

가상키 값 재할당 320
가상키 생성 324
가상키 편집증 안티패턴 317~327
   나쁜 관습 버리기 323~327
   방법과 결과 319~321
   안티패턴 인식 방법 322
   간결한 코드 작성 330
값 제한을 위한 칼럼 정의 153~163
   결과 155~159
   대안: 색인 테이블 사용 160~163
   사용이 합당한 경우 160
   안티패턴 인식 방법 159~160
값, NULL과 혼동되는 198, 205
값이 통제되는 칼럼 153~163
   색인 테이블 사용 160~163
   칼럼 정의 사용 155~159
      사용이 합당한 경우 160
      안티패턴 인식 방법 159~160
객체-관계 매핑(ORM) 프레임워크 337, 347
검색 (쿼리 참조)
검약률 261
검증되지 않은 사용자 입력 297~316
   메커니즘과 결과 299~308
   안티패턴 인식 방법 308
   예방법 309~316
      동료 검토 315~316
      동적 값 인용 처리 311~313
      입력 값 필터링 309
      입력과 코드 격리 313~315
      쿼리 파라미터 사용 310~311
      합당한 경우 없음 309
검증되지 않은 사용자 입력 실행 297~316
   메커니즘과 결과 299~308
   안티패턴 인식 방법 308
   예방법 309~316

동료 검토 315~316
동적 값 인용 처리 311~313
입력 값 필터링 309
입력과 코드 격리 313~315
쿼리 파라미터 사용 310~311
합당한 경우 없음 309
격리 테스트 351
결함 없는 코드, 가정하기 71
경량 코드 342
경로 열거 패턴 38~41
 다른 모델과 비교 52~53
경로 이름의 유효성 검사 171
경쟁 상태 63
계층구조 저장 (순진한 트리 안티패턴 참조)
계층구조, 저장과 쿼리 29~53
 인접 목록 대안 모델 38~53
  경로 열거 모델 38~41
  대안 모델 비교 52~53
  중첩 집합 모델 42~46
  클로저 테이블 패턴 46~51
 인접 목록 사용
  결과 30~36
  사용이 합당한 경우 37~38
  안티패턴 인식 방법 36
곤잘레스, 앨버트 297
공통 수퍼테이블 112~114
관계, 문서화 345
관계형 데이터베이스 설계 제약조건 (참조 정합성 참조)
관계형 로직, NULL 204
관계형, 정의 379
관례 339~355
 관례를 따르지 않을 때의 핑계 341~342
  안티패턴 인식 방법 342~343
  합당한 해명 343
 품질 문화 확립 343~355
  소스 코드 관리 347
  유효성 검증 및 테스트 351
  코드 문서화 343
교차 테이블
 다중 칼럼 속성을 피하기 위해 123~124
 다형성 연관을 피하기 위해 108
 복합키 60
 사용 안 하기 17~28

결과 21~23
 사용이 합당한 경우 23
 안티패턴 인식 방법 23
장점 24~28
정의 24
제4 정규형 391
구분자, 다중 값 속성에서 27
구체 테이블 상속 92~94
그룹되지 않은 칼럼 참조 211~224
 결과 213~215
 모호한 칼럼 사용하지 않기 219~224
 사용이 합당한 경우 217
 안티패턴 인식 방법 216~217
그룹핑 쿼리 (그룹되지 않은 칼럼 참조 참조)
글타래 31
기술적 부채 340
길이 제한, 다중 값 속성에서 22, 27
깊이 우선 탐색 42
깨진 참조 검사 72

## ㄴ

나쁜 것 안 보기 안티패턴 329~337
 결과 331~334
 대안: 우아하게 에러 관리 335~337
 사용이 합당한 경우 335
 안티패턴 인식 방법 334~335
난잡한 연관 (다형성 연관 참조)
내부 조인 (조인 참조)
네트워크 패킷 가로채기 281
노드 (트리 데이터) 30~41
노드, 트리 (순진한 트리 안티패턴 참조)
누설되기 쉬운 추상화 361

## ㄷ

다대다 관계 121
다대다 테이블 (교차 테이블 참조)
다중 값 속성
 구분자로 분리된 목록 17~28, 122
  결과 21~23
  대안: 교차 테이블 사용 24~28
  사용이 합당한 경우 23
  안티패턴 인식 방법 23

여러 개의 칼럼 115~124
　결과 116~121
　대안: 종속 테이블 사용 123~124
　사용이 합당한 경우 122~123
　안티패턴 인식 방법 121~122
다중 칼럼 속성 안티패턴 115~124
　결과 116~121
　대안: 종속 테이블 사용 123~124
　사용이 합당한 경우 122~123
　안티패턴 인식 방법 121~122
다중 테이블 (단계적) 업데이트 77
다형성 연관 101
다형성 연관 안티패턴 99~114
　결과 102~105
　사용이 합당한 경우 107
　안티패턴 인식 방법 106~107
　회피 방법 107~114
　　공통 수퍼테이블 112~114
　　역 참조 107
다형성 연관을 피하기 위한 역 참조 사용 107
단계적 업데이트 77
단일 값 규칙 213
　규칙 위반 인식 215
　집계 함수 적용을 통한 규칙 준수 222
단일 테이블 상속 90~92
단조 증가 가상키 324
대체키 (가상키 참조)
데이터
　메타데이터와 혼합 103, 128
　별도 보관을 위한 테이블 분리 134
　분할 테이블 데이터 동기화 130
데이터 값, NULL과 혼동하는 198, 205
데이터 유일성 (데이터 정합성 참조)
데이터 유효성 검사 (유효성 검사 참조)
데이터 접근 프레임워크 307
데이터 정합성
　값을 제한하는 칼럼 153~163, (참조 정합성 참조)
　색인 테이블 사용 160~163
　칼럼 정의 사용 155~160
　관리자 관리하기 326
　다중 칼럼 속성에서 120
　분할 테이블에서 129, 130
　엔터티-속성-값 안티패턴 84~86

트랜잭션 격리와 파일 168
PK 값 번호 다시 매기기 317~327
　나쁜 관습 버리기 323~327
　방법과 결과 319~321
　안티패턴 인식 방법 322
데이터 조회 (쿼리 참조)
데이터 타입
　범용 속성 테이블 84
　외부 파일 참조를 위한 171, 174
　외부 파일 참조를 위한 (구체적 데이터 타입은 타입 이름 참조)
데이터, 유리수 (반올림 오류 안티패턴 참조)
데이터베이스 관리 (행 추가(삽입), 행 삭제, 행 업데이트 참조)
데이터베이스 기반 구조, 문서화 344
데이터베이스 백업, 외부 파일 170
데이터베이스 분산 134~138
데이터베이스 유효성, 테스트 351
데이터베이스 인덱스 (인덱스 참조)
데이터베이스 일관성 (참조 정합성 참조)
데이터와 메타데이터 혼합 103, 128
도메인 모델링 357~375
　액티브 레코드를 모델로 사용
　　결과 362~367
　　동작 방식 360~362
　　사용이 합당한 경우 368
　　안티패턴 인식 방법 367
　적절한 모델 설계 368~375
도메인, 칼럼 값 제한을 위한 155
도메인-키 정규형 (DKNF) 395
독립적인 코드 블록의 결합도 370
독립적인 코드 블록의 결합도 낮추기 370
동기화
　데이터, 분할 테이블 130
　메타데이터, 분할 테이블 131
동료 검토, 코드 315~316
동시 삽입
　경쟁 상태 63
　시퀀스에서 벗어난 ID 할당 319
동적 값 인용 311~313
동적 디폴트 210
동적 속성 지원 79~98
　범용 속성 테이블 사용 81~88
　사용이 합당한 경우 89

안티패턴 인식 방법 88
서브타입 모델링 사용 90~98
　구체 테이블 상속 92~94
　단일 테이블 상속 90~92
　반구조적 데이터 95
　사후 처리 96~98
　클래스 테이블 상속 94~95
동적 SQL 262
　디버깅 333
　SQL 인젝션 297~316
　　메커니즘과 결과 299~308
　　안티패턴 인식 방법 308
　　예방법 309~316
　　합당한 경우 없음 309
동적 SQL 디버깅 333
동적으로 쿼리 (동적 SQL 참조)
디렉터리 구조 39

## ㄹ

레벨, 트리 (순진한 트리 안티패턴 참조)
롤백
　외부 파일 169
　PK 값 재활용 320
리턴 값 무시 (나쁜 것 안 보기 안티패턴 참조)
리팩터링 방해 272
리포팅 도구, 복잡도 261

## ㅁ

마법의 콩 안티패턴 357~375
　결과 362~367
　동작 방식 360~362
　사용이 합당한 경우 368
　안티패턴 인식 방법 367
　해법 368~375
마이그레이션 (스크립트) 349
매핑 테이블 (교차 테이블 참조)
메타데이터
　데이터와 혼합 103, 128
　동기화, 분할 테이블과 131
　서브타입 모델링
　　구체 테이블 상속 93
　　단일 테이블 상속 91

클래스 테이블 상속 95
정책 변경 158
테이블 또는 칼럼 복제 125~139
　결과 127~133
　사용이 합당한 경우 134
　안티패턴 인식 방법 133~134
　해법 135
허용된 값의 목록 155
메타데이터 명명규칙 65
메타데이터 트리블 안티패턴 125~139
　결과 127~133
　사용이 합당한 경우 134
　안티패턴 인식 방법 133~134
　해법 135
　　수직 분할 137~138
　　수평 분할 135~137
　　종속 테이블 생성 138~139
모르는 것에 대한 두려움 안티패턴 197~210
　결과 198~203
　대안: NULL을 유일한 값으로 사용 206~210
　사용이 합당한 경우 205
　안티패턴 인식 방법 203~205
목 DAO, 테스트 374
무단횡단 안티패턴 17~28, 122
　결과 21~23
　대안: 교차 테이블 사용 24~28
　사용이 합당한 경우 23
　안티패턴 인식 방법 23
무한 정도 145, 151
문서화
　소스 코드 관리 349
문자, 이스케이프 302
문자열 비교
　좋은 도구 239~249, 249
　　벤더 확장 기능 239~246
　　서드파티 엔진 246~249
　　전치 인덱스 249~252
　　패턴 매칭 연산 236~238
　　사용이 합당한 경우 239
　　안티패턴 인식 방법 238~239
미디어 파일, 외부에 저장 165~176
　결과 166~171
　대안: BLOB 사용 174~176
　사용이 합당한 경우 172~174

안티패턴 인식 방법 171~172

## ㅂ

바이너리 데이터 저장 166, 174~176
반구조적 데이터 95
반올림 오류 안티패턴 143~152
 결과 145~149
 대안: NUMERIC 사용 150~152
 안티패턴 인식 방법 149
 FLOAT 사용이 합당한 경우 149
반올림 오류, 원인 145
반정규화 382
백업 미디어, 패스워드가 저장된 282
백업, 데이터베이스, 외부 파일 170
범용 속성 테이블 79~98
 대안: 서브타입 모델링 사용 90~98
  구체 테이블 상속 92~94
  단일 테이블 상속 90~92
  반구조적 데이터 95
  사후 처리 96~98
  클래스 테이블 상속 94~95
 사용 결과 81~88
 사용이 합당한 경우 89
 안티패턴 인식 방법 88
범용 전치 인덱스 245
범위, 시퀀스 62
벤더 종속적 검색 확장 기능 239~246
별도 보관을 위한 테이블 분할 134
보안
 문서화 344
 읽을 수 있는 패스워드 279~295
  대안: 소금친 해시 사용 286~295
  메커니즘과 결과 280~284
  사용이 합당한 경우 285~286
  안티패턴 인식 방법 284
 SQL 인젝션 안티패턴 297~316
  메커니즘과 결과 299~308
  안티패턴 인식 방법 308
  예방법 309~316
  합당한 경우 없음 309
보이스-코드 정규형 389
복잡한 쿼리 255~266
 결과 257~259

 대안: 여러 개의 쿼리 사용 262~266
 사용이 합당한 경우 260~261
 안티패턴 인식 방법 259~260
복잡한 쿼리의 실행시 비용 259
복합 인덱스 180, 181
복합키 60
 가상키보다 좋은 66
 사용하기 어려운 62
 FK로 참조되는 67
부모 노드, 트리 (순진한 트리 안티패턴 참조)
부모 아이디 29~53
 결과 30~36
 대안 트리 모델 38~53
  경로 열거 모델 38~41
  대안 모델 비교 52~53
  중첩 집합 모델 42~46
  클로저 테이블 패턴 46~51
 사용이 합당한 경우 37~38
 안티패턴 인식 방법 36
부모 테이블, 여럿을 참조 99~114
 공통 수퍼테이블 112~114
 역 참조 이용 107
 이중 목적의 FK 사용
  결과 102~105
  사용이 합당한 경우 107
  안티패턴 인식 방법 106~107
부정 테스트 352
부트스트랩 데이터 348
뷰
 데이터베이스 유효성 검사 352
 문서화 344
브랜치, 애플리케이션 354
비관계형 데이터 관리 도구 90
뿌리, 트리 (순진한 트리 안티패턴 참조)

## ㅅ

사용자 입력
 검증되지 않은, 실행 297~316
  메커니즘과 결과 299~308
  안티패턴 인식 방법 308
  예방법 309~316
  합당한 경우 없음 309
 코드로부터 격리 313~315

NULL 표현 205
SQL 인젝션 방지를 위한 필터링 309
사용자 정의 타입 155
상속
  구체 테이블 상속 92~94
  단일 테이블 상속 90~92
  클래스 테이블 상속 94~95
상호 배타적 칼럼 값 160
상호 연관된 서브쿼리 219
색인 테이블, 값을 제한하기 위한 160~163
서드파티 검색 엔진 246~249
서브타입 모델링 90~98
  구체 테이블 상속 92~94
  단일 테이블 상속 90~92
  반구조적 데이터 95
  사후 처리 96~98
  클래스 테이블 상속 94~95
서브트리 삭제 35, 49
서브트리 조회 40
성능
  별도 보관을 위한 삭제 134
  임의의 선택 225
  정규화와 성능 383
  쿼리 내 와일드카드 269
  쿼리 복잡도와 성능 259, 260
  패턴 매칭 연산자를 통한 검색 237
  확장적응성 달성을 위한 복제 125~139
    결과 127~133
    사용이 합당한 경우 134
    안티패턴 인식 방법 133~134
    해법 135
  FK와 성능 75, 78
성능 최적화 (인덱스, 성능 참조)
성능, 인덱스 (인덱스 참조)
세 가지 값 로직 205
소금친 해시, 패스워드 286~295
소수 저장하기 143~152
  FLOAT 사용이 합당한 경우 149
  FLOAT의 반올림 에러 145~149
    대안: NUMERIC 데이터 타입 사용 150~152
    안티패턴 인식 방법 149
소스 코드 관리 347
소프트웨어 개발 관례 339~355
  관례를 따르지 않을 대의 평계 341~342

안티패턴 인식 방법 342~343
  합당한 해명 343
  품질 문화 확립 343~355
    소스 코드 관리 347
    유효성 검증 및 테스트 351
    코드 문서화 344
속도 (성능 참조)
속성 테이블 79~98
  대안: 서브타입 모델링 사용 90~98
  구체 테이블 상속 92~94
  단일 테이블 상속 90~92
  반구조적 데이터 95
  사후 처리 96~98
  클래스 테이블 상속 94~95
  사용 결과 81~88
  사용이 합당한 경우 89
  안티패턴 인식 방법 88
속성, 다중 값
  다중 칼럼에서 115~124
    결과 116~121
    대안: 종속 테이블 사용 123~124
    사용이 합당한 경우 122~123
    안티패턴 인식 방법 121~122
  칼럼에 구분자로 구분된 목록이 있는 경우
    17~28, 122
    결과 21~23
    대안: 교차 테이블 사용 24~28
    사용이 합당한 경우 23
    안티패턴 인식 방법 23
수식, NULL을 포함하는 198, 205
수직 분할 137~138
수치 값, NULL과 혼동 198, 205
수치 정밀도 문제 (반올림 오류 안티패턴 참조)
수퍼테이블, 공유된 112~114
수평 분할 135~137
순서, 칼럼 381
순서, 행 381
순진한 트리 안티패턴 29~53
  결과 30~36
  대안 트리 모델 38~53
    경로 열거 모델 38~41
    대안 모델 비교 52~53
    중첩 집합 모델 42~46
    클로저 테이블 패턴 46~51

사용이 합당한 경우 37~38
　　안티패턴 인식 방법 36
스칼라 수식, NULL 198, 205
스케일, 데이터 타입 150
스크립트, 소스 코드 관리 348
스키마 발전 도구 349
스키마리스 설계 (엔터티-속성-값 안티패턴 참
　　조)
스텁 DAO, 테스트 374
스파게티 쿼리 안티패턴 255~266
　　결과 257~259
　　대안: 여러 개의 쿼리 사용 262~266
　　사용이 합당한 경우 260~261
　　안티패턴 인식 방법 259~260
시퀀스, 범위 62
쓸모 없어진 값 관리
　　색인 테이블에서 162
　　칼럼 정의에서 158

## ㅇ

아이디가 필요해 안티패턴 55~67
　　결과 58~62
　　사용이 합당한 경우 64
　　안티패턴 인식 방법 63
　　해법 65~67
안티패턴
　　FLOAT 사용이 합당한 경우 149
　　FLOAT의 반올림 에러 145~149
　　　대안: NUMERIC 데이터 타입 사용 150~152
　　　안티패턴 인식 방법 149
안티패턴 인식 방법
　　31가지 맛 159~160
　　가난한 자의 검색 엔진 238~239
　　가상키 편집증 322
　　나쁜 것 안 보기 334~335
　　다중 칼럼 속성 121~122
　　다형성 연관 106~107
　　마법의 콩 367
　　메타데이터 트리블 133~134
　　모르는 것에 대한 두려움 203~205
　　모호한 그룹 216~217
　　무단횡단 23
　　반올림 오류 149

순진한 트리 (인접 목록) 36
스파게티 쿼리 259~260
아이디가 필요해 63
암묵적 칼럼 272~273
엔터티-속성-값 88
외교적 면책특권 342~343
유령 파일 171~172
읽을 수 있는 패스워드 284
임의의 선택 228~229
키가 없는 엔트리 75
SQL 인젝션 308
암묵적 칼럼 안티패턴 272~273
　　결과 269~271
　　대안: 칼럼 이름 지정 272~275
　　사용이 합당한 경우 272
　　안티패턴 인식 방법 271~272
애매한 그룹 안티패턴 211~224
　　결과 213~215
　　모호한 칼럼 사용하지 않기 219~224
　　사용이 합당한 경우 217
　　안티패턴 인식 방법 216~217
애플리케이션 테스트 351
액티브 레코드를 MVC 모델로 사용 357~375
　　결과 362~367
　　대안 368~375
　　동작 방식 360~362
　　사용이 합당한 경우 368
　　안티패턴 인식 방법 367
에러
　　단일 값 규칙 위반 215
　　리팩터링 방해 272
　　심각한 에러 무시하기 332
　　업데이트 에러 63, 118
　　FLOAT의 반올림 에러 143~152
　　　결과 145~149
　　　대안: NUMERIC 데이터 타입 사용 150~152
　　　발생 원인 144
　　　안티패턴 인식 방법 149
　　　FLOAT 사용이 합당한 경우 149
에러 리턴 값, 무시하기 (나쁜 것 안 보기 안티패
　　턴 참조)
에러 없는 코드 가정하기 71
에러, 중복 (중복행, 회피 참조)
에러, 참조 (참조 정합성 참조)

엔터티-속성-값 안티패턴 79~98
　결과 81~88
　대안: 서브타입 모델링 사용 90~98
　　구체 테이블 상속 92~94
　　단일 테이블 상속 90~92
　　반구조적 데이터 95
　　사후 처리 96~98
　　클래스 테이블 상속 94~95
　사용이 합당한 경우 89
　안티패턴 인식 방법 88
여러 부모 테이블 참조 99~114
　공통 수퍼테이블 112~114
　역 참조 이용 107
　이중 목적의 FK 사용
　　결과 102~105
　　사용이 합당한 경우 107
　　안티패턴 인식 방법 106~107
열거형 값, 칼럼을 위한 153~163
　색인 테이블 사용 160~163
　칼럼 정의 사용 155~159
　　사용이 합당한 경우 160
　　안티패턴 인식 방법 159~160
오래된 데이터를 위한 테이블 분할 134
오류 검증 데이터베이스 (참조 정합성 참조)
오버헤드 (성능 참조)
오프셋을 이용한 임의의 선택 232
오픈 스키마 설계 (엔터티-속성-값 안티패턴 참조)
외교적 면책특권 안티패턴 339~355
　결과 341~342
　대안: 품질 문화 확립 343~355
　　소스 코드 관리 347
　　유효성 검증 및 테스트 351
　　코드 문서화 344
　사용이 합당한 경우 343
　안티패턴 인식 방법 342~343
외부 미디어 파일 165~176
　결과 166~171
　대안: BLOB 사용 174~176
　사용이 합당한 경우 172~174
　안티패턴 인식 방법 171~172
외부 조인 (조인 참조)
외부 파일과 접근 권한 170
우아한 코드 작성 330

원자성 236
윈도 함수 (SQL:2003) 323
유도 테이블 220
유령 파일 안티패턴 165~176
　결과 166~171
　대안: BLOB 사용 174~176
　사용이 합당한 경우 172~174
　안티패턴 인식 방법 171~172
유리수 145
유리수 저장 143~152
　FLOAT 사용이 합당한 경우 149
　FLOAT의 반올림 오류 145~149
　대안: NUMERIC 사용 150~152
　안티패턴 인식 방법 149
유일성, 데이터 (데이터 정합성 참조)
유일키 (중복행, 회피 참조)
유한 정도 144
유효성 검사 351
　검증되지 않은 입력 실행 297~316
　　메커니즘과 결과 299~308
　　안티패턴 인식 방법 308
　　예방법 309~316
　　합당한 경우 없음 309
교차 테이블 사용 27
쉼표로 구분된 속성의 항목 22
이름 60, 65
　속성 이름, EAV 안티패턴에서 86
　칼럼 이름 명시적 사용 272~275
　칼럼 이름에 와일드카드 사용 268~276
　　결과 269~271
　　사용이 합당한 경우 272
　　안티패턴 인식 방법 271~272
이름-값 쌍 (엔터티-속성-값 안티패턴 참조)
이름을 지정하지 않은 칼럼 (칼럼 이름에 대한 와일드카드 참조)
이메일, 패스워드 보내기 283
이미지 파일 가비지 컬렉션 168
이미지 파일 삭제 168
　롤백 169
이미지, 외부에 저장 165~176
　결과 166~171
　대안: BLOB 사용 174~176
　사용이 합당한 경우 172~174
　안티패턴 인식 방법 171~172

이미지와 미디어 외부 저장 165~176
  결과 166~171
  대안: BLOB 사용 174~176
  사용이 합당한 경우 172~174
  안티패턴 인식 방법 171~172
이스케이프 문자 302
이중 목적 FK 99~114
  사용 결과 102~105
  사용이 합당한 경우 107
  안티패턴 인식 방법 106~107
  해법 107~114
    공통 수퍼테이블 112~114
    역 참조 107
인덱스 178
  거의 사용되지 않는 쿼리를 위한 239
  교차 테이블 28
  랜덤하게 정렬된 칼럼에서 227
  부족한 179~180
  인덱스를 사용하지 못하는 쿼리 182~184
  전치 인덱스 249~252
  지나친 180~181
인덱스 샷건 안티패턴 177
  결과 179~180
인덱스 표준, 없음 180
인용문자, 이스케이프하기 302
인용부호, 짝이 안 맞는 300, 302
인접 목록 29~53
  결과 30~36
  다른 모델과의 비교 52~53
  대안 모델 38~53
    경로 열거 모델 38~41
    대안 모델 비교 52~53
    중첩 집합 모델 42~46
    클로저 테이블 패턴 46~51
  사용이 합당한 경우 37~38
  안티패턴 인식 방법 36
인증 282
일대다 관계 121
일회성 쿼리 272
읽을 수 있는 패스워드 안티패턴 279~295
  대안: 소금친 해시 사용 286~295
  메커니즘과 결과 280~284
  사용이 합당한 경우 285~286
  안티패턴 인식 방법 284

임시 코드 343
임의의 가상키 값 324
임의의 선택 안티패턴 225~233
  결과 227~228
  더 좋은 대안 229~233
    임의의 키 값 고르기 229
  사용이 합당한 경우 229
  안티패턴 인식 방법 228~229
임의의 순서로 정렬 227~228
  더 좋은 대안 229~233
    임의의 키 값 고르기 229
  사용이 합당한 경우 229
  안티패턴 인식 방법 228~229
입력
  코드에서 격리 313~315
  SQL 인젝션 방지를 위한 필터링 309
  입력을 코드로부터 격리 313~315

## ㅈ

자손, 트리 (무단횡단 안티패턴 참조)
자식 노드, 트리 (순진한 트리 안티패턴 참조)
자연 PK 66, 326
재귀적 쿼리 37
저장 프로시저
  데이터베이스 유효성 검사 352
  문서화 344
저장 프로시저 안의 동적 SQL 306
전체 텍스트 검색 235
  좋은 도구 239~249, 249
    벤더 확장 기능 239~246
    서드파티 엔진 246~249
    전치 인덱스 249~252
  패턴 매칭 사용 236~238
    사용이 합당한 경우 239
    안티패턴 인식 방법 238~239
전체 텍스트 인덱스, MySQL 240
전치 인덱스 249~252
접근 권한, 외부 파일 170
정규 표현식 237
정규형, 정의 384
정규화 379~396
  정규화에 대한 미신 382
  정의 384

정규화 규칙 379~396
  정규화의 목적 384
정도, 수치 값 (반올림 오류 안티패턴 참조)
정밀도, 수치 (반올림 오류 안티패턴 참조)
정수 대신 소수 사용 143, 152, (반올림 오류 참조)
정수, 무한한 자원 324
정합성 (데이터 정합성, 참조 정합성 참조)
제1 정규형 384
제2 정규형 386
제3 정규형 383, 388
제4 정규형 383, 391
제5 정규형 393
제6 정규형 395
제약조건, 데이터베이스 유효성 검사 352
조상, 트리 (순진한 트리 안티패턴 참조)
조인
  가상키 PK와 61
  다형성 연관 쿼리 103
  모호하지 않은 쿼리 221
  범용 속성 테이블에서 87
  쉼표로 구분된 속성에서 20
  카테시안 곱 생성하기 257, 258
  테이블에 대한 와일드카드 272
조인 테이블 (교차 테이블 참조)
조직도 30
종말노드, 트리 (순진한 트리 안티패턴 참조)
종속 테이블
  다중 칼럼 속성 회피를 위해 123~124
    메타데이터 트리블 안티패번 해결을 위해 138~139
  테이블 분리 132
주소
  다중 값 속성으로서 115
  다형성 연관의 예제에서 104
중복 키 59
중복 행, 허용 안 함 381
중복 행, 회피 55~67
  좋은 PK 생성하기 65~67
  PK 칼럼 사용
    결과 58~62
    사용이 합당한 경우 64
    안티패턴 인식 방법 64
중첩 집합 패턴 42~46

다른 모델과 비교 52~53
직렬화된 LOB 패턴 95
집계 쿼리 26, 222, (경쟁 상태 참조)
집계 함수 222
짝이 맞지 않는 따옴표 300, 302

## ㅊ

참조 정합성 69~78, (데이터 정합성 참조)
  다형성 107
  문서화 344
  범용 속성 테이블 사용 85
  테이블 분할 132
  FK 사용 안 하기 76~78
    결과 70~75
    사용이 합당한 경우 75
    안티패턴 인식 방법 75
참조되는 파일 (외부 미디어 파일 참조)
체크 제약조건 155
  대안: 색인 테이블 사용 160
  분할 테이블에 대한 129
  사용이 합당한 경우 160
  안티패턴 인식 방법 159
초기 데이터 348
치명적 에러, 무시하기 332

## ㅋ

카테시안 곱 50, 257, 258
  대안: 여러 개의 쿼리 사용 262
칼럼
  값의 원자성 236
  그룹되지 않은, 참조 211~224
    결과 213~215
    모호한 칼럼 사용하지 않기 219~224
    사용이 합당한 경우 217
    안티패턴 인식 방법 216~217
  다중 값 속성 17~28, 122
    결과 21~23
    대안: 교차 테이블 사용 24~28
    사용이 합당한 경우 23
    안티패턴 인식 방법 23
    데이터베이스 유효성 검사 352
  디폴트 값 210

문서화 344
부모 아이디 29~53
　결과 30~36
　대안 트리 모델 38~53
　사용이 합당한 경우 37~38
　안티패턴 인식 방법 36
분할 133
순서가 없는 381
여러 칼럼에 걸친 다중 값 속성
　결과 116~121
　다중 115~124
　대안: 종속 테이블 사용 123~124
　사용이 합당한 경우 122~123
　안티패턴 인식 방법 121~122
와일드카드 사용 268~276
　결과 269~271
　대안: 칼럼 이름 사용 272~275
　사용이 합당한 경우 272
　안티패턴 인식 방법 271~272
칼럼으로 테이블 분할 137~138
특정 값으로 제한하기 153~163
　색인 테이블 사용 160~163
　칼럼 정의 사용 155~160
함수 종속인 218
BLOB, 이미지 저장을 위한 167
NOT NULL 칼럼 202, 209
NULL 허용 칼럼 검색 200, 207
칼럼 내 구분자로 구분된 목록 (무단횡단 안티패턴 참조)
칼럼 내 쉼표로 구분된 목록 (무단횡단 안티패턴 참조)
칼럼 분리 133
칼럼 분할 133
칼럼 이름에 대한 와일드카드 268~276
　결과 269~271
　사용이 합당한 경우 272
칼럼 인덱스 (인덱스 참조)
칼럼에 값 제한 153~163
　색인 테이블 사용 160~163
　칼럼 정의 사용 155~159
　　사용이 합당한 경우 160
　안티패턴 인식 방법 159~160
칼럼에 허용되지 않는 값 삭제
　값을 제한하는 칼럼 정의 이용 157

사용되지 않는 값 지정 158, 162
　색인 테이블 사용 162
칼럼에 허용된 값 추가
　값을 제한하는 칼럼 정의 이용 157
　색인 테이블 이용 162
칼럼에 허용된 값으로 업데이트
　값을 제한하는 칼럼 정의 이용 157
　더 이상 사용되지 않는 값 지정 158, 162
　색인 테이블 사용 161
코드 검사, SQL 인젝션에 대비한 315~316
코드 동료 검토 315~316
코드 문서화 344
코드 생성 266
코드 자동 생성 266
쿼리
　교차 테이블 26
　다중 칼럼 속성 117
　다형성 연관 103
　데이터베이스 유효성 검사 352
　동적 속성 83, 86
　　구체 테이블 상속 93
　　반구조적 BLOB 95
　　사후 처리 사용 97
　　클래스 테이블 상속 95
　모호하지 않게 219~224
　반올림 오류로 인한 실패 146
　복잡한 쿼리 255~266
　　결과 257~259
　　대안: 여러 개의 쿼리 사용 262~266
　　사용이 합당한 경우 260~261
　　안티패턴 인식 방법 259~260
　분할 테이블 131
　쉼표로 구분된 속성에 대한 20
　애매하게 211~224
　　결과 213~215
　　사용이 합당한 경우 217
　　안티패턴 인식 방법 216~217
　여러 부모 테이블 99~114
　　이중 목적의 FK 102~107
　　해법 107~114
　인접 목록으로 구현한 트리 29~53
　　결과 30~36
　　대안 트리 모델 38~53
　　사용이 합당한 경우 37~38

안티패턴 인식 방법 36
　임의의 선택 225~233
　　더 좋은 구현 229~233
　　임의의 순서로 정렬 227~228, 231
　참조 정합성 70~72
　칼럼 이름에 와일드카드 사용 268~276
　　결과 269~271
　　대안: 칼럼 이름 지정 272~275
　　사용이 합당한 경우 272
　　안티패턴 인식 방법 271~272
　칼럼에 허용된 값
　　값을 제한하는 칼럼 정의 이용 155
　　색인 테이블 이용 161
　　행 수로 결과 제한하기 323
　　NULL 허용 칼럼 200, 207
　쿼리 속도 (성능 참조)
　쿼리 파라미터 304, 306, 310~311
　　NULL 200
　　SQL에 값을 직접 쓰기 311~313
　쿼리를 위한 인덱스 (인덱스 참조)
　클래스 테이블 상속 94~95
　클로저 테이블 패턴 46~51
　　다른 모델과의 비교 52~53
　키 선택, 임의의 229
　키가 없는 엔트리 안티패턴 69~78
　　결과 70~75
　　사용이 합당한 경우 75
　　안티패턴 인식 방법 75
　　FK 제약조건으로 해결 76~78
　키워드 검색 (전체 텍스트 검색 참조)

### ㅌ

테스트 코드 351
테이블
　객체지향 클래스와 같이 94
　데이터베이스 유효성 검사 352
　문서화 344
　칼럼으로 분할 (수직으로) 137~138
　행으로 분할 (수평으로) 135~137
　PK 칼럼 55~67
　　결과 58~62
　　더 좋은 방법 65~67
　　사용이 합당한 경우 64

　　안티패턴 인식 방법 63
　테이블 분리 128
　　별도 보관을 위한 134
　테이블 분할 127, 128
　　별도 보관을 위한 134
　테이블 상속
　　구체 테이블 상속 92~94
　　단일 테이블 상속 90~92
　　클래스 테이블 상속 94~95
　테이블 스캔 228
　테이블 잠금 (조인 참조)
　테이블 칼럼 (칼럼 참조)
　텍스트 검색 (전체 텍스트 검색 참조)
　트랜잭션 격리, 파일 168
　트리 데이터 구조 (순진한 트리 안티패턴 참조)
　트리거
　　데이터베이스 유효성 검사 352
　　문서화 344
　　소스 코드 관리 347
　　칼럼 값 제한을 위한 155
　트리블, 설명 127

### ㅍ

파라미터 (쿼리 파라미터 참조)
파라미터 자리 304, 310~311
　SQL에 값을 직접 쓰기 311~313
파일 시스템 계층 구조 39
파일 존재 확인 171
파일, 외부에 저장 165~176
　결과 166~171
　대안: BLOB 사용 174~176
　사용이 합당한 경우 172~174
　안티패턴 인식 방법 171~172
파일에 대한 경로 저장 (외부 미디어 파일 참조)
파티션 테이블
　수직으로 137~138
　수평으로 135~137
패스워드 복구 (패스워드, 읽을 수 있는 참조)
패스워드 이메일로 보내기 284
패스워드 재설정 (패스워드, 읽을 수 있는 참조)
패스워드 저장 (패스워드, 읽을 수 있는 참조)
패스워드, 읽을 수 있는 279~295
　대안: 소금친 해시 사용 286~295

메커니즘과 결과 280~284
사용이 합당한 경우 285~286
안티패턴 인식 방법 284
패스워드, SQL 인젝션으로 변경 301
패킷 스니핑 281
패턴 매칭 연산자 236~238
　검색을 위한 더 좋은 도구 239~249, 249
　　벤더 확장 기능 239~246
　　서드파티 엔진 246~249
　　전치 인덱스 249~252
　사용이 합당한 경우 239
　안티패턴 인식 방법 238~239
페이지 처리 323
평문 패스워드 (패스워드, 읽을 수 있는 참조)
포카요케 (오류 검증) 76, 274
품질 문화 확립 343~355
　소스 코드 관리 347
　유효성 검증 및 테스트 351
　코드 문서화 343
품질 코드, 작성하기 339~355
　관례를 따르지 않을 대의 핑계 341~342
　　안티패턴 인식 방법 342~343
　　합당한 해명 343
　품질 문화 확립 343~355
　　소스 코드 관리 347
　　유효성 검증 및 테스트 351
　　코드 문서화 344
프로시저, 소스 코드 관리 348
필수 속성, 사용 불가 84

## ㅎ

함수 종속 칼럼 218
항목을 칼럼으로 구분하기 27
행
　순서 없음 381
　중복, 허용 안 함 381
　행으로 분할 (수평으로) 135~137
행 번호 다시 매기기 320
행 삭제
　교차 테이블 사용 27
　다중 값 속성을 위한 종속 테이블 124
　다중 칼럼 속성인 경우 118
　데이터베이스 유효성 검사 352

별도 보관을 위한 테이블 분리 134
쉼표로 구분된 속성 21
이미지 파일과 연관된 경우 168
　롤백 169
인덱스가 부족한 경우 179~180
참조 정합성
　단계적 업데이트 77
　FK 제약조건 없이 72, 74
칼럼 이름에 와일드카드 사용 268~276
　결과 269~271
　대안: 칼럼 이름 지정 272~275
　사용이 합당한 경우 272
　안티패턴 인식 방법 271~272
트리 구조에서 노드
　인접 목록 패턴 35
　중첩 집합 패턴 45
　클로저 테이블 패턴 49
PK 값 재활용 320
행 삽입 (행 추가(삽입) 참조)
행 업데이트
　교차 테이블 사용 27
　노드, 트리 구조에서
　　인접 목록 패턴 35
　　중첩 집합 패턴 46
　다중 분할 테이블 130
　다중 칼럼 속성에서 119
　대안: 칼럼 이름 지정 272~275
　데이터베이스 유효성 검사 352
　쉼표로 구분된 속성에서 27
　인덱스가 불충분한 경우 179~180
　참조 정합성
　　단계적 업데이트 77
　　FK가 없는 경우 74
　칼럼 이름에 와일드카드 사용 268~276
　　결과 269~271
　　대안: 칼럼 이름 지정 272~275
　　사용이 합당한 경우 272
　　안티패턴 인식 방법 271~272
　행 번호 다시 매기기 320
　FK 제약조건 없는 경우의 참조 정합성 70
행 이동 (행 추가(삽입), 행 삭제, 행 업데이트 참조)
행 추가(삽입)
　교차 테이블 사용 27

다중 속성에 대한 종속 테이블 124
다중 칼럼 속성 118
데이터베이스 유효성 검사 352
부족한 인덱스 179~180
쉼표로 구분된 속성 21
시퀀스에서 벗어난 키 할당 319
여러 테이블에 128
칼럼 이름에 와일드카드 사용 268~276, (경쟁 상태 참조)
  결과 269~271
  대안: 명시적 칼럼 이름 사용 272~275
  사용이 합당한 경우 272
  안티패턴 인식 방법 271~272
트리 구조에서 노드
  경로 열거 모델 41
  인접 목록 패턴 35
  중첩 집합 패턴 46
  클로저 테이블 패턴 49
FK 제약조건 없는 경우의 참조 정합성 70
행, 중복 (중복행, 회피 참조)
확장적응성 달성을 위한 복제 125~139
  결과 127~133
  사용이 합당한 경우 134
  안티패턴 인식 방법 133~134
  해법 135
    수직 분할 137~138
    수평 분할 135~137
    종속 테이블 생성 138~139

## A

ABS() 함수, 부동소수점수와 사용 148
Apache Lucene 검색 엔진 248
API 리턴 값, 무시 (나쁜 것 안 보기 안티패턴 참조)
API 호출시 예외 무시 (나쁜 것 안 보기 안티패턴 참조)
AVG() 함수 20

## B

Berkeley DB 데이터베이스 89
BFILE 데이터 타입 173
BINARY_FLOAT 데이터 타입 150

BLOB 데이터 타입
  동적 속성 사용 시 95
  이미지, 미디어 저장 시 166, 174~176

## C

Cassandra 데이터베이스 89
CATSEARCH() 연산자 242
close() 함수 335
COALESCE() 함수 111, 210
CONTAINS() 연산자 241
ConText 기술 240
CONTEXT 인덱스 (Oracle) 241
ConvertEmptyStringToNull 속성 205
CouchDB 데이터베이스 90
COUNT() 함수 26
  인접 목록에서의 항목 34
CREATE INDEX 문법 180
CROSS JOIN 절 50
CRUD 함수, 액티브 레코드가 노출한 362
CTE 37
CTXCAT 인덱스 (Oracle) 241
CTXRULE 인덱스 (Oracle) 242
CTXXPATH 인덱스 (Oracle) 242

## D

DAO, 모델 클래스와 분리 370
DAO, 테스트 374
DBA 스크립트, 소스 제어 349
DECIMAL 데이터 타입 150~152
DEFAULT 키워드 210
DISTINCT 키워드 216, 260
DOUBLE PRECISION 데이터 타입 146

## E

EAV (엔터티-속성-값 안티패턴 참조)
EAV 안티패턴 사후 처리 96~98
ENUM 데이터 타입 155
  대안: 색인 테이블 사용 160
  사용이 합당한 경우 160
  안티패턴 인식 방법 159
ERD 344, 349

ETL 158
existsNode() 연산자 242

## F

FILESTREAM 데이터 타입 173
filter 확장 309
FK (외래키)
  공통 수퍼테이블 112~114
  교차 테이블 28
  복합키 참조 62, 67
  분할 테이블 132
  속성 테이블에서의 엔터티로 79~98
    대안: 서브타입 모델링 사용 90~98
    사용 결과 81~88
    사용이 합당한 경우 89
    안티패턴 인식 방법 88
  여러 부모 테이블 참조 99~114
    이중 목적의 FK 102~107
    해법 107~114
  이름 65
  종속 테이블에서 123~124
  하나의 필드에 여러 개 19
FK 제약조건 69~78
  사용 안 하기
    결과 70~75
    사용이 합당한 경우 75
    안티패턴 인식 방법 75
  선언 76~78
FLOAT 데이터 타입 146
FTS 확장, SQLite 245

## G

GIN (범용 전치 인덱스, generalized inverted index) 245
GRANT 문 170
GROUP BY 절 212, 217
GROUP_CONCAT() 함수 223
GUID (globally unique identifiers) 324

## H

Hadoop 90
HAS-A 관계, 모델과 DAO 370
HBase 데이터베이스 90

## I

ID 값, 번호 다시 매기기 317~327
  나쁜 관습 버리기 323~327
  방법과 결과 319~321
  안티패턴 인식 방법 322
id 칼럼, 이름 바꾸기 60, 65
IEEE 754 형식 145, 147
IN() 연산자 312
IS DISTINCT FROM 연산자 208
IS NOT NULL 연산자 208
IS NULL 연산자 208
IS-A 관계, 모델과 DAO 370
ISNULL() 함수 210
ISO/IEC 11179 표준 65

## L

LAST_INSERT_ID() 함수 41
LIKE 연산자 236~238
  검색을 위한 더 좋은 도구 239~249, 249
    벤더 확장 기능 239~246
    서드파티 엔진 246~249
    전치 인덱스 249~252
  사용이 합당한 경우 239
  안티패턴 인식 방법 238~239
LIMIT 절 232
LOB 저장 (외부 미디어 파일 참조)
Lucene 검색 엔진 248

## M

MATCH() 함수 240
Microsoft SQL Server, 전체 텍스트 검색 242
MongoDB 데이터베이스 90
MVC 아키텍처 357~375
  액티브 레코드를 모델로 사용
    결과 362~367

동작 방식 360~362
사용이 합당한 경우 368
안티패턴 인식 방법 367
적절한 모델 설계 368~375
MySQL 전체 텍스트 인덱스 240

## N

NOT NULL 칼럼 202, 209
NULL 값 197~210
  대체 값 안티패턴 인식 방법 203~205
  생산적 사용 198
  NULL 값 대체 198~203
    사용이 합당한 경우 205
  NULL을 유일한 값으로 사용하기 206~210
NULL 값과 값은지 비교 198, 205
NULL 키워드를 인용문자로 감싸기 208
NULL과 0 200
NULL과 길이가 0인 문자열 200
NULL과 비교 200, 207
NULL과 빈 문자열 200
NULL과 false 200, 207
NULL을 값으로 대체하기 197~210
  결과 198~203
  대안 206~210
  사용이 합당한 경우 205
  안티패턴 인식 방법 203~205
NULL이 포함된 불리언 수식 207
NULL이 포함된 산술연산 198, 205
NULLIF() 함수 119
NUMERIC 데이터 타입 150~152
NVL() 함수 210

## O

ON 문법 62
ON DELETE 절 77
ON UPDATE 절 77
Oracle 텍스트 인덱스 241
ORM 클래스, 테스트 353
ORM 프레임워크, 객체-관계 매핑 프레임워크 337, 347

## P

PK (주키) 56, 60, 65
  번호 다시 매기기 317~327
    나쁜 관습 버리기 323~327
    방법과 결과 319~321
    안티패턴 인식 방법 322
    임의의 키 값 선택 229
    행 번호와 PK 비교 323
  PK 값 다시 매기기 317~327
    나쁜 관습 버리기 323~327
    방법과 결과 319~321
    안티패턴 인식 방법 322
  PK 값 재활용 320
  PK 값 할당 319
  PK 칼럼 (중복행, 회피 참조)
PostgreSQL, 텍스트 검색 244
PRIMARY KEY 제약조건 124

## R

REAL 데이터 타입 146
Redis 데이터베이스 90
REVOKE문, 파일과 170
ROW_NUMBER() 함수 232, 323

## S

SELECT 쿼리 (쿼리 참조)
Solr 서버 249
Sphinx Search 엔진 246
SQL 데이터 타입 (데이터 타입 참조, 구체적 데이터 타입은 타입 이름 참조)
SQL 인젝션 방지를 위한 입력 값 필터링 309
SQL 인젝션 방지를 위한 코드 검토 315~316
SQL 인젝션 방지를 위한 팀 검토 315~316
SQL 인젝션 안티패턴 297~316
  메커니즘과 결과 299~308
  안티패턴 인식 방법 308
  예방법 309~316
    동료 검토 315~316
    동적 값 인용 처리 311~313
    입력 값 필터링 309
    입력과 코드 격리 313~315

쿼리 파라미터 사용 310~311
합당한 경우 없음 309
SQL 인젝션에 대한 디버깅 315~316
SQL 쿼리의 대역폭 275
SQL Server, 전체 텍스트 검색 242
SQLite, 전체 텍스트 검색 245
SUM() 함수
 부동 소수점 수 148
 쉼표로 구분된 목록에서 20

## T

TABLESAMPLE 절 233
Tokyo Cabinet 데이터베이스 90
TSVECTOR 데이터 타입 244

## U

UNION 문법
 분할 테이블 131, 132
 여러 부모 테이블 조회 111
 쿼리 결과 묶기 263
UNIQUE 제약조건 59, 60
 다형성 연관 저지 109
USING 문법 61

## V

VARCHAR 데이터 타입
 다중 값 속성에서의 길이 제한 22, 27, 41
 외부 파일에 대한 경로 167

## W

WITH 키워드 37